I0751845

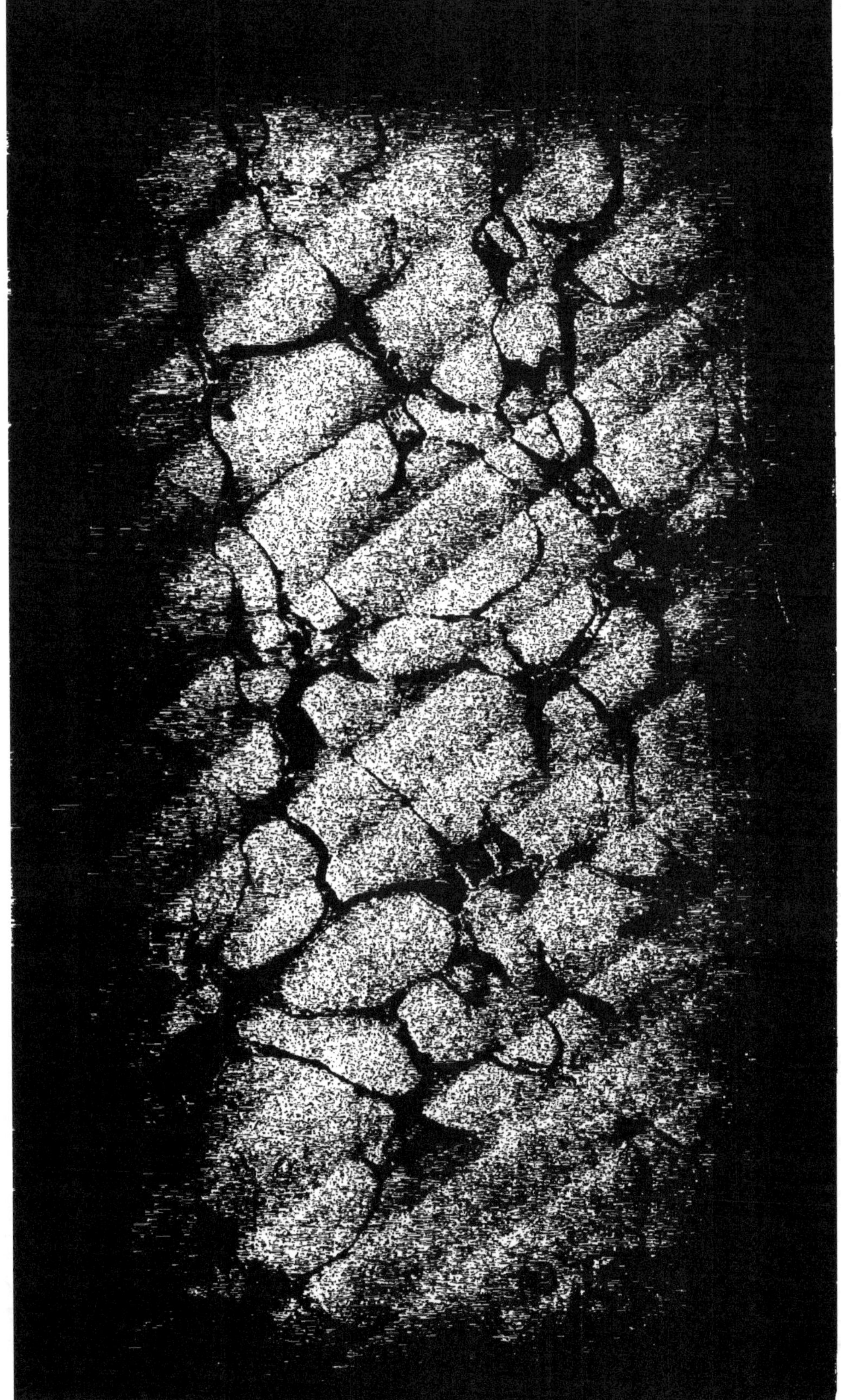

L'ABBAYE

DE

SAINTE-GENEVIÈVE

ET LA

CONGRÉGATION DE FRANCE

PRÉCÉDÉES DE LA

VIE DE LA PATRONNE DE PARIS

(D'APRÈS DES DOCUMENTS INÉDITS)

Par M. l'abbé P. FERET

ANCIEN CHAPELAIN DE SAINTE-GENEVIÈVE, DOCTEUR EN THÉOLOGIE,
CHANOINE HONORAIRE D'ÉVREUX, CURÉ DE SAINT-MAURICE

TOME II

LA CONGRÉGATION DE FRANCE

PARIS
CHAMPION, LIBRAIRE
15, QUAI-MALAQUAIS, 15

1883

LA CONGRÉGATION
DE FRANCE

a

DU MÊME AUTEUR :

Le Christ devant la critique au second siècle. 1 vol. in-8°. Paris, Jouby, 7, rue des Grands-Augustins.

La Divinité de Jésus attaquée par Celse et défendue par Origène, thèse du doctorat. 1 vol. in-8°. Même librairie.

Dieu et l'Esprit humain ou l'Existence de Dieu devant le bon sens, la philosophie et les sciences aux différentes époques de l'histoire. Conférences de Sainte-Geneviève. 1 vol. in-12. Même librairie.

Le Droit divin et la Théologie. Brochure. Paris, Palmé, 76, rue des Saints-Pères.

Henri IV et l'Église. 1 vol. in-8°. Même librairie.

Le cardinal du Perron. 1 vol. in-12, 2e édition. Paris, Didier, 35, quai des Grands-Augustins.

Un curé de Charenton au XVIIe siècle. 1 vol. in-12. Paris, Gervais, 29, rue de Tournon.

L'ABBAYE

DE

SAINTE-GENEVIÈVE

ET LA

CONGRÉGATION DE FRANCE

PRÉCÉDÉES DE LA

VIE DE LA PATRONNE DE PARIS

(D'APRÈS DES DOCUMENTS INÉDITS)

Par M. l'abbé P. FERET

ANCIEN CHAPELAIN DE SAINTE-GENEVIÈVE, DOCTEUR EN THÉOLOGIE,
CHANOINE HONORAIRE D'ÉVREUX, CURÉ DE SAINT-MAURICE

TOME II

LA CONGRÉGATION DE FRANCE

PARIS
CHAMPION, LIBRAIRE
15, QUAI MALAQUAIS, 15

1883

LA CONGRÉGATION DE FRANCE

PREMIÈRE PARTIE

PHASES HISTORIQUES

CHAPITRE PREMIER

LES PREMIÈRES ANNÉES DE LA CONGRÉGATION DE FRANCE

(1624-1634)

ÉTUDES — PREMIÈRE DÉNOMINATION DE LA CONGRÉGATION
PREMIERS MONASTÈRES — ÉLECTION D'UN SUPÉRIEUR GÉNÉRAL
CONDITION D'ADMISSION

Les premiers temps de la réformation à Sainte-Geneviève furent assez difficiles.

L'administration de l'abbaye avait été laissée aux mains de l'ancien prieur. Le P. Faure n'avait que le titre de maître des novices avec la direction de ses propres religieux. De là des conflits, d'autant plus inévitables, que le prieur du Hamel et le sous-prieur de Cuigny, excellentes gens du reste, étaient assez susceptibles à l'endroit de leur autorité.

Les anciens chanoines prenaient part aux délibérations capitulaires, car il fallait leur avis en toutes choses. De là, des tiraillements que les meilleures intentions et l'esprit le plus pacifique se montraient souvent impuissants à conjurer (1).

Dès le mois de septembre suivant, le cardinal dut retirer aux anciens chanoines ce droit d'assistance. Mais il était plus difficile de remédier au premier inconvénient. Il fallut — du moins on jugea ce parti préférable — attendre la retraite successive du prieur et du sous-prieur dans leur cure de Saint-Médard (2). On arriva ainsi à la fin de l'année 1625.

Alors l'administration de l'abbaye fut ainsi partagée : le P. Faure fut chargé, avec le titre de supérieur, de tout ce qui regardait le spirituel ; la partie temporelle, sous le nom de vicariat, fut assignée ou laissée au procureur Guillemin. Il n'y avait plus de prieur, et c'était au plus ancien de la communauté à officier les jours de fêtes. Le P. Faure avait la dignité et faisait les fonctions de grand chantre (3).

Tout cela n'était et ne devait être encore que du provisoire. On ne tarda pas à reconnaître la nécessité de concentrer l'administration entière entre les mains des nouveaux religieux, et le P. Branche fut constitué procureur, « contre le gré des anciens qui en murmuraient et ne s'en pouvaient taire » (4).

(1) Quelques-uns de ces chanoines semblaient même se donner pour mission de surveiller les nouveaux venus. Et malheur à ceux-ci, s'ils venaient à déroger au règlement de la maison! On le vit bien un jour que le P. Faure, eu égard à l'indisposition de quelques-uns de ses religieux et à la fatigue de tous, fit chanter matines à huit heures du soir, au lieu de célébrer cet office dans la nuit comme c'était la coutume. L'affaire fut déférée au cardinal. Le P. Faure profita de la circonstance pour faire changer cette coutume dans l'intérêt de la santé des religieux. Il fut donc autorisé à placer matines à neuf heures du soir de Pâques à la Saint-Remi, et à huit heures le reste de l'année.

(2) B. S. G., ms. fr. H. 21[3], in-fol. : *Histoire des chanoines réguliers de l'ordre de Saint-Augustin de la Congrégation de France*, p. 240-246.

(3) *Ibid.*, p. 267-269.

(4) *Ibid.*, p. 322-323.

Mais, quel que fût son rôle administratif, le P. Faure s'appliqua avec un soin tout particulier à faire refleurir les études à Sainte-Geneviève. Il comprenait que la science et la religion sont sœurs, et que, dans la vie religieuse, la régularité, la piété ne se maintiennent, ne prospèrent qu'autant qu'elles puisent secours, force, lumière dans le travail intellectuel : un monastère sans études est fatalement condamné au relâchement, aux désordres, à la mort.

Dès qu'il en eut la liberté, il se chargea lui-même de professer la philosophie, science dont il avait fait large provision à l'université de Paris. Sept jeunes religieux furent ses premiers élèves. « Ces études n'étaient pas sèches ni stériles ; « elles éclairaient l'entendement sans rien diminuer de la « ferveur de la volonté, les disputes étant sans contention, « les réponses sans vanité (1). »

Son projet de règlement sur l'enseignement dans la congrégation est digne de remarque. En tête, sont inscrites ces sages réflexions : « Le soin et l'amour des lettres sacrées « étant une des plus saintes et des plus fructueuses occu- « pations qui soient dans la religion pour maintenir en « vigueur la piété nécessaire, conserver les lois et disposer « les personnes à lui rendre un plus notable service aux « emplois qui leur sont commis, par l'union des bonnes « lettres avec le fond solide de la piété, de la charité et de « l'humilité chrétienne, une des plus importantes affaires « de la congrégation et des supérieurs qui la gouvernent « sera, après la vigilance sur la conservation de l'esprit « intérieur et de l'observance des règles, de pourvoir à ce « que la jeunesse s'occupe et s'emploie fidèlement à l'étude « et qu'elle ait pour ce sujet des moyens propres pour y « profiter (2). »

Il demandait qu'on choisît d'abord un monastère où l'on

(1) Même ms. 21^3, p. 309-310.
(2) *Ibid.*, p. 310-311.

pût le plus commodément établir des cours de philosophie, de théologie et d'Écriture sainte, car, dans l'intérêt des études, il pensait que les chaires magistrales ne devaient pas être multipliées. Quand la congrégation se serait étendue, un centre d'enseignement par province lui paraissait suffisant. Autant que possible, les étudiants seraient dispensés de l'office public, à l'exception : 1° des dimanches et fêtes ordinaires où l'assistance à la grand'messe, à tierce et sexte, aux vêpres et complies deviendrait obligatoire; 2° des fêtes de première classe et des trois derniers jours de la Semaine sainte où il faudrait suivre ponctuellement la règle de la maison. Un cours de ces deux sciences maîtresses, la philosophie et la théologie, s'imposait à tous ceux qui aspiraient aux ordres sacrés (1).

Le cours de philosophie terminé — une année suffit à la tâche — le P. Faure commença celui de théologie. Il compta trois élèves de plus. Là encore, la parole du maître touchait autant le cœur qu'elle éclairait l'entendement.

Lorsque de nombreuses occupations ne permirent pas au professeur de continuer les leçons, il confia ces importantes fonctions à un docteur de l'université de Paris, ayant nom Bétille. D'autres docteurs de la même université furent encore appelés (2).

Les thèses que les étudiants soutenaient en philosophie et en théologie étaient jugées dignes de l'impression et dédiées au cardinal. Mais — triste résultat d'une incroyable incurie que nous avons déjà déplorée! — les livres manquaient. Alors le généreux prélat choisit cinq à six cents volumes dans sa propre bibliothèque pour en faire don à l'abbaye (3). Telle fut l'origine de cette autre bibliothèque qui devint dans la suite une des plus riches de Paris.

Comme maître des novices, comme supérieur des nou-

(1) Même ms., p. 309-315.
(2) *Ibid.*, p.p. 321 et 392.
(3) Ms. fr. H. 21², in-fol., p. 890.

veaux religieux, le P. Faure s'appliquait, en même temps et avec un zèle égal, à inculquer aux uns et à entretenir dans les autres l'esprit canonique. Le ciel bénissait d'aussi constants efforts. A Sainte-Geneviève comme à Saint-Vincent, on se pénétrait profondément de la sainteté de la vocation et de la grandeur du devoir.

Le cardinal avait jeté les bases de la congrégation générale à établir entre les chanoines de l'ordre de Saint-Augustin. Une ordonnance, en date du 23 décembre 1624, vint en prononcer l'érection.

Adressée aux différents monastères précédemment désignés, l'ordonnance (1), à la suite de considérants historiques sur l'état de la sainte entreprise, portait : « Avons « tous lesdits monastères mis et réduits ensemble, et « d'iceux composé et érigé, composons et érigeons par ces « présentes une congrégation sous le nom de province de « Paris, voulons et ordonnons que lesdites abbayes de Sainte-« Geneviève au mont de Paris et de S.-Vincent de Senlis « soient les maisons appelées noviciats, et qu'en tous les « monastères de ladite congrégation lesdits articles généraux « contenant l'essence des trois vœux de religion, les « articles particuliers pour l'ordre de Saint-Augustin, le « règlement par nous fait pour la réception à l'habit et à la « profession (2), ensemble les lettres patentes de sadite « Majesté,... confirmatives d'iceux, soient lus, publiés, « enregistrés aux chapitres desdits monastères pour y être « gardés et observés à l'avenir (3). »

Sous peine d'excommunication encourue *ipso facto* et de nullité de la profession religieuse, défense était faite de

(1) L'ordonnance se lit, même ms. 21³, p. 234-240.

(2) Le cardinal fait ici allusion à deux ordonnances, qu'il avait portées pour les quatre ordres ensemble, c'est-à-dire pour les ordres de Saint-Benoit, de Cluny, de Citeaux aussi bien que pour celui de Saint-Augustin. Elles avaient la date, l'une du 11 mars, l'autre du 12 octobre 1623. Nous y reviendrons.

(3) Même ms., p. 238-239.

recevoir des novices ailleurs qu'à Sainte-Geneviève et à Saint-Vincent. Défense aussi, sous les peines portées par le bref (1), aux prieurs, sous-prieurs et religieux qui ne s'étaient pas encore soumis à l'observance régulière, de faire opposition ou de créer des embarras à ceux qui l'avaient embrassée ou seraient dans la résolution de l'embrasser. Et pour que personne ne pût prétexter l'ignorance, l'ordonnance renfermait cette clause finale : « Nous man-« dons à tous notaires apostoliques et royaux, appariteurs, « huissiers et sergents faire pour cet effet toutes publica-« tions, significations et actes requis et nécessaires (2). »

Dans les conditions où elle était appelée à se constituer, la congrégation ne pouvait être que l'œuvre du temps, car, après Dieu, il est la plus grande puissance pour triompher des cœurs comme pour vaincre les difficultés.

Le mouvement réformateur s'étendait déjà au delà des limites fixées par le cardinal. Les monastères de Toussaint d'Angers, de Saint-Lô de Rouen, de Sainte-Barbe-en-Auge, de Saint-Jacques de Montfort et Saint-Pierre de Rillé en Bretagne, de Château-Landon demandaient des chanoines réformés ou manifestaient l'intention de le faire. On songeait même à ces chanoines pour La Couronne près Angoulême (3). L'exemple allait être suivi ou l'influence se faire sentir à Saint-Martin de Nevers, à Sainte-Catherine et à Saint-Lazare de Paris, à Chancelade en Périgord, au Mont-aux-Malades près Rouen, à Notre-Dame de Beaulieu près Le Mans, à Notre-Dame de Châtillon-sur-Seine, à Notre-Dame de Fontenelles au diocèse de Luçon, à Notre-Dame de La Roé en Anjou, etc. (4).

On voit par là, lisons-nous dans nos Mémoires, « combien « la moisson était ample et l'abondance des bénédictions

(1) ... *Inobedientes*, disait le bref, *ac contradictores quoslibet et rebelles per sententias, censuras et pœnas ecclesiasticas...*

(2) Même ms., p. 239-240.

(3) *Ibid.*, p.p. 269, 327, 341 et suiv.

(4) *Ibid.*, *passim*, et ms. suiv., H. 21⁴, in-fol., *passim*.

« que Dieu répandait visiblement sur cette congrégation « naissante qui croissait de jour en jour ». Le vrai ne s'accuse pas moins dans les lignes suivantes : « Le défaut d'ou- « vriers pour la recueillir a été cause qu'on n'a goûté les « fruits que longtemps après, et qu'une partie même a été « perdue pour n'avoir pas été prise dans une saison com- « mode et au temps de sa maturité (1). »

En attendant la nomination d'un supérieur général, le P. Faure en remplissait déjà presque les fonctions. Nommé capitulairement, quand il était sous-prieur de Saint-Vincent de Senlis, supérieur des religieux de cette abbaye résidant dans d'autres monastères, il se voyait maintenu dans cette dernière charge en août 1628, alors qu'il gouvernait Sainte-Geneviève de Paris (2).

Les pouvoirs du cardinal comme commissaire apostolique allaient expirer. A Rome, on estima nécessaire de les lui continuer pour trois années, en les limitant toutefois à l'ordre de Saint-Augustin, ce qui se renouvela encore à l'expiration de ce terme. Le premier bref est du mois de février 1628 (3), le second du mois de décembre 1631 (4). Le cardinal pouvait donc poursuivre son œuvre.

Il voulut consacrer et même étendre l'autorité de l'excellent religieux qui le secondait si bien. Il nomma lui-même le P. Faure supérieur et visiteur de la congrégation : « L'a- « vons commis et commettons par ces présentes pour avoir « la direction desdits monastères qui ont reçu ladite obser- « vance et des religieux résidant en iceux, avec pouvoir « d'y faire visite une fois par an et plus souvent, si besoin « est... » L'ordonnance, qui est du 4 mai 1629, exceptait

(1) Ms. fr., H. 21[3], p. 344-345.

(2) *Ibid.*, p.p. 174 et 323.

(3) B. S. G., ms. fr. H. 22[9], tom. IX, du Recueil général de pièces, in-fol., p. 285-299, où le bref est transcrit. Les lettres patentes sont de Paris, le 3 avril suivant (*Ibid.*, p. 341-350.)

(4) *Ibid.*, ms. fr. H. 22[10], tom. X, du même Recueil, fol. 368-378, où le bref est transcrit. Les lettres patentes sont de Saint-Germain, 17 mars 1632 (*Ibid.*, fol. 392-398).

l'abbaye de Sainte-Geneviève sur laquelle le cardinal se réservait pleine et entière juridiction (1).

Cependant le P. Faure — il était en position pour cela — comprenait mieux que personne la nécessité d'un supérieur général qui fût élu capitulairement selon les constitutions. Il rédigea donc dans ce sens un mémoire pour le cardinal. L'année 1632 était commencée et la congrégation ne cessait de se développer. Le cardinal, entrant complètement dans les vues du P. supérieur, ordonna, après avis de quelques religieux de Sainte-Geneviève, pour le 15 mai suivant, une assemblée générale des monastères ayant adopté la réformation. Ces monastères étaient : Sainte-Geneviève, Saint-Vincent de Senlis, Sainte-Catherine de Paris (2),

(1) Ms. 21³, p. 365-368. Les pouvoirs du visiteur étaient, à la fois, très étendus et parfaitement délimités. Il lui appartenait de « pourvoir à l'en-« tretien de ladicte observance, recevoir ceux qui s'y présenteront pour y « prendre l'habit, avec l'advis de trois ou quatre des plus anciens reli-« gieux, si tant y en a, et à la profession ceux qui seront jugez capables « d'icelle par l'advis et consentement du chapitre et à la pluralité des « suffrages, licencier ceux qu'il jugera n'estre pas propres pour la religion, « avec le même conseil que pour la réception de l'habit, envoyer d'un « desdicts monastères en un autre les religieux selon la nécessité de ladicte « congrégation ou des personnes en particulier, pouvoir entendre, exami-« ner et clore avec l'assistance de quelques anciens religieux les comptes « de la recette et dépense du revenu de chacun desdicts monastères..., « commettre aux offices de souprieur, prieur, père maître et autres, telles « personnes qu'il jugera à propos avec l'advis de deux ou trois reli-« gieux... »

(2) L'origine de ce prieuré se rattachait à la mémorable victoire de Bouvines. Au fort de l'action, l'ardeur de Philippe-Auguste lui faisait courir les plus grands dangers. Les sergents d'armes — on les eût nommés plus tard les gardes du corps, — ne pouvant délivrer le roi, demandèrent au ciel de suppléer à leur impuissance et prirent l'engagement, s'ils étaient exaucés, de construire une église en l'honneur de sainte Catherine. Le roi fut sauvé et le vœu allait s'accomplir.

Nous suivons la version la plus accréditée. Le P. Nicolas Quesnel, de la Congrégation de France au XVIIᵉ siècle, raconte le fait un peu différemment dans son *Histoire du prieuré de Sainte-Catherine*, histoire demeurée inédite à la Bibliothèque Sainte-Geneviève, sous la cote H. fr. 27, in-fol. Il écrit à la page 1ʳᵉ : « Ils (les sergents d'armes) firent vœu, si la victoire « demeuroit de leur côté, de faire bastir une église à l'honneur de saincte « Catherine... »

Les fondateurs du Val des Écoliers, désirant posséder une maison à

Saint-Jean-en-Vallée (1), Saint-Chéron (2), Saint-Martin de

Paris, avaient été gratifiés du terrain nécessaire, en dehors des murs de la cité, près la porte Baudeer ou Baudez, qui fermait la rue Saint-Antoine. Il restait à édifier. Les sergents d'armes estimèrent la circonstance favorable à l'exécution du vœu et se chargèrent de la construction de l'église qui s'acheva en 1229. Saint Louis se montra généreux. Plusieurs de ses successeurs sur le trône de France l'imitèrent. Ce monastère était destiné à servir de collège à l'ordre du Val.

Ce prieuré était aussi désigné sous le nom de Sainte-Catherine de la Culture, à cause de sa situation première en dehors des murs de la ville, au milieu des champs *cultivés*.

Le 25 avril 1629, huit religieux de Sainte-Geneviève avaient pris possession du monastère.

(*Gal. christ.*, tom. VII, col. 851 et suiv.; Felibien, *Hist. de la vil. de Paris*, tom. I, p. 280-282; N. Quesnel, *Histoire* manuscrite citée; B. S. G., ms. fr. H. 21³, p.p. 345 et suiv., 356 et suiv.)

(1) A l'origine de ce monastère, vers 1038, nous trouvons un prêtre, du nom de Tealdus, qui le dota largement. A la fin du même siècle (1099), saint Yves, le grand évêque de Chartres, lui conféra le titre d'abbaye et y plaça des chanoines réguliers qu'il tira de Saint-Quentin-lez-Beauvais. Dans le cours des âges, Saint-Jean-en-Vallée, situé aux portes de Chartres, fut désastreusement éprouvé, et par l'incendie (1215), et par les inondations (1432), et surtout à l'époque des guerres civiles du siècle suivant.

Dès le 18 mars 1624, des religieux de Saint-Vincent de Senlis étaient constitués « maîtres de la maison ». Cette installation précéda donc de quelques jours celle-là même qui eût lieu à Sainte-Geneviève.

Violemment chassés en 1628, les chanoines réformés rentrèrent à Saint-Jean quelques temps après pour ne plus en sortir.

(*Gal. christ.*, tom. VIII, col. 1310; même ms. 21³, p.p. 179 et suiv., 335 et suiv.)

Pour éviter toute confusion, il nous paraît utile de bien déterminer chronologiquement — ce qui, du reste, résulte des explications données dans le premier volume — le sens du mot *régulier* opposé à *séculier* et en tant qu'appliqué à *chanoine*. Avant la grande réforme canonique du XIIᵉ siècle, le mot *régulier* doit s'entendre dans le sens de *vivant en commun*. Après cette époque, il prend et conserve sa signification ordinaire ou plus rigoureuse, c'est-à-dire celle de *lié par les vœux monastiques*. C'est du moins à cette double acception que le lecteur doit se reporter dans notre récit.

(2) Egalement sous les murs de Chartres, mais plus ancien que Saint-Jean, Saint-Chéron (*Sanctus Ceraunus*), s'il n'a pas eu l'évêque saint Papolus pour fondateur et ne compte pas le roi Clotaire parmi ses bienfaiteurs, se présente incontestablement aux yeux de l'historien, dès le IXᵉ siècle, avec le titre d'abbaye. Alors monastère de moines, il passa dans le XIᵉ siècle, en perdant son titre, aux mains de chanoines séculiers qui, en 1149, cédèrent la place à des chanoines réguliers. Avec ces nouveaux hôtes, Saint-Chéron redevint abbaye.

L'exemple de Saint-Jean fut salutaire à Saint-Chéron. En juillet 1625,

Nevers (1), Saint-Pierre de Rillé (2), Saint-Jean du Jard (3), Chancelade, Toussaint d'Angers à qui pourtant

l'évêque de Chartres prononça l'union du monastère à la congrégation. Mais, comme à Saint-Jean, les nouveaux chanoines furent expulsés en 1628. C'est même à Saint-Chéron que se commit, en premier lieu, cet acte de violence qui, grâce à Dieu, pas plus ici que dans l'autre abbaye, ne devait avoir de conséquences durables.

(*Gal.*, tom. VIII, col. 1305; même ms. 21³, p.p. 250 et suiv., 335 et suiv.)

(1) Vieille abbaye où s'étaient successivement implantées la vie monastique et la vie canonique, agrégée depuis un siècle à la congrégation de Saint-Victor de Paris, Saint-Martin de Nevers faisait la désolation de l'évêque, Eustache du Lis. Le prélat, s'y étant rendu le 6 février 1619, exhorta chaleureusement les chanoines à reprendre le costume d'usage et la vie régulière, puis les convoqua à l'évêché pour le 14 suivant, à l'effet de leur remettre les statuts qu'il leur destinait. Les chanoines n'eurent garde d'obéir. Le prélat revint le 17, les fit réunir capitulairement pour leur donner connaissance de ces statuts.

Il s'ensuivit un long procès qui se termina dans les premiers mois de 1629, en faveur de l'évêque. Sur la demande de ce dernier, le cardinal prononça définitivement, en octobre 1629, l'union du monastère à la congrégation.

(*Gal.*, tom. XII, col. 675-677; même ms. 21³, p.p. 378 et suiv.)

(2) Des luttes intestines, continuelles, vives, sanglantes parfois, avaient fait un devoir d'appliquer promptement l'ordonnance du cardinal, en date du 23 décembre 1624, à cette abbaye du XIIᵉ siècle et des environs de Fougères. D'abord l'ordonnance fut déclarée loi inviolable. Puis des négociations s'entamèrent avec Sainte-Geneviève qui vit s'ouvrir les portes de l'abbaye aux chanoines réformés. (Même ms. 21³, p.p. 327 et suiv.)

(3) Prieuré sous le nom de la Miséricorde de Dieu (1171), abbaye sous celui de Saint-Jean du Jard (1199), ce monastère s'élevait à peu de distance de la ville de Melun. Zèle assez rare, l'abbé commendataire en prit en main le relèvement. Il est vrai que cet abbé était Henuin, docteur en droit et chanoine de l'église de Reims. Il est vrai aussi que son zèle fut secondé par celui, plus commun, du sous-prieur qui, chargé de l'administration en 1628, put même exercer une action plus grande.

Les sujets manquaient pour l'instant à la congrégation. L'abbé, qui avait hâte de réaliser son religieux projet, s'adressa d'abord aux Carmes déchaussés — mais la différence s'accusait trop sensible entre les deux règles; — puis aux Ermites de Saint-Augustin — mais l'opposition du sous-prieur, devenu prieur, finit par triompher.

Enfin les propositions des chanoines réformés de Saint-Sauveur en Lorraine étaient sur le point d'être agréées, lorsque le cardinal manda l'abbé et lui fit comprendre qu'il serait regrettable de recourir à l'étranger, comme si le royaume ne possédait pas de vrais réformateurs, un jour ou l'autre disponibles.

La congrégation prit possession de Saint-Jean du Jard en 1631.

(*Gal.*, tom. XII, col. 210-211; ms. fr. H. 21⁴, in-fol., p.p. 26 et suiv.)

on eut quelque droit de contester son entrée effective dans la congrégation (1). Chaque maison devait être représentée par son prieur et un religieux choisi par elle et porteur d'une procuration en règle. Dans le cas où le prieur viendrait seul, il aurait un mandat spécial de la communauté.

L'élection d'un supérieur général était une grosse affaire ; et elle devait d'autant plus préoccuper, que certaines dissensions s'annonçaient déjà au sein de la congrégation naissante. C'était surtout au sujet du P. Faure : quelques-uns le trouvaient trop jeune, trop inexpérimenté ; d'autres, comme il arrive d'ordinaire, quand il s'agit de supérieurs, croyaient avoir de justes motifs pour se plaindre de lui. Il était donc à craindre que, deux partis se formant, on n'arrivât point au résultat désiré, car, si l'union est nécessaire, c'est principalement lorsque les œuvres commencent et s'organisent.

Dès la séance préparatoire, le 13 mai, les appréhensions se justifièrent. Dans ces dispositions, on estima sage, les religieux comme le cardinal, de surseoir à l'élection. Mais celui-ci exigea la démission des supérieurs, se réservant de faire gouverner en son nom les monastères, et prit la décision d'établir provisoirement un vicaire général et un syndic général. Après plusieurs séances qu'il présida, l'assemblée se sépara le 26 mai. On s'était borné à traiter des intérêts généraux de la congrégation (2).

Le vicaire général fut le P. Faure avec les PP. Baudouin, Branche et Boulart pour assistants. Le P. Beaudoin avait, à la fois, les fonctions de syndic général (3).

(1) L'on n'avait d'abord compris parmi les monastères à convoquer ni Chancelade ni Toussaint. Mais le cardinal pensa différemment ; et son avis semble bien avoir prévalu pour la première comme pour la seconde de ces abbayes. Il est vrai qu'on ne pouvait guère invoquer en faveur de Chancelade d'autre titre que celui de confraternité. Toutefois ce monastère ne fut pas représenté à l'assemblée.

(2) B. S. G., même ms. fr. H. 21[4], in-fol. : *Histoire des chanoines réguliers de l'ordre de Saint-Augustin de la Congrégation de France, depuis l'an 1630 jusques en l'an 1640*, p. 52-86.

(3) *Ibid.*, p. 113-117.

Depuis longtemps, le cardinal désirait faire sa démission d'abbé de Sainte-Geneviève en faveur de celui qui serait nommé supérieur général de la congrégation. Il voulait aussi qu'à l'avenir les deux dignités continuassent à être réunies en la même personne. La chose devait s'accomplir de cette façon : le supérieur élu de la congrégation serait de droit abbé de Sainte-Geneviève. Par là, Sainte-Geneviève deviendrait vraiment chef d'ordre, mais en laissant le supériorat général d'autant plus accessible aux religieux des autres maisons, que l'élection en disposerait tous les trois ans. Il était bon, sinon indispensable pour l'instant, vu les pouvoirs si étendus du commissaire apostolique, que l'affaire fût soumise à Rome et en reçût la haute sanction. Cette sanction, du reste, eût été requise plus tard. Le roi lui-même avait écrit au Saint-Père : « Nous « supplions et requérons tant et si affectueusement que « nous pouvons faire, Votre dite Sainteté que son bon « plaisir soit, à notre recommandation, prière et suppli- « cation, d'octroyer et faire expédier les bulles aposto- « liques nécessaires (1). » Ces bulles ne furent expédiées que quatre ans plus tard, c'est-à-dire le 3 février 1634. La cour de Rome procéda avec une sage lenteur. Elle avait, d'ailleurs, des intérêts à garantir (2).

Urbain VIII, en accordant ce qu'on lui demandait, la triennalité de l'autorité abbatiale de Sainte-Geneviève et du supériorat de la congrégation, ainsi que l'union des

(1) Lettre datée de Paris, 13 février 1630. (*Gallia*, tom. VII, *Instrumenta*, col. 254.)

(2) Il s'agissait du droit d'annate dont le pape « ne jouiroit plus » et du dédommagement à accorder aux officiers de la chancellerie, car, la dignité abbatiale étant triennalement élective, on « ne prendroit plus » de bulles. « Il fut donc arresté qu'on achepteroit quatorze lieux de monts « non vaynables au Mont de la Foy qui rendront tous les quinze ans la « somme de 3,150 livres, pour tenir lieu du droit d'annates de l'abbaye de « Sainte-Geneviève, qui estoit taxée à 800 florins, pour récompenser les « officiers de la chancellerie..., et que pour fournir à l'achapt de ces « lieux on donneroit la somme de 18,000 livres. » (Même ms. 21ᵇ, p. 192.)

deux dignités, avait soin de marquer que c'était tant en considération de la réforme opérée dans l'abbaye qu'en faveur de la congrégation elle-même. Il n'oubliait pas non plus, dans ses considérants, la grande dévotion du peuple de Paris pour sa glorieuse patronne. Il autorisait l'abbé titulaire actuel à se donner un coadjuteur qui serait le supérieur élu. Les statuts nouveaux devaient avoir l'approbation capitulaire, et celle-ci leur tiendrait lieu de l'approbation apostolique. Enfin la congrégation jouirait des privilèges des autres ordres religieux (1).

Aussitôt que les bulles furent enregistrées au grand conseil, ce qui eut lieu le 31 août suivant (2), le cardinal se mit en devoir de faire procéder à l'élection du supérieur général. Il réunit son conseil ordinaire et y appela l'évêque de Senlis, les maîtres des requêtes Lezeau et Vertamont. Il se proposait de les consulter sur la tenue du chapitre général : ce qui s'était passé précédemment ne laissait pas de lui inspirer quelque inquiétude ; et en tout cas, dans une affaire aussi importante, on ne saurait trop chercher à s'éclairer. Le conseil adopta ce qui avait été réglé pour la dernière assemblée relativement à la représentation des monastères au chapitre. Toutefois il concédait, en outre, au prieur légitimement empêché, la faculté de transmettre son suffrage par écrit. Le nombre des monastères à convoquer, diminué de Chancelade qui avait d'autres visées, et de Toussaint d'Angers dont la pleine adhésion n'était pas encore un fait accompli, s'accroissait de Notre-Dame d'Eu (3), de Saint-Denys de

(1) La bulle se lit dans le *Gallia*, tom. VII, *Instrumenta*, col. 254-260.

(2) Même ms. 21^4, p.p. 204, 205.

(3) On dit que la ville d'Eu doit son nom (*Alga* ou *Auga*, mot dérivé du tudesque *Alg*) à la fertilité de ses prairies arrosées par la Bresle. Elle fut érigée en comté en faveur d'un fils naturel de Richard sans Peur, duc de Normandie. Son premier comte la dota, au commencement du XIe siècle, d'une église qui, collégiale avec ses chanoines séculiers, porta, un siècle plus tard, lorsque ceux-ci eurent adopté la vie régulière (1119), le titre plus religieux, sinon plus élevé, le titre abbatial. Affiliée alors à la con-

Reims (1), de Saint-Ambroise de Bourges (2) et de Saint-Loup de Troyes (3) qui, depuis, avaient accepté la réformation. Douze maisons faisaient donc définitivement partie de la congrégation (4).

grégation d'Arrouaise, Notre-Dame d'Eu, peu de temps après (1150), se rattacha définitivement à Saint-Victor de Paris.

Dès 1621, des chanoines de Saint-Vincent avaient été appelés dans cette abbaye normande. Mais ils n'y purent rester que deux ans. Un procès entre l'abbé et le prieur, au sujet d'un bénéfice, fut l'occasion d'un nouvel et durable établissement. Il se fit en 1632.

(*Gal.*, tom. XI, col. 293-295 ; ms. 21³, p.p. 126 et suiv.; ms. 21⁴, p.p. 48 et suiv.)

(1) C'était une des abbayes les plus considérables du royaume. Elle pouvait aussi être fière de son antiquité, car elle était en droit de la faire remonter jusqu'à cette église qui servait de sépulture aux chanoines de la cité et qui, de 887 à 890, recueillit les moines de Saint-Denys-en-France, fuyant avec leurs reliques devant les dévastations des Normands. En tout état de choses, nous voyons apparaître son premier abbé en l'année 1076. Elle était même la seule qui eût conservé l'ancien habit des chanoines réguliers.

Saint-Denys de Reims était un des monastères précédemment désignés comme devant faire partie de la province de Paris. A ce titre, l'ordonnance du cardinal lui avait été expédiée. Elle lui fut notifiée, lorsque l'abbé commendataire, de Meaupas du Tour, eût fait parvenir, en 1629, un pressant appel au cardinal et au P. Faure. Néanmoins ce fut seulement, en 1633, que l'agrégation fut prononcée et effectuée.

(*Gal.*, tom. IX, col. 288-290 ; ms. 21³, p.p. 133 et suiv.)

(2) L'admirable transformation de Saint-Martin de Nevers avait eu du retentissement. A Bourges, on se prenait à désirer une rénovation analogue pour une abbaye de l'antique cité, Saint-Ambroise, qui en avait également besoin. Le désir se réalisa en avril 1634. (Même ms., p.p. 267 et suiv.) Le *Gallia*, tom. VII, col. 786, indique l'année 1635; mais c'est évidemment une faute, puisque Saint-Ambroise fut représenté au chapitre de 1634 ; et d'ailleurs le ms. 22¹², tom. XII du Recueil général de pièces, p. 147, assigne bien l'année 1634.

(3) L'église qui reçut le corps du grand évêque de Troyes, était située en dehors de la cité. Consacrée à la Vierge, elle finit par n'être plus désignée que par le nom du saint dont elle possédait les précieux restes. Largement dotée par Charles le Chauve, construite à nouveau dans l'intérieur de Troyes, elle se trouva, fait assez peu rare dans l'espèce, successivement desservie par des moines, par des chanoines séculiers et enfin par des chanoines enfants de Saint-Augustin.

Le rétablissement, au XVIIᵉ siècle, de la vie régulière dans cette abbaye, fut laborieux et peut-être, sans un arrêt du conseil privé, eût-il été ajourné indéfiniment. Cet arrêt fut rendu en mars 1634 ; et la prise de possession s'effectua quelques mois plus tard par voie d'autorité.

(*Gall.*, tom. XII, col. 584 ; ms. 21³, p.p. 285 et suiv.)

(4) Sans la double condescendance du cardinal et du P. Faure, la

Le chapitre fut convoqué pour le 8 octobre. On ne jugea pas à propos d'élire des députés : les prieurs seuls furent chargés de représenter leurs maisons respectives. Le seul prieur de Rillé fit défaut pour cause d'indisposition.

congrégation se fût très probablement annexé le prieuré de Saint-Lazare.

Depuis le commencement du XVIe siècle, les chanoines de Saint-Victor étaient installés dans la fameuse léproserie. Nous savons que cette maison avait été comprise dans le projet de reconstitution, par une sérieuse réforme, de l'illustre congrégation de Saint-Victor. Nous savons aussi que le projet dut être abandonné, mais que le besoin de réforme n'en demeurait pas moins pressant. Or, en 1630, de graves dissentiments s'élevèrent entre le prieur, Adrien Le Bon, et ses huit religieux. L'accord ne pouvant s'établir, le prieur songeait à céder son bénéfice. Sur le conseil de son ami et voisin, Lestocq, curé de Saint-Laurent, il en fit la proposition à Vincent de Paul, dont la communauté naissante se trouvait déjà à l'étroit dans le collège des Bons-Enfants. Vincent, qui avait toujours *peur d'anticiper sur la Providence*, se montra peu empressé, s'il n'opposa pas un refus catégorique. Enfin, après une année de sollicitations, il donna son adhésion.

Le P. Faure, qui eut connaissance de la chose, travailla aussitôt, dans l'intérêt de l'ordre canonique, à empêcher la conclusion du traité. Des « contre-batteries », pour employer l'expression de notre manuscrit, furent dressées. Saint-Lazare devait être transformé, mais rester dans la famille. L'évêque du Mans consentit à intervenir auprès du prieur sur l'esprit duquel il exerçait un certain empire. Ce ne fut pas en vain : Adrien Le Bon promit de retirer, ou du moins laissa espérer qu'il retirerait sa parole.

Si Vincent de Paul n'avait garde de tenter la Providence, il savait, une fois qu'il croyait en découvrir la volonté, s'y soumettre entièrement, prendre un parti en conséquence et en poursuivre énergiquement et habilement le succès.

Donc « le P. Vincent, trouvant ce lieu fort propice et fort commode « pour ses desseins, en fit parler au prieur par des personnes fort puis- « santes qui honoroient sa vertu, qui taschèrent de lui persuader et par « promesses et par raisons de recevoir les Pères de la Mission dans sa « maison de Saint-Lazare. »

Mais le commissaire apostolique? Mais la congrégation qu'il avait fondée? L'un et l'autre ne se faisaient-ils pas un devoir de ne laisser distraire aucune maison de l'ordre dont ils avaient entrepris la glorieuse restauration? « Le P. Vincent, qui prévoyoit bien la difficulté qu'il y « avoit d'entrer en ce monastère sans le congé et le bon plaisir de « M. le cardinal et des religieux de la congrégation, vint découvrir sim- « plement son dessein à Son Éminence et ensuite au P. Faure, les conju- « rant de ne point apporter d'obstacles à l'œuvre de Dieu ni empescher le « grand bien que leur compagnie projetoit de faire dans le diocèse et par « toute la France. »

Devant le « zèle de cet homme de Dieu », le cardinal fléchit. Mais il

Sainte-Geneviève se trouvait toujours plus largement représentée. Dans la dernière assemblée, elle l'avait été

n'en fut pas de même du P. Faure, qui obéissait à un mobile non moins louable. Un mémoire fut même rédigé pour le cardinal, à l'effet de lui prouver qu'il était impossible de sacrifier ainsi l'ordre canonique. Pourtant il s'adoucit et, à son tour, il déféra « aux instances que lui faisoit tous les jours le P. Vincent, duquel il connaissoit la vertu et le mérite », et il abandonna « l'affaire à sa discrétion, pour en user comme bon lui sembleroit, avec promesse de ne plus troubler ».

La situation était nette. Le contrat fut passé, le 7 janvier 1632, entre Saint-Lazare et la communauté de la Mission. L'archevêque le ratifia le lendemain et, quelques jours après, des lettres patentes vinrent le confirmer.

Une autre opposition surgit. Ce fut celle de Saint-Victor prétendant à des droits sur le prieuré. L'affaire fut portée au parlement.

L'avocat général, Bignon, toujours bien disposé pour la congrégation des chanoines réformés, manda au supérieur qu'il pouvait se porter partie dans le procès, et que lui-même se faisait fort de faire rendre un arrêt favorable aux demandeurs. C'était bien tentant pour le P. Faure. Mais il avait donné sa parole. Et, d'ailleurs, comment résister « aux remontrances et aux prières très pressantes du P. Vincent qui employa tous ses amis et fit remuer tous les gens de bien de Paris pour empescher le P. supérieur de se joindre à ceux de Saint-Victor, lui promettant de ne plus jamais entrer dans aucun monastère de notre ordre? »

Saint-Victor plaida seul et fut débouté. Vincent de Paul s'en montra reconnaissant à l'égard de la congrégation et a tenu fidèlement sa parole : non seulement il s'interdisait tout établissement dans les maisons canoniques; mais il n'hésitait pas à désavouer ceux de sa communauté qui obéissaient à d'autres pensées.

Nous avons essayé de concilier notre ms. avec l'attestation de Lestocq, reproduite par Abelly et source unique des historiens de saint Vincent de Paul. Nous lisons dans notre ms. que ce dernier, cherchant pour sa communauté un local plus commode, jeta les yeux sur Saint-Lazare et fit faire les démarches que relate notre récit. Le même ms. porte encore : « Le prieur et les religieux de Sainct-Lazare au faubourg de Paris, qui « s'estoient laissez gaigner aux sollicitations de leurs amis, pour abandonner leur maison au P. Vincent, supérieur de la Mission, voyant « l'ordre refleurir en l'abbaye de Saincte-Geneviefve et s'estendre dans les « autres monastères de France, furent touchez de repentir de s'estre « engaigez avec ce Père et d'encourir un blasme qu'ils ne pourroient « jamais effacer, d'avoir introduit des estrangers en leur maison, au lieu « des enfans légitimes. Le prieur, pressé de ces ressentimens, vint à « Sainte-Geneviefve pour tesmoigner ses desplaisirs et assurer qu'il travailleroit à réparer la faute qu'il avoit faicte, avant que l'affaire fust plus « avancée et qu'il avoit déjà donné charge à M. le curé de Saint-Laurent « de retirer sa parole du P. Vincent. » Mais les attestations de Lestocq ne pouvant être négligées, il nous a semblé que l'auteur du ms. n'avait dû envisager, sans s'exprimer avec toute la clarté désirable, que la seconde

par le P. Faure et trois religieux. Dans ce chapitre, elle l'était par le même P. Faure et cinq religieux auxquels il faut même ajouter trois anciens chanoines, pourvus de par le conseil privé du droit électoral (1). Nous ne saurions préciser la raison de cette différence qui se renouvellera encore. Était-ce un privilège accordé à une abbaye que l'on considérait et voulait honorer comme chef d'ordre? Quelque chose de semblable se pratiquait à Cîteaux et à Prémontré.

Le 10, dans une séance préparatoire, on vérifia les pouvoirs qui se trouvèrent en bonne et due forme.

Il était entendu que le supérieur élu serait, à la fois, coadjuteur de l'abbé de Sainte-Geneviève.

Le 17 fut fixé pour l'élection. Le matin, il y eut messe du Saint-Esprit, après laquelle on se rendit au chapitre. Le cardinal était présent. Les quelques paroles qu'il adressa aux capitulants pour les engager à ne se proposer que la gloire de Dieu et le bien de l'Église, produisirent une excellente impression. On nomma d'abord un secrétaire, puis tous les capitulants firent à genoux le serment de ne donner leur voix qu'à celui qu'en conscience ils estimeraient le plus digne (2). Chacun écrivit séparément son bulletin

phase des négociations. Ajoutons que les dates, comme le caractère du grand saint, autorisent cette interprétation.

(Ms. 21^4, p.p. 20, 108 et suiv.)

(1) Les trois anciens chanoines qui avaient mérité et obtenu cette faveur, avaient nom : Dubut, Citolle, Gaillard.

Parmi les cinq religieux de Sainte-Geneviève, nous devons mentionner Baudoin, Branche, Boulard.

Les dix supérieurs des autres monastères étaient :

Caignet	pour	Saint-Vincent de Senlis ;
Batelet	—	Saint-Martin de Nevers ;
Aimery	—	Saint-Chéron ;
Tesson	—	Saint-Jean-en-Vallée ;
Beurrier	—	Sainte-Catherine ;
......	—	Saint-Jean du Jard ;
Blanchart	—	Saint-Denys de Reims ;
Douchart	—	Saint-Ambroise de Bourges ;
Poulain	—	Notre-Dame d'Eu ;
Barbier	—	Saint-Loup de Troyes.

(2) Ce serment devait entrer dans la règle. Nous lisons dans l'édition des

qu'on déposa dans l'urne placée devant le cardinal. Le dépouillement fait, le P. Faure, ayant obtenu quinze voix sur dix-sept, fut proclamé en chapitre et acclamé au dehors par la communauté supérieur général de la congrégation et coadjuteur de Sainte-Geneviève. Le cardinal était au comble de la joie. Les cloches envoyaient dans les airs leurs joyeuses volées. On se rendit aussitôt à l'église où l'on procéda à l'installation de l'élu. Le *Te Deum* clôtura la cérémonie dans le lieu saint, et la présentation des religieux dans la salle du chapitre.

Le P. Faure, sachant qu'on est seulement élevé en dignité pour se consacrer au service des autres, voulut, à la grande édification de tous, servir au réfectoire pendant le dîner (1).

La congrégation de Paris, tout à l'heure de France, constitua un corps parfaitement homogène, qui s'accrut — empruntons à l'histoire naturelle ces expressions qui rendent bien notre pensée — par *intussusception* et non par *juxtaposition*. En effet, les monastères ne faisaient partie du nouvel ordre qu'à la condition de recevoir un

Constitutions, en 1676, pars v_a, cap. XIII, n° 6 : « Unusquisque eligentium « ante crucem genuflexus, juramentum præstabit : Ego N. voveo et pro- « mitto Deo omnipotenti me eum electurum in abbatem Sanctæ Genovefæ « Parisiensis et totius congregationis præpositum generalem, quem in « conscientia ad hæc munia exercenda judico aptiorem. » Ce serment finit même par être imposé pour l'élection des autres dignitaires. Nous le trouvons, en effet, ainsi formulé dans l'édition des Constitutions, en 1772, pars v^a, cap. VII, n° 7 : « Nos ad præsentis capituli generalis celebra- « tionem congregati, promittimus juramusque nos officio nobis demandato « juxta congregationis leges perfuncturos, in electionibus definitorum, « præpositi generalis et aliorum superiorum, suffragia iis concessuros quos « digniores judicaverimus... »

(1) B. S. G., ms. fr. H. 21[4], in-fol., p.p. 297, 308; et *Vie* du P. Faure, Paris, 1698, in-4°, p.p. 349, 355.

Au dehors, parmi ceux qui portaient un sincère intérêt aux choses religieuses, on était loin de demeurer indifférent en présence du résultat. Un sieur de Vertamont, intendant judiciaire en Guyenne, écrivait au P. Faure : « Je ne puis avoir vu par les relations publiques le digne choix qui a esté « fait de vostre personne pour la coadjutorerie de Saincte-Geneviève et la « généralité de vostre congrégation sans vous témoigner la joye très par-

chapitre tiré de son sein, afin d'introduire l'esprit et la pratique d'une règle commune ; et même les membres du chapitre ancien n'étaient admis dans la congrégation qu'après noviciat et renouvellement des vœux. C'est dire que les dignités et offices appartenaient au nouveau chapitre. Il y avait là, si on excepte Toussaint d'Angers, Saint-Eloi-Fontaine, La Couronne, Saint-Gérald de Limoges, une loi qui n'admettait aucun compromis, ne souffrait aucune dérogation.

Quant aux anciens chanoines qui ne jugeaient pas à propos de se soumettre aux nouvelles constitutions ou ne se reconnaissaient pas une vocation suffisante, il y avait des droits acquis à respecter, et on les respectait réellement. De là, des traités qui d'ordinaire intervenaient pour le règlement des pensions ; et, dans les cas où l'autorité seule devait statuer, même justice était observée. Cette obligation de droit naturel, le cardinal devait l'inscrire dans son ordonnance du 28 mars 1635 (1).

Est-ce à dire que tout cela s'accomplissait sans difficultés, sans tiraillements, sans conflits ? Le penser serait peu connaître la nature humaine. Il se rencontrait çà et là,

« ticulière que j'en ay, estimant que ce sera un grand advancement pour « la gloire de Dieu et manutention et accroissement de la réformation que « vous avez déjà si heureusement commencée et avancée... » La lettre est datée de Bordeaux, 14 novembre 1634. (Même ms., p. 307-308.)

(1) L'article 8 de l'ordonnance était ainsi conçu : « Ledict général aura « pouvoir d'envoyer des religieux de ladicte observance en tous les « monastères de l'ordre en France, lesquels religieux y seront introduits « en la forme et aux conditions cy devant observez en pareil cas : lesquelles « sont que les offices de prieur, sous-prieur et autres seront exercez par « les religieux de ladicte congrégation, que les anciens religieux qui se « trouveront ausdits monastères pourront entrer en ladicte observance, si « bon leur semble, se soumettants aux constitutions de ladicte congré- « gation et faisants leur noviciat, si après iceluy ils en sont jugez capables « par les supérieurs d'icelle ; et pour ceux qui ne pourront ou ne voudront « entrer en ladicte observance, sera prise sur le revenu et mense conven- « tuelle la pension en espèces ou argent, dont il sera convenu entre eux « et ledict général ou ordonné par les sieurs commissaires de Sa Majesté « pour toutes choses nécessaires à leur entretènement convenable à leur « condition, tant pour l'habitation qu'autrement. » (Ms. fr. H. 21[4], p. 396.)

de la part d'anciens chanoines qui préféraient le *statu quo* ou, du moins, ne voulaient pas de mesures aussi radicales, des récriminations vives, des oppositions ardentes, des appels aux tribunaux séculiers. Parfois même, le conseil privé devait intervenir et l'autorité civile menacer ou frapper. Encore un coup, il ne faut pas s'étonner de tout cela. Non, il « ne faut pas s'étonner si la plupart des « établissements ne se sont faits qu'en vertu des arrêts « et que par la force de la justice, qui paraîtra peut-être « n'être pas si conforme à l'esprit de douceur recommandée « dans l'Évangile,et à la charité qui nous est prescrite dans « notre règle. Mais, comme le bien ne s'est pu établir « par d'autres voies et que l'ennemi de tout bien a « toujours suscité quelqu'un pour s'opposer à celui qu'on « voulait faire, on a été obligé d'implorer l'autorité de « ceux à qui Dieu a donné son pouvoir en main, pour « vaincre leurs résistances, chasser le vice et la débauche « des lieux saints et établir à leur place la vertu et la « piété qu'on a tâché de faire reluire dans les maisons où « la congrégation a été établie » (1).

(1) B. S. G., ms. fr. H. 18[5], p. 460.

CHAPITRE DEUXIÈME

GOUVERNEMENT DU P. FAURE

ET DERNIÈRES ANNÉES DU CARDINAL

(1634-1645)

I. PREMIER GÉNÉRALAT DU P. FAURE (1634-1637)

Le P. Gallet et Alain de Solminihac. — Progrès de la congrégation qui prend le nom de Congrégation de France. — Deuxième chapitre général

II. SECOND GÉNÉRALAT DU P. FAURE (1637-1640)

Saint-Victor — Chancelade — Nanterre — Troisième chapitre général Développements de la congrégation

III. GÉNÉRALAT DU P. BOULART (1640-1643)

Chanoines de Latran — L'abbesse de Fontevrault — Nanterre — Encore Chancelade — Quatrième chapitre général

IV. DERNIER GÉNÉRALAT DU P. FAURE. SA MORT ET CELLE DU CARDINAL (1643-1645)

I

PREMIER GÉNÉRALAT DU P. FAURE

(1634-1637)

Sans la fermeté du coadjuteur, la congrégation se fût renfermée dans ses limites actuelles ou, du moins, eût renoncé à s'étendre dans une partie de l'ouest et du midi de la France.

Le prieur de Toussaint d'Angers et l'abbé de Chancelade aspiraient à devenir chefs de congrégation. C'eût été « faire un corps à trois têtes », phénomène « monstrueux » et engendrant « la difformité » et « la confusion dans le bel ordre de l'Église qui marche comme une armée bien rangée en bataille » (1).

(1) Ms. fr. H. 21[4], in-fol., p. 383.

Le prieur de Toussaint avait nom : Gallet. Il dut conquérir juridiquement, avec la dignité prieurale, le pouvoir de rendre cette abbaye à la vie canonique.

Toussaint d'Angers, après avoir été successivement occupé par des chanoines et des moines, était définitivement devenu la pieuse solitude de chanoines réguliers (1108). Sur la demande de l'évêque, l'abbaye d'Airvaux, au diocèse de La Rochelle, avait fourni les premiers de ces religieux (1).

Avant de devenir prieur de Toussaint, le P. Gallet en avait été élève, je dirais presque nourrisson : il avait huit ans, lorsque sa mère, veuve, de condition modeste, et chargée d'une assez nombreuse famille, l'y plaça. C'était au milieu de nos guerres civiles, puisque 1576 avait été l'année de la naissance du futur prieur. L'éducation pieuse fut à peu près nulle, et l'instruction ne s'étendit guère au delà des principes de grammaire, tant, au sein de cette maison religieuse, l'irrégularité avait abaissé, dévoyé les esprits et les cœurs! Heureusement le collège de la cité s'ouvrait avec ses classes d'humanités. Le jeune Gallet y fut envoyé. Il était vraiment travaillé par la passion de l'étude et se sentait un goût prononcé pour la piété.

Pour satisfaire cette noble passion, il demanda avec instance et finit par obtenir l'autorisation d'aller achever son instruction à Paris. Il fit sa philosophie sous Paul Boudot, estimé en même temps comme prédicateur, et plus tard élevé successivement sur les sièges de Saint-Omer et d'Arras. Pendant son cours de théologie, il contracta amitié avec le célèbre Cospéau. Ce fut à Angers qu'il voulut recevoir le bonnet de docteur.

A Paris, il n'avait pas négligé, non plus, de s'instruire des principes de la vie spirituelle. Il s'était même placé sous la conduite d'un pieux ecclésiastique pour mieux traduire dans ses actes les grandes vérités qu'il méditait.

1) *Gall.*, tom. XIV, col. 709.

Il avait été ordonné prêtre à l'âge de 24 ans.

La prédication et les catéchismes, à Angers et dans les environs, furent ses débuts dans le ministère évangélique. Si elles en avaient eu besoin, ses saintes résolutions se fussent retrempées à Rome où il accompagna son intime ami, Éveillon, digne archidiacre qui administra sous trois évêques le diocèse d'Angers. A son retour, il trouva le monastère dans le même état de relâchement. « Chacun demeurait « en son logis séparé, où il avait son ménage et vivait en « son particulier à sa liberté, sans observance régulière, « sans pratique de vœux et sans marque de religion. » La tenue, comme la conduite du P. Gallet, pouvait aiguiser l'épigramme (1). Malgré tout, il s'imposait à l'estime et à la confiance.

Établi maître des novices, il eut, à la fois, l'administration du temporel. Ses visites étaient fréquentes à La Flèche : c'est là, que dans des entretiens avec les Jésuites, il aimait à venir puiser un nouveau courage et s'éclairer de nouvelles lumières. Chaque année même, une retraite de dix jours le retenait dans cette maison.

Le prieur étant mort, il suivit l'avis des gens de bien pour se porter prétendant à la dignité vacante. Son titre de docteur lui constituait un véritable droit. Mais l'opposition des chanoines lui suscita un procès qu'il perdit au présidial d'Angers (2). Il en appela au parlement de Paris et eut gain de cause (1620).

La réforme allait s'inaugurer sans retard. Un chanoine de Saint-Vaas, au diocèse du Mans, était venu se joindre au

(1) Les chanoines portaient en ville l'habit court. Le clergé séculier en faisait autant. C'était l'usage alors. Mais le P. Gallet, ayant « remarqué qu'un des archidiacres... portoit toujours la soutane et son manteau long..., en voulut faire de même ; ce qui donna sujet de parler aux autres religieux qui par dérision l'appeloient M. l'Archidiacre. »

(2) Il y eut alors grande joie au monastère et même parmi les servantes qui « aprėhendoient d'estre chassées par ce nouveau prieur » : elles « en dansèrent toute la nuit ».

P. Gallet (1). Deux jeunes religieux de Toussaint entrèrent généreusement dans les vues du prieur. Un de ceux-ci, ayant nom Guérin, devait rendre, dans la suite, de grands services à la Congrégation de France dont il fut le procureur général en cour de Rome. Ces quatre hommes formèrent une petite communauté offrant l'exemple de la vie canonique.

L'opposition ne voulait pas s'avouer vaincue. Un nouveau procès ramena le P. Gallet à Paris (1623). Ce dernier profita de son séjour dans la capitale pour visiter Saint-Vincent de Senlis, dont on disait alors merveille. « J'ai trouvé « des anges dans des corps humains et de vrais chanoines « réguliers », mandait-il de Senlis à ses frères d'Angers. Il transcrivit les constitutions de cette abbaye pour les faire observer à Toussaint (2).

Revenu à Angers, après un nouveau triomphe juridique, il conçut et nourrit longtemps le projet de réunir Tous saint à la congrégation dont Sainte-Geneviève de Paris était la tête. Sur la requête par lui présentée, le cardinal de La Rochefoucauld prononça même, en 1629, l'union effective. Il est vrai que ce fut sous certaines conditions auxquelles le P. Gallet trouva trop difficile de se soumettre. Ce dernier subissait déjà les influences séparatistes de l'abbé de Chancelade.

Il vint néanmoins à l'assemblée de 1632. Mais ce fut pour s'en voir presque interdire l'entrée. Le cardinal l'engagea à ne pas quitter Paris aussitôt après la clôture. Il se proposait de faire juger le litige. Des arbitres furent nommés qui ne purent tomber d'accord. Le cardinal dut se réserver le jugement qui fut porté en ce sens : l'union ne pouvait être réelle qu'après l'accomplissement des conditions imposées. Or, les principales étaient :

(1) C'était Nicolas Fournier, qui devint plus tard prieur de N.-D. de Beaulieu-lez-Mans. Le relâchement de Saint-Vaas lui avait fait quitter ce dernier monastère.

(2) L'habit blanc, qui était l'ancien costume, devait reparaître aussi dans le monastère.

Les chanoines de Toussaint seront placés dans des monastères de la congrégation pour y faire un noviciat d'un an, après lequel ils renouvelleront leurs vœux ;

Ils seront remplacés dans le monastère par des chanoines de la congrégation ;

Le P. Gallet fera sa démission de prieur.

Ces conditions furent loin de satisfaire le P. Gallet qui alors adopta complètement les desseins séparatistes de Solminihac. Requête fut même adressée aussitôt au cardinal pour lui demander de reconnaître trois congrégations de chanoines réformés avec les dénominations particulières de France, Guyenne et Anjou, et sous la direction, la première du P. Faure, la seconde de Solminihac et la troisième du P. Gallet. Ces congrégations auraient un supérieur général qu'on prendrait indifféremment dans leur sein. La requête fut rejetée (novembre 1632).

Dans ces conditions, le prieur de Toussaint ne pouvait pas être convoqué au chapitre général de 1634. Il en éprouva un vif mécontentement. D'autre part, la communauté désirait l'union.

La résolution bien arrêtée du P. Guérin d'entrer à l'abbaye de Sainte-Geneviève amena le P. Gallet à Paris, assez peu de temps après la clôture du chapitre. Ses entretiens avec le cardinal et le P. Faure le gagnèrent complètement à la cause de la congrégation. Aussi, de retour à Angers, signait-il le 29 décembre 1634, au nom de la communauté, cet acte d'adhésion : « Nous vous déclarons que nous ne voulons être qu'un corps avec vous, ne « vivre que d'un même esprit et par les mêmes règles..., « vous reconnaissant, après Monseigneur le cardinal de La « Rochefoucauld, pour notre supérieur et général de l'ordre des chanoines réguliers de la congrégation de Sainte-« Geneviève de Paris..., et, en tant qu'il est en nous ou « besoin serait, nous vous élisons pour tel, en cette qualité,

« vous suppliant de nous tenir pour vos enfants comme « nous vous reconnaissons pour notre père... »

Mais les conditions imposées ? Il y avait bien là quelque point noir.

Le P. Faure prit le parti, en juillet suivant, de se rendre à Toussaint. « Il y fut reçu comme un ange envoyé du ciel pour y apporter la paix. » Les deux premières conditions furent légèrement modifiées en ce sens : les chanoines prenaient l'engagement de se rendre en d'autres maisons de la congrégation, si le supérieur général jugeait à propos de les y appeler; et le renouvellement des vœux se ferait immédiatement. Quant au P. Gallet, il se démit de sa charge, pour prendre, comme les autres supérieurs de la congrégation, une simple commission de prieur.

Ceci se passait le 2 août 1635. L'union devenait donc enfin un fait accompli (1).

Malheureusement on ne put en dire autant de Chancelade.

Élevé pour le monde, providentiellement destiné à l'Église, Alain de Solminihac avait vingt-deux ans — il était né en 1593 — lorsque son oncle, Arnaud de Solminihac, abbé de Chancelade, se démit en sa faveur. La résignation fut approuvée du roi, et Rome expédia les bulles au nouvel abbé.

Chancelade, située à une petite lieue de Périgueux, était une abbaye fort ancienne, et tirait son nom d'une fontaine qu'entouraient des grilles de fer (*fons cancellatus*). D'abord simple retraite pour de pieux ermites, Chancelade adopta la règle de Saint-Augustin, en 1133, sous Gérald qui en fut le premier abbé. Cette abbaye compta de longues années de prospérité, peuplant de saints chanoines Fontenelles, au diocèse de Luçon, et donnant de zélés prieurs à plusieurs

(1) B. S. G., ms. fr. H. 17[3], in-fol., p.p. 382 et suiv.; ms. fr. H. 21[3], in-fol., p.p. 274, 283 et suiv ; ms. fr. H. 21[4], in-fol., p.p. 78 et suiv., 340 et suiv., 417 et suiv.

maisons des diocèses de Périgueux, Bordeaux, Sarlat et Rodez. Mais déjà cette gloire était loin. Les guerres religieuses n'avaient laissé debout que l'infirmerie. Ces ruines abritaient l'abbé avec trois chanoines dont le jeu et la chasse étaient la grande occupation (1).

Le jeune Alain conçut aussitôt le généreux projet de rendre à l'abbaye sa splendeur d'autrefois. Mais ses vingt-deux ans, son manque d'instruction, son ignorance complète de la vie religieuse, n'étaient-ce pas là autant d'obstacles insurmontables? Un sérieux noviciat d'une année, l'étude ardente des lettres, dans leurs rudiments comme dans leurs parties élevées, puis de la philosophie et de la théologie, la direction du P. Gaudier, de la compagnie de Jésus, la lecture des maîtres de la vie spirituelle et canonique, la visite des collégiales qui avaient mieux conservé l'esprit de l'ordre (2), telle fut la noble, mais ardue préparation de laquelle il attendait, Dieu aidant, par le triomphe sur les obstacles, le succès de la grande entreprise.

Un seul chanoine consentit à demeurer avec lui. Quelques novices vinrent combler les vides. La restauration matérielle, entreprise aussitôt, se continuait avec zèle. « Voilà un beau pigeonnier, mais où sont les pigeons que « vous y voulez mettre ? » disait un jour à l'abbé l'évêque de Périgueux, en visitant la maison. — « Il sera plutôt rempli que votre cathédrale achevée », répondit l'abbé (3). L'affirmation se vérifia. La cathédrale à laquelle on travaillait alors, attendait encore son achèvement longtemps après que Chancelade, où une foule de jeunes gens de Périgueux, Bordeaux, Limoges, Saintes étaient venus cher-

(1) *Gall.*, tom. II, col. 1502; Chastenet, *Vie de M. A. de Solminihac*, Saint-Brieuc, 1817, p. 12-14.

(2) Nommons, en particulier, Saint-Vincent de Senlis, où il passa sep mois « pour apprendre la pratique des saincts exercices de ces bons religieux, afin de les introduire en son abbaye de Chancelade ». (B. S. G., ms. fr. H. 21^{3}, in-fol., p. 102.)

(3) *Vie de M. A. de Solminihac*, p. 30.

cher les biens spirituels, comptait une famille nombreuse, offrant la louable réalité de la vie canonique (1).

Le moment ne tarda pas à venir où Alain de Solminihac allait vouloir assurer la durée de l'œuvre par de sages constitutions. Résumé de ce qu'il avait rencontré de mieux dans les statuts des divers ordres religieux, ces constitutions comprenaient seulement dix chapitres qui avaient pour objet : les exercices de la journée, l'office divin, l'observance des trois vœux, l'homme intérieur, la mortification, le costume (2), les voyages, diverses pratiques de piété.

Deux points, cependant, restaient à régler pour le bien de l'œuvre. L'un regardait les bénéfices, l'autre l'abbé. Les bénéfices pourraient-t-ils être acceptés par les chanoines sans l'autorisation du supérieur, et l'abbé choisi en dehors de la réforme? Admettre l'affirmative mettait en péril, aux yeux d'Alain de Solminihac, la réforme elle-même. Il fallait donc consacrer la négative. La chose était facile pour les bénéfices : à cet effet, un serment spécial fut imposé aux chanoines après les trois vœux. Mais la nomination de l'abbé qui appartenait au roi ? Une requête fut présentée à Louis XIII, qui renonça à sa prérogative, investissant le chapitre du droit de lui désigner pour la dignité abbatiale trois profès de ladite réforme, et prenant l'engagement de ne pas porter son choix sur d'autres.

L'agent d'une aussi admirable transformation fut salué

(1) L'abbé, modèle de régularité et visant à la perfection évangélique fit, en 1626, un quatrième vœu, celui de chercher dans les affaires de quelque importance la plus grande gloire de Dieu : « Omnipotens sempi-« terne Deus, ego frater Alanus de Solminihac..., voveo, coram sacratissima « Virgine Maria et curia tua cœlesti universa, divinæ majestati tuæ, me « in praxi rerum et negotiorum quæ alicujus momenti esse videbuntur, « majorem tui nominis gloriam, quantum probabiliter judicare potero, « semper quæsiturum curaturumque .. » (*Ibid.*, p.p. 37, 38.)

(2) L'habit ordinaire était « une soutane blanche et un scapulaire de lin large d'un demi-pied ». Au chœur, c'était « le surplis et l'aumusse ou une grande chape noire avec le camail, suivant la diversité des temps ». (*Ibid.*, p.p. 132, 133.)

comme un des restaurateurs prédestinés de l'ordre canonique. Le cardinal de La Rochefoucauld le subdélégua, en 1630, pour visiter en son nom les maisons de chanoines réguliers dans les diocèses de Périgueux, Sarlat, Limoges, Saintes, Angoulême et Maillezais. Un arrêt du conseil le nomma administrateur de La Couronne, en Angoumois, célèbre abbaye, jadis florissante (1), alors ruinée et déserte, mais appelée, par la réforme qui y fut aussitôt introduite, à une glorieuse résurrection. Saint-Gérald de Limoges (2) et Notre-Dame de Sablonceaux (3) en Saintonge reçurent, à la même fin, des chanoines de Chancelade.

N'était-il pas juste que le réformateur devint le chef de ces communautés réformées ? Dans cette situation élevée, Alain de Solminihac pourrait aussi travailler plus efficacement à introduire le bon ordre dans les monastères voisins. Et, d'ailleurs, comment des monastères du Limousin, du Périgord, de la Guyenne, du Languedoc recevraient-ils de Paris une réelle et féconde direction ?

Abandonné par le P. Gallet, l'abbé de Chancelade n'en

(1) Saint Bernard, écrivant au pape Eugène III en faveur de cette abbaye, qualifiait de saints les frères de La Couronne : « Propter anxietatem sanctorum fratrum de Corona... » (Epist. CCLXVIII). Cette abbaye rattachait son origine à une ancienne église qu'avaient fait construire, dit-on, les enfants de Childebert II et qui était placée sous le vocable de Saint-Jean de Palue (*S. Joannis de Palude*). Au commencement du XIIe siècle, un monastère fut construit dans un lieu voisin autour duquel les rochers formaient une sorte de couronne. De là le nom de l'abbaye. La vie commune s'y établit aussitôt sous la règle de Saint-Augustin. (*Gal. christ.*, tom. II, col. 1043.)

(2) Saint-Gérald n'était que prieuré.

(3) Cette abbaye, qui datait également de la première moitié du XIIe siècle, avait pour fondateur Guillaume X, duc d'Aquitaine. Elle était située non loin du cours et de l'embouchure de la Seudre, petite rivière dont le lit présente en cet endroit un sable abondant (*fluit in loco sabuloso*). Ce n'est pas sans vraisemblance qu'on fait dériver de là le mot latin : *Sabloncellis*, père du mot français : *Sablonceaux*. Les richesses de cette abbaye étaient autrefois considérables : « Opulentum sane fuit olim « hoc monasterium quod, in *grangiis* octoginta, totidem fratres conversos « numerabat. » (*Gal.*, tom. II, col. 1131.)

devint que plus ferme dans la poursuite du but désiré. Il avait des amis puissants qu'il sut faire agir.

Pour toute réponse, le P. Faure demandait au cardinal un acte d'autorité. Selon son habitude, celui-ci voulut avoir l'avis de son conseil intime qui tint séance le 1er mars 1635. Ces trois points furent arrêtés :

1° Il n'y aura en France qu'une seule congrégation de chanoines réguliers de l'ordre de Saint-Augustin ;

2° Défense sera faite à tout monastère de cet ordre de recevoir, dans un but de réformation, des religieux autres que ceux de la congrégation de Paris ;

3° La multiplication des monastères pourra permettre de les grouper par provinces ; mais tout cela ne formera qu'un seul corps qui obéira à une seule tête.

Une ordonnance du 28 mars suivant fut rendue en conséquence. Et ce point spécial, en ce qui regardait Chancelade, s'y trouvait en même temps réglé :

Les quatre monastères réformés par l'abbé de Chancelade pourront, eu égard à certaines divergences régulières, ne pas entrer dans la congrégation ; mais il leur demeure interdit d'en constituer une autre,

L'abbé de Chancelade, peu satisfait de la concession, ne désespérait pas de faire quelques brèches à l'ordonnance. Il vint lui-même à Paris, dans le mois de décembre de cette année 1635. C'était pour livrer un dernier et suprême assaut, car, jusque-là, les tentatives de ses amis avaient échoué devant la fermeté du commissaire apostolique.

Il visait à se faire accorder une commission pour la réformation des monastères dans le sud-ouest de la France : il aurait le simple titre de provincial, mais il serait indépendant du supérieur de la congrégation. Donc, ses zélés protecteurs ou partisans, les archevêques d'Arles et de Toulouse, plusieurs jésuites et carmes déchaussés, se réunirent, le 15 décembre, en l'hôtel abbatial de Sainte-Geneviève. On réédita, avec quelques variantes dans la forme, les raisons déjà produites. Le commissaire apostolique répondit qu'il aviserait.

A la suite de cette réunion, le P. Faure et le P. Boulart furent mandés et exposèrent aussitôt, en attendant que le lendemain ils présentassent un long mémoire à l'appui, l'impossibilité de souscrire à pareille demande : c'eût été dresser autel contre autel.

Le 20 décembre suivant, le commissaire apostolique réunit son conseil. L'abbé de Chancelade fut convoqué. « Pour donner quelque chose à ses mérites », on confirma purement et simplement la faculté, à lui déjà concédée, de gouverner les quatre monastères. Ses nouvelles instances n'obtinrent rien de plus (1).

Naturellement, par suite de la décision, mentionnée tout à l'heure (2), du cardinal de La Rochefoucauld, la province ou congrégation de Paris, prenait le nom de Congrégation de France.

Les progrès de la réformation étaient, d'autre part, des plus consolants : elle s'établit à la prévôté d'Énaux, diocèse de Limoges (3), à Saint-Martin d'Amiens (4), à Sainte-Ma-

(1) Ms. fr. H. 21[4], in-fol., p. 382-405.

(2) Décision du 1er mars 1635, d'après laquelle il n'y aurait qu'une congrégation de chanoines réguliers.

(3) La prévôté d'Énaux dans sa réformation n'offre rien de bien intéressant.

(4) *Saint-Martin-aux-Jumeaux* d'Amiens était un monument élevé à l'acte si connu de l'étonnante charité du généreux catéchumène, du futur évêque de Tours. Le fait avait eu lieu à la porte de la cité, dite porte *aux jumeaux* : ainsi s'explique la dénomination. Dans la seconde partie du VIe siècle, c'était un couvent de religieuses. En 1073, il fit place à une église desservie par des clercs qui, obéissant à l'impulsion religieuse d'alors, ne tardèrent pas à adopter la règle de Saint-Augustin (1109).

Lorsque, sous Louis XIII, le couvent des Célestins fut compris dans les travaux d'agrandissement de la citadelle, l'on songea à établir ces religieux à Saint-Martin qui ne comptait plus que deux ou trois chanoines sans abbé. Tel était le projet de l'évêque et du gouverneur de la ville. Les chanoines auraient bien voulu se déclarer les adversaires du projet. Mais que pouvaient-ils contre si forte partie? Ils jetèrent les yeux sur la Congrégation de France. L'abbaye fut proposée au P. Faure qui accepta, et le

deleine de Châteaudun (1), à Saint-Pierre d'Auxerre (2), à

concordat signé incontinent. Ceci se passait le 13 février 1634. Le P. Faure fit prendre possession le 1er mars suivant.

Quelque temps après, obligés par lettres patentes de céder l'abbaye aux Célestins, les chanoines reçurent l'hospitalité à Saint-Acheul, revinrent ensuite s'établir dans la maison dite des *Douze Pairs de France*, et, l'année suivante, en novembre 1635, ils pouvaient solenniser dans leur nouvelle église la fête de leur illustre patron.

(*Gal.*, tom. X, col. 1226-1227; même ms., p.p. 274 et suiv.)

(1) Une tradition respectable rapporte à Charlemagne la fondation de cette abbaye. Ce qui est certain, c'est qu'au temps de saint Yves, évêque de Chartres, des chanoines séculiers en desservaient l'église et firent place, en 1130, à des chanoines réguliers.

Lorsque Michel de Marillac, à la suite de la *Journée des dupes*, fut confiné, en troisième lieu, à Sainte-Madeleine de Châteaudun, il put voir de ses yeux le déplorable état de l'abbaye. L'honnête et religieux magistrat gémissait profondément de ces désordres. Il se prenait parfois à désirer d'être mis de nouveau en possession des sceaux pour avoir la satisfaction de les apposer au bas des lettres patentes qui ordonneraient la réforme. Quand il recevait la visite des religieux, il ne manquait pas de faire tomber la conversation sur le monastère, désignant même comme les agents naturellement indiqués de l'œuvre désirable les chanoines de la Congrégation de France.

Le monastère se trouvait aux mains d'un abbé commendataire. Cet abbé s'appelait La Ferté, et était chantre de la Sainte-Chapelle de Paris. Il fit de la réformation une affaire de conscience pour lui. Il adressa une requête au cardinal qui rendit, le 20 septembre 1634, l'ordonnance d'union. Au mois de décembre suivant, le P. Faure conduisait huit religieux à Sainte-Madeleine. Mais il dût en ramener six, si grand était le délabrement de la maison! Une année de travaux de restauration permit de compléter le chapitre.

(*Gall.*, tom. VIII, col. 1317-1318, tom. VII, col. 786; ms. 22[12], tom. XII du Recueil général de pièces, fin du vol.; ms. 21[4], p.p. 331 et suiv.; v. aussi *Vie* du P. Faure, p. 363.)

C'est par erreur que ce dernier ms. 21[4] indique l'année 1635 pour la prise de possession.

(2) L'on ne saurait préciser l'origine de cette abbaye. Mais elle ne paraît pas devoir remonter au delà du VIe siècle. C'est au XIIe que les chanoines réguliers en prirent possession.

Dominique Séguier, promu à l'évêché d'Auxerre, rangea parmi les premiers devoirs de son épiscopat la réformation de ce monastère. Certes, il y avait urgente nécessité : la justice civile avait dû elle-même user de répression. Le consentement de l'abbé commendataire obtenu, le prélat fit le voyage de Paris pour voir le P. Faure et lui faire agréer immédiatement sa requête, car c'étaient des chanoines de la congrégation qu'il voulait dans Saint-Pierre. Par malheur, les sujets manquaient pour l'instant. Sur les nouvelles instances du prélat, le cardinal prononça, le

Saint-Quentin-lez-Beauvais (1), à Notre-Dame de Châtillon-sur-Seine (2), à Saint-Euverte d'Orléans (3).

31 août 1635, l'union si impatiemment attendue, et la prise de possession eut lieu quelques jours après.

(*Gal.*, tom. XII, col. 434-435; même ms., 21[4], p.p. 425 et suiv.; v. aussi *Vie* du P. Faure, p. 362.)

(1) Nous connaissons les commencements de cette abbaye et son étonnante prospérité sous le gouvernement de saint Yves, postérieurement évêque de Chartres.

Elle avait été comprise par le cardinal de La Rochefoucauld au nombre des monastères appelés à composer la province de Paris. Conséquemment, l'ordonnance du cardinal lui avait été signifiée. En 1634 seulement, le P. Boulart fut chargé de la visite du monastère. Il s'assura, en même temps, des dispositions du chapitre. Augustin Potier, évêque de Beauvais, ayant donné le plus utile concours, tout s'arrangea.

Mais voilà qu'un revirement s'était opéré dans l'esprit de l'évêque : ce dernier songeait aux prêtres de la Mission. La question de la juridiction était pour beaucoup dans ce changement. Le supérieur général eut besoin de toute son habileté pour triompher, par de sages concessions, des susceptibilités épiscopales. C'est de là qu'est né le règlement conclu avec plusieurs évêques et dont nous allons faire mention. Rien ne s'y opposant plus, l'installation du nouveau chapitre se fit en avril 1636.

(Même ms., p.p. 452 et suiv.; v. aussi *Vie* du P. Faure, p. 364.)

(2) C'est à Notre-Dame de Châtillon-sur-Seine que saint Bernard reçut les premiers principes des connaissances humaines. A la tête de cette église se trouvaient alors des chanoines séculiers qui tenaient école. Des chanoines réguliers succédèrent à ceux-ci peu de temps après. Durant cent années, l'abbaye demeura affiliée à la congrégation d'Arrouaise. L'époque de la séparation fut pour elle l'époque d'une décadence dont elle ne se releva pas, malgré ses rapports de confraternité avec l'abbaye voisine de Sept-Fontaines, malgré l'union contractée par elle avec le Val des Écoliers. La sécularisation paraissait le terme fatal vers lequel elle marchait.

Le souvenir de saint Bernard faisait désirer aux Feuillants la possession de Notre-Dame. Ils signèrent même avec l'abbé l'acte de cession. Mais, devant l'opposition des chanoines, le traité resta sans effet. Après bien des difficultés vaincues, la Congrégation de France prenait, en juillet 1634, possession de l'abbaye.

(*Gal.*, tom. IV. col. 770-772; même ms., p.p. 467 et suiv.)

(3) Le corps de saint Euverte (*S. Evurtius*), évêque d'Orléans, avait été déposé dans un oratoire construit à quatre cents pas de la ville. Nous voyons que du temps de Charlemagne des chanoines célébraient l'office dans cet oratoire. Nous l'avons marqué précédemment, c'est de Saint-Victor de Paris que Saint-Euverte tira les chanoines de la première réformation (vers 1146). Saint-Euverte, alors, donnait l'exemple à Sainte-Geneviève. Mais, à cinq siècles de distance, Sainte-Geneviève allait devenir pour lui le foyer d'une nouvelle vie.

L'évêque d'Orléans, Nicolas de Nets, ne fut pas seulement le promoteur

L'ordonnance du 28 mars 1635, rappelée précédemment au sujet de Chancelade, renfermait ces deux autres articles :

1° Au supérieur général seront donnés deux assistants élus par le chapitre de la congrégation, lequel nommera aussi un procureur général ; provisoirement les PP. Baudoin et Boulart sont désignés pour assister le supérieur, et le premier remplira, en outre, la charge de procureur général ;

2° « En chaque monastère de ladite congrégation sera « faite partition du revenu pour les menses abbatiales et « conventuelles, hormis en celui de Sainte-Geneviève, « auquel tout le revenu de l'abbaye est réduit en commu- « nauté de l'abbaye et des religieux par l'établissement de « l'élection triennale dudit abbé. Et au cas que le roi « nomme quelque religieux pour abbé ou prieur titulaire « en quelques-uns des autres monastères, ledit abbé ou « prieur ne jouira, en qualité d'abbé ou de prieur perpétuel, « que de la mense abbatiale ou prieurale, l'autorité spiri- « tuelle pour le gouvernement dudit monastère étant « réservée au prieur ou sous-prieur conventuel qui y sera « établi par ladite congrégation ; et le temporel de la « mense conventuelle sera gouverné par lesdits supérieurs « établis par ladite congrégation... » Et dans l'hypothèse où ce dignitaire venu du dehors voudrait faire partie de la communauté, il devrait renoncer à sa mense qui ferait retour à la communauté elle-même.

Le cardinal avait fait renouveler à Rome, pour deux ans, ses pouvoirs de commissaire apostolique. Le bref est du 27 avril 1634 (1). Deux ans plus tard, le 19 juin 1636, un autre bref lui fut expédié à la même fin et dans les mêmes conditions (2).

de l'entreprise ; il en fut aussi l'habile autant qu'ardent exécuteur. Le 28 juillet 1636 fut fixé pour l'installation du chapitre génovéfain.

(*Gal.*, tom. VIII, col. 1573-1575, 1411 ; même ms., p.p. 487 et suiv.)

(1) B. S. G., ms. fr. H. 22[12], in-fol., tom. XII du Recueil génér., fol. 170-177, où le bref est transcrit.

(2) Même ms. fr. H. 21[4], p. 504.

Le P. Faure déployait un zèle infatigable. Il avait visité lui-même la plupart des maisons de la congrégation (1). Pour maintenir la bonne harmonie entre les maisons et les autorités diocésaines, il signa avec les évêques de Beauvais, Lisieux, Meaux, Noyon, Châlons-sur-Marne, Bazas, le règlement qui établissait les droits et devoirs de chacun. Ce règlement, tiré du droit commun, était appelé à s'étendre aux autres diocèses qui renfermaient ou renfermeraient des monastères de chanoines réformés (2).

Le supériorat du P. Faure touchait à sa fin. Un chapitre général devait être réuni. Comme tout s'était parfaitement passé dans le dernier, le cardinal consacra par un règlement le mode qu'on y avait suivi pour l'élection (3).

Les supérieurs des monastères de la congrégation étaient triennaux en fait, en attendant qu'ils le fussent en droit. A l'exemple du supérieur général, ils se démettaient dans le chapitre.

Les convocations se firent dans les mêmes conditions qu'en 1634, et les monastères, de leur côté, confièrent aussi à leurs seuls supérieurs le mandat de les représenter (4).

(1) *Ibid.*, p. 439.

(2) Même ms. 21[4], p. 439-442 : *Articles convenus...* Voici les principaux :

En cas de scandale ou de relâchement, les évêques pourront procéder par les voies qu'ils jugeront nécessaires ;

Ils pourront, quand bon leur semblera, visiter les monastères, entrer au chapitre pour faire remontrance ou exhortation, et officier pontificalement à l'église;

Les chanoines ne pourront prêcher et administrer les sacrements, même dans leur église, sans l'autorisation ou l'approbation épiscopales ;

Ils seront tenus d'assister aux processions générales prescrites par la liturgie ou par l'évêque ;

Les chanoines placés à la tête des paroisses devront se rendre au synode et prendre les saintes huiles selon l'usage du diocèse.

Ce règlement est de décembre 1635.

(3) Ms. fr. H. 22[14], in-fol., fol. 249-255, où le règlement de septembre 1637 est transcrit.

(4) Ms. 22[14], tom. XIV du Recueil génér., fol. 211-246, où sont reproduites, moins celles de Sainte-Madeleine de Châteaudun, les diverses procurations.

Prirent part à ce second chapitre, sous la présidence du supérieur général, dix-sept supérieurs de maisons particulières (1).

« Nous devons — lisons-nous dans nos Mémoires — « considérer les actes de ce chapitre général comme les « bases qui soutiennent la congrégation, ou comme l'âme « qui lui a donné la forme (2). » En effet, ce chapitre, qu'on nous permette cette expression, fut réellement constituant. Douze séances furent consacrées à l'œuvre législative, une seule à l'élection du supérieur général.

L'œuvre, du reste, se présentait assez facile. Il y avait, avec les récentes ordonnances du cardinal dont il ne fallait pas s'écarter, les constitutions anciennes des chanoines réguliers et surtout celles de Sainte-Geneviève. Il y avait aussi les usages légitimement introduits çà et là et, en particulier, dans la grande abbaye qui de fait devenait chef d'ordre. Prendre dans tout cela et codifier, ajouter les articles jugés nécessaires, tel fut le travail préparatoire du P. Faure, lequel fut soumis à la sanction des capitulants.

La première séance eut lieu le 14 octobre 1637. Après

(1) Les monastères représentés étaient : Sainte-Geneviève, Saint-Vincent de Senlis, Saint-Martin de Nevers, Saint-Chéron, Sainte-Catherine, Saint-Pierre de Rillé, Saint-Jean du Jard, Saint-Denys de Reims, Saint-Ambroise de Bourges, Notre-Dame d'Eu, Saint-Loup de Troyes, Saint-Pierre d'Énaux, Saint-Martin d'Amiens, Toussaint d'Angers, Saint-Quentin-lez-Beauvais, Saint-Euverte d'Orléans, Sainte-Madeleine de Châteaudun. (Ms. 21[4], p. 600-601.)

Nous ne voyons pas figurer Saint-Jean-en-Vallée. C'est sans doute à cause des difficultés qui surgirent à Saint-Pierre d'Auxerre et à Notre-Dame de Châtillon-sur-Seine que ces deux maisons ne furent pas, non plus, représentées.

La plupart des supérieurs, membres du premier chapitre, se retrouvaient au second, pour représenter, soit le même monastère, soit un autre. (Même ms., *ibid.*)

A la suite de la liste des supérieurs qui assistèrent à ce second chapitre, nous en rencontrons une autre portant les noms des treize *prêtres députés et conventuels qui assistèrent à l'élection*. (*Ibid.*, p. 601-602). Ceci indiquerait qu'il y aurait eu des religieux désignés après coup par quelques monastères pour prendre part au scrutin et se seraient ajoutés aux religieux privilégiés de Sainte-Geneviève.

(2) Ms. 21[4], p. 522.

les prières prescrites et l'exhortation d'usage, le P. Faure soumit au chapitre un aperçu sur les fondations nécessaires ou grandement utiles à la congrégation. Ces fondations étaient, outre le noviciat :

Les petits et les grands séminaires : dans les petits on recevrait les enfants au-dessous de dix ans pour leur donner l'instruction première ; dans les grands, où seraient admis ceux qui auraient de dix à seize ans, l'on enseignerait les humanités dont la rhétorique est le couronnement, et un peu de philosophie (1) ;

Les maisons pour l'enseignement de la science sacrée : là, ajoutant en quelque sorte aux leçons du maître, les élèves, pour s'exercer ou donner des preuves de leurs progrès, feraient eux-mêmes des conférences théologiques et donneraient des instructions au réfectoire ; il serait même bon qu'on les employât parfois aux catéchismes de la paroisse ;

Des maisons de retraite, tant pour se livrer à la vie contemplative que pour se reposer après une laborieuse carrière et se préparer pieusement à la mort ; elles pourraient aussi servir aux religieux qui désireraient s'amender par la pénitence (2).

Les capitulants donnèrent leur approbation à ces diverses idées.

L'on élucida quelques autres questions dans les deux

(1) Le P. Faure, à la quatrième séance, « fit remarquer une raison qui l'obligeoit à l'establissement des petits séminaires, sçavoir qu'aux plus grands les parents y mettent ordinairement les plus lourds esprits et les plus mal faits de corps de leur famille. » Et il ajoutait qu'avec les petits séminaires l'on aurait à « choisir les meilleurs esprits, les plus propres aux grands séminaires et ceux desquels il y aura espérance qu'ils seront religieux. » (Ms. 21[4], p.p. 538, 539.)

(2) Selon le P. Faure, qui voulait appliquer à la congrégation jusqu'aux dénominations religieuses, les monastères qui n'auraient ni séminaires, ni cours de théologie, ni paroisses à desservir, devaient être considérés comme des maisons professes. Cette pensée, également émise, fut également approuvée.

séances qui suivirent (1). A la quatrième, le 16 du même mois, le supérieur général présentait un projet de constitution en sept ou huit livres qui formèrent les six parties des constitutions de la congrégation, parties ayant pour titre :

Les constitutions communes ;
Des admissibles en religion ;
Des offices de la communauté ;
Des études de philosophie et de théologie ;
Du gouvernement de la congrégation ;
Des élections. . . . . (2).

Les différents chapitres du projet de constitution furent successivement lus et adoptés. A ces séances on convoqua tous les profès présents. C'était surtout pour être auditeurs et bien se pénétrer de la règle qui était édictée, car ils ne pouvaient prendre la parole que sur le commandement exprès du président.

Bornons-nous à faire mention de trois ou quatre points offrant quelque particularité (3).

(1) Dans la deuxième, par exemple, on traita des bénéfices. Puisqu'il fallait se décider à les conserver, le meilleur moyen, aux yeux du P. Faure, pour remédier aux inconvénients, était d'imposer aux novices, avant leur profession, le vœu spécial « de n'accepter, demander, procurer, solliciter directement ou indirectement, dedans ou dehors le monastère, aucune charge de supériorité, bénéfices simples en titre ou autres de quelque espèce ou qualité qu'ils puissent estre, sans le commandement spécial du R. P. général, et ce mesme sous condition de le quitter, résigner et lui mettre entre les mains et aller ensuite en quelque monastère de la congrégation qu'il lui plairoit au moindre signe et au commandement de sa volonté, à quoi contrevenants ils pourront estre rappelez par censures ecclésiastiques.... » (Ms. 21¹, p. 531.) Le seul prieur de Toussaint d'Angers hasarda quelques réflexions sur la trop grande sévérité de la prescription. Après la réponse du président, il se réunit à ses collègues pour donner pleine adhésion à la mesure. Le quatrième vœu, cependant, n'entra que postérieurement dans la règle.

(2) Ces constitutions furent imprimées, un peu plus tard, sous ce titre général : *Constitutiones canonicorum regularium S. Augustini congregationis gallicanæ.* Nous devons ajouter que, même dans l'édition de 1676, Paris, in-12, la partie des *Études* était imprimée comme appendice des cinq autres parties.

(3) Notons, cependant, que les trois vœux constituant la vie religieuse

Parmi les offices de la communauté nous voyons figurer celui de préfet spirituel. Confesseur ordinaire de la communauté, il était préposé, en même temps, à la direction de chacun des frères convers et des chanoines — se trouvaient exceptés, bien entendu, les novices qui avaient un directeur spécial — ainsi qu'aux entretiens sur la vie et l'abnégation religieuses, sur la piété, son caractère, ses œuvres, ses progrès (1). Nous voyons également apparaître l'office des *Discrets* (*de Discretis*) qui formaient le conseil du prieur. A ce conseil étaient appelés de droit le sous-prieur, le préfet spirituel et le procureur. On devait élire, chaque année, pour en faire partie, un ou deux chanoines, selon que la communauté en comprenait vingt ou trente ; mais il fallait, pour être éligible, sept années au moins de profession (2).

On avait adopté le projet d'établir deux collèges par province, un pour la philosophie et un autre pour la théologie. Un professeur suffirait à l'enseignement de la première science, deux seraient appelés à l'enseignement de la seconde. Les humanités étaient prescrites avant la philosophie et un cours complet de philosophie avant la théologie. On devait aussi compter deux années de profession, au moins, pour être admis à suivre les leçons philosophiques, tant on estimait nécessaire de commencer par ce qu'il y avait de fondamental, la science et la pratique de la vie religieuse (3). En tout cela, le P. Faure s'était inspiré du projet de règlement jadis tracé par lui durant son professorat à Sainte-Geneviève (4).

étaient formellement rappelés ; que l'usage des sacrements devait être fréquent ; que, pour ceux qui n'étaient pas prêtres, il y avait prescription de communier, après confession préalable, les dimanches et fêtes solennelles. (Pars Ia, cap. IV, V, VI, VII ; et cap. XI, no 4.) Cette première partie était imprimée dès 1621.

(1) Pars IIIa, cap. IV.

(2) *Ibid.*, cap. VII.

(3) *De studiis*, cap. I, no 2, cap. II, no 3, cap. III, nos 1 et 6. Quant aux séminaires, il n'y avait pas, pour l'instant, de règles particulières à tracer. On s'en tenait à ce qui avait été précédemment décidé.

(4) Toutefois les dispenses de l'assistance à l'office divin paraissent avoir

Une très sage mesure était prescrite pour la nomination des officiers claustraux. Nous l'avons vu, suivant l'ordonnance du cardinal, en date du 11 mars 1623, cette nomination appartenait au supérieur général qui devait consulter les anciens. Mais le P. Faure estima, et le chapitre général avec lui, qu'il était bon de connaître préalablement les sentiments mêmes de la congrégation. En conséquence, on arrêta que, au temps de la visite dans chaque monastère, après une messe à laquelle la communauté assisterait, et en présence du Saint Sacrement, les prêtres ayant sept ans de profession jureraient de désigner, par ordre de mérite et sans exclure personne, ceux qu'ils croiraient en conscience dignes d'être promus aux emplois de la congrégation. Puis la désignation se ferait sur un bulletin signé, daté et cacheté, lequel serait remis au visiteur pour être porté au supérieur général. Celui-ci ferait le relevé des suffrages en présence des assistants pour en tenir compte dans les nominations. « Par ainsi tout danger serait ôté, les brigues « bannies, et les ambitions n'auraient aucun effet; les plus « saints et vertueux seraient toujours en charge; chaque « particulier aurait cette consolation d'avoir donné son « suffrage à son propre supérieur;... cela ferait que les « officiers universellement désirés seraient également « aimés de leurs sujets, la confiance y serait entière, la « paix très grande dans tout le monastère, dans toute « la province, dans toute la congrégation, et le gouverne- « ment très saint, très constant et très inviolable (1). »

été moins larges. Nous lisons dans le *De studiis*, édit. de 1661, Paris, in-12, cap. III, n° 12 : « Nunquam absint (les étudiants) a missa solemni, « quam vocamus conventualem, a vesperarum officio... De cætero illud « fideliter præstabunt quod in quolibet studiorum conventu a præposito « generali aut visitatore, habita ratione loci et numeri scholasticorum, « fuerit præscriptum. »

(1) Même ms. 21[4], p. 552-553. Voir aussi *Constitutiones*, édit. de 1676, Paris, in-12, pars IVa, cap. VII, et pars Va, cap. XIX, § 3.

Le serment à prêter est exprimé en ces termes, pars IVa, cap. VII, n° 8, édit. de 1676 : « Domine Deus, summa sapientia et veritas, testor

La neuvième séance, le 25 octobre, fut destinée à l'élection du supérieur général. Le cardinal se rendit à la salle du chapitre. Le P. Faure lui fit la remise de ses pouvoirs de supérieur et de coadjuteur. Pouvant être continué dans sa double charge, il le fut et à l'unanimité des voix, moins une, c'est-à-dire moins la sienne.

Sur ce point, on désirait même plus de latitude. On adressa au cardinal une supplique à l'effet de solliciter du Saint-Siège l'autorisation de réélire le supérieur sortant autant de fois que la congrégation, représentée par son chapitre général, le jugerait à propos, La supplique avait été signée dans la douzième et avant-dernière séance (1).

II

DEUXIÈME GÉNÉRALAT DU P. FAURE

(1637-1640)

Après avoir lâchement abdiqué l'honneur d'être chef de congrégation, Saint-Victor avait vu son état empirer de

« majestatem tuam, me nullum inscripturum catalogis, quos ex congre-
« gationis nostræ legibus confecturus sum, quem non credam in conscien-
« tia ad officia superioris dignum...; nec ullum exclusurum quem mihi
« notum dignum ad eadem officia judicavero. »

Nous remarquons encore, au même endroit, nº 7, quelles sages précautions l'on prenait pour aider à la confection consciencieuse des bulletins : « In oratorio exponantur duo catalogi, unus qui nomina contineat omnium « sacerdotum ante decem annos professorum, nondum ad regimen voca- « torum, et qui ex catalogo cujuslibet provinciæ circariæ idonei ad regi- « men judicantur in congregatione ; alius eorum qui sunt in ea provincia « ac locis viciníoribus provinciæ, ubi monasterium situm est. »

Ajoutons, cependant, que tout cela ne prend plus place dans l'édition des *Constitutions* de l'année 1772.

(2) Source générale relativement à ce second chapitre de la congrégation : même ms. fr. H. 21¹, p. 521-602. Voir aussi *Vie* du P. Faure, p. 390-410. Comme nous nous proposions surtout de donner une idée de la constitution, nous avons profité des premières éditions de ces *Constitutions* et surtout de l'édit. de 1676, lorsque nous y avons trouvé plus de précision ou certains compléments. C'est pour le même motif que nous n'avons pas négligé l'édition de 1772. Nous procéderons de même, lorsque nous aurons à toucher à quelques autres points de la règle génovéfaine.

jour en jour. Bientôt il n'y eut pour lui d'espoir de revenir à mieux qu'en entrant dans la Congrégation de France. Dès 1676, plusieurs chanoines de cette abbaye, le comprenant bien, avaient demandé l'union. Mais l'opposition avait triomphé et les misères spirituelles ne cessaient de s'aggraver.

Enfin, par une ordonnance du 23 juillet 1638, le cardinal décréta l'union désirée par tous les bons religieux. Cette ordonnance fut signifiée le même jour à Saint-Victor. Les opposants ne s'attendaient pas à une pareille mesure et ils se résolurent à engager la lutte. Un arrêt du conseil privé leur donna un instant gain de cause. Nous disons : un instant, car l'arrêt fut bientôt révoqué. Il était difficile qu'à Rome, où l'affaire fut également portée, on se prononçât en leur faveur. Cependant ils s'y voyaient fortement appuyés. Un tribunal pour décider sur les lieux paraissait nécessaire. Le cardinal, eu égard à sa dignité, demandait pour juges du différend trois évêques, et Saint-Victor trois chanoines de Notre-Dame de Paris. On s'arrêta à ce parti, ou plutôt à ce vœu, que « M. le nonce avec quelques autres prélats de France chercheraient les moyens les plus doux et les plus faciles pour terminer cette affaire » (1).

L'abbé de Chancelade ne montrait pas moins d'opposition et suscitait plus d'embarras encore.

Sa nomination à l'évêché de Cahors, en 1636, parut un instant ouvrir les voies à la conciliation. Dans une visite qu'il fit au supérieur général, il se déclara lui-même par-

(1) Même ms. 21⁴, p. 685-692.

L'agrégation n'eut pas lieu. Mais Saint-Victor subit, à cette époque, une modification dans sa constitution : le prieur-vicaire perpétuel devint triennal, avec la faculté de pouvoir être élu une seconde fois. Ceci fut capitulairement décidé en 1641, à la suite de la démission de Jean de Toulouse, dernier prieur-vicaire perpétuel, qui avait succédé, en 1636, à Denys de Saint-Germain. Des lettres patentes de janvier 1642 approuvèrent la décision. Les chanoines auraient allégué que « la perpétuité du commandement en la personne du prieur claustral aurait en leur maison de notables inconvénients... » (*Gall.*, tom. VII, col. 699, et Félibien, *Hist. de la vil. de Par.*, tom. V, p. 110.)

tisan de l'union et consentit à en arrêter les bases en principe. Aussi lorsque, l'année suivante, il dut revenir à Paris pour se faire sacrer et prêter serment au roi, fut-il invité, par ordre du cardinal, à descendre à Sainte-Geneviève, invitation qu'il s'empressa d'accepter. A cette abbaye, il rencontra le P. Gallet, naguère son compagnon d'armes dans la campagne séparatiste, qui l'engagea fortement à conclure l'union. Tel serait bien son désir, répondait-il, mais ses religieux ne pouvaient se résigner à cela; du reste, avec le temps, il espérait réussir. C'était là un pas en arrière.

Le sacre eut lieu dans l'église Sainte-Geneviève le 27 septembre 1637. Le cardinal se fit alors personnellement solliciteur. Pour se tirer d'affaire, le nouveau prélat proposa l'envoi du P. Boulart sur les lieux, afin de se rendre compte de la disposition des esprits et d'essayer de les fléchir.

Cette proposition inacceptable équivalait à une fin de non-recevoir. Le cardinal manda au prélat que, le refus ou l'indécision persistant, il se verrait contraint d'agir par voie d'autorité.

Toutefois il ne voulut pas prendre seul une pareille décision. Il réunit plusieurs chefs d'ordre pour avoir leur avis. Il ne consentit qu'avec peine à accorder un délai de deux mois, pour permettre à l'abbé de Chancelade d'envoyer de ses religieux à Paris pour y traiter l'affaire.

Bientôt après, on transmettait au cardinal cette réponse de l'abbé : il ne pouvait aucunement consentir à l'union. Il n'y avait plus qu'à prononcer autoritairement. C'est ce qui s'accomplit le 24 octobre 1637 (1).

(1) « Nous avons uny, disait le commissaire apostolique, comme nous « unissons par les présentes, tant ladicte abbaye que les monastères de « la Couronne, Sablonceaux et Saint-Gérald de Limoges à la Congrégation « générale nommée de France....... Et pour le regard des constitutions « qui s'observent aux susdicts monastères..... depuis que ladicte « observance régulière y a esté introduite, différente d'avec celle de

Ce fut un coup pour l'abbé qui essaya d'en atténuer la portée. Il fit proposer au supérieur général une entrevue d'où sortit cette transaction le 30 octobre suivant : le supérieur général, agissant en cette qualité, ne contraindrait pas à l'exécution de l'ordonnance, et l'abbé, pour le cas où le cardinal intimerait cette exécution, s'engageait à recevoir les religieux envoyés.

De retour à Chancelade, soit par regret, soit par condescendance pour les opposants, Solminihac eut la faiblesse de signer, le 31 janvier 1638, un acte qui était la révocation indirecte de la transaction d'octobre. Cette transaction, disait-il, il ne l'avait consentie que sur la nouvelle de l'ordonnance portée par le cardinal, mais il n'avait jamais vu cette ordonnance et jamais elle ne lui avait été signifiée. Faux-fuyant dans lequel il ne put pas longtemps se retrancher, car, au mois de janvier de l'année suivante, par ordre du cardinal, on eut parfaitement recours au ministère de l'huissier. De là, des inquiétudes de conscience, sinon dans l'abbé, du moins en plusieurs de ses religieux qui écrivirent à Paris pour faire acte de soumission (1).

Longtemps après la réformation de Sainte-Geneviève, la prévôté de Nanterre était demeurée entre les mains d'un ancien chanoine, Robert Garnier, qui prenait plus souci de son temporel que de ses devoirs de pasteur. Plusieurs fois, on lui avait demandé sa démission, en lui offrant soit une pension convenable, soit d'autres bénéfices. Ce fut toujours en vain. Sa mort seule, en 1634, avait pu amener la vacance désirée. Présenté par l'abbé de Sainte-Geneviève, agréé

« ladicte Congrégation, ilz s'en accommoderont par charité et prudence et « uniformité de sentiments au présent chapitre général ou à autre occa- « sion qui se pourroit présenter pour cet effet; et advenant qu'ilz n'en « puissent demeurer d'accord, se pourvoieront tous ensemble par devant « nostre Sainct-Père le Pape pour recevoir ce qu'il plaira à Sa Sainctеté « d'en ordonner. » C'était précisément le moment de la tenue du second chapitre général; et l'ordonnance fut lue dans une réunion de supérieurs.

(1) Même ms. 21[4], p.p. 504-505, 635 et suiv. et 802.

par l'archevêque de Paris, Paul Beurrier, prieur de Sainte-Catherine, avait été placé à la tête de cette prévôté.

Le coadjuteur, voulant ramener les prévôtés à leur esprit primitif comme aux prescriptions canoniques, avait décidé, sous l'approbation de l'abbé, de commencer par Nanterre, qui deviendrait alors le modèle des prieurés-cures. En conséquence, une supplique était partie pour Rome à l'effet de faire consacrer par l'autorité suprême dans l'Église la réunion effective de la prévôté à l'abbaye. On se proposait, en même temps, d'établir à Nanterre « une communauté de religieux » et d'y « mettre un noviciat et séminaire pour l'instruction de ceux qui désiraient entrer dans la congrégation » (1). Ce second projet était également inscrit dans la supplique. Le bref ou la bulle, faisant droit aux désirs exprimés, portait la date du 21 avril 1636.

Dans les premiers mois de l'année suivante, deux collaborateurs avaient été donnés au P. Beurrier, tant pour l'aider dans l'administration de sa charge pastorale que pour vaquer à l'éducation de la jeunesse. Comme on le voit, en ce qui concernait le séminaire, c'était, dans un cas particulier, l'application anticipée de la mesure générale qui devait être capitulairement décidée assez peu de temps après.

Les élèves arrivaient. Trois ou quatre au début, leur nombre s'accroissait sensiblement. Telle fut l'origine de « ce séminaire qui devait un jour rendre un service si abondant à la religion (2). »

Plus on approchait de la fin du second généralat du

(1) La congrégation avait déjà un séminaire à Saint-Vincent de Senlis. Ce séminaire, dont l'ouverture s'était faite en septembre 1626, « a servi de modèle aux autres qui ont esté depuis érigez ». (Ms. fr. H. 21^{5}, p. 302-303.) Aux pages qui précèdent, l'on a transcrit un très sage règlement que le P. Faure avait composé pour ces établissements. Les deux séminaires dont il a été parlé au chapitre général y fonctionnaient. Le P. Despériers, « l'homme de grande vertu et condition », en avait été le premier supérieur. (*Ibid.*)

(2) Même ms. 21^{4}, p.p. 515 et suiv., et ms. fr. H. 21, in-fol., p. 467.

P. Faure, plus on se prenait à regretter l'article qui interdisait la nouvelle réélection d'un supérieur aussi précieux, d'un supérieur qui, possédant dans sa plénitude l'esprit premier de la congrégation, pouvait mieux que personne le maintenir et le faire pénétrer partout. On s'en ouvrit de nouveau au cardinal et on insista sur la nécessité de demander au Saint-Siège la modification de l'article dans le sens précédemment indiqué.

Le cardinal désira avoir l'avis, d'autant plus sincère qu'il serait plus désintéressé, d'éminents religieux choisis en dehors de la congrégation (1). Le projet approuvé, le cardinal fit parvenir immédiatement la demande à Rome, en réclamant, à la fois, par lettres spéciales, l'appui du cardinal Barberini, neveu du pape, et du P. Charlet, assistant du général des Jésuites. Le P. Guérin, procureur général de la congrégation, devait poursuivre l'affaire. On était en décembre 1639.

Grâce surtout aux instances du P. Guérin, quatre prélats étaient chargés, au mois d'avril, d'examiner la requête. Malheureusement Saint-Victor, cédant à un bien coupable ressentiment, s'il n'obéissait pas à une pensée de prévoyance tout humaine, avait envoyé des députés, afin de travailler activement à enrayer les négociations ; et ceux-ci, trop fidèles à leur triste mandat, s'efforçaient de peindre le P. Faure sous les traits d'un brouillon et d'un ambitieux. Ils n'hésitaient même pas à se faire pamphlétaires. Nous ne saurions dire si les examinateurs se laissèrent quelque peu influencer. Toujours est-il qu'ils écrivirent au bas de la supplique cet avis défavorable : *Domini non inclinant.*

(1) Ces religieux furent : Grégoire Tarisse, général de la congrégation de Saint-Maur ; Eustache de Saint-Pierre, feuillant ; Séraphin de Saint-François, carme déchaussé ; les P. Bauny et Royer, jésuites. (Ms. fr. H. 21^5, in-fol., p. 40.) Si le conseil ordinaire avait naturellement pris fin après l'établissement de la Congrégation de France, le sage et saint prélat n'oubliait pas, dans les circonstances graves, de s'en former un *ad hoc.*

Esprit non moins fécond en ressources que zélé dans l'action, le P. Guérin avisa un autre moyen : c'était d'obtenir par un bref la remise du troisième chapitre général à l'année 1641. D'ici là, on aurait le temps de reprendre l'affaire et d'en préparer le succès. Le négociateur réussit. Le bref fut délivré (1). Mais à Sainte-Geneviève on ne pensa pas devoir en profiter. Le P. Faure fut le premier à émettre cet avis. On convoqua donc le chapitre pour le 27 octobre 1640. Comme par le passé, les monastères n'élurent pas de députés. Le jour fixé, vingt-huit supérieurs étaient présents à Sainte-Geneviève (2).

A la première séance, après la vérification des pouvoirs, on adopta la proposition de départir au P. Faure la plus grande somme possible d'autorité. La proposition ayant reçu l'approbation du cardinal, le chapitre prit la décision de nommer son excellent supérieur, qu'il ne lui était plus permis de réélire, commissaire général de la congrégation; et chaque capitulant s'engagea, pour le cas où il serait élu

(1) Le bref, du 24 juillet, est transcrit, ms. 22^{16}, tom. XVI du Recueil génér., fol. 246-249.

(2) Le P. Baudoin ne devait pas prendre part à ce chapitre. Il était mort l'année précédente (février 1639). Cet homme admirable que son âge, ses capacités, ses vertus, les services rendus à l'ordre pouvaient faire aspirer au supériorat général de la Congrégation, s'en était toujours éloigné, pour favoriser l'élection du P. Faure, « qu'il estimoit infiniment plus capable que luy d'administrer cette charge ». Il savait même lui écrire, à l'occasion : « Je suis bien marri de vous donner tant d'affliction « et de ne respondre pas mieux à vos désirs et à vos sainctes intentions de « régir et gouverner ce petit commencement, que N.-S. vous donne, vous « en estant rendu digne par vostre saincte vie... Il m'en deplaist et je « m'en afflige étroittement; et, si je ne vous reconnaissois bon, charitable, « prompt à pardonner, patient à supporter les infirmitez de vos misé- « rables religieux, je ne me pourrois consoler; mais l'assurance que j'ay « de trouver en vous et en vostre bonté et bon naturel le pardon tel que « j'espère de toutes les fautes passées, me contraint doucement et amou- « reusement d'y avoir recours et de m'abandonner entièrement à vostre « volonté et obéissance... Recevez à miséricorde le pauvre pécheur péni- « tent et me tenez toujours, pour le premier, sans en excepter aucun, qui « sçaura vous rendre fort bien le devoir d'un religieux en toutes occa- « sions... » (Lettre du 27 mars 1637, ms. fr. H. 17^3, in-fol., p. 144-146.)

supérieur général, à reconnaître le fait et les prérogatives de cette nouvelle dignité. Le 30, eut lieu l'élection. Le nom du P. Boulart sortit du scrutin.

Le P. Boulart était né à Senlis en 1605. Il prit l'habit, en 1620, dans l'abbaye de Saint-Vincent et y prononça ses vœux l'année suivante. Nous l'avons compté parmi les douze chanoines réformateurs de Sainte-Geneviève. Secrétaire du cardinal de La Rochefoucauld, prieur de l'abbaye quand le P. Faure en fut nommé abbé-coadjuteur, il devait s'initier par les graves fonctions d'assistant aux fonctions plus graves de supérieur général.

Le lendemain de l'élection, les supérieurs se réunirent pour procéder à la nomination du commissaire général et dresser l'acte de la large part qu'on lui accordait dans le gouvernement de la congrégation. En réalité, le P. Faure se voyait appelé à partager le supériorat avec le P. Boulart, si même il ne devenait plus supérieur que lui. Toute la partie morale de l'administration lui était dévolue ; et, d'un autre côté, le supérieur en titre ne pouvait rien décider en matière quelque peu grave sans l'assentiment du commissaire général. Le chapitre général écrivit à toutes les communautés de la congrégation pour notifier et expliquer la modification apportée (1).

(1) Ms. fr. H. 21[5], in-fol., pp. 38-59.

Nous lisons dans l'acte dont nous venons de parler : « ... Primum est omnia et singula ejusdem congregationis monasteria visitare, superiores et officiarios ordinare atque amovere, errantes corrigere atque emendare, ad vestitum et professionem qui idonei reperti fuerint admittere, qui minus idonei dimittere, contractus et alia quæ ad unienda de novo eidem congregationi monasteria spectant perficere, superiores monasteriorum jam dictæ congregationis, quos et ubi melius duxerit, si quando necesse atque utile erit, convocare, et ea quæ magis ad profectum jam dictæ congregationis erunt præscribere ; item scholas philosophicas atque theologicas instituere atque ordinare, seminaria jam stabilita dirigere et stabilienda decernere, ac demum ea omnia præstare et statuere quæ magis ad profectum jam dictæ congregationis facere videbuntur.... Statutum est ut idem... Boulart jam electus nihil quod sit alicujus ponderis et momenti ad regimen tam dictæ congregationis pertinens, aut

La congrégation avait vu chaque jour de nouveaux monastères de chanoines réguliers lui demander le bienfait de la réforme. Ainsi de Notre-Dame de Livry (1) et de Saint-Acheul (2), à la fin de 1637; de Saint-Jacques de Montfort en

præscribere aut perficere quocumque modo possit, nisi consulto et annuente ipso... Carolo Faure. » (*Gall. christ.*, tom. VII, *Instrumenta*, col. 260-261.)

Dans la suite, le P. Boulart se plaisait même à se dépouiller en faveur du P. Faure de l'autorité qui lui restait, en sorte que dans la congrégation on appelait le premier « le P. coadjuteur » et le second « le P. supérieur ». (Même ms. 21[3], p. 69.) Voir aussi *Vie* du P. Faure, p. 435-445.

(1) Si le monastère est dû (1186) à Guillaume de Garlande, seigneur de Livry, Philippe-Auguste doit être considéré comme le vrai fondateur de l'abbaye. Dans le principe, Livry dépendait de Saint-Vincent de Senlis qui l'avait doté d'un chapitre. Philippe-Auguste, en usant de libéralités à l'égard du jeune monastère, tint à lui assurer l'indépendance avec le titre abbatial.

Une première renovation se rattache au nom de Jean Mauburne, saint chanoine du Mont-Sainte-Agnès. La seconde fut l'œuvre de la Congrégation de France.

Après avoir épuisé les moyens de conciliation, le cardinal obtint du conseil privé un arrêt qui ordonnait l'établissement des chanoines de la congrégation dans l'abbaye de Livry. Le P. Boulart fut aussitôt envoyé sur les lieux, assembla le chapitre et fit connaître la volonté du cardinal et l'arrêt du conseil (septembre 1637). L'ordonnance d'union était rendue sans retard (octobre); et, sans retard aussi, la prise de possession se faisait sous la présidence de Fouquet, maître des requêtes (novembre 1637).

(*Gal.*, tom. VII, col. 828; Lebeuf, *Hist. du dioc. de Paris*, tom. VI, p. 209; ms. fr. H. 21[4], in-fol., p.p. 602 et suiv.)

(2) Saint-Acheul (*Sanctus Acheolus*) était la plus ancienne église du diocèse d'Amiens. Construite sur le tombeau de saint Firmin, premier évêque de ce diocèse et martyr, elle servit longtemps de cathédrale, car ce n'est qu'au commencement du VIIe siècle que l'église épiscopale s'éleva à l'intérieur de la cité. Successivement ou à la fois sous le vocable de Notre-Dame, de Saint-Firmin, des martyrs Ache et Acheul, cette église finit par ne plus être désignée que sous ce dernier nom. Lorsqu'elle eut cessé d'être cathédrale, il paraît bien qu'elle fut desservie par un collège de clercs, sous la dépendance de l'ancien chapitre, installé à la nouvelle église épiscopale. A la fin du XIe siècle, l'évêque Roricon la donna à des chanoines réguliers.

Dans le cours des âges, Saint-Acheul, que la guerre avait parfois affreusement frappée, trouva toujours assez de ressources pour réparer les ruines matérielles. La ruine morale qui suivit, devait se réparer aussi.

Par un coup spécial de la grâce, ce fut le chapitre qui prit l'initiative

Bretagne (1), de Saint-Séverin de Château-Landon (2), de

de la réformation. Ayant résolu d'appeler des religieux de la congrégation, il dressa, à cet effet, une requête qu'un de ses membres fut chargé de présenter au cardinal. La prise de possession eut lieu en 1634; mais, devant l'opposition de l'abbé commendataire, on dut retarder jusqu'en 1637 l'envoi des religieux.

(*Gal.*, tom. X, col. 1325; même ms., p.p. 647 et suiv.; M. H. Dusevel, *Hist. de la ville d'Amiens*, Amiens, 1848, p. 92).

(1) Cette abbaye devait sa fondation (1152) à Guillaume I, seigneur de Montfort, lequel y prit ensuite l'habit et y mourut chanoine. Elle se plaça sous la règle d'Arrouaise.

Sur la demande de l'abbé commendataire, Jean de Tarnouarn, le supérieur général de la congrégation avait décidé que des religieux seraient accordés à l'abbaye de Montfort. Mais un prélat ombrageux, Achille de Harlay de Sancy, évêque de Saint-Malo, se prenant à redouter l'influence de la congrégation, ne se montrait guère disposé à consentir à l'établissement. Les sollicitations de l'abbé, l'intervention de l'Oratoire auquel le prélat avait appartenu, rien ne fit. Le bon plaisir de l'ordinaire — car un concordat avait été signé sous cette clause — se fit attendre trois ans. Ce ne fut qu'en 1638 que Saint-Jacques put recevoir son nouveau chapitre.

(*Gal.*, tom. XIV, col. 1024-1028; même ms., p.p. 659 et suiv.)

(2) La vingt-cinquième année de son règne, Clovis, le vrai fondateur de la monarchie française, était tombé gravement malade. Sur l'avis de son médecin, qui ne conservait plus d'espérance, il manda l'abbé d'Agaune, Séverin, dont la réputation de sainteté, favorisée de la puissance du miracle, s'étendait au loin. Une prière du thaumaturge avec l'imposition de son vêtement guérit le roi. « Demandez-moi, dit Clovis au comble de « la joie, l'argent que vous voudrez pour les pauvres; demandez-moi « encore la délivrance d'autant de prisonniers que vous jugerez à propos. » En quittant Paris, Séverin se dirigea vers son monastère par Château-Landon (*Nantonense Senonum castrum*), où il mourut trois jours après y être arrivé. Son corps reçut la sépulture dans un oratoire près de la ville. Childebert, fils de Clovis, remplaça l'oratoire par une grande église qu'il construisit, dota abondamment et dont il commit le desservice à des clercs. Au XIIe siècle, Louis le Jeune y appela des chanoines réguliers. Hugues de Toucy, archevêque de Sens, accorda à l'abbaye naissante celle de Notre-Dame de La Noraye qui ne pouvait subsister. Le même monarque et son successeur, Philippe-Auguste, lui firent d'autres libéralités, pendant que les papes Adrien IV, Alexandre III, Lucius III, Clément III et Honorius III l'enrichissaient spirituellement.

Avant même de faire de Notre-Dame de Livry une abbaye modèle, Jean Mauburne avait fait sentir son action réformatrice à Saint-Séverin de Château-Landon. Par suite de cette réforme, Saint-Séverin fut quelque temps le centre d'une congrégation. Tombé en décadence comme la congrégation, il entra définitivement en 1638, pour y puiser une nouvelle sève religieuse, dans la Congrégation de France.

(*Gal.*, tom. XII, col. 200; même ms., p.p. 665 et suiv.)

Saint-Vincent de Chantel le Châtel (1), en 1638; de Saint-Jean de Sens (2), de Saint-Jean de Melinais près La Flèche (3), de Saint Éloi-Fontaine au diocèse de Noyon (4), de Saint-Lô

(1) Les portes de Saint-Vincent de Chantel dans l'enceinte même du château des ducs de Bourbon s'ouvrirent presque d'elles-mêmes aux désirs de la congrégation. C'était d'Énaux que jadis on avait tiré les chanoines de Chantel : n'était-il pas naturel que ce second prieuré suivit la règle adoptée par le premier.

La localité, près Gannat, se nomme aujourd'hui Chantelle-le-Château.

(Même ms., p.p. 698 et suiv.; *Vie* du P. Faure, Paris, 1698, in-4, p. 414.)

(2) Ce fut primitivement et longtemps un monastère de vierges qu'avait fondé, à la fin du ve siècle, Héraclius, archevêque de Sens et un des prélats qui assistèrent au baptême de Clovis. Cédé à des Bénédictins, occupé ensuite par des clercs, Saint-Jean abrita enfin, au commencement du xiie siècle, et définitivement, des chanoines réguliers qui lui valurent enfin — peut-être l'avait-il déjà porté — le titre d'abbaye.

Le cardinal du Perron, promu au siège métropolitain de Sens, obtint de Paul V, mais sous la condition du maintien du chapitre, que la mense abbatiale fut réunie à la mense archiépiscopale. Pour Sa int-Jean devait luire des jours plus prospères après son entrée dans la Congrégation de France, entrée qui s'effectua par la prise de possession en 1638 et par l'installation solennelle du nouveau chapitre en 1639. (*Gal.*, tom. XII, col. 195; même ms. 21⁴, p.p. 729 et suiv.)

(3) Cette abbaye, fondée vers 1180 par Henri II, roi d'Angleterre, avait vu, sous le règne de notre Henri IV, sa mense abbatiale donnée au collège de La Flèche, dont elle était voisine. Mais le chapitre avait été maintenu et attendait le bienfait de la réforme. Trois vacances dans le chapitre permirent à la Congrégation de France de prendre possession en août 1638 et d'installer quatre génovéfains en juin 1639.

(*Gal.*, tom. XIV, col. 600; même ms., p.p. 734 et suiv.)

(4) A quelle époque faut-il faire remonter l'origine de cette abbaye? Quel est le nom de ses fondateurs? Double point sur lequel les données historiques ne jettent pas une suffisante lumière. On sait seulement que son chapitre de chanoines réguliers était d'abord attaché à la basilique de Chauny (*Calniacum*), qu'il faisait partie de la congrégation d'Arrouaise et que vers le milieu du xiie siècle il fut transféré à Saint-Éloi-Fontaine (*Sancti Eligii Fons*), distant d'un mille de la cité. L'abbaye compta parmi ses bienfaiteurs saint Louis, Philippe le Bel et Philippe, comte de Flandre et de Vermandois. Plusieurs pontifes lui accordèrent, à la même époque, de nombreux privilèges.

Tombée comme tant d'autres, cette abbaye trouva en elle-même, sous l'action providentielle, assez de forces pour se relever. Ce fut, en 1631, l'œuvre de quelques bons religieux. Mais il fallait lui assurer l'avenir, à cette œuvre; et l'on jugea que le moyen le plus efficace à employer, c'était l'incorporation à la jeune et vigoureuse Congrégation de France.

(*Gall.*, tom. IX, col. 1125-1126; même ms., p.p. 746 et suiv.)

de Rouen (1), de Notre-Dame d'Hérivaux (2), de Saint-Denys

(1) Comment les évêques de Coutances possédaient-ils une des plus anciennes églises paroissiales de Rouen? D'où vient que cette église, d'abord sous le vocable de la Trinité ou de Saint-Sauveur, ne fut plus désignée que sous celui de Saint-Lô?

La seconde question se résout plus facilement que la première.

Devant les déprédations des Normands, les reliques du saint évêque de Coutances, Lô, avaient été apportées à Rouen et déposées dans l'église que nous venons de désigner. Comme il arrivait presque toujours en pareille circonstance, l'église perdit insensiblement son ancien ou ses anciens noms pour recevoir, et définitivement, celui du saint dont elle possédait les précieux restes.

Quant à la première question, deux traditions fournissent les éléments de deux solutions.

Suivant une tradition, celle de Rouen, Thierry, évêque de Coutances, aurait, accompagné d'une partie de son clergé, présidé au transport de l'inestimable dépôt. L'archevêque de Rouen se serait empressé de prêter la vieille église que les évêques de Coutances auraient fini par faire leur ou, du moins, considérer comme telle.

Suivant l'autre tradition, celle de Coutances, ce serait Rollon qui, après son baptême, aurait gratifié de l'église l'évêque Thierry.

Le rétablissement de la discipline dans ce prieuré, au XVIIe siècle, fut des plus laborieux : il se fit à coups d'arrêts.

(Expilly, *Dictionn.*, art. Rouen, p. 426; *Gal.*, tom. XI, col. 868; même ms., p.p. 755 et suiv.; *Vie* du P. Faure, p.p. 420 et suiv.)

(2) Dans les environs de Luzarches, vers le milieu du XIIe siècle, vivait un pieux ermite, du nom d'Ascelin. Cet ermite n'était autre que l'ancien seigneur de Marly-la-Ville et du Val. Plusieurs ardents chrétiens vinrent se joindre à lui. Les solitaires se trouvant à l'étroit, les comtes de Beaumont-sur-Oise et de Clermont-en-Beauvoisis élargirent par des concessions de terrain les limites de l'ermitage. Il y avait trente ans qu'Ascelin faisait revivre là les merveilles des déserts de la Thébaïde, lorsque, se sentant proche de sa fin et craignant que ce lieu sanctifié par la prière ne redevînt profane, il alla, du consentement de ses frères, trouver l'évêque de Paris, Maurice de Sully, pour lui faire don de l'ermitage. Mais cette triple condition était apposée : la règle de Saint-Augustin y serait établie ou maintenue; le chapitre ne relèverait que de l'évêque et de l'église de Paris; il ne serait permis à personne, sous quelque prétexte ou pour quelque motif que ce fût, de retirer le monastère à l'ordre canonique. L'évêque accepta. C'était vers 1160. Ainsi l'origine de cette abbaye qui, formant son nom du titre même de son fondateur, se nomma Hérivaux ou abbaye du seigneur du Val, *Heri Vallis*.

Dans la première partie du XVIIe siècle, Hérivaux avait à sa tête un généreux abbé, Pierre de Vaudetar, chanoine de la Sainte-Chapelle de Paris : l'abbaye étant devenue la proie des flammes, en 1632, il la fit restaurer à ses frais dans l'espace de deux ans.

La restauration morale demanda bien plus de temps et causa bien plus

de Rennes (1), en 1639; et, en 1640, de Saint-Jacques de Provins (2).

L'agrégation la plus importante, la plus féconde avait été celle du Val des Écoliers.

Fondé, au commencement du XIIIe siècle dans le diocèse de Langres, par quatre docteurs de l'université de Paris, prieuré avant d'être abbaye, chef d'un ordre illustre, le Val des Écoliers, qui devait son nom au grand nombre d'élèves venant autrefois chercher la science dans cette retraite studieuse (3), avait vu aussi sa gloire s'obscurcir et sa ferveur s'éteindre dans le relâchement. Nous savons que le cardinal, au début de sa mission apostolique, avait mandé l'abbé qui n'avait pas mal accueilli l'idée de réforme. Mais tout se borna là : l'œuvre se laissait toujours désirer; et, si Sainte-Catherine de Paris, fille non sans gloire de l'illustre abbaye, se trouva plus favorisée sous ce rapport, ce ne fut

de tracas ; un arrêt du conseil privé dut avoir raison de l'inflexible opposition de l'archevêque de Paris.

(*Gal.*, tom. VII, col. 816-827; *Hist. du dioc. de Paris*, tom. IV, p. 341-345; même ms., p.p. 779 et suiv.)

(1) Saint-Denys de Rennes dépendait de Saint-Pierre de Rillé : comment la vie régulière du prieuré-sujet eût-elle fait disparate avec celle de l'abbaye-maîtresse ? (Même ms., p.p. 698 et suiv.; *Vie* du P. Faure, p. 414.)

(2) A Saint-Jacques, l'influence d'Étienne d'Aligre, le futur chancelier de France, qui avait un fils dans cette abbaye, ne fut pas inutile. Il entrait, du reste, dans les vues et secondait la bonne volonté d'un de ses parents, Louis d'Aligre, l'abbé commendataire. (Ms. fr. H. 21[5], in-fol., p.p. 1 et suiv.; *Vie* du P. Faure, p. 416.)

(3) *Gall. christ.*, tom. IV, col. 777 et suiv.

On inscrivit sur la pierre tombale qui recouvrait les restes des quatre fondateurs, Guillaume, Richard, Evrard et Manassé :

Gallia nos genuit, docuit Sorbona, recepit
Hospitio præsul, pavit eremus inops.
Justa pius solvit Christo, quem ereximus, ordo;
Ossaque jam vallis nostra scholaris habet.

(Moréri, art. *Val des Écoliers*.)

Sorbona se prend ici pour faculté de théologie, car le collège de Sorbonne n'était pas encore fondé.

point le fait de l'abbé, qui ne donna son consentement que sous certaines conditions. (1)

Le cardinal jugea bien que, sans un acte d'autorité, rien ne se ferait.

Abbaye de chanoines réguliers ayant pour règle le *Liber ordinis,* le Val des Écoliers se trouvait assurément compris dans les brefs qui renouvelaient les pouvoirs du commissaire apostolique en ce qui concernait les diverses familles religieuses de l'ordre de Saint-Augustin. Pour procéder avec une autorité incontestable à tous égards, le cardinal sollicita une délégation spéciale et absolue. Deux brefs lui furent expédiés, l'un en 1628, l'autre en 1632, et tous les deux pour un laps de trois années (2). Le cardinal ne fit pas usage du premier, ou du moins ne s'en prévalut que dans l'espérance de porter plus efficacement à l'accomplissement volontaire du devoir. Voyant que tout était inutile, il prononça, en vertu du second, l'union du Val des Écoliers à la Congrégation de France.

L'abbé s'apprêta à résister : c'était la destruction de son ordre ; il lui devenait impossible de donner son adhésion. Il eut d'abord la pensée de se faire nommer un coadjuteur; mais on ne s'entendit pas au chapitre. Sur ces entrefaites, il vint à Paris et descendit à Sainte-Catherine. Il fut tellement édifié de la piété qui régnait dans cette maison qu'il se sentit incliné à entrer dans les vues du commissaire apostolique. Cette généreuse inspiration ne tint pas devant

(1) L'abbé exigea ces trois points entre autres :

1° Le monastère conserverait la dénomination de Val des Écoliers;

2° Le prieur de Sainte-Catherine assisterait aux chapitres généraux de cet ordre;

3° L'abbé du Val jouirait du droit de renvoyer les mauvais religieux dans le cas où la nouvelle congrégation avertie ne le ferait pas.

(V. ms. fr., H. 21³, indiqué précédemment, p. 13)

(2) Le premier est du 6 juillet, et le deuxième du 30 mars. Les lettres patentes qui sont données à ce sujet, sont datées, les premières du camp de La Rochelle, 23 octobre, et les autres de Monceaux, 23 juillet, des mêmes années. (Mss. fr., in-fol., H. 22⁹, p. 397-416, et H. 22¹⁰, fol. 726-733, où trois de ces documents sont transcrits.)

l'avis de deux avocats qu'il consulta : suivant eux, le droit de l'abbaye était fondé, et il fallait le soutenir vigoureusement. En présence d'une opposition qui semblait devoir s'éterniser, le commissaire apostolique déclara qu'il ne devait pas différer davantage l'application de l'ordonnance. L'abbé dont l'âme s'ouvrait à de meilleures pensées, à de plus évangéliques conseils, ne se trouvait pas éloigné lui-même de la soumission ; mais cette question de conscience : le pouvait-il ? le faisait hésiter. Il consulta six docteurs de Sorbonne ; et, sur leur réponse affirmative, l'affaire fut décidée et les conditions de la réunion réglées sans retard. Les définiteurs et un certain nombre de chanoines voulurent faire acte de résistance. On passa outre. Les religieux de la congrégation furent définitivement installés le 27 novembre 1637 (2).

III

GÉNÉRALAT DU P. BOULART

(1640-1643)

La Congrégation des chanoines réguliers de Latran désirait voir établir entre elle et la Congrégation de France une association assez intime, pour que les deux n'en for-

(2) Même ms. 21[4], p. 625-635.

Voici les principales conditions qui furent stipulées :

L'abbé conserverait sa vie durant ses *titres, qualités* et *prééminences* tant au Val des Écoliers qu'aux monastères qui en dépendaient;

Il exercerait sa juridiction sur les anciens religieux;

A son décès, on nommerait, suivant les règles de la congrégation, un abbé triennal qui serait pris dans le sein de la congrégration elle-même et qui, n'ayant d'autorité que dans l'abbaye, serait soumis au supérieur général;

La dénomination de l'ordre serait maintenue tant à l'égard de l'abbaye qu'à l'égard des monastères qui en dépendaient; et, dans les actes publics

massent qu'une seule : le renom d'admirable régularité de l'une avait suscité en l'autre le désir de fusion. « Mais « le R. P. supérieur qui connaissait que la vertu et la « sainteté étaient comme les bonnes odeurs qui se con- « servent quand elles sont ramassées, et au contraire se « perdent et se dissipent à mesure qu'elles s'étendent..., « ne voulut jamais entendre à cette proposition que d'autres « moins éclairés et moins expérimentés que lui eussent « jugée très avantageuse (1). »

Le supérieur général s'inspira de la même pensée pour ne pas admettre dans la congrégation une quarantaine de religieux de Fontevrault, lesquels, à la suite de certaines dissensions qui troublèrent profondément l'abbaye, avaient obtenu la permission de passer dans un autre ordre. Toutefois, avant de prendre définitivement ce parti, il avait cru devoir en référer à l'abbesse elle-même (2).

concernant les monastères de l'ordre, le supérieur général prendrait le titre de général des chanoines réguliers et du Val;

Les religieux de l'ordre qui voudraient entrer dans la congrégation, y seraient reçus après un noviciat;

Ceux qui n'y entreraient pas, recevraient chacun 200 livres de rente;

Les prélats et supérieurs conserveraient leur préséance;

L'abbé se réservait le tiers des revenus de l'abbaye ou 2,000 livres de rente à son choix; (*Ibid.*)

Quelque dix ans plus tard, une bulle d'Innocent X ratifia le concordat et rendit l'union définitive. (Ms. 22^{23}, fol. 20-39, où la bulle est transcrite sous la date de septembre 1646, tandis que le *Gallia* lui assigne l'année de 1647.) Les lettres patentes pour l'enregistrement de la bulle sont du 21 mars 1650, et l'enregistrement du 12 août 1651. (*Ibid.*, fol. 14 et 16.)

(1) Ms. 21^{5}, p. 156-157.

(2) On sait que les religieux comme les religieuses de l'ordre de Fontevrault, étaient soumis à l'autorité d'une abbesse. (Voir *Regula ordinis Fontis Ebraldi*, Paris, 1642, in-12, certifiée *conforme aux originaux* par deux docteurs en théologie.) A la page 223 de ce volume, l'on rappelle « Patrem Robertum qui personas omniaque bona sua imo se suosque « fratres religiosos potestati subdidit abbatissæ... »

L'abbesse de Fontevrault était alors Jeanne-Baptiste de Bourbon, fille naturelle (reconnue) de Henri IV et de Charlotte des Essars de Romorantin. Jeanne, touchée de la « courtoisie » du supérieur général, répondit en ces termes :

« Incontinent après mon retour en ce lieu, les ayant assemblés (les re-

L'établissement de Nanterre prospérait. On jugea opportun de le placer sous la garantie d'un acte royal. Des lettres patentes furent sollicitées et s'obtinrent en avril 1641. D'après ces lettres, l'établissement comprendrait

« ligieux) avec tout nostre couvent à la grande grille, pour entendre la « lecture des arrests intervenus sur les troubles par eux excitez en nostre « ordre, je les exhortay tous à l'exacte observance de leurs vœux et des « règles, coutumes et usages de cet ordre, ainsy qu'il avoit esté pratiqué « de tout temps, leur tesmoignant que je ne souhaite autre chose d'eux « que cette fidelle pratique, que, s'ilz ne se vouloient résoudre de vivre « conformément à leur profession, encore que je les y peusse contraindre « par la rigueur, n'en désirant pas user, j'aimois miex, s'il y en avoit « quelques-uns qui fussent dégoutez de leur estat et première profes- « sion, leur permettre de se retirer en une autre religion pareillement « réformée de ce royaume, que de nous exposer encore aux troubles que « leurs esprits inquiets et mécontents pourroient causer, leur ayant « donné huict jours pour y bien penser avec Dieu ; lequel temps pas un « d'eux n'a voulu prendre ; ains dès les premiers jours de ladicte « huitaine m'ont pressé avec importunité de leur donner obédience pour « leur retraite. C'est pourquoy, mon Révérend Père, je ne puis trouver à « redire que les ordres et personnes, qui jugeront les pouvoir prudem- « ment et en conscience recevoir selon les saincts décrets, sacrez canons « et constitutions ecclésiastiques, le fassent.

« Mais je vous supplie instament, si vous les admettés, de leur défen- « dre expressément toutes sortes de communications de vive voix ou par « escrit avec quelque personne que ce soit de nostre ordre, de l'un ou l'au- « tre sexe, pour leur oster le moien de fomenter et entretenir leurs mau- « vaises habitudes et maximes et leurs divisions qu'ilz y ont causées au « grand dommage d'iceluy ... Toutes ces choses m'obligent de conjurer « vostre charité de ne leur point permettre de faire leur noviciat à « Paris, mais de les esloigner le plus qu'il vous sera possible de nos « prieurez..... »

Cette lettre est du 24 avril 1642.

(Même ms., p. 157-160).

Jeanne-Baptiste de Bourbon tenait beaucoup à ses droits : elle avait fait confirmer par arrêt du conseil d'État (7 septembre 1641) l'antique autorité de l'abbesse sur les religieux aussi bien que sur les religieuses de l'ordre. Cet *arrest du conseil d'Estat, le roy y séant*, avait été rendu sur l'*advis* conforme des *commissaires députez par Sa Majesté* pour connaître de l'affaire. Ces commissaires étaient : Cospéau, évêque de Lisieux, d'Estampes, évêque de Chartres, Séguier, évêque de Meaux ; Bignon, de Verlamont et de Laubardemont, conseillers du roi en ses conseils ; Nicolas Cornet, Jean Cocquerel et Robert Duval, docteurs en théologie. L'*Advis* précède l'*Arrest*, et on y lit, p. 11, la constatation « que les religieux sont instituez dans ledit ordre pour servir et estre subjets à ladite dame abbesse et ausdites religieuses, et n'avoir aucune chose au temporel que par dépendance d'icelles, et que tout ledit ordre estoit sous l'obéyssance de ladite abbesse..... »

avec le prieur-curé autant de religieux qu'on pourrait en entretenir (1). Pour augmenter les ressources, l'abbaye de Sainte-Geneviève abandonna à la jeune communauté les revenus qu'elle possédait à Nanterre.

Les élèves devenaient si nombreux, qu'il fallut songer à s'agrandir. On décida qu'une somme de 30,000 livres serait affectée à de nouvelles constructions. On voulait pouvoir loger cent élèves. La reine qui souvent venait faire ses dévotions dans le temple de ce village, cher à Paris et à la France, fut invitée à poser la première pierre. L'invitation acceptée, la cérémonie s'accomplit très solennellement le dimanche de *Quasimodo* 1642 (2).

Le conflit entre l'abbé de Chancelade et la Congrégation de France n'était pas près de prendre fin.

Pourtant les quatre monastères se montraient généralement disposés à l'agrégation. Deux osèrent même se prononcer positivement. A Chancelade, le prieur et un grand nombre de religieux se jetèrent aux pieds de l'abbé pour le supplier de ne plus opposer de refus. A Sablon-

(1) Il y aura, nous citons, « tel nombre de religieux avec ledict frère Paul Beurrier, prieur-curé, et ses successeurs à perpétuité, que le revenu pourra porter, lesquels seront subjects au supérieur de ladicte congrégation qui aura pouvoir de les révoquer et en mettre d'autres en leurs places suivant lesdictes bulles..... »

(2) Même ms. 21^5, p.p. 163-164, 244-245.

Le *Gallia*, tom. VII, col. 787, indique le 16 mars pour la pose de la première pierre.

Deux médailles de bronze furent placées dans cette pierre. L'une avait sur l'avers le portrait de la reine avec ces mots : *Anna Austriaca Franc. et Nav. Reg.*, et sur le revers se lisait cette inscription : *Anna Austriaca Franciæ et Navarræ Regina in beatam Genovefam urbis adeoque orbis Gallici patronam, eximium pietatis suæ monumentum, primarium hunc et angularem lapidem posuit nomine et titulo fundatricis, anno Domini* 1642...

L'avers de l'autre médaille portait une sainte Geneviève debout avec ces mots : *Sancta Genovefa Parisiensium patrona*. Au revers, on voyait une église soutenue par deux anges avec cette légende en haut : *Talibus auspiciis*, et cette autre en bas : *Nova Clotildis*. (Même ms., *Ibid.*).

Suivant le *Gallia*, plusieurs autres médailles en or et en argent furent également frappées.

ceaux, il y eut, le 26 octobre 1640, acte capitulaire pour déclarer qu'on était fermement résolu à se soumettre. En conséquence, un député était envoyé à Paris.

Pour l'abbé qui s'affermissait dans son opposition, il lui fallait d'autant plus faire preuve d'énergie et déployer d'adresse que sa situation s'aggravait. Agir autoritairement sur les monastères pour modifier les dispositions contraires ou comprimer les volontés rebelles, se faire appuyer à la cour pour faciliter le succès devant les tribunaux appelés à statuer, telle fut la double résolution que prit Solminihac et qui, certes, ne resta pas à l'état de simple conception.

Un mandataire fut constitué. Il devait agir, à Paris, non seulement au nom de l'abbé, mais au nom des quatre monastères dont on avait réussi à obtenir les procurations. En cet état, il n'hésita pas à faire signifier au coadjuteur l'acte d'opposition à l'ordonnance du cardinal avec « protestation d'en appeler partout où il appartiendrait ». Il est vrai que, deux mois après, trois des monastères, La Couronne, Saint-Gérald et même Chancelade, révoquèrent leur procuration, alléguant qu'ils avaient subi une véritable contrainte. C'était porter un coup grave à la mission du mandataire.

Enfin, le 22 décembre 1642, furent arrêtées et signées les conditions de l'union de La Couronne et de Saint-Gérald à la Congrégation de France. Il était entendu :

1° Que les constitutions de la congrégation seraient en vigueur dans les deux monastères ;

2° Qu'aussitôt après l'approbation donnée par le conseil privé, deux religieux seraient envoyés à La Couronne et à Saint-Gérald pour y introduire l'observance régulière, conformément à ces constitutions;

3° Qu'un an serait accordé aux anciens religieux pour réfléchir mûrement sur le parti à prendre par eux, et qu'au cas où ils se décideraient à entrer dans la congrégation, il y aurait renouvellement de vœux ;

4° Qu'avant ce renouvellement, ils n'appartiendraient réellement pas à la congrégation.

Ces conditions ayant été quelques mois après approuvées par le chapitre général, l'union devint effective.

Cependant le conflit, ayant été en même temps porté à Rome par l'évêque de Cahors, allait prendre des proportions considérables (1).

Le P. Guérin, pensant qu'on avait profité du dernier bref pour différer le chapitre général, s'était gardé de mettre en oubli la supplique de la congrégation. En présence des difficultés qu'il rencontrait, il se crut en droit de la modifier : au lieu d'une autorisation générale et indéfinie, il limitait à la personne du P. Faure, et pour quatre fois seulement, le renouvellement du supériorat. La supplique dans ces termes fut accueillie le 19 novembre 1640 (2), et la concession transmise immédiatement à Paris.

Quelques-uns, le P. Boulart tout le premier, étaient d'avis de procéder à de nouvelles élections, tant on désirait voir le P. Faure remis à la tête de la congrégation ! Mais, la réflexion faisant comprendre tout ce qu'il y aurait là d'insolite, l'idée ne put faire son chemin.

L'amour de la règle inspira également au cardinal un acte d'autorité. Le chapitre, en considération des fonctions du commissaire général, n'avait pas nommé d'assistants. Le cardinal ne partagea point cette manière de voir, et pour faire rentrer, autant que possible, dans la constitution, il nomma lui-même, en vertu de ses pouvoirs apostoliques, à la dignité d'assistants le P. Faure et le P. Blanchart.

Si le P. Faure était l'objet d'un respect, d'une vénération unanimes dans la congrégation, la calomnie au dehors s'acharnait parfois contre lui. Saint-Victor paraissait

(1) Ms. 21^5, p.p. 152 et suiv., 221 et suiv., 261 et suiv.

(2) Bref transcrit, ms. 22^{16}, tom. XVI du Recueil, fol. 491 et suiv.

ne vouloir pas désarmer. Vaincu à Rome, il essaya de prendre sa revanche à Paris. Inattaquable sous tous les rapports, c'était toujours le caractère de ce religeux, son ambition qu'on essayait de peindre sous les plus tristes couleurs : cet homme était une véritable plaie pour la congrégation. La calomnie s'introduisait jusqu'au pied du trône et allait frapper les oreilles du puissant ministre. La reine en fit bon marché, grâce à de hautes et bienveillantes interventions. Richelieu manda le supérieur général : il lui fallut les explications de ce dernier pour être pleinement édifié à ce sujet (1).

Le dernier chapitre général avait changé l'époque de ces grandes assemblées capitulaires. Le printemps avait semblé préférable à l'automne : avec les progrès de la congrégation, de si longs, de si difficiles voyages étaient parfois imposés ! Nécessairement il fallait avancer ou reculer de six mois le nouveau chapitre, et par là se trouverait avancée ou reculée dans la même proportion l'élection du supérieur général. On s'arrêta au premier parti. Un bref parut nécessaire, et on eut encore recours au P. Guérin qui l'obtint le 19 novembre 1642.

Cependant, le cardinal, l'esprit toujours fixé sur la règle, n'était pas du sentiment d'abréger ainsi le temps du supériorat actuel. Il tenait d'ailleurs au P. Boulart ; et il avait fini par se laisser influencer défavorablement à l'endroit du

(1) Même ms. 21^5, p. 59-70. « Le P. Boulart, le pria (Richelieu) de « croire que c'estoient de pures calomnies, inventées par la malice de ses « ennemis pour ternir sa réputation, luy faire perdre son crédit et ruiner « tous les desseins qu'il avoit entrepris pour la gloire de Dieu, et le res- « tablissement de nostre ordre ; qu'au reste c'estoit un vray serviteur de « Dieu dont les intentions estoient aussy dégagées des intérests de la « terre que ses actions esloignées des respects humains ; que sa vie estoit « très saincte, sa vertu très solide et sa conduite très sage et très pru- « dente, et que bien loin de rechercher les charges, il les avoit tousjours « refuy autant qu'il avoit peu. Son Eminence fut fort satisfaite de ces res- « ponses du P. coadjuteur, l'embrassa avec grande tendresse, l'assura « qu'elle feroit estime doresnavant du P. Faure, qu'elle luy rendroit ser- « vice et à toute la congrégation. »

P. Faure, le supérieur futur que désignait depuis longtemps l'opinion commune. Les instances du P. Boulart l'ébranlèrent (1); mais il ne donna son assentiment qu'après avoir pris, selon son habitude, conseil au dehors.

Le quatrième chapitre général fut indiqué pour le 26 avril. Il n'y eut encore que les supérieurs pour représenter les monastères. On remit l'élection au 1er mai. Le 30 avril eut lieu la vérification des pouvoirs et la nomination du secrétaire. Le lendemain, on se réunit dans la galerie des appartements du cardinal dont l'indisposition ne lui permettait pas de se rendre au chapitre. Avec les religieux conventuels de Sainte-Geneviève, le nombre des votants s'élevait à quarante-neuf. Le P. Faure obtint quarante-huit voix. Il fut facile de deviner encore celle qui lui manquait. Tel fut l'empressement à user du dernier bref (2).

Le développement de la congrégation demandait l'institution de visiteurs spéciaux, car il devenait impossible au supérieur général d'accomplir par lui-même, comme il l'avait fait jusqu'alors, le grave devoir de l'inspection monastique. Avant de se dissoudre, le chapitre nomma quatre visiteurs pour les maisons éloignées de Paris, le supérieur

(1) Ce fut encore le P. Boulart qui parvint à dissiper dans le cardinal de La Rochefoucauld les mauvaises impressions à l'égard du P. Faure; et sur l'estime, l'amitié de l'un pour l'autre, aucune ombre ne passa plus désormais.

(2) Devant un pareil résultat, le cardinal se prit à s'écrier : « En vérité, le doigt de Dieu est ici. « Quoi! Cela est-il vrai! Mes yeux ne me « trompent-ils point? Quel consentement, Seigneur! quelle union! Non, « ce n'est pas ici l'esprit de l'homme. Allez, mon Père, c'est Dieu qui « vous choisit; il se déclare visiblement, et j'en suis si convaincu, « que, quand un ange me diroit le contraire, je ne le croirois pas. Prenez « courage, mon Père, et croyez que celui qui vous établit si visiblement « le chef de son peuple, vous aidera pour le conduire. Pour moi, contez « que je vous aime et que je vous honore; contez que vous aurez « toute ma confiance, et que reconnaissant en vous le don de Dieu pour « le gouvernement de cette congrégation qu'il a formée par vos mains, « je tâcherai en toutes choses de coopérer avec vous et de vous donner « tout le secours et la protection dont je serai capable. » (*Vie* du P. Faure, p. 478-479.)

se réservant les autres ainsi que les séminaires. Ces nouveaux dignitaires étaient aussi nommés pour trois ans (1).

Le chapitre de la cathédrale d'Uzès (2), Notre-Dame de Ham (3), Notre-Dame de Quarante (4), Notre-Dame de Cha-

(1) Même ms., p.p. 261 et suiv. Voir aussi *Vie* du P. Faure, p. 474-482. Ces premiers visiteurs étaient :

1° Le P. Blanchart pour les monastères de Notre-Dame de Chatrices, Saint-Pierre d'Auxerre, Saint-Martin de Nevers, Saint-Ambroise de Bourges, Saint-Pierre d'Énaux, la cathédrale d'Uzès ;

2° Le P. Sconin pour les monastères de Saint-Éloi-Fontaine, Saint-Martin d'Amiens, Notre-Dame-d'Eu, Saint-Lo de Rouen, Sainte-Barbe-en-Auge ;

3° Le P. Beurrier pour les monastères de la Madeleine de Châteaudun, Saint-Séverin de Château-Landon, Saint-Jacques de Provins, Saint-Loup de Troyes, Notre-Dame de Châtillon, Val des Écoliers, Saint-Jean de Sens ;

4° Le P. Billoré pour ceux de Saint-Euverte d'Orléans, Notre-Dame de Beaugency, Notre-Dame de Beaulieu-lez-Mans, Saint-Jean de Mélinais, Saint-Pierre de Rillé, Saint-Denys de Rennes, Saint-Jacques de Montfort, Toussaint d'Angers.

On l'a compris, la triennalité pour les députés aux principaux emplois, était une loi de la congrégation ; mais, à la différence du général, les assistants, les visiteurs, le procureur général et les prieurs pouvaient être indéfiniment continués dans leur charge.

(2) Complications, quand il s'agissait de l'opérer, conflits, quand elle fut passée à l'état de fait accompli, voilà ce que naturellement présenta ou occasionna l'incorporation d'un chapitre cathédratique, qui relevait de l'évêque, à une congrégation, qui avait son autonomie.

Les nouveaux chanoines firent entre les mains de l'évêque la promesse d'obéissance canonique. Le serment de fidélité au roi se prêta entre celle du commissaire chargé de l'exécution de l'arrêt royal, car on avait dû avoir recours à S. M. C'est ainsi que le chapitre d'Uzès appartint à la congrégation (janvier 1641).

(Ms. fr. H. 21^5, in-fol., p.p. 78 et suiv.)

(3) Ham est surtout connu par son château-fort, reste imposant des anciennes fortifications rasées par Louis XIV, aujourd'hui prison d'État qui s'est fermée sur d'éminents personnages politiques. Cette petite ville renfermait autrefois une abbaye de chanoines réguliers qui datait des premières années du XIIe siècle et dont, en 1628, le cardinal de Richelieu fut pourvu. Sous lui et par lui, la discipline devait renaître dans le monastère.

En cas de résistance des anciens chanoines, le gouverneur de Ham devait prêter main-forte. Mais ceux-ci estimèrent avec raison qu'il était plus prudent de s'exécuter avec grâce. C'est ce qu'ils firent à l'arrivée des Génovéfains : ils les mirent en possession, le 25 mai 1641, « au contentement de toute la ville ».

(*Gall.*, tom. IX, col. 1121-1125; Expilly, *Dictionn.* ; même ms., p.p. 132 et suiv.)

(4) Il y avait à peine quelques mois que les Génovéfains étaient éta-

trices (1), Notre-Dame de Beaulieu-lez-Mans(2), Notre-Dame de Beaugency (3), Notre-Dame de Chage-lez-Meaux (4), telles

blis à Uzès, que déjà leur réputation de sainteté s'étendait par le Languedoc.

Dans le diocèse de Narbonne, était une abbaye de chanoines qui se glorifiait d'avoir Charlemagne pour fondateur. C'était Notre-Dame de Quarante. Son nom lui venait de quarante corps de martyrs placés dans une chapelle spéciale, chapelle si vénérée qu'on n'osait y pénétrer et qui, pour cette raison, s'appelait le *Saint des Saints*.

Les chanoines se reconnaissant indignes d'habiter en ce lieu si auguste, conçurent le pieux dessein d'y appeler des religieux de la Congrégation de France. En novembre 1641, ils députaient deux des leurs à Uzès, pour sonder les dispositions qui étaient favorables. En avril 1642, ils adressaient une requête à l'archevêque de Narbonne qui leur donna non seulement l'autorisation désirée, mais de chaleureux encouragements.

Un traité fut conclu. Une des clauses portait que les Génovéfains seraient appelés à fur et à mesure des vacances. L'archevêque, trouvant qu'une pareille clause rendait l'établissement aléatoire et pouvait même le rendre problématique, « obligea les habitants de la ville de Quarante, à fournir la subsistance de quelques religieux de la congrégation, moyennant quoy il les fit exempter de logements de gens de guerre ». Deux pères et un frère convers furent donc envoyés sans retard et purent assister à l'office de l'abbaye le 15 août de la même année 1642.

(Même ms., p.p. 166 et suiv.; *Vie* du P. Faure, p. 457.)

(1) Dans les bois de l'Argonne, sur l'Aisne, et à cinq quarts de lieues de Sainte-Menehould, s'élevait Chatrices (*Castriacæ, Castri-locus*), abbaye du XIIe siècle, laquelle fut affiliée quelque temps à Arrouaise, et entra, des siècles après, dans la Congrégation de France.

A cette dernière époque, elle avait pour chanoines d'assez bonnes gens qui ne se montraient nullement hostiles à l'idée de réformation. L'ordonnance d'union fut rendue en juin 1639; mais deux ans s'écoulèrent encore avant la prise de possession.

(*Gall.*, tom. IX, col. 952; Expilly, *Dictionn.*; même ms., p.p. 175 et suiv.; *Vie* du P. Faure, p. 458.)

(2) Cette abbaye s'offrait aux regards dans un des faubourgs de la cité, vers le Nord, sur la rive occidentale de la Sarthe. L'emplacement avait été donné par Bernard, baron de Sillé-le-Guillaume, et la donation acceptée par l'illustre évêque Hildebert. C'est fixer au XIIe siècle l'origine de Notre-Dame.

Sollicitée longtemps car la congrégation ne pouvait satisfaire à toutes les demandes, contrariée ensuite par le mauvais vouloir de l'ordinaire et des chanoines, l'incorporation s'accomplit enfin en octobre 1642.

(*Gall.*, tom. XIV, col. 512; Expilly, *Dictionn.*; même ms., p.p. 181 et suiv.)

(3) Ce chapitre s'était heureusement ressenti des libéralités des seigneurs de la ville. (*Gall.*, tom. VIII, col. 1579; même ms., p.p. 192 et suiv.)

(4) Une église avait été construite par les premiers chrétiens sur l'emplacement de la vieille cité de *Jatinum*. Brûlée avec la nouvelle, Meaux.

avaient été, en 1641 et 1642, les nouvelles maisons qui accrurent le nombre de celles que possédait déjà la congrégation aux destinées si prospères.

Quatre monastères allaient s'ajouter encore dans l'intervalle du quatrième au cinquième chapitre général : Sainte-Barbe-en-Auge (1), Saint-Maurice de Senlis (2), Sainte-Ho-

par les Normands, elle fut réédifiée; et, trois siècles plus tard (1135), l'office divin y était célébré par des chanoines qui suivaient la règle de Saint-Victor. L'église demeura paroissiale et était administrée par le prieur du monastère.

Le lecteur le devine facilement, le mot latin : *Cavea*, amphithéâtre, a formé le mot français : *Chage*, en passant par cette transformation de la basse latinité : *Cagia* ou *Chagia*. Chage était aussi le nom du faubourg où l'abbaye se trouvait située.

Au XVIe siècle, un des abbés de Notre-Dame de Chage (*B. M. in Cavea*,) Jean Toulomb, essaya, et non tout à fait inutilement, d'arrêter la noble abbaye sur la pente de la décadence. Mais la gloire de la relever devait appartenir à la Congrégation de France (décembre 1642).

(*Gall.*, tom. VIII, col. 1715-1716 ; même ms., p.p. 204 et suiv. ; *Vie* du P. Faure, p. 460.)

(1) C'était un des plus riches prieurés du pays. Il avait jadis (1128) tiré ses premiers chanoines réguliers de Notre-Dame d'Eu. Le dernier de ces prieurs commendataires, Robert de La Ménardière, avait, en 1607, cédé sa mense aux jésuites de Caen, cession que les chanoines ratifièrent en 1609.

Autrefois un des centres de dévotion pour la contrée, Sainte-Barbe était devenu un rendez-vous profane : on « y venoit des environs, ou pour traiter d'affaires, ou pour vider des querelles, ou pour se divertir et faire grande chère, car c'étoit un lieu de plaisir, de festins et de jeux ; et la meilleure réputation qu'y eussent les religieux, c'étoit de bien traiter leurs hôtes et de tenir toujours table ouverte ».

C'est assez dire les obstacles qui se dressèrent devant l'œuvre de la réformation. Néanmoins le concordat finit par être signé en octobre 1642, pour permettre, en mars de l'année suivante, la prise de possession.

(*Gall.*, tom. XI, col. 858-860; même ms., p.p. 301 et suiv.; *Vie* du P. Faure, p. 461-465.)

(2) Fondation de saint Louis en l'honneur de la légion thébaine, ce prieuré descendait rapidement la pente fatale du relâchement sous son premier abbé commendataire qui obtint ce bénéfice en 1625 ou 1626. Cependant la régularité si édifiante de Saint-Vincent faisait rentrer quelques chanoines en eux-mêmes ; et leurs vœux pour un retour à bien étaient transmis à ce dernier monastère (1637).

Mais l'évêque de Senlis avait un autre projet : l'établissement, à Saint-Maurice, d'un collège de jésuites. Le projet souriait d'autant plus aux pères de la compagnie, que le monastère se trouvait placé au centre de la ville.

Le supérieur général de la congrégation s'arma pour la défense des in-

norine de Graville, à l'embouchure de la Seine (1), Saint-Martin-au-Bois (*in Bosco*) qu'on appelait aussi S.-Martin de Ruricourt, à cinq lieues de Clermont en Beauvoisis (2).

IV

TROISIÈME GÉNÉRALAT DU P. FAURE

SA MORT ET CELLE DU CARDINAL (1643-1645)

La mort de Louis XIII, arrivée sur ces entrefaites, privait la Congrégation de France d'un puissant protecteur. On pouvait redouter, sous la régence, les agissements des ennemis de l'ordre nouveau et déjà si florissant.

Le cardinal, il est vrai, en prévision surtout de la fin que présageait son grand âge, avait eu soin, trois ans auparavant, d'obtenir du roi des lettres patentes confirmatives de toutes celles qui lui avaient été précédemment accordées (3).

térêts de l'ordre canonique, et finit par triompher : Saint-Maurice devint une possession des Génovéfains (avril 1643 ou 1644).

(*Gall.*, tom. X, col. 1524; même ms., p.p. 339 et suiv.; *Vie* du P. Faure, p. 489-493.)

(1) Agréablement situé, ce prieuré tirait son origine de Sainte-Barbe-en-Auge, dont il ne devait pas, grâce au zèle de son prieur régulier, se séparer dans l'œuvre du renouvellement spirituel (juin 1644). (Même ms., p.p. 365 et suiv.; *Vie* du P. Faure, p. 495-496.)

(2) Fondée au commencement du XIIe siècle, quelque vingt ou trente ans après Saint-Quentin-lez-Beauvais, cette abbaye dut sa réformation à un ami de collège du P. Faure.

Un concordat avait été signé dès l'année 1633. L'opposition de l'évêque, Augustin Potier, et de l'abbé commendataire, Anne de Levy de Ventadour, retarda de dix ans la prise de possession; et même l'installation définitive ne se fit que l'année suivante (1644).

(*Gall.*, tom IX, col. 826, 830; même ms., p.p. 372 et suiv.)

(3) B. S.-G., ms. fr. H. 21³, p. 74. Ces lettres patentes, datées de Saint-Germain-en-Laye, 14 mars 1640, sont transcrites, ms. 22¹⁶, in-fol., tom. XVI du Recueil des pièces, fol. 115-117.

Dans la situation, cependant, devait-on être complètement rassuré? Et, d'autre part, les décisions du commissaire apostolique dont l'appel interjeté en cour de Rome était encore pendant! Quel champ ouvert à la chicane comme à la malignité ? Et penser que tout cela n'était pas sans concerner également d'autres ordres dont la réformation avait été primitivement ou plus tard confiée au cardinal. Ce dernier demanda à la reine régente — et la supplique fut accueillie — de vouloir bien intervenir près du Saint-Siège pour achever l'œuvre sainte qu'avait si glorieusement commencée et poursuivie le roi défunt, et cela en priant le pape d'approuver les actes de réformation en général et de surseoir à tous les appels (1). C'était doublement habile : par là on confirmait l'œuvre accomplie, et la cour de France, s'y trouvant intéressée, ne se prêterait à aucune manœuvre. Aussi ordre fut-il donné au chancelier et aux autres magistrats de se montrer favorables à la congrégation.

Le cardinal lui-même dut faire parvenir à Rome un mémoire justificatif. On l'accusait — ce qui constituait un véritable abus — d'user de ses pouvoirs au détriment de l'autorité épiscopale (2). La justification était d'autant plus facile, qu'il pouvait établir que, dans ces derniers temps, rien ne s'était fait sans le consentement des évêques.

(1) Le cardinal rappelait que « par les appellations et autres oppositions de divers religieux qui ne vouloient point de réformation, au lieu du fruict que Sa Majesté et le public en avoient espéré, il y a eu plus de procez que de restablissement en l'observance ». Il y avait des procès qui remontaient à « plus de vingt ans ». (*Remonstrance à la reyne régente*, imprimée dans la *Vie* du cardinal, par La Morinière, p. 646-650.)

(2) Par le renouvellement de ses pouvoirs, le cardinal demeurait toujours commissaire apostolique pour l'ordre des chanoines réguliers de Saint-Augustin.

Le tom. XV du Recueil des pièces, ms. 22[15], fol. 3-14, renferme, à l'état de copie, un nouveau bref, en date du 22 janvier 1638, renouvelant pour une année les pouvoirs du commissaire apostolique, et les lettres patentes données à ce sujet et datées de Saint-Germain-en-Laye, 25 avril de la même année.

Le P. Faure, en qualité de supérieur général, prit aussi la plume pour rédiger un autre mémoire justificatif dont la destination était la même, et l'objet les actes qui regardaient en particulier la Congrégation de France (1).

La vérité se fit jour à la cour de Rome comme à celle de France.

C'est au milieu des bénédictions que le ciel, tout en ménageant quelques épreuves, versait si abondamment sur la congrégation, que la mort vint frapper le supérieur général. Atteint par une maladie mortelle dans le cours de ses visites, ramené aussitôt à Sainte-Geneviève, il s'endormit doucement dans le Seigneur, après quelques mois de souffrances, le 4 novembre, jour de sa fête, 1644. Le coup fut d'autant plus terrible, qu'il semblait encore éloigné. « Hélas ! — dit le cardinal au P. Boulart qui lui apportait la fatale nouvelle — « Hélas ! mon Père, quelle perte ! L'Église perd un grand « homme et un de ses principaux ornements ; votre ordre « son père et son unique appui ; et moi je perds mon ami, « je perds mon bras droit et la consolation de ma vieillesse. « Je devais partir devant lui, mais il faudra bientôt que je « le suive... Quelle affliction pour la congrégation ! Que « va-t-elle devenir, elle qui ne pouvait se passer de lui ? O « mon Dieu, consolez vos serviteurs dans l'excès de leur « affliction ; conservez l'ouvrage que vous avez formé par « les mains de celui que vous nous enlevez (2). »

(1) *Gall. christ.*, tom. VII, col. 790.

(2) *La Vie du révérend père Charles Faure*, Paris, 1698, in-4, p. 510.

Son cœur fut réservé pour Saint-Vincent de Senlis, son corps inhumé dans la salle du chapitre de Sainte-Geneviève; et sur le marbre noir qui le recouvrait, on grava une épitaphe dont nous détachons ces quelques mots qui disent parfaitement l'homme et le saint :

. . . .

Vir ad magna quæque natus;
Magnus ingenio, memoria, eloquentia, eruditione ;
Major animo, labore, constantia ;
Maximus modestia, religione;
Supereminens charitate,

. . . .

Post conditas, ad canonicæ vitæ normam, optimas leges,

Modèle de la vie religieuse dont il avait le sentiment le plus intime, l'idée la plus élevée, l'amour le plus vrai, dont il exprimait si bien en lui toutes les vertus, les plus hautes comme les plus humbles, les plus difficiles comme les plus attrayantes, celles qui imposent le triomphe par l'effort comme celles qui l'attendent d'une continuelle vigilance (1); maître consommé pour diriger les autres dans les voies spirituelles, joignant la douceur à la fermeté, la prudence à la vigueur, la connaissance des esprits à l'art de les gouverner (2); le P. Faure se présente, à la fois, sous un autre

Ipse viva lex, ipse suorum regula magis quam rector,
In animis filiorum, quos prope innumeros genuit,
Æternum victurus.

. . . .

(*Ibid.*, p. 514.)

(1) Voici une page qui atteste dans le P. Faure cette admirable abnégation qui est la perfection et fait la force des religieux. Elle a été tracée par lui-même à la suite des quatorze raisons qu'il avait consignées et qui ne lui permettaient pas de consentir à la remise du troisième chapitre général, parce que sa personne se trouvait en jeu et que l'intérêt général ne lui paraissait pas évident. C'est une sorte de vœu qu'il formulait pour donner à sa résolution un caractère d'irrévocabilité... « Je renonce donc, « ô mon très doux Seigneur, à toutes charges, offices et employs, à tous « honneurs et dignités, à l'amour et à l'estime des hommes ; j'embrasse « avec joye le mépris et l'abandon ; je veux vivre en une conformité de vie, « de pensées et affections avec vous, mon très aymé Sauveur, avoir part « en tous vos jeûnes, vos peines et vos travaux ; faire bien à tous, quand « aucun ne me rendroit le semblable, aymer, servir, ayder en tout temps « et occasions ceux qui me seront plus contraires ; travailler sans cesse, « quoique sans reconnaissance d'aucun ; enfin, mon Dieu et mon amour, « père et tuteur de mon âme, vous aymer, me haïr ; vous estimer, me « mépriser ; vous suivre, me quitter ; m'appuyer entièrement en vous, me « destier de moy-mesme ; et tout le cours de ma vie m'occuper aux seuls « soins de n'avoir amour que pour vous et d'en avoir toujours beaucoup ; « de vous honorer et agréer toutes vos volontés, les accomplir fidèlement, « les adorer en toutes choses ; et prouver avec courage et zèle que tous « ceux que je *converseray*, vous rendent un amour entier, un honneur « très pur et une obéissance exacte en tout temps et toutes choses, par « tous les siècles. » (Ms. 21[5], p. 45-46.)

(2) Le P. Faure composa un *Directoire des novices*, œuvre qui dénote, à un degré supérieur, la double connaissance de la vie religieuse et de la nature humaine. Le *Directoire* fut imprimé en 1638.

Le recueil D. 2445, in-4°, à la Biblioth. Sainte-Geneviève, renferme quelques lettres et entretiens, également imprimés, du P. Faure. L'on y trouve des pages, non moins bien frappées que dans le *Directoire*, sur la vie religieuse.

aspect et avec une auréole de plus. Associé, dans le grand acte de la réformation religieuse en France, aux pensées, aux projets, aux œuvres du cardinal de La Rochefoucauld, aussi sage conseiller qu'habile organisateur, esprit large, cœur magnanime, âme ferme et énergique, joignant à tant de qualités naturelles la puissance surnaturelle qui se puise dans le cœur du Christ, cet humble religieux doit être considéré comme le second fondateur de la Congrégation des chanoines réguliers de France, et son nom glorieux inscrit à côté de celui du grand cardinal.

L'abbé de Sainte-Geneviève allait suivre de bien près son coadjuteur dans la tombe : il semble que la mort ne devait pas séparer ceux que l'existence avait si étroitement unis. Quand nous disons : abbé, l'expression n'est pas rigoureusement vraie : le renoncement à cette dignité, de la part du cardinal, était déjà un fait accompli.

Jugeant le moment arrivé de réaliser sa pensée première, sachant résister aux obsessions de parents qui jetaient un regard de convoitise sur l'abbaye (1), le cardinal avait, le 3 février de cette même année 1644, convoqué le chapitre, pour lui soumettre son projet de démission en faveur de la congrégation elle-même, et lui faire agréer la réserve qu'il apposait à l'acte, celle d'une partie du revenu. Le 15 mars, la démission, dans ces conditions, était signée. Mais il en fallait l'acceptation par la cour de France et celle de Rome. On espérait que l'affaire irait de soi. On avait compté sans les exigences, d'une part, et les cas imprévus, de l'autre. A la cour de France, on consentait — et encore n'était-ce pas sans peine — à la nouvelle situation qui était faite à l'abbaye, mais on exigeait que l'abbé, à chaque élection, deman-

(1) L'abbé Louis de Rochechouart de Chandenier, neveu du cardinal, lequel aspirait à être abbé de Sainte-Geneviève, devint abbé de Tournus (1647), se retira plus tard à Saint-Lazare et, après avoir longtemps sollicité, fut admis *in extremis* (1660) dans la congrégation de la Mission. (Ms. 21^{5}, p. 433; *Gall.*, tom. IV, col. 978; abbé Maynard, *Saint-Vincent de Paul*, Paris, in-8°, tom. IV, p.p. 297 et suiv.)

dât la confirmation royale. Cette ingérence du pouvoir civil était de nature à susciter de graves embarras à la congrégation. L'appui de saint Vincent de Paul et les instances du cardinal ne furent pas de trop pour vaincre les résistances des conseillers de la couronne (1). Rome n'avait pas d'opposition à faire. Sur ces entrefaites, Urbain VIII mourut. Ce ne fut que le 4 octobre, vingt jours après l'exaltation d'Innocent X, que la décision favorable fut donnée. L'expédition devait tarder quelque peu.

Le coadjuteur se trouvait le titulaire désigné d'avance, lorsque la mort vint l'enlever à l'affection commune et à l'honneur que cette affection lui réservait. Que faire alors? L'acceptation de la démission était connue en France. Devait-on en attendre la notification authentique pour procéder à l'élection du général-abbé, laissant jusque-là entre les mains des assistants le gouvernement de la congrégation ? Le chapitre général, qui fut convoqué sans retard, se prononça pour l'élection immédiate d'un général-coadjuteur : on ferait une nouvelle élection, aussitôt que les bulles seraient arrivées. L'élu du scrutin du 18 décembre fut le P. Blanchart.

Né à Amiens en 1606, religieux profès à Saint-Acheul en 1624, le jeune Blanchart avait quitté, l'année suivante, cette abbaye pour Saint-Vincent de Senlis où il était attiré par la réputation de sainteté dont jouissait cette maison. Envoyé, la même année, à Sainte-Geneviève de Paris, il avait refait son noviciat sous la direction du P. Faure et renouvelé sa profession religieuse. Il avait été un des huit chanoines qui introduisirent la réforme à Sainte-Catherine de Paris où il devint successivement supérieur des religieux réformés et maître des novices. Une mission semblable l'attendait pour Saint-Denys de Reims; et c'est en qualité de supérieur de ce monastère qu'il siégea aux trois premiers

(1) Le brevet royal fut signé à Ruel, le 30 juin de la même année. (*Gall.*, tom. VII, *Instrum.*, col. 263-264.)

chapitres généraux. Assistant, puis visiteur, il fut donc appelé à tenir, après son maître vénéré, les rênes du gouvernement (1).

Ayant tenu, comme par le passé, à procéder en présence du cardinal, les capitulants s'étaient réunis dans une des pièces de son hôtel, où ils entendirent d'abord le vénérable vieillard faire en quelques mots bien sentis l'éloge si mérité du supérieur général défunt.

Les bulles arrivèrent à la fin de l'année. Un nouveau chapitre général fut indiqué pour le 13 février suivant. Les capitulants se trouvèrent à Paris au nombre de trente-six, la mauvaise saison en ayant retenu plusieurs dans leurs monastères. Le choix était facile. Il n'y avait qu'à convertir le coadjuteur en abbé titulaire. C'est ce qu'unanimement on s'empressa de faire, mais à la condition toute naturelle que les pouvoirs d'abbé prendraient fin en même temps que les pouvoirs de général, c'est-à-dire après trois ans à compter du dernier chapitre général (2).

Lorsqu'on vint annoncer la nouvelle au cardinal qui touchait à ses derniers instants, il leva les yeux au ciel et répéta, dans un sentiment ineffable de joie, le *Nunc dimittis* du saint vieillard de l'Évangile. Le lendemain 14, il rendait paisiblement sa grande âme à Dieu. La dernière parole qu'on lui entendit prononcer, fut ce verset du psalmiste qu'il aimait à placer au commencement et à la fin de ses actions : *In te Domine, speravi; non confundar in æternum : J'ai espéré en vous, Seigneur ; je ne serai pas confondu* (3).

(1) *Gall.*, tom. VII, col. 792-793; et ms. 21[5], p. 476.

(2) C'est ainsi que le chapitre général de 1647 se trouva reporté en automne et que les suivants y demeurèrent fixés. La mort du général ne devait même apporter aucun changement : si le général mourait avant le 1er juillet, le chapitre était convoqué pour le mois de septembre suivant; si la mort frappait plus tard, le chapitre était remis à l'année suivante, mais toujours en septembre. Dans l'un et l'autre cas, le premier assistant faisait les fonctions de général. (*Constitutiones*, Paris, 1772, pars v[a], cap. IX, n° 11).

(1) Nous lisons dans nos Mémoires : « On luy trouva au braz un billet

Le cardinal Fr. de La Rochefoucauld n'était pas seulement un grand caractère, un vertueux et zélé prélat. C'était une intelligence d'élite, un des esprits les mieux cultivés de l'époque, et sa plume lui a mérité la réputation non de bril-

« qu'il portoit depuis longtemps, dont son aumosnier et son chirurgien « avoient copie de sa main, affin qu'ils eussent soin d'observer le contenu, « qui estoit des principales choses qu'il désiroit qu'on pratiquast à sa « mort. On y lisoit ces mots : *Extresme-Onction ; l'Indulgence à la mort ;* « *l'Ouverture du corps ; les Messes ; l'Autel privilégié.* Entendant qu'on « eût soin : 1° de luy donner l'Extresme-Onction ; 2° de luy faire gaigner « l'Indulgence plénière ; 3° qu'on n'ouvrist point son corps que vingt-« quatre heures après sa mort ; 4° qu'on luy fist incontinent dire le nombre « de Messes qu'il ordonnoit ; 5° qu'on ne manquast pas d'en dire aux « Autels privilégiez. » (Ms. 21^{5}, p. 489-490.)

Pendant que le corps du défunt fut exposé, il y eut une affluence extraordinaire. « Pas un de ceux qui le voyoient qui ne fist son oraison « funèbre et qui ne racontast quelqu'une de ses vertus. Les uns disoient « qu'on ne vid jamais d'homme si humble dans une si haute dignité ; les « autres qu'il estoit pauvre au milieu des richesses et qu'il avoit bien imité « le Fils de Dieu qui s'estoit dépouillé pour enrichir les autres. Quel-« ques-uns disoient que l'Église avoit perdu un grand défenseur et « qu'une de ses plus fermes et plus éminentes colonnes estoit tombée ; « quelques autres qu'il estoit le refuge et la consolation des gens de bien ; « tous que c'estoit un grand serviteur de Dieu, qu'il n'avoit pas besoin de « prières, qu'il falloit plutost s'adresser à luy pour le prier, et que nostre « siècle n'avoit point veu de vie plus saincte que la sienne » (La Morinière, *Vie* du card., p. 474.)

Le cardinal-abbé laissa par testament à Sainte-Geneviève sa bibliothèque et ses tableaux (*Ibid.*, p. 498-499). Ce deuxième don ajoute largement à son titre de premier fondateur de la bibliothèque de l'abbaye.

Suivant la volonté du cardinal déférant au désir des jésuites, le cœur du défunt fut destiné au collège de Clermont, où on le porta processionnellement après l'avoir placé dans un magnifique *cœur* d'argent. Son corps fut déposé dans une chapelle de l'église abbatiale près de la sacristie. Un mausolée, œuvre de Philippe Buister, devait lui être élevé, portant une épitaphe qui rappelait, entre autres, ces titres d'honneur de l'éminent personnage :

. . . .
Religiosorum ordinum amantissimo patrono,
Regularis canonicorum Sancti Augustini
Disciplinæ vindici ac restitutori,
Hujus domus abbati religiosissimo
Ac munificentissimo benefactori.
. . . .

(*Gal.*, tom. VII, col. 783.)

lant, mais d'estimable écrivain (1). Sans s'être voué à la vie religieuse, il en possédait pleinement l'esprit, dont il s'était inspiré pour tracer l'emploi même de ses journées (2),

(1) Nous avons à citer de lui :

1° *De l'authenticité de l'Église en ce qui concerne la foy et la religion*, Lyon, 1597, in-12;

2° *De l'estat ecclésiastique*, Lyon, 1597, in-8°;

3° *Raisons pour le Désaveu, fait par les évesques du roiaume, d'un livret publié avec ce titre :* JUGEMENT DES CARDINAUX, ARCHEVESQUES, ÉVESQUES ET AUTRES QUI SE SONT TROUVÉS EN L'ASSEMBLÉE GÉNÉRALE DU CLERGÉ DE CE ROIAUME SUR QUELQUES LIBELLES DIFFAMATOIRES SANS LES NOMS DES AUTEURS; *contre les schismatiques de ce temps*, Paris, 1626, in-4°.

Ces trois ouvrages se distinguent plus par l'érudition qu'ils n'attachent par le style.

Le premier et le troisième sont des ouvrages de controverse; le second traite des devoirs ecclésiastiques.

Un mot sur le troisième :

Les deux libelles : *Admonitio ad regem* et *Mysteria politica*, injurieux pour le roi, avaient été condamnés dans l'assemblée générale du clergé, en 1625. Mais on avait cru devoir se borner à une simple condamnation. Un livret parut alors, attribuant à l'assemblée la doctrine parlementaire sur l'autorité royale, c'est-à-dire la doctrine de l'indépendance absolue de la couronne, doctrine qu'aux derniers États généraux le tiers état avait voulu faire consacrer et que la chambre ecclésiastique unie à la chambre de la noblesse avait réussi à faire rejeter. Une protestation ou un désaveu devenait nécessaire tant au point de vue doctrinal qu'au point de vue des faits. L'assemblée générale ayant prononcé sa clôture, une assemblée particulière eut lieu, à Sainte-Geneviève, les 26 et 27 février 1626. Elle se composait des prélats et ecclésiastiques présents à Paris. Le désaveu fut signé. Et, en présence des colères du parlement, le cardinal de La Rochefoucauld publia les *Raisons pour le Désaveu*... Entre autres raisons, figuraient celles qu'avait produites le cardinal du Perron aux États généraux de 1614-1615.

(2) Voici les principaux points de son règlement de chaque jour :

1° A quatre heures du matin, lever, et la matinée employée, partie aux actes de religion et de piété, partie à l'étude ;

2° De deux à quatre heures, affaires tant spirituelles que temporelles, et audiences ;

3° De quatre à six, prières et exercices de piété ;

4° De sept à huit, entretiens familiers comme une sorte de récréation ;

5° De huit à neuf, lectures spirituelles ;

6° De neuf à dix, examen sur l'emploi de la journée ;

7° A onze heures, coucher ;

8° Pendant les repas, on s'entretenait des pauvres et des malades et on arrêtait, principalement sur le rapport de l'aumônier, les secours à distribuer. (Même ms., p. 480-482.)

depuis qu'on lui avait confié la mission de commissaire apostolique en France. A cette importante mission il sacrifia sa charge épiscopale ; et, s'il conserva quelque temps encore les fonctions de grand aumônier, fonctions dans lesquelles il avait succédé au cardinal du Perron, s'il se laissa nommer premier ministre, s'il consentit ensuite à siéger au conseil du roi, ce fut surtout, on peut le dire, dans une pensée et sous une inspiration qui n'étaient pas étrangères à la mission elle-même : en face d'une entreprise si difficile on ne pouvait se ménager trop de secours ni acquérir trop d'influence. Réformateur (1), il fut, en même temps, fondateur d'ordre. A sa mort, quarante monastères s'étaient déjà groupés autour de son abbaye, pour vivre religieusement sous une règle commune et constituer ainsi une noble et puissante congrégation qui, en s'agrandissant encore, devait jeter de l'éclat et exercer, pendant quelque temps du moins, une salutaire influence sur le royaume très chrétien. A ce titre, il doit prendre rang parmi les organisateurs de la vie cénobitique, les pères des grandes familles religieuses : illustres et saints personnages dont se glorifie la chrétienté et dont, pour sa part, peut être fière l'Église de France.

(1) Voir, *Notes et Documents*, A., où nous présentons brièvement l'historique de l'œuvre réformatrice du cardinal en ce qui touche les autres ordres.

CHAPITRE TROISIÈME

NOUVEAUX PROGRÈS

(1645-1665)

I. LES DEUX PREMIERS GÉNÉRALATS DU P. BLANCHART ET CELUI DU P. SCONIN. (1645-1653)

L'hôtel abbatial et Nanterre — Modification aux constitutions — La bulle d'Innocent X condamnant les cinq propositions de Jansénius — Développements de la Congrégation.

II. LES QUATRE AUTRES GÉNÉRALATS DU P. BLANCHART. (1653-1665)

La Congrégation accusée de jansénisme — Réunion à la Congrégation de six monastères belges de l'ordre du Val des Écoliers — Tentatives d'établissement en Irlande — Admirables accroissements en France.

I

LES DEUX PREMIERS GÉNÉRALATS DU P. BLANCHART

ET CELUI DU P. SCONIN (1645-1653)

L'œuvre du cardinal se trouvait déjà menacée : sans la fermeté et la prudence du nouvel abbé de Sainte-Geneviève, peut-être eût-on réussi en quelque chose. Le prince de Condé avait demandé à la reine pour le prince de Conti, son second fils, l'abbaye de Sainte-Geneviève, estimée vacante par le décès du cardinal-abbé. C'était toujours le déplorable système des *commendes*, système dont les abus allaient parfois jusqu'à la concession à la même personne de plusieurs menses abbatiales ou prieurales. Heureusement ici l'application en devenait impossible. Telle fut la réponse d'Anne d'Autriche au prince qui, ne pouvant rien obtenir, se rabattit sur l'hôtel abbatial. Cet hôtel était inutile pour un abbé régulier. Comment alors le refuser au premier prince du sang, au père du vainqueur de Rocroy ? Mais comment aussi introduire dans un monastère une cour princière ? D'un autre côté, le cardinal de Lyon avait exprimé le désir d'habiter l'hôtel pendant le séjour qu'il se proposait de faire prochainement à Paris. En présence de pareilles sollicitations, on prit, à Sainte-Geneviève, le parti d'ordonner immédiatement la démolition de l'hôtel, à l'exception de quelques pièces pouvant servir à l'infirmerie (1). C'était radicalement parer aux demandes importunes comme aux fâcheuses éventualités. Anne d'Autriche et Mazarin ne purent qu'approuver la mesure et louer la sage prévoyance qui l'avait décidée. On avait eu, en même temps, un autre but : c'était de ne pas exposer l'abbé à la tentation de s'affranchir de la vie commune et régulière (2).

Les ordres religieux se maintiennent par l'esprit qui les a fondés ; et plus celui-ci demeure vivant, plus ceux-là apparaissent prospères. Le P. Blanchart était trop pénétré des pensées du cardinal et du P. Faure pour ne pas en faire la règle de son administration. Aussi la congrégation continuait-elle à jouir de la paix au dedans et à se développer au dehors. Et quand, le 16 septembre 1647, le chapitre général se trouva réuni pour l'élection du supérieur, soixante-quatre voix, sur soixante-six votants, continuèrent le P. Blanchart dans les importantes fonctions dont il s'acquittait à la satisfaction de tous (3)

Le parlement de Paris, selon ses habitudes en matière religieuse, se montrait parfois un peu chicaneur. Les lettres patentes, du 14 mars 1640, qui confirmaient les

(1) L'on éleva à la place d'autres constructions : « On mit aussytôt la « main à l'œuvre, et l'on travailla à bastir la grande salle et le dortoir « neuf, avec l'escalier, qui est contigu. » (Ms. fr. H. 21, p. 479.)

(2) Ms. fr. H 21[5], p. 532-535.

(3) Même ms. H. 21[5], p.p. 578 et suiv.

précédentes accordées au cardinal de La Rochefoucauld, n'avaient pas été enregistrées. Il fallut des lettres de jussion à ce sujet ; et encore s'écoula-t-il plus d'un an entre l'ordre royal et l'obéissance effective : les lettres sont du 3 septembre 1648 et l'enregistrement du 4 décembre de l'année suivante (1). Lorsqu'on demanda — on se souvient que la formalité n'avait été accomplie qu'au grand conseil — la transcription, sur les registres de ce même parlement, de la bulle d'Urbain VIII qui prononçait ou ratifiait l'érection de la Congrégation de Paris ou de France, cette cour souveraine n'y consentit qu'en apposant ces deux restrictions : 1° La réformation ne pourra être introduite dans les monastères que du consentement tant de l'évêque que de l'abbé et des religieux ensemble ; 2° le noviciat sera permis dans les maisons non réformées (2).

Le grand conseil, à son tour, sur un autre chapitre, crut devoir faire juridiquement acte d'opposition. Nous avons vu que la cure de Nanterre avait été unie à Sainte-Geneviève par les deux autorités compétentes, la spirituelle et la temporelle. Nous savons également que le séminaire, avait été aussi légitimement constitué. L'enregistrement n'avait même pas fait défaut à ces actes souverains. Tout eût été parfait, sans l'esprit processif de certains bourgeois de Nanterre et, aussi, sans la susceptibilité de l'université. Le prince de Conti fut cité comme seigneur d'une partie du bourg en sa qualité d'abbé de Saint-Denys. On déféra l'affaire au grand conseil. Cinq audiences furent consacrées à la cause, six avocats entendus, sans parler du recteur de l'université qui obtint la parole, et du génovéfain Fronteau qui répondit. Le premier, bien que débitant un discours latin fort

(1) Ms. fr. H. 22^{22}, tom. XXII du Recueil des pièces, fol. 488-491 : les lettres de jussion sont datées de Paris.

(2) Ms. 21^{5}, p. 735-737. L'enregistrement eut lieu en l'année 1649. Le parlement de Toulouse accomplit le même acte dans les mêmes conditions.

étudié, ne s'était pas maintenu dans les limites d'une calme et convenable discussion : il avait traité d'ignorante la congrégation et qualifié les religieux de *stipites cucullatos* (souches encapuchonnées). Le second releva le mot avec finesse : *Sisto vobis*, dit-il, *judices integerrimi, ex calculo amplissimi rectoris, stipitem non sine prodigio loquentem* (1). Tel fut le début même de la harangue dans laquelle il établit, mais non sans user de représailles, que les monastères avaient renfermé les plus célèbres écoles. Ces longs débats eurent pour résultat immédiat une sentence d'appointement. L'année suivante, mars 1650, un jugement définitif vint supprimer l'union de la cure, tout en maintenant le séminaire (2).

Il avait été arrêté, au chapitre général de 1647, qu'on poursuivrait de nouveau à Rome l'autorisation de continuer indéfiniment dans ses fonctions le supérieur général. Mais, en présence de la malignité qui donnait à la démarche une interprétation défavorable à l'endroit du P. Blanchart, celui-ci avait ordonné au P. Guérin de ne plus s'occuper de l'affaire ; et, lorsque le nouveau chapitre général fut réuni, le 13 septembre 1650, on se trouva encore en face de la clause dont depuis longtemps on désirait la modification.

Parmi ceux qui, inclinant à croire à une pensée d'ambition dans le P. Blanchart, s'étaient gardés de se taire, se rencontrait le second assistant, Antoine Sconin. Originaire de La Ferté-Milon, Antoine Sconin avait 20 ans, quand il prononça ses vœux, en octobre 1628. La nature l'avait doué de brillantes qualités ; mais, à côté de cela, l'on pouvait remarquer en lui, avec un zèle qui parfois n'était pas exempt de dureté, un esprit personnel, remuant, assez amoureux du changement et, au besoin, réservé

(1) *Voici devant vous, ô juges très intègres, suivant l'expression de l'illustre recteur, une souche qui, ô prodige! est douée de la parole.*

(2) Ms. 21⁵, p. 739-741 ; et ms. 18⁴, p. 20.

jusqu'à la dissimulation. C'est peut-être autant à ses défauts qu'à ses qualités qu'il dut son rapide avancement dans la congrégation. Prieur de Saint-Quentin-lez-Beauvais et visiteur avant d'être assistant, il devait être ensuite supérieur général (1).

Le 14 septembre, dès la seconde séance du chapitre, on procéda à l'élection. Au premier tour de scrutin, les voix se partagèrent. Au second tour de scrutin, Antoine Sconin eut la simple majorité. Mais c'était assez.

Ce chapitre doit être rangé parmi les plus importants à cause des décisions qui y furent prises.

Sur la proposition de Sconin qui voyait dans la rédaction première la consécration d'un gouvernement trop monarchique, et malgré l'avis contraire des PP. Blanchart et Boulart qui s'inspiraient surtout du respect pour la mémoire du P. Faure, on imposa au supérieur général le devoir de n'agir en chose d'importance qu'avec l'assentiment des assistants ; et l'on ajouta un *assensu* au *sine consilio* du texte primitif. Un registre des délibérations devait faire mention expresse de l'assentiment.

Une autre proposition, dans son premier énoncé, ne froissa pas moins un certain nombre de capitulants : ce fut celle qui avait trait à la division de la congrégation en provinces. Mais, quand on eut bien précisé qu'il ne s'agissait pas de la division si justement condamnée par le P. Faure, mais d'une simple organisation, déjà entrevue comme nécessaire, afin de faciliter l'élection des députés au chapitre général, l'opposition, à peine née, rentra dans le néant. En effet, avec la prodigieuse extension de l'ordre,

(1) *Gall. christ.*, col. 794-795 ; et ms. 21[5], p. 582-584.

Deux frères d'Antoine, Charles et Jacques, entrèrent aussi dans la congrégation. Charles fut prieur de la maison de Beaugency. (*Notice biograph. sur Jean Racine,* par M. P. Mesnard, 1er vol. des *Œuvres de J. Racine*, Paris, Hachette, 1865, p. 8-9.) Toutefois nous ferons remarquer que deux mss. auxquels M. P. Mesnard renvoie, ne sont pas bien cotés : il fallait écrire : ms. fr. H. 22[23] et 22[24], in-fol.

ne fallait-il pas, sans tarder, limiter le nombre de ces députés ? Ces explications fournies, toutes les âmes se retrouvèrent à l'unisson pour adopter la proposition et arrêter, en même temps, que chaque chapitre provincial élirait pour députés au chapitre général quatre supérieurs et un conventuel. Les conventuels auraient également voix active et passive (1).

La proposition votée dans ces termes fut, avec quelques autres, (2) envoyée à Rome pour recevoir l'approbation pontificale. En attendant, le chapitre fixait le nombre des provinces à trois, sous les noms de France, de Bretagne et de Bourgogne, la première comprenant dix-huit maisons, la seconde dix-sept, la troisième dix-huit également. Il indiquait même le siège des chapitres provinciaux : ce serait Saint-Vincent de Senlis pour la province de France, Toussaint d'Angers pour celle de Bretagne, Saint-Martin de Nevers pour celle de Bourgogne (3).

La fin du généralat d'Antoine Sconin arriva avant l'approbation pontificale. On dut s'en tenir aux anciennes règles pour le prochain chapitre qui se réunit en septembre 1653.

Toutefois, deux points avaient fait naître quelques scrupules, et on prévoyait qu'un troisième pourrait mettre mal à l'aise une conscience timorée. Devait-on admettre, comme on l'avait fait jusqu'alors, de simples prêtres

(1) Le chapitre provincial devait être composé des supérieurs, membres de droit, et de députés élus, un par chaque monastère : c'était la règle que nous avons vue adoptée jusqu'alors pour le chapitre général.

En 1772, le nombre des députés à élire par province fut élevé à six : trois de l'ordre des supérieurs, deux de celui des curés et un de celui des conventuels. (Voir bulle et lettres confirmatives, à la fin des *Constitutions*, édit. de 1772.)

(2) Par exemple, celles concernant le lieu où se tiendrait le chapitre général quand l'on ne pourrait se réunir à Sainte-Geneviève, et l'époque de sa convocation en cas de mort du supérieur général. Ce lieu serait une autre maison conventuelle désignée *ad hoc*. Quant à l'époque, le mois de septembre demeurait fixé, mais avec la particularité notée précédemment.

(3) B. S. G., ms. fr., H. 18[4], in-fol., p. 41-72.

conventuels de Sainte-Geneviève à prendre part à l'élection du supérieur général ? Était-on en droit d'autoriser l'usage des procurations pour le chapitre ? Y avait-il incompatibilité entre la charge de curé de Saint-Étienne et celle de supérieur général ? Ces propositions furent soumises, en particulier, au grand casuiste de l'époque, Jacques de Sainte-Beuve. Il fut répondu : sur la première, que rien dans le droit commun n'était contraire, qu'il y avait même des précédents ; sur la seconde, que le concile de Trente prohibait le vote pour les absents, mais non point la substitution réelle, légitime d'une personne à une autre quant au pouvoir électif ; sur la troisième, que l'incompatibilité n'existait vraiment pas. En posant la troisième question, l'on avait surtout en vue le P. Blanchart qui était curé de Saint-Étienne et qui très probablement serait de nouveau élevé à la dignité suprême de la congrégation.

Le fait vint bientôt justifier la prévision : le P. Blanchart fut élu pour la troisième fois supérieur général, au grand mécontentement de Sconin désireux d'être continué dans sa charge. Ce mécontentement devait avoir de regrettables conséquences : il causa de longs ennuis à la congrégation et jeta Sconin dans une fausse voie. Nous aurons à faire ce récit.

Dans une des séances du chapitre, on s'occupa de la bulle d'Innocent X, condamnant les cinq propositions du livre de Jansénius et déjà publiée dans presque tous les diocèses de France. Sur la proposition du P. Blanchart, il fut résolu qu'elle serait souscrite par tous les religieux de la congrégation, encore que plusieurs l'eussent déjà fait sur l'ordre des ordinaires. En même temps, défense était portée de rien dire ou écrire qui fût contraire au contenu de l'acte du Saint-Siège. La lecture de Jansénius se trouvait même formellement interdite. Ces décisions devaient être transmises à Rome pour témoigner de la filiale obéissance de la congrégation (1)

(1) Même ms. 18[1], p.p. 189 et suiv.

Le nouvel ordre inspirait la plus grande confiance.

Nous en avons une nouvelle preuve dans la rapide extension qui se continuait. En effet, Toussaint de Châlons (1), Saint-Martin des Aires de Troyes (2), Notre-Dame d'Oigny (3),

(1) Il y avait entre Saint-Memmie ou Saint-Menge et Toussaint de Châlons, ces deux abbayes de la même ville, la même différence qu'entre « le blanc et le noir » qui distinguait le costume de leurs chanoines. C'est que la seconde attendait encore la réforme qui avait régénéré la première, incorporée, suivant le *Gallia*, tom. IX, col. 944, dès l'année 1633 : Gallicanæ Congregationi obnoxia anno 1633.

Toussaint reconnaissait pour son premier fondateur Roger II, évêque de Châlons, au XIe siècle, et pour son second, Claude Godet, un de ses abbés, au XVIe. L'un avait placé le monastère dans une île de la Marne. L'autre estima prudent de l'abriter derrière les murs de la ville. Ces murs ne l'avaient pas défendu contre les ennemis spirituels.

Contrairement au désir de l'ordinaire, Félix Vialart, qui aurait voulu y placer des prêtres de la Mission, Sainte-Geneviève fut assez heureuse pour faire prendre possession du monastère, le 25 avril 1645, par le prieur de Chatrices.

(Même ms. H. 21[6], p.p. 502 et suiv., *Gall.*, tom. IX, col. 947, 952.)

(2) Cette abbaye remontait au XIIe siècle, et occupait un des plus beaux sites de la ville près la porte Saint-Jacques. Aussi, à l'époque qui nous occupe, lorsque, n'ayant plus de canonique que le nom, elle demandait de saints réformateurs, attirait-elle les regards de plusieurs ordres. Ce furent d'abord les chanoines de Lorraine qui cherchaient à s'établir en France; puis les religieux de Saint-Antoine; enfin les Prémontrés qui désiraient avoir une abbaye dans la ville épiscopale. On fit comprendre aux premiers qu'ils devaient avoir des égards pour la Congrégation de France; on signifia aux seconds l'ordonnance cardinalice du mois de janvier 1639; on se débarrassa des troisièmes en signant le contrat d'établissement (1645). (Même ms., p.p. 511 et suiv.; *Gall.*, tom. XII, col. 580, 582.)

(3) Presque sur les bords de la Seine, dans le diocèse d'Autun, au sein d'une « solitude affreuse », cette abbaye devait son origine (1106) à la générosité de deux époux dont le nom nous a été conservé : Gaudin de Bruisme et Adelina.

Le ministre Bouthilier de Chavigny, qui avait obtenu Notre-Dame d'Oigny pour son fils, partageait certaines préventions de la cour à l'endroit de la congrégation. On songeait donc aux Pères de la Mission. Dans cette circonstance, le supérieur général crut devoir s'adresser à M. Vincent lui-même « pour le faire souvenir de la parole qu'il... avait donnée, lorsqu'on lui abandonna Saint-Lazare, de n'entreprendre jamais sur aucune de nos maisons; ce bon Père se montra si fidèle à la garder, que non seulement il lui déclara qu'il ne voulait rien prétendre sur cette maison, mais il offrit son service auprès de M. de Chavigny pour y moyenner notre établissement, ce qu'il fit par après de la belle manière ».

Notre-Dame de Bourg-Moyen à Blois (1), Saint-Jean-au-Bois (2), Notre-Dame de Painpont (3), Notre-Dame de Pébrac (4),

La prise de possession est de 1647.

(*Gall.*, tom. IV, col. 487; Expilly, *Dictionn.;* même ms., p.p. 565 et suiv.)

(1) Cette abbaye prit le nom du bourg où elle était située : « Sita primum in burgo medio inter burgum S. Johannis et burgum Fixensem. » Jadis célébrée par le cardinal de Vitry, gratifiée par saint Louis d'une épine de la sainte Couronne, elle touchait alors à sa ruine spirituelle à laquelle elle échappa par l'installation de quinze Génovéfains (septembre 1648). (*Gall.*, tom. VII, col. 1388-1389; même ms., p.p. 629 et suiv.)

(2) Philippe le Bel avait fondé près la ville de Compiègne un monastère en l'honneur de son aïeul saint Louis. Ce monastère qui s'appela Royaulieu (*Regalis locus*), fut donné aux religieux du Val des Écoliers. Longtemps ces religieux y menèrent une vie des plus édifiantes.

Son triste état, au point de vue spirituel, avait décidé le cardinal de La Rochefoucauld à prononcer, dès la fin de 1624, son union à la Congrégation de Paris. La mort du prieur, si favorable à l'œuvre, retarda jusqu'en 1649 l'union à la Congrégation de France.

(*Gall.*, tom. IX, col. 469; même ms., p.p. 686 et suiv.)

(3) Vénérable par son antiquité — elle aurait été, dit-on, fondée au VIIe siècle par le prince Judicaël — Notre-Dame de Painpont (*de Pane Pontis*) était située à l'extrémité de la forêt de Brésihan, au diocèse de Saint-Malo. Les annales de la Bretagne font quelquefois mention du collège régulier des onze chanoines qui y célébraient l'office divin.

A cette abbaye se trouvait annexée une paroisse qui avait sept lieues de circuit. Le zèle apostolique devait donc se joindre à la régularité monastique. L'un et l'autre faisaient alors défaut, en sorte, lisons-nous dans notre manuscrit, que « ces pauvres gens vivoient comme des bestes au milieu des forests, sans connaissance de Dieu, sans fréquentation des sacremens et sans instruction des choses qui regardent le salut ».

L'église abbatiale était, en même temps, un lieu de pèlerinage. On y venait en foule pour obtenir la guérison « d'une espèce de rage à laquelle ceux de la Basse-Bretagne sont particulièrement sujets et qu'ils nomment le mal de Painpont, à cause qu'ils en sont guéris en ce lieu ».

La Providence ménagea l'installation définitive des réformateurs en septembre 1649.

(*Gall.*, tom. XIV, col. 1018; Expilly, *Dictionn.;* D. Taillandier, *Hist. eccl. et civ. de la Bretagne*, tom. II, p. CXXXIII; même ms., p.p. 702 et suiv.)

(4) Un saint, très honoré en Auvergne, Pierre de Chavanon, plus souvent désigné sous le nom de Pierre de Pébrac, fut, dans la seconde partie du XIe siècle, le fondateur et le premier prévôt de l'église, berceau de cette noble abbaye.

Notre-Dame de Pébrac avait eu aussi son déclin. Mais, dans ces derniers temps, M. Olier, si connu depuis comme curé de Saint-Sulpice et fondateur de la société du même nom, en était devenu abbé. Il y avait lieu d'espérer pour elle, par une généreuse réaction, un retour vers les belles

Saint-Ferréole d'Essomes (1), la Madeleine de Chartrage ou Châtrage (2), Notre-Dame de La Celle en Poitou (3), La Celle Saint-Hilaire à Poitiers (4), les Deux-

années. Les efforts de M. Olier ne furent pas couronnés de succès. Il était réservé à son successeur, Félix Vialart, évêque de Châlons, de mener à bonne fin l'entreprise (septembre 1649.)

(*Gall.*, tom. II, col. 457-459; même ms., p.p. 711 et suiv.)

(1) François de la Nauve, conseiller au parlement de Paris, songeait sérieusement à procurer le bienfait de la réforme à son abbaye, Saint-Ferréole d'Essomes. Monument du XIe siècle, à un mille de Château-Thierry, ce monastère n'abritait plus la sainteté des anciens jours, laquelle devait renaître sous la direction génovéfaine (septembre 1649.) (*Gall.*, tom. IX, col. 462; même ms., p.p. 724 et suiv.)

(2) En 1090, la lèpre régnait dans Mortagne, au diocèse de Séez. Rotrou II, comte du Perche, fit construire une léproserie sous les murs de la ville et en confia le service à un prieur et quatre religieux de Saint-Augustin. Le prieuré, ne prenant pas fin avec la léproserie, traversa les siècles.

Or, en 1646, mourait un prieur de la Madeleine de Chartrage, qui, pendant une administration de quarante ans, s'était surtout occupé de la perception de son revenu. Le monastère ne comptait plus que trois chanoines dont deux avaient pour oncle le dignitaire défunt.

C'était un prieuré consistorial. La reine y nomma un excellent ecclésiastique du nom de Condamines. Ce dernier devait faire profession religieuse. Les bulles furent expédiées dans ce sens. Mais Condamines, ne se reconnaissant pas la vocation, proposa à la congrégation la résignation du bénéfice, sous la réserve de cinq cents livres de pension. La proposition fut agréée; et le nouveau chapitre fut installé en 1651.

(Ms. H. fr. 18[4], in-fol., p.p. 72 et suiv.; Expilly, *Dictionn.*)

(3) Ce monastère existait dès l'année 1100, mais se trouvait alors dans la dépendance de l'abbaye de l'Esterp ou l'Éter. Abbaye quelque quarante ans après, il ne releva plus que de lui-même.

Notre-Dame de la Celle finit aussi par avoir besoin qu'on opérât en elle la transfusion d'une nouvelle sève religieuse, œuvre qui commença en août 1651.

(*Gall.*, tom. II, col. 1337 ; même ms., p.p. 79 et suiv.)

(4) Comme Notre-Dame de la Celle, la Celle Saint-Hilaire, à Poitiers, n'avait été, à l'origine, vers 1180, qu'un prieuré, et ne paraît avoir reçu le titre d'abbaye qu'au commencement du XVe siècle. Le corps du grand docteur des Gaules y avait reposé quelque temps, avant d'être transporté dans la basilique de la cité. Mais, en rendant le précieux dépôt, elle conserva, comme un glorieux souvenir, son nom premier.

En septembre 1652, la congrégation s'étant fait mettre en possession de l'abbaye par un conseiller du présidial de Poitiers, l'abbé forma immédiatement opposition. Un long procès paraissait devoir s'engager, lorsque des lettres de cachet obligèrent l'abbé à ne plus faire acte d'opposant. Le contrat qui devait assurer la paix aux possesseurs, fut signé le 28 mars 1652.

(*Gall.*,tom. II, col. 1336, 1337; même ms., p.p. 128 et suiv.)

Amants (1), Notre-Dame de La Réau (2), le Château-l'Her-

(1) Singulier nom que celui-là pour un prieuré de chanoines!

Une tradition populaire assigne à l'un et à l'autre une origine non moins singulière. Un jeune homme désirant épouser une jeune fille, les parents de celle-ci auraient mis pour condition de leur consentement au mariage, que le prétendu porterait la prétendue jusqu'au haut d'une montagne voisine. Si dure que fût la condition — car la montagne est élevée et coupée à pic — elle aurait été acceptée. Mais la fatigue aurait tué l'un et le chagrin l'autre. Les parents, en expiation de leur faute et aussi pour le repos de l'âme des défunts, se seraient décidés à construire au sommet de la fatale montagne un prieuré de chanoines réguliers.

Sans vouloir rechercher quelle a été réellement la pieuse pensée d'où est sorti l'antique prieuré, nous estimons plus vraisemblable cette explication du nom qu'il porte. Son église était sous le vocable de Sainte-Madeleine. Au portail et au grand autel, la femme évangélique était représentée à côté du Christ, celle dont l'amour fut si ardent pour le Sauveur, à côté de celui qui prononça cette tendre et miséricordieuse parole : *Beaucoup de péchés lui sont remis parce qu'elle a beaucoup aimé* (S. Luc, VII-47.) Les mots : *Duo Amantes*, traduits dans notre langue, devraient donc s'entendre dans le sens pur du latin, et surtout dans le sens plus pur de l'Évangile.

Le prieuré couronnait le sommet d'un mont qui n'est pas autrement désigné et qui, dominant le cours de l'Andelle et de la Seine vers l'embouchure de l'affluent, à une lieue de Pont-de-l'Arche, laisse découvrir un magnifique panorama.

Les chanoines occupaient un site élevé; mais ils étaient bien descendus religieusement.

Un contrat d'incorporation à la Congrégation de France avait été signé. Les jésuites de Rouen, s'appuyant sur un legs d'un M. de La Ferté, chanoine de la sainte Chapelle de Paris, intentèrent un procès dont fut saisi le parlement de la capitale de Normandie. Les jésuites eurent gain de cause. Les anciens chanoines continuèrent d'occuper le prieuré, c'est-à-dire de faire bien des brèches à la vie religieuse. D'un autre côté, on ne s'attendait guère, avec les Pères de la compagnie, sur le partage du revenu. Enfin, après quatre années d'un pareil état de choses, par suite d'une convention spéciale, la congrégation fut autorisée à placer un chapitre dans le prieuré, et les jésuites obtinrent pour leur collège de Rouen la mense prieurale (mars 1652).

(Expilly, *Dictionn.*; même ms. 18^4, p.p. 101 et suiv.)

(2) Notre-Dame de la Réau (*S. Maria Regalis*) s'élevait, à dix lieues de Poitiers, en un endroit fort solitaire. Notre manuscrit en contient cette description : « Elle ressemble, à l'extérieur, plustost à un chasteau qu'à un « monastère, estant entourée d'eau de tous costés, et flanquée de grosses « tours qui lui servent de défenses en temps de guerre. Quoiqu'à présent « elle soit d'un revenu assez modique, elle n'a pas laissé autrefois d'avoir « esté fort considérable, portant la qualité de chef d'ordre, ayant beaucoup « de prieurés conventuels qui en dépendent dans les provinces voisines, « comme dans le Poitou, le Maine, l'Anjou et la Saintonge. »

Aucun obstacle ne devait se dresser devant les chanoines réformateurs :

mitage (1), vinrent successivement, pendant les deux supériorats de Blanchart et celui de Sconin, s'unir à la congrégation pour justifier de plus en plus le nom qu'elle portait.

Nous voyons, d'autre part, l'évêque de Nevers, s'inspirant de ce qui, depuis vingt années déjà, s'était inauguré à Beauvais et à Paris, et tendait à se généraliser en France, écrire dans un mandement, en date du 8 janvier 1651 :

« ... Nous ordonnons et voulons que tous ceux de notre « diocèse, de quelque condition et qualité qu'ils soient, « qui seront appelés à cette haute et redoutable dignité « du sacerdoce, auparavant qu'ils s'engagent aux ordres « sacrés,..... viennent à Nevers, quinze jours avant celui « destiné à la collation des ordres, s'enfermer pendant « ladite quinzaine dans la maison des chanoines réguliers « de Saint-Augustin de l'abbaye de Saint-Martin de cette « ville de Nevers que nous commettons à cet effet, faute « d'un séminaire, pour y apprendre et comprendre quel « est le mérite et l'excellence de la profession qu'ils veu- « lent embrasser aussi bien que les dispositions qui sont

il ne restait plus dans l'abbaye que le prieur et un moine qui se contentèrent d'une modeste pension. A dater du 22 décembre 1652, Notre-Dame de la Réau fit partie de la Congrégation de France.

(Même ms., p.p, 158 et suiv.)

(1) Au sein d'une forêt, entre les villes du Mans et de Château-du-Loir, apparaissait le prieuré du Château de l'Hermitage (*de castellis in eremo*). Dès l'année 1637, le cardinal de La Rochefoucauld avait, en vertu de ses pouvoirs apostoliques, chargé le P. Gallet, prieur de Toussaint d'Angers, de visiter le monastère dont la réputation laissait beaucoup à désirer, et de signifier la défense d'y recevoir des novices. Avis de cette mission fut donné par le visiteur délégué, mais on lui fit réponse qu'on n'avait nullement besoin de sa visite et qu'on entendait vivre comme par le passé, sans relever de personne, sous l'unique règle du prieuré. On ne se cachait même pas pour dire que, si « les réformés étaient assez hardis que de se présenter à la maison, ils trouveraient à qui parler ». On ne s'effraya pas. Avec le temps et le double consentement de l'évêque et de l'abbé commendataire, on vit, vers la fin de 1652 — le *Gallia* assigne par erreur, croyons-nous, l'année 1653 — les Génovéfains prendre possession du prieuré.

(*Gall.*, tom. VII, col. 796 ; même ms., p.p. 177 et suiv.)

« nécessaires pour les recevoir... Déclarons que nous n'ad-
« mettrons qui que ce soit de notre diocèse aux ordres que
« ceux qui auront fidèlement exécuté le règlement ci-des-
« sus avant chacun ordre... »

Le prélat espérait par ce moyen « remettre le sacerdoce en sa splendeur (1) ».

LES QUATRE DERNIERS GÉNÉRALATS DU P. BLANCHART

(1653-1665)

Réélu en 1656 supérieur général, le P. Blanchart le fut encore en 1659, mais, cette fois, en vertu d'un bref pontifical.

Rome avait enfin accueilli, en la restreignant toutefois, la demande de l'abbaye (2). Alexandre VII autorisait à continuer quatre fois de suite, c'est-à-dire douze années durant, dans ses fonctions le supérieur général de la congrégation. Le bref portait la date du 17 septembre 1657, et les lettres patentes ne se firent pas trop attendre.

Il n'en avait pas été de même pour les bulles, antérieures de près de deux ans, lesquelles statuaient sur le partage de la congrégation en provinces et sur les chapitres provinciaux (3). Le célèbre chancelier Séguier avait soulevé plu-

(1) Même ms. 18⁴, p.p. 98, 99.

(2) Une nouvelle supplique avait été rédigée au chapitre de 1656 et envoyée au Saint-Père.

Plus tard, cependant, on revint au sexennat. Nous lisons dans les *Constitutions*, édit. de 1772, par. V, cap. IX, n° 12 : « Quamvis præpositi « generalis dignitas ultra sexennium non possit prorogari, is tamen ad « alterum triennum eligi potest, qui ante suam electionem eam dignitatem « successionis jure obtinuerit. »

(3) Les bulles consacraient aussi ces deux autres points de la suppli-

sieurs difficultés. Il entendait, entre autres prétentions, astreindre la congrégation à ne tenir ces nouveaux chapitres qu'avec l'autorisation spéciale et chaque fois renouvelée du roi, sous prétexte que cela se pratiquait, *quand il s'agissait de conciles*. Il avait fallu négocier plus d'une année et faire agir de puissants ressorts pour vaincre l'opposition du chancelier (1).

Ce fut donc, en 1659, que les chapitres provinciaux furent réunis pour la première fois aux lieux et dans les conditions précédemment déterminées. Les cinq députés de chacune des trois provinces vinrent tenir à Paris le onzième chapitre général (2).

Malgré les résolutions adoptées au chapitre général de 1653 en ce qui concernait la bulle d'Innocent X, les ennemis de la congrégation faisaient peser sur elle l'accusation de jansénisme. Il faut en convenir, la conduite de quelques-uns de ses religieux, et des plus éminents, donnait prise à l'accusation (3). A Rome même, le P. Guérin, l'habile

que : tenue du chapitre hors de Sainte-Geneviève en cas d'empêchement, époque de sa convocation en cas de mort du supérieur général dont les pouvoirs se trouvaient dévolus au premier assistant.

(1) Les bulles, datées du mois de décembre 1655, parvinrent en France au commencement de 1656, et les lettres patentes, pour l'enregistrement, ne furent données qu'en avril 1657.

(2) Ms. 18[1], p.p. 421 et suiv., et 671 et suiv.

(3) Sans parler du célèbre Fronteau dont il sera question ailleurs, citons le P. Lefebvre, supérieur de Saint-Euverte d'Orléans, qu'une lettre de cachet relégua dans l'abbaye de Géneston et qui dut à ses restrictions dans la signature du Formulaire la prolongation de sa peine. « L'année dernière, « écrivait-il, j'ay soubscrit le présent formulaire ensuite du mandement de « Monseigneur l'évesque d'Orléans, et,... en tant que besoin seroit, je les « soubscris encore présentement avec toute la soumission que l'Église « exige. » (Ms. 18[5], p. 164-165.)

Ce Formulaire dont on prescrivait la signature comme attestation d'orthodoxie, était l'œuvre de l'assemblée générale du clergé, en mars 1657, à la suite de la réception du bref d'Alexandre VII, confirmant la bulle d'Innocent X et déclarant expressément que les cinq propositions se trouvaient bien extraites du livre de Jansénius et condamnées dans le sens de l'auteur. Le Formulaire fut le résumé exact du bref. Plus tard, pour couper court aux difficultés soulevées par les Jansénistes, le Saint-Père devait insérer comme obligatoire, dans sa constitution de 1665, un Formulaire analogue.

procureur de l'ordre, s'était compromis. Ses liaisons avec Gorin de Saint-Amour l'avaient tellement rendu suspect, que, rappelé une première fois, il ne retourna dans la Ville éternelle que pour se faire congédier (1655) (1).

Dans ces circonstances critiques, la congrégation était heureuse d'avoir, en France, la protection de la marquise de Sénecey, première dame d'honneur de la reine-mère, et qui, en sa qualité de nièce du cardinal de La Rochefoucauld, portait à l'œuvre de ce dernier un véritable intérêt (2). Peut-être, on le pensa du moins à l'abbaye, ne fut-elle pas étrangère à cette lettre de cachet qui vint tomber au milieu du douzième chapitre général en 1662 :

« Chers et bien-aimés, ayant été informé que vous tenez « votre chapitre général pour les affaires qui concernent la « discipline régulière de votre ordre, et particulièrement « pour procéder à l'élection des supérieurs, lecteurs et maî- « tres des novices de vos maisons, et qu'il est important « tant au bien de la religion catholique qu'à votre commun « repos, qu'il soit fait choix pour ces charges de personnes « de probité, capacité, et exemptes de tout reproche, nous « vous faisons cette lettre, pour vous mander et ordonner « que, procédant à ladite élection, vous n'ayez à y admettre « aucun de ceux qui ont été ou sont soupçonnés d'être « attachés à la doctrine de Jansénius, que l'Église a con- « damnée. Et comme en toute rencontre nous avons été « fort satisfait de votre conduite et de votre zèle, nous ne « doutons point que, par une nouvelle marque de votre « obéissance en cette rencontre, vous ne nous obligiez « d'augmenter de plus en plus l'affection que nous avons « toujours eue pour le bien et l'avantage de votre ordre.

(1) Ms. 18[4], p. 293-299.

(2) Cependant la marquise de Sénecey, en véritable catholique, n'hésitait pas à dire au P. Boulart qui lui recommandait un jour la congrégation : « J'ayme bien votre congrégation, mais j'ayme encore mieux l'Église. » (Ms. 18[4], p. 168.)

« Ne faites donc faute d'accomplir ce qui est de notre inten-« tion, car tel est notre plaisir (1). »

Cette lettre était un sage avertissement dont les capitulants estimèrent prudent de profiter. En conséquence ils arrêtèrent les résolutions suivantes :

Les visiteurs s'informeront si parmi les supérieurs, régents, maîtres des novices, ils se trouvent des opposants aux cinq propositions ;

On ne soutiendra point de thèses publiques en théologie et philosophie qui n'aient été vues et approuvées par le supérieur général ;

Les visiteurs interdiront les livres favorables au jansénisme (2).

Dans ce même chapitre qui continua, pour trois ans encore, le généralat du P. Blanchart, on approuva la convention qui avait réuni à la Congrégation de France six monastères des Pays-Bas, monastères de l'ordre du Val des Écoliers et situés à Géronsart près Namur, à Mons en Hainaut, à Liège, à Malines, à Huffalise et à Lièves en Brabant (3). La paix ayant été conclue entre la France et l'Espagne, le supérieur général s'était empressé de faire sonder les dispositions de ces chanoines réguliers, car, vu la situation, il fallait se prononcer pour l'union ou se soumettre à la juridiction épiscopale. Une assemblée générale

(1) *Ibid.*, p. 227, lettre datée de Paris, le 20 septembre 1662.

(2) Les capitulants ne se montraient pas d'une orthodoxie assez sévère quand, parlant de ces « matières », ils disaient qu'elles « altèrent plus la charité qu'elles n'édifient ». (*Ibid.*, p. 231.)

Pour ce qui regarde le jansénisme, outre les endroits cités, ms. 18^4, p.p. 291-299 et 498 ; ms. 18^5, même collection, p.p. 152 et suiv. ; et, relativement au chapitre de 1662, même ms. 18^5, p.p. 220 et suiv.

(3) Géronsart (*Geroldi sartum*), prieuré d'abord, devint abbaye en 1617. La fondation en est attribuée à Albéron, évêque de Liège (1134). Moins d'un siècle après, la règle du Val des Écoliers y fut adoptée (1225). De ce monastère sortirent ceux de Lièves, de Malines et autres. (*Gall. christ.*, tom. III, col. 581.)

Le Val des Écoliers de Liège fut uni presque aussitôt après sa fondation à l'abbaye du même nom en France et soumis au prieur de Géronsart (1231). Paul V le constitua abbaye (1614). (*Ibid.*, col. 1112.)

avait préféré le premier parti, et les abbés de Géronsart et de Notre-Dame de Mons, munis des pleins pouvoirs des six maisons, étaient venus à Paris pour traiter l'affaire. En quelques heures — tant de part et d'autre on se montra animé de l'esprit de conciliation! — les conditions avaient été arrêtées et la convention signée (1).

Pour affermir l'union, le chapitre décida, en même temps, que le supérieur ferait la visite de ces six monastères, ce qui s'accomplit l'année suivante. En septembre 1663, le P. Blanchart, accompagné du P. Beurrier, son second assistant, du P. Lallemant, prieur de Sainte-Geneviève, et du procureur général, quitta Paris pour se rendre dans les Pays-Bas. Il avait obtenu du roi des lettres de recommandation pour les gouverneurs des diverses provinces. Aussi les autorités civiles le reçurent-elles bien partout, quelquefois même eurent-elles pour lui les plus grands égards. A Mons, par exemple, le duc d'Aerschoot et d'Aremberg, grand bailli et gouverneur du Hainaut, envoya à sa rencontre un magnifique carrosse, où le P. Blanchart prit

(1) Ms. 18[5], p.p. 185 et suiv.

Les principales clauses étaient :

Les six monastères demeureraient unis à perpétuité « sous la direction de l'abbé de Sainte-Geneviève, supérieur général, sans préjudice néanmoins des droits et privilèges des maisons particulières et leur mutuelle dépendance... » (*Ibid.*, p. 193);

Le supérieur général de la Congrégation de France se nommerait, en le prenant parmi les supérieurs des six monastères, un vicaire général qui, en cas de guerre, remplirait l'office de visiteur;

On ne pourrait rien leur prescrire que conformément aux statuts du Val des Écoliers, selon lesquels ils entendaient continuer à vivre; et ce ne serait qu'avec leur consentement que ceux de la congrégation deviendraient obligatoires pour eux.

On remarquera que l'agrégation se faisait dans de certaines conditions d'indépendance, ce qui explique, avec leur caractère d'étrangers, pourquoi on ne voit pas ces monastères prendre part aux chapitres généraux.

En se rendant à Paris, les abbés de Géronsart et de Notre-Dame de Mons trouvèrent à Senlis le supérieur général, assistèrent avec lui à une tragédie qui se jouait au séminaire de Saint-Vincent, « virent avec satisfaction la représentation de la pièce et admirèrent la bonne grâce et la déclamation des acteurs, la propreté et la richesse de leurs habits et surtout l'intrigue et la composition de cette action ». (*Ibid.*, p. 190.)

place pour faire son entrée dans la cité ; puis les magistrats vinrent en corps lui souhaiter la bienvenue. Ce fut aussi et surtout au point de vue spirituel que le supérieur général put se féliciter de son voyage (1).

On avait espéré aussi pouvoir établir la congrégation en Irlande, où l'ordre des chanoines réguliers avait été autrefois florissant. Le projet datait de 1643, année où le P. Faure reçut à la vêture sept ou huit Irlandais, qui devaient être la précieuse semence à jeter dans la grande île. Mais comment la semence pouvait-elle germer et croître sur un sol où l'on portait *l'extermination et l'enfer.* Pour le moment, il fallait, un double regard jeté sur la puissance de Dieu et l'histoire de l'Église, se borner à ces espérances : « Si le sang et les souffrances des premiers « chrétiens ont été, selon Tertullien, une semence féconde « qui en a engendré d'autres à l'Église, ne pouvons-nous « pas dire que les larmes, les sueurs et les peines de ces « premiers missionnaires de notre congrégation dans l'Hi- « bernie, fructifieront avec le temps et en produiront un « grand nombre de semblables pour relever notre ordre « autrefois si ample et si illustre dans le royaume (2). »

En France, sous les quatre derniers généralats du P. Blanchart, le développement de la congrégation a été vraiment admirable. Il y eut jusqu'à trente-trois agrégations nouvelles. Les monastères qui se rangèrent alors sous la règle génovéfaine, avaient nom : Notre-Dame de Lanville, prieuré du diocèse d'Angoulême (3), Fontaine-le-Comte (4),

(1) Ms. 18^5, p.p. 259 et suiv. ; *Gall. christ.*, col. 801.

(2), Ms. 18^4, p.p. 487, 471 et suiv, ; *Gall.*. col. 790-791.

(3) L'installation eut lieu en mars 1654. (*Gall.*, tom VII, col. 7[illegible]6.)

(4) Une fontaine dans l'enceinte, le titre nobiliaire du fondateur, Guillaume X, duc d'Aquitaine et, en même temps, comte de Poitiers, telle fut la double origine du nom de cette abbaye qui commença par être un simple prieuré. Il paraît assez probable que, dans les premières années de son existence, ce prieuré, à une demi-lieue de la capitale du Poitou, abritait de pieux ermites.

Cette abbaye devint également génovéfaine en 1654.

(*Gall.*, tom. II, col. 1340 ; ms. 18^4, p.p. 215 et suiv.)

Saint-Barthélemy de Noyon (1), la Madeleine de Rouen (2), Saint-Eusèbe d'Auxerre (3), Saint-Nicolas de Campagnac (4),

(1) On pourrait peut-être ici, en restreignant le sens aux proportions voulues, répéter le vers de Virgile :

Tantæ molis erat romanam condere gentem !

Décidée en 1623 par le cardinal de La Rochefoucauld, ordonnée par lui en 1639, consentie par le prieur en 1650, la réforme canonique ne s'introduisit qu'en 1654 dans cette abbaye.

Les commencements du monastère avaient été modestes : il avait pris naissance à côté de l'humble chapelle dont la piété s'était plu, dans la première moitié du XIe siècle, à pourvoir le cimetière extérieur destiné à la sépulture des pauvres et des étrangers. Ses développements furent rapides : elle mérita son titre abbatial dès l'année 1064. A ses yeux, l'union faisait bien la force : vers 1140, elle s'affilia à l'abbaye de Saint-Victor de Paris. Le malheur l'éprouva : elle fut détruite par les guerres au milieu du XVIe siècle, et elle abandonna son antique situation espérant trouver au dedans des murs de la ville une sûreté qui lui avait manqué au dehors.

(*Gall. christ.*, tom. IX, col. 1115; même ms., p.p. 219 et suiv.)

(2) La citation classique de tout à l'heure s'appliquerait presque aussi à ce prieuré-hôpital, quoique les difficultés présentent un autre caractère.

Primitivement, c'est-à-dire vers le milieu du XIIe siècle, la double administration spirituelle et temporelle de cet important établissement de charité avait été confiée à un chapitre de chanoines réguliers. Plus tard, la temporelle passa en d'autres mains : première source de complications pour l'introduction de la réforme.

Le prieur était à la nomination royale. Il y avait donc là un droit de la couronne à sauvegarder : deuxième source de complications.

L'archevêque, jaloux de son autorité, se montrait exigeant relativement à son droit de visite : ce fut l'origine d'une opposition tenace.

On finit cependant par mener à bon terme la pieuse entreprise : le traité fut signé en 1649 et l'installation se fit en 1654.

(Même ms., p.p. 247 et suiv.; v. aussi Expilly, *Diction.*)

(3) A la différence d'une foule de monastères, celui-ci descendit, an 1159, à l'état de prieuré, après avoir glorieusement porté le titre d'abbaye. Mais il avait commencé par descendre moralement. Ce fut au prix de l'indépendance que Saint-Laurent de Cosne lui infusa une nouvelle sève religieuse; œuvre sainte qu'accomplit également Sainte-Geneviève en le faisant entrer dans la Congrégation de France (1654). (Même ms., p.p. 272 et suiv.)

(4) Longtemps disputé devant les tribunaux, alloué en 1651 par arrêt du grand conseil à la Congrégation de France, ce modeste prieuré du diocèse d'Uzès fut l'objet d'une transaction en 1654, mais dut attendre quinze années encore pour l'exécution de l'arrêt. (Même ms., p.p. 1 et suiv.)

Saint-Laon de Thouars (1), Saint-Symphorien d'Autun (2), Landèves (3), L'Esterp ou L'Éter (4), Sainte-Madeleine de

(1) La piété généreuse de deux époux fut l'origine de cette abbaye qui, dans la suite, compta parmi ses bienfaiteurs Henri II, roi d'Angleterre, et Marguerite d'Écosse, première femme de Louis XI. C'est assez dire l'ancienneté de ce monastère du Poitou.

Un accident hâta l'exécution d'un projet de réforme que nourrissait l'abbé commendataire, Abraham Ribier. Celui-ci se trouvait à Paris pour soutenir un procès contre les chanoines de Saint-Laon. Or, il advint que, la veille de la fête de saint Augustin, il tomba du haut d'une maison sans presque se faire du mal. Persuadé qu'il était redevable de la vie à ce grand docteur, il alla, le même jour, à Sainte-Geneviève pour exposer son religieux dessein et faire des propositions *ad hoc*. Les instances succédèrent aux ouvertures.

La Trémoille, seigneur du lieu, donna son assentiment, et l'installation se fit après le chapitre général de 1656.

(*Gall.*, tom. II, col. 1344, 1345; ms. 18⁴, p.p. 340 et suiv.)

(2) Saint Germain, avant de gouverner l'Église de Paris, avait gouverné Saint-Symphorien en qualité d'abbé. Le monastère était alors occupé par des moines que, au ve siècle, son fondateur, Euphronius, simple prêtre alors, ensuite évêque d'Autun, y avait introduits. Des chanoines et des moines s'y succédèrent jusqu'à ce qu'enfin des clercs de l'ordre canonique s'y réinstallèrent pour ne plus le quitter. Longtemps avant l'établissement de la réforme, Saint-Symphorien ne portait plus que le titre de prieuré,

Cet établissement eut lieu en 1656.

(*Gall.*, tom. IV, col. 436, 441 ; même ms., p.p. 441 et suivant.)

(3) Dans l'ordre du Val des Écoliers, Landèves était le seul monastère qui, en France, avec la maison-mère, portât le titre d'abbaye. Mais cela ne datait que de 1623. Précédemment, c'est-à-dire de 1219, année de sa fondation, à 1623, Landèves était un simple prieuré. Deux frères, seigneurs de Ballay, en avaient donné l'emplacement, en attendant qu'eux-mêmes s'y fissent religieux.

Cette abbaye, située dans les environs de Réthel, avait eu beaucoup à souffrir dans les dernières guerres. Son abbé, Jean Le Roi, avait même été pris par les Espagnols pour ne recouvrer la liberté qu'au moyen d'une énorme rançon ; en sorte que, si le monastère était réduit à son abbé et à un seul chanoine, il ne lui restait même pas de quoi entretenir un plus nombreux chapitre. Jean Le Roi, homme religieux, plaça son espoir dans la Congrégation de France. Les négociations étaient très avancées, lorsqu'il mourut, au commencement de 1656. Toutefois l'œuvre put être heureusement menée à terme : cette même année n'était pas encore révolue que les réformateurs avait fait leur entrée.

(*Gall.*, tom. IX, col. 296, 297 ; même ms., p.p. 458 et suiv.)

(4) Abbaye du XIe siècle au diocèse de Limoges (*abbatia S. Petri Stirpensis*). Grâce à la fermeté de l'abbé commendataire, François de La Vieuville, et aussi aux arrêts de la justice la réformation s'y établit en 1657. (*Gall.*, tom. II, col. 620 ; Expilly; même ms. 18⁴, p.p. 499 et suiv.)

Géneston (1), Saint-Vincent de Vielle-Brioude (2), Saint-Volusien de Foix (3), La Trinité d'Aubigny (4), Notre-Dame de Corneville, à deux lieues de Pont-Audemer (5), l'abbaye de Saint-Lô, dans la ville de ce nom (6), Notre-Dame de Montmorel, à trois lieues d'Avranches, et à égale distance du Mont-Saint-Michel (7), Notre-Dame de Beaulieu et Notre-Dame de Beauchamp, la première dans le diocèse de Saint-Malo, la seconde dans celui de Verdun (8),

(1) Abbaye du diocèse de Nantes, probablement moins ancienne d'un siècle que la précédente, mais rappelée dans le même temps à la vie canonique (1657) par les efforts de son saint abbé, Joseph de Pontchâteau, dont Lobineau a raconté l'admirable vie dans ses *Saints de la Bretagne*. (*Gall.*, tom. XIV, col. 855; même ms., p.p. 509 et suiv.)

(2) Prieuré institué, comme l'abbaye de Pébrac dont il dépendit, par Pierre de Chavanon, et puisant une vie nouvelle (1657) à la source assez voisine d'où pour lui avait découlé l'ancienne. (Même ms., p.p. 517 et suiv.)

(3) Faut-il faire remonter jusqu'à Charlemagne la fondation de cette abbaye? On l'a dit. C'eût été alors un pieux mémorial des victoires du grand empereur sur les Sarrazins. Quoi qu'il en soit, cette abbaye était la seule du diocèse de Pamiers.

Presque vingt années durent être consacrées à l'œuvre de l'établissement des Génovéfains (1639-1658).

(Même ms., p.p. 545 et suiv.; *Gall.*, tom. XIII, col. 180.)

(4) Prieuré relativement assez moderne dans le diocèse de Bourges et où les foudres de l'Église triomphèrent des cœurs endurcis (1658). (Même ms., p.p. 583 et suiv.)

(5) De prieuré (1143) devenue presque aussitôt abbaye, détruite par le feu du ciel (1287), renaissant de ses cendres pour voir s'abattre de nouvelles calamités, finissant par tomber moralement, Notre-Dame de Corneville ne se releva qu'au moment où les chanoines de la congrégation vinrent lui tendre la main (1659). (*Gall.*, tom. XI, col. 298.)

(6) Presque sœur du prieuré rouennais,— car la régularité stricte pénétra dans l'une et dans l'autre en vertu d'une bulle d'Innocent II — placée sous le même vocable, l'abbaye suivit l'exemple du prieuré au XVIIe siècle: elle accueillit dans ses murs les mêmes réformateurs, et cela, malgré l'opposition de l'abbé, malgré le mauvais vouloir de la puissante famille de Matignon, malgré celui de la ville qui comptait alors tant d'hérétiques (1659). (*Gall.*, tom. XI, col. 935 ; même ms., p.p. 635 et suiv.)

(7) Ce fut une heureuse exception dans le mouvement réformateur, puisque, après l'initiative prise par l'abbé, N. de Vaurouy, conseiller-clerc au parlement de Rouen, aucune opposition sérieuse ne vint se jeter à la traverse (1659). (*Gall.*, *ibid.*, col. 535; même ms., p.p. 651 et suiv.)

(8) Notre-Dame de Beaulieu, abbaye fondée vers 1170 par les comtes de Dinan, à la demande d'Albert, évêque de Saint-Malo, fut ouverte à la

Saint-George-sur-Loire (1), Notre-Dame de Cassan (2), Saint-Crépin-en-Chaie (3), La Trinité de Mauléon,

congrégation par le zèle de l'abbé commendataire, Le Clerc du Tremblay, petit-neveu du fameux P. Joseph (1659). (*Gall.*, tom. XIV, col. 1031; même ms., p.p. 657, et suiv.)

Notre-Dame de Beauchamp était un prieuré. Le *Gallia* (tom. IV, col. 778), en nommant le fondateur de ce prieuré, Henri, comte de Bar (1220), ajoute que ce dernier, « inter alia sua beneficia, ad ecclesiæ luminare omnia dedit apum examina, quæ in sylvis occurrerent ». L'établissement des Génovéfains fut une autre exception heureuse à ajouter à celle dont nous parlions tout à l'heure, puisque tout s'y passa pacifiquement (1659). (Même ms., p.p. 682 et suiv.)

(1) Cette petite abbaye (*abbatiala*) reconnaissait pour son fondateur un seigneur du Plessis-Macé (1150). Elle rencontra le premier moteur de sa réformation dans un de ses religieux, ne donnant qu'après le triomphe de fin à ses instances, de trêve à ses sacrifices (1660). (*Gall.*, tom. XIV, col. 713; ms. fr. H. 18[3], in-fol., p.p. 29 et suiv.)

(2) Le *Gallia*, à juste titre, qualifie ce prieuré *d'antique* et de *très célèbre*. Nous ne lui donnerons pas Charlemagne pour fondateur et une grande victoire de cet empereur pour origine. La tradition, consignée dans notre manuscrit, ne nous paraît pas suffisamment étayée. Le fait certain, c'est que Notre-Dame de Cassan était très florissante au XIIe siècle et que sa renommée franchissait les limites du diocèse de Béziers qui la renfermait. Ce monastère avait compté jusqu'à quatre-vingts chanoines.

Mais *quantum mutatus ab illo !*

Au XVIIe siècle, on songeait sérieusement à la sécularisation. Les chanoines, au nombre seulement de six ou sept, la désiraient, et le prieur commendataire soumit le projet à Rome. Mais ce dernier revint sur son projet; et la cause génovéfaine finit par triompher (1659 ou 1660.)

(*Gall.*, tom. VI, col. 417; ms. H. 18[5], in-fol., p.p. 2 et suiv.)

(3) Cette abbaye s'élevait sur l'emplacement de l'amphithéâtre (*cavea*) de Soissons. Selon la tradition, saint Crépin et saint Crépinien, avant de subir le martyre, furent jetés dans une des loges où l'on renfermait pour les cruels combats les gladiateurs et les bêtes féroces. Une église, d'abord, consacra le souvenir de la captivité des deux saints. Dans la suite, on y adjoignit un monastère. Telle fut l'origine de cet établissement religieux, origine à laquelle on assigne l'année 1131. Telle est, en même temps, l'explication du nom qu'il portait : *Sanctus Crispinus in cavea*, et qui devint dans notre langue *Saint-Crépin-en-Chaie*.

Les âges de prospérité étaient aussi passés pour cette abbaye. Elle se montrait au grand siècle qui se levait déjà, « aussi désolée en ses bastiments qu'en la discipline régulière ». Des dettes considérables pesaient même sur elle, en sorte que les créanciers étaient en instances pour être autorisés à faire vendre le fonds.

L'évêque voulait y établir le séminaire diocésain.

Mais la congrégation, prenant en main et avec succès la cause canonique, y installa de ses enfants (1660).

(*Gall.*, tom. IX, col. 464; même ms., p.p. 42 et suiv.)

aujourd'hui Châtillon-sur-Sèvre (1), Saint-Lazare de

(1) On trouve l'existence de cette abbaye dès l'année 1079.

Parmi les sièges que Mauléon eut à soutenir, on rappelle celui de 1587 contre l'armée de Henri de Navarre. Le riche trésor de l'abbaye fut pillé : on évalua la perte à 30,000 livres tournois.

Comme la Providence sait parfois tirer le bien du mal ! La cause occasionnelle dela réforme fut un crime, qu'on serait presque tenté de prendre pour un roman, s'il ne nous était aussi bien attesté.

Un chanoine de La Trinité, au caractère excentrique, aimait à quitter l'abbaye, s'affubler de toutes sortes de costumes, s'improviser marchand ambulant. Naturellement sa vie n'était rien moins que régulière. Avec cela, il se montrait à l'égard de ses confrères querelleur, chicaneur, insulteur. Ceux-ci devaient même s'estimer heureux, quand ils n'étaient pas par lui traduits devant les tribunaux.

Irrités d'une pareille conduite, deux jeunes chanoines se laissèrent emporter par un zèle irréfléchi, aveugle, étrange et bientôt criminel. Ils formèrent le projet de mettre l'indigne prêtre dans l'impossibilité de dire la messe : pouvait-on plus longtemps supporter de pareilles profanations ?

Un soir, après souper, ils se saisirent de lui, le traînèrent dans la salle du chapitre l'attachèrent à deux piliers et, armés de solides bâtons, se mirent en devoir de lui briser les doigts. C'était un moyen infaillible pour parvenir aux fins désirées. Les ténèbres, l'ardeur ne permirent pas sans doute de bien diriger les coups ; et, après avoir rudement frappé, ils s'aperçurent que le malheureux ne donnait plus signe de vie. Ils le crurent mort. Que faire ? Les deux meurtriers involontaires transportèrent au dehors ce qu'ils jugeaient n'être plus qu'un cadavre. Par bonheur, ils ne se donnèrent ni le temps ni la peine de lui creuser une tombe.

Après quelques heures, le mort revint à la vie et se retira chez un de ses amis. Quand il fut rétabli, il songea à intenter un procès à ses assassins. Dans ce but, il entreprit le voyage de Paris. Pour se ménager quelque appui, il s'adressa à Sainte-Geneviève, racontant le guet-apens, révélant la vie si peu édifiante de ses confrères, insistant sur la nécessité urgente d'une réforme.

Les deux jeunes chanoines furent cités à Paris ; mais, à défaut de preuves, ils ne purent être condamnés. Eux aussi allèrent à Sainte-Geneviève et déclarèrent, à leur tour, n'être pas opposés à la réforme.

Quant aux autres, à la suite d'un pareil scandale, comment eussent-ils osé ne pas partager les mêmes sentiments ?

Les circonstances parurent d'autant plus favorables, que l'abbé commendataire, Henri de Béthune, archevêque de Bordeaux, s'empressa d'assurer son concours à l'entreprise. Le P. Vatrée, visiteur de la province, se rendit par ordre supérieur à La Trinité. Tout fut réglé immédiatement et l'installation des nouveaux chanoines eut lieu bientôt après (1660).

(*Gall.*, tom. II, col. 1391 ; même ms., p.p. 53 et suiv.)

Blois (1), Saint-Serein de Chantemerle (2), Saint-Antonin-en-Rouergue (3), l'Hôpital Jean-Rose à

(1) Maison qui avait juste le nombre requis de chanoines pour former un chapitre, c'est-à-dire trois (1660). (*Gall.*, tom. VII, col. 800; même ms., p.p. 146 et suiv.)

(2) Fondation des comtes de Champagne pour un chapitre séculier, Saint-Serein de Chantemerle (*Cantumerla*), déjà chapitre régulier, adopta la règle de Saint-Augustin en même temps que Saint-Loup de Troyes (1135). L'abbaye de l'humble paroisse imitait la grande abbaye de la ville épiscopale.

Lorsque Louis le Bourgeois d'Heauville fut pourvu de la commende de Saint-Serein, vers le milieu du XVIIe siècle, il n'y avait plus qu'un seul religieux dans le monastère. Ce religieux s'était adjoint un prêtre séculier pour le desservice de la paroisse annexée.

Né à Heauville — d'où son surnom — au diocèse de Coutances, bachelier en théologie, doyen de l'église d'Évreux, en attendant qu'il obtînt la même dignité dans celle d'Avranches, l'abbé commendataire était aussi pieux qu'éclairé. Comme missionnaire, il s'était acquis en Normandie une grande réputation de zèle. Il allait bientôt se faire un nom dans les lettres, en composant entre autres ouvrages un *Catéchisme en vers*, dédié au dauphin, fils de Louis XIV.

Le zèle évangélique, en présence du triste état de Saint-Serein, pouvait-il se condamner à l'inaction ? Mais quelle mesure adopter? La plus facile et à la fois la plus efficace, c'était de confier l'abbaye à la Congrégation de France. L'abbé le comprit, et bientôt un souffle vraiment rénovateur passa sur ces ruines (1661).

(*Gall.*, tom. XII, col. 592, 594, et même ms., p.p. 91 et suiv.)

(3) On dit qu'à cette époque où la Gaule n'était pas encore complètement chrétienne, un saint prêtre fut massacré par des païens dans les vallées de l'Aveyron, et que sur les bords de la rivière, à l'endroit où l'on trouva le corps inanimé, un monastère se construisit, puis autour du monastère une ville. Naturellement le monastère aurait tiré son nom du martyr et la ville du monastère.

Au temps d'Urbain II, le chapitre de Saint-Antonin, dont l'existence d'ailleurs ne paraît pas remonter au delà, comprenait dix-huit chanoines, nombre qui se trouva réduit à douze. A la tête de ce chapitre, il y avait un *prieur mage* ou grand prieur (*major*), lequel était, à la fois, « seigneur absolu de la ville pour le spirituel sans relever de l'évêque ». Il jouissait même « du privilège des ornements pontificaux ».

Malgré tout cela, la paix, dans ces derniers temps, était loin de régner entre lui et les chanoines. Le *prieur mage* avait sur les bras plusieurs procès suscités par ceux-ci. Il se trouvait à Paris, aidant à la justice de sa cause, exhalant parfois ses plaintes auprès de quelques amis. « Il y a, « lui dit-on, un bon moyen de triompher de ces terribles chanoines : « c'est d'appeler dans le prieuré les chanoines réformés de la Congrégation « de France. » Cette parole fut un trait de lumière. Sainte-Geneviève reçut

Meaux (1), Saint-Éloi de Lonjumeau (2), Saint-Jean des

la visite du plaideur fatigué. Une première installation ne dura que trois ans (1647-1650) devant l'inflexible opposition des anciens chanoines. L'installation définitive date seulement de 1661.

(La Martinière, *Dictionn.*; *Gall.*, tom. VII, col. 800; même ms., p.p. 9 et suiv.)

(1) Jean Rose était un honorable bourgeois de la ville de Meaux. Il y fonda, en 1356, un hôpital, qui garda son nom, pour vingt-cinq aveugles, dix enfants, avec douze lits pour les voyageurs pauvres. Le titre de fondation portait que l'administration tant spirituelle que temporelle serait confiée à deux religieux de l'ordre de Saint-Augustin. Successivement, grâce à d'autres âmes généreuses, le nombre des religieux s'éleva à cinq. Les fondations pour l'établissement des trois nouveaux religieux étaient dues à l'avocat Guillaume de Marelières, à Simon Rose, de la famille de Jean, et à deux pieux et charitables époux. Le chapitre suivait donc la règle de Saint-Augustin.

En 1645, il ne restait plus à l'hôpital qu'un seul religieux profès. L'évêque de Meaux, Dominique Séguier, signa, la même année, un décret de sécularisation. Il se proposait d'établir en ce lieu le séminaire diocésain à la tête duquel il placerait les prêtres de la Mission. Le décret demeura lettre morte. L'établissement passa entre les mains de la congrégation (décembre 1661).

(Même ms., p.p. 131 et suiv.; Expilly, *Dictionn.*)

(2) Jean de Dreux, de race royale, comme le nom l'indique, surnommé de Brenne, et sa femme Aleis, comtesse de Mâcon, n'avaient pas d'enfant. Voulant constituer Dieu héritier de leurs biens, ils firent construire à Lonjumeau un monastère sous le vocable de Saint-Éloi. Des chanoines y furent placés qu'on tira de Sainte-Catherine de Paris. Ceci s'accomplissait au commencement du règne de saint Louis (1234). Pierre de Brenne, frère de Jean, se montra, à son tour, généreux à l'égard du prieuré naissant. Saint Louis, par une lettre datée d'Aigues-Mortes, au moment où il s'embarquait pour sa seconde croisade (1270), et adressée *au prieur et aux frères de Saint-Eloi*, rendait mainmortables le prieuré et ses possessions : concession faite, disait le roi, *en vue de l'amour de Dieu et pour le bien de mon âme et de l'âme de mon père et de ma mère*. Philippe le Bel, roi de France, par suite d'un échange avec le seigneur de Chilly, fournissait chaque année, à Saint-Eloi, quarante-quatre charretées de bois. Cette maison compta encore des bienfaiteurs dans d'autres familles princières. Elle se considérait, à bon droit, comme la fille aimée de Sainte-Catherine de Paris, que sept autres maisons canoniales saluaient également du titre de mère.

Possédé par celui qui s'était signalé comme poète licencieux avant de se faire un nom comme hérétique, Théodore de Bèze, vendu par lui au fils du seigneur de Lonjumeau, ce prieuré traversa misérablement la fin si troublée du XVIe siècle, sans se relever dans la première partie du suivant.

Prés (1), Saint-Jacques de Béziers (2), Le Plessis-Grimould (3)

Projetée en 1638, l'installation génovéfaine ne put s'effectuer qu'en 1662.

(*Gall.*, tom. VII, col. 863, 867; même ms., p.p. 201 et suiv.)

(1) Les origines de cette abbaye bretonne sont assez obscures. On la trouve d'abord, dans la première partie du XIIe siècle, sous le nom d'abbaye du castel de Josselin. On ne saurait dire si elle abritait alors des chanoines ou des moines. On ne saurait dire, non plus, ce qu'elle devint, lorsque les Anglais eurent détruit le castel après les deux assauts de 1168 et 1175. Nous la voyons reparaître au commencement du XIIIe siècle, et, cette fois, peuplée de chanoines. Elle reçut et conserva le nom de Saint-Jean des Prés. Sans aucun doute, sa nouvelle dénomination lui vint de ce qu'elle se trouvait située en dehors, soit à une demi-lieue de la ville de Josselin.

La prise de possession par les Génovéfains eut lieu, en 1663 ou 1664, après une opposition de plus de douze ans à l'exécution du concordat.

(*Gall.*, tom. VII, col. 801, et tom. XIV, col. 1029; même ms., p.p. 251 et suiv.; Expilly, *Dictionn.*)

(2) Cette abbaye et celle de Saint-Afrodise de la même ville, toutes deux très anciennes, étaient vraiment vassales de l'évêque de Béziers. Les abbés, à leur entrée en charge, faisaient au prélat hommage de leur bénéfice et lui juraient, les mains jointes et à genoux, fidélité et obéissance. A Saint-Afrodise, par la mort de l'abbé, l'évêque se trouvait saisi de l'administration. Peut-être le même fait se produisait-il à Saint-Jacques.

Ce dernier monastère, jamais bien important, alors bien tombé, mais toujours admirablement situé, reçut les Génovéfains en 1664.

(*Gall.*, tom. VI, col. 414; même ms., p.p. 281 et suiv.)

(3) C'est un village que huit lieues séparent de Caen. Son premier nom Le Plessis (*Palatium*), nom commun à un certain nombre de villages de France, était d'abord le seul porté. Sous le règne de Guillaume le Bâtard, il avait pour seigneur Grimould, duquel il emprunta son second nom. Grimould, convaincu du crime d'infidélité à l'égard du duc de Normandie, fut incarcéré à Rouen. A sa mort, la terre du Plessis fut donnée à l'église de Bayeux (1074). Odon, évêque du diocèse et frère utérin de Guillaume, en fit sept prébendes. Un demi-siècle après (vers 1131), Richard II, qui gouvernait le même diocèse, concéda à des chanoines réguliers l'église du Plessis et la gratifia, en outre, de quelques biens. Avec le temps, d'autres donations vinrent s'ajouter aux premières. Ainsi se fondait l'abbaye du Plessis-Grimould.

A la tête de cette abbaye était Goyon de Matignon, le futur évêque de Condom et arrière-petit-fils du célèbre maréchal de ce nom. Femme pieuse, Anne de Matignon, sa mère, désirait vivement voir renaître au Plessis-Grimould la vie religieuse. Jetant les regards sur la Congrégation de France, elle discuta et arrêta avec le prieur de Sainte-Barbe-en-Auge les principales clauses de l'introduction des chanoines réguliers (1659). Le fait désiré se réalisa en 1664.

(*Gall.*, tom. XI, col. 441; même ms., p.p. 409 et suiv.)

Notre-Dame de La Roé (1), Saint-Martin d'Épernay (2).

Fonder des maisons canoniales était chose assez rare alors : il y en avait tant d'anciennes à ramener à mieux! Cependant la congrégation se décida à donner l'existence à Sainte-Geneviève de Riom. Ce fut sur les instances de Claude de Montagnac, généreux ecclésiastique appartenant à une des plus nobles familles de l'Auvergne. Aux yeux de ce dernier, il était nécessaire de doter la congrégation d'un monastère dans la capitale de ce duché. Outre qu'on y chanterait les louanges de Dieu, cette maison servirait de pied à terre aux chanoines de la province, lesquels étaient souvent appelés par leurs affaires dans cette cité. Le prieuré reçut donc le nom de l'abbaye chef de l'ordre (3).

En même temps, les noviciats se multipliaient, les cours de théologie et de philosophie également.

(1) Un nom illustre se trouve à l'origine de Notre-Dame de La Roé (*B. Maria de Rota*) : Robert d'Arbrissel avait été fondateur de cette abbaye, avant d'être fondateur de celle de Fontevrault. Le terrain de La Roé avait été donné par Renaud de Craon, fils de Robert le Bourguignon. C'était une forêt près de la ville même de Craon. Aussi l'abbaye porta-t-elle d'abord le nom de Notre-Dame du Bois ou de la Forêt (*de Bosco, de Silva*). Parmi les signataires de l'acte de donation, on remarque le grand évêque de Chartres, saint Yves (1096).

La voix publique demandait pour cette abbaye la réforme qui s'inaugura en 1664 par l'établissement des Génovéfains.

(*Gall.*, tom, XIV, col. 716; même ms., p.p. 450 et suiv.)

(2) Aujourd'hui Épernay est connu du monde entier par son grand commerce des produits si prisés du terroir champenois. Autrefois, sa situation agréable sur les bords de la Marne en avait fait une ville de prédilection pour Eudes II, comte de Champagne. Ce dernier éleva un magnifique château. Lorsque le monastère qu'elle possédait eut été incendié, il se chargea de la réédification; et il y plaça des chanoines séculiers (1032). Ce ne fut qu'un siècle après et sur l'initiative de saint Bernard que des chanoines réguliers en prirent possession (1128), pour ne plus cesser de l'occuper.

Les Génovéfains continuèrent la tradition en prenant possession en janvier 1665.

(*Gall.*, tom IX, col. 283; même ms., p.p. 462 et suiv.)

(3) Même ms., p. 212.

Un rapport sur l'état de la congrégation, en date du 28 janvier 1661 (1), constatait :

1° L'existence de cinq noviciats : à Sainte-Geneviève, à Sainte-Catherine, à Saint-Maurice de Senlis, à la Madeleine de Châteaudun, à Saint-Ambroise de Bourges;

2° L'enseignement de la théologie dans sept maisons : à Sainte-Geneviève, à Saint-Martin-au-Bois, à Notre-Dame de Ham, à Saint-Martin de Nevers, à Saint-Lô de Rouen, à Toussaint d'Angers, à Notre-Dame de Bourg-Moyen de Blois;

3° Des cours de philosophie dans ces cinq monastères : Saint-Vincent de Senlis, Notre-Dame d'Hérivaux, Saint-Quentin-lez-Beauvais, Saint-Pierre de Rillé, Saint-Jacques de Montfort.

(1) Rapport imprimé, B. N. Recueil Thoisy, *Matières ecclésiast.*, in-4°, tom. XXIX, fol. 250.

L'enseignement théologique était donné par deux professeurs à Sainte-Geneviève, par un seul dans les autres maisons. L'enseignement philosophique comptait une chaire par maison.

CHAPITRE QUATRIÈME

L'APOGÉE

(1665-1675)

I. DEUXIÈME ET DERNIER GÉNÉRALAT DU P. BOULART (1665-1667)
Certains projets de Louis XIV — Mort du P. Boulart

II. DEUX LONGS CONFLITS
Chancelade et Uzès

III. LES TROIS DERNIERS GÉNÉRALATS DU P. BLANCHART (1667-1675)
Quatre provinces — Estime dont la Congrégation jouissait à l'étranger
Mort du P. Blanchart — Dernières conquêtes de la Congrégation

---

I

DEUXIÈME GÉNÉRALAT DU P. BOULART

(1665-1667)

Le P. Blanchart ne pouvant plus être réélu au chapitre de 1665, le P. Boulart fut appelé à occuper, une seconde fois, le poste de supérieur général de la congrégation. La mort ne lui permit pas d'y demeurer jusqu'au terme légal.

La France prospérait. Louis XIV cherchait à la rendre plus prospère encore. Persuadé qu'un État est « d'autant plus puissant qu'il a plus de mains et de bras pour travailler, pour attaquer et pour se défendre » (1), il cherchait les moyens de favoriser l'accroissement de la

(1) *Mémoires de Louis XIV, pour l'instruction du dauphin*, publiés par M. Dreyss, Paris, 1860, tom. II, p. 223, note 2.

population française. Il en imagina ou on lui en suggéra plusieurs.

Le premier était d'assurer une pension à la famille qui comptait douze enfants. La condition si peu chrétienne qu'on apposait, à savoir que leurs enfants demeurassent dans le monde, le fit abandonner (1).

Le second moyen, pour le moins autant éloigné de l'esprit du christianisme, constituait, en outre, un empiètement sur les droits de l'Église : il s'agissait de retarder « le temps des vœux de religion » (2). Les remontrances, d'une part, les difficultés, de l'autre, le firent également demeurer à l'état de projet (3).

Mais le roi pouvait prendre d'autres mesures sans

(1) Nous lisons dans le ms. 18[5], déjà cité, p. 577-578 :
« Comme le Roy, après avoir surmonté tous ses ennemis, donné la paix « à son peuple et étendu les limites de son royaume, cherchoit les moyens « de le rendre riche, abondant et florissant, quelques politiques lui ayant « fait voir que ce qui avoit rendu les Estats de Hollande si puissans, c'est « que chacun y estoit marié, qu'on n'y souffroit que des soldats, des artisans « et des marchands qui servoient au public, et qu'on n'y voyoit point « tant de bouches inutiles et tant de fainéans comme sont les moines, les « religieux et les religieuses de France, et concluant, par conséquent, « qu'il estoit du bien de l'Estat d'en diminuer le nombre, pour cet effet « ils persuadèrent au Roy de faire une déclaration, par laquelle il « promettoit pension aux pères et mères, qui avoient douze enfants « vivans, dont il n'y avoit aucun d'Église. La déclaration fut, en effet, « publiée, enregistrée, mais non exécutée. »

(2) *Mémoires de Louis XIV*..., Paris, 1860, tom. II, p. 155.

(3) Les faits se trouvent ainsi précisés dans le même ms. 18[5], p. 578-579 On vise les mêmes conseillers. « Ils proposèrent à Sa Majesté de fixer l'aage « des religieux et des religieuses à vingt-cinq ans, se promettant qu'il y en « auroit bien peu qui voulussent attendre jusqu'à ce temps pour embrasser « cette profession, prenant pour prétexte, afin de mieux colorer leur dessein, « que les enfans qui s'engagent à l'âge de seize ans en religion, ne sçachant « pas pour la plupart ce qu'ils font et quel est l'engagement qu'ils con- « tractent, viennent après à s'en repentir et deviennent quelquefois « apostats. Mais quelques prélats, et particulièrement le P. Annat, confes- « seur du Roy, luy ayant remontré que ce seroit mettre la main à l'en- « censoir et entreprendre sur l'autorité de l'église, encore qu'on lui eust « présenté quelques escrits, pour prouver qu'il le pouvoit faire sans « blesser ni sa conscience ni sa religion, ce prince eut tant de respect pour « ce qui regarde l'Église et ses ministres, qu'il ne voulut point toucher à « une matière qui les regardoit. »

paraître sortir d'une façon aussi flagrante du domaine temporel. « Je défendis, écrit Louis XIV, tous les nouveaux « établissements de monastères, je pourvus à la suppres-« sion de ceux qui s'étaient faits contre les formes, et je « fis agir mon procureur général pour régler le nombre de « religieux que chaque couvent pouvait porter (1). » Ce ne fut pas tout.

Relativement au dernier point, « on remontra à Sa Ma-« jesté que c'était un abus que les religieux et les reli-« gieuses reçussent de l'argent pour ceux et celles qu'ils « recevaient; que, leurs abbayes étant fondées, ils avaient « de quoi les nourrir, et qu'ils n'en devaient pas prendre « un plus grand nombre qu'ils n'en pouvaient entretenir; « que Sa Majesté ferait justice aux religieux et un grand « bien aux familles de son royaume de défendre de donner « ni de recevoir de l'argent de ceux qui entreraient en « religion. Cette proposition sembla si plausible à la cour, « que tout le conseil y applaudit, et la chose passa si « avant que la déclaration en fût dressée, prête d'être « scellée et envoyée aux cours souveraines pour être enre-« gistrée (2). » Il paraît bien que la déclaration fut, en réalité, sanctionnée par le parlement (3).

Personne ne fut plus douloureusement impressionné que le P. Boulart. « Il appréhenda si vivement ces fâcheu-« ses conséquences qu'il ne pensait plus presque qu'à cela « et à chercher dans son esprit les moyens de pouvoir « subsister. Il s'enferma dans son cabinet le matin du jour « des Innocents pour y penser plus à loisir, et nous trou-« vons dans son journal un mémoire de toutes les dépen-« ses, même nécessaires, qui seraient à retrancher. L'amour « qu'il avait pour la congrégation, qui était en partie son

(1) *Mémoires...*, tom. II, p. 224.

(2) Ms. 18⁵, p. 579-580.

(3) *Mémoires de Louis XIV...* tom. II, p. 299: « ... lesquelles choses urent toutes ainsi ordonnées par l'arrêt que le parlement prononça. »

« ouvrage, qu'il voyait en péril de se ruiner et se perdre, « et les difficultés qu'il appréhenda dans la suite, le tou- « chèrent jusqu'au cœur, en sorte qu'il tomba malade (1)... » Le mal fit de tels progrès, qu'il l'enleva en quelques jours au mois de janvier 1667 (2).

Une des bases de la congrégation, le P. Boulart en devint aussi une des colonnes non moins par cette force secrète qui s'échappe d'une piété vraiment monastique, que par la puissance des vertus viriles qui font les caractères supérieurs, les hommes d'action. Sa piété édifia partout et toujours. Ses vertus viriles se montrèrent surtout dans les postes élevés qu'il occupa. Nous entendons, en particulier : la perspicacité qui ne se laisse pas prendre au dépourvu et devient une seconde providence : « Il avait une prévoyance « merveilleuse et prenait soin de tout jusqu'au moindre « détail du spirituel et du temporel »; — l'amour de la justice qui, en s'inclinant devant les droits de chacun, portait au plus haut point le respect de la dignité humaine et chrétienne : « Si par mégarde il lui était échappé de dire « quelque chose qu'il crut avoir contristé le cœur d'un de « ses frères, ce qui était assez rare, il ne manquait pas de « le voir, avant que la journée fût passée pour lui témoi-

(1) Ms. 18^{3}, p. 581.

(2) Claude Blanche, un de ceux qu'on peut saluer comme pères de la congrégation, avait précédé de plusieurs années le P. Boulart dans la tombe. Resté jusqu'en 1636 à Sainte-Geneviève où il était spécialement chargé de la direction du chant, il y revint mourir en 1661, après un double séjour à l'abbaye du Jard, séjour interrompu par un autre à l'abbaye de Livry. Son humilité égalait sa piété. « Il disoit souvent qu'il n'estoit qu'un « pauvre garçon de village, un ignorant; et, quand on luy disoit, sur la « fin de sa vie, qu'on devoit avoir soin de luy, ne luy laisser manquer de « rien et le considérer comme un des instituteurs de la congrégation, il « répondoit qu'il estoit mieux qu'il ne méritoit, que s'il fust demeuré dans « le monde, il ne seroit qu'un cueilleur d'épines, qui n'auroit pas ses aises, « comme il les trouvoit en la religion. » Son corps reposait sous les dalles du chapitre entre ceux du P. Faure et du P. Beaudoin, en sorte qu'on pouvait dire, les restes du P. Boulart devant également y prendre place : « Sicut in vita sua dilexerunt se, ita et in morte non sunt separati. » (Ms. fr. H. 17^{3}, p.p. 515 et suiv.)

« gner amitié et guérir la blessure qu'il pouvait avoir « faite (1) » ; — la possession de soi qui permet de ne dépasser ni le but ni la mesure : il « n'avait point d'ai- « greur ni de fiel dans ses actions non plus que dans ses « paroles, étant toujours égal à lui même » ; la — douceur dans la répression, ce qui n'empêche pas de diriger habilement le coup nécessaire : « C'était une abeille qui avait « son miel et son aiguillon » ; — la persévérance qui, en fléchissant devant les difficultés tant qu'il reste une lueur d'espoir, s'étudie à les vaincre ou à les tourner : « Il « continuait toujours ses poursuites, sans se rendre « néanmoins ni incivil ni importun, jusqu'à ce qu'il eût « emporté ce qu'il désirait ou qu'il ne vît plus le moindre « jour d'espérance de le pouvoir obtenir » ; — la fermeté, l'énergie morales qui ne connaissent ni défaillances, ni indulgences répréhensibles, ni capitulations de conscience : « Non, disait-il, je ne permettrai jamais qu'on viole de « nos jours la sainteté de la religion ; fermez-moi les « yeux, enterrez-moi auparavant ; mais il ne sera pas dit « que je souffre retourner de mon vivant dans nos monas- « tères ce que nous avons banni avec tant de peine, et que « je voie fléchir la piété que nous y avons cultivée avec « tant de travaux » ; — le dévouement à la congrégation, ce dévouement sans trève ni repos, ce dévouement qui se faisait tout à tous, ici par la patience qui supporte, là par la bonté qui attire, tantôt par la sagesse qui conseille, ailleurs par la parole qui raffermit, réchauffe, réconforte : « Vous êtes les colonnes de la religion, s'écriait-il devant

(1) Comme champion de la justice, il déployait parfois la plus grande ardeur. En 1652, au moment de se mettre en marche pour porter à Notre-Dame la châsse de sainte Geneviève — c'était une de ces processions solennelles dans les temps calamiteux — l'archevêque entendait avoir le pas sur l'abbé. Le P. Boulart, exerçant alors une des charges d'assistant, prit la parole pour rappeler le droit incontestable de l'abbé et demanda au parlement, présent à la cérémonie, de rendre sur-le-champ un arrêt. L'arrêt fut rendu et conformément aux conclusions de l'avocat improvisé. (Même ms. 17[3], p. 699.)

« de jeunes novices; c'est sur vous qu'elle fonde toutes « ses espérances; vous devez tâcher aussi de la laisser à « vos successeurs aussi pure et aussi sainte que vous l'avez « reçue de nous; comment voulez-vous que ceux qui vien- « dront après vous soient saints, si vous qui les devez « former ne l'êtes pas? » Enfin, cette devise: *Omnia digne Deo*, adoptée par le P. Boulart, fait plus que résumer les sentiments de l'homme, les désirs du religieux : elle marque le mobile élevé des actions de l'un et de l'autre (1).

Pour être complètement exact, nous devons ajouter que, d'après le manuscrit où nous puisons, le P. Boulart ne semble pas s'être assez séparé, sinon de la doctrine janséniste, du moins du parti en qui elle s'incarnait. Nous lisons, en effet, dans ce manuscrit : « Pour lui, en son particulier, il « a toujours eu la prudence de vivre en bonne intelligence « avec ceux des deux partis, et ce par une bonne poli- « tique, afin que, n'étant point tenu pour suspect, il pût « trouver plus facilement créance dans les esprits et être « plus en état de servir la compagnie dans les occa- « sions (2). »

(1) Même ms. 17³, in-fol., p.p. 704, 716-719.

(2) Ibid., p. 710.

La Bibliothèque de Sainte-Geneviève possède, ms. H. fr. 41, in-4°, le journal, écrit de la main du P. Boulart, mais bien succinct, de ce qui s'est passé dans la congrégation de 1633 à 1637.

Le corps du P. Boulart fut déposé dans un caveau, à droite de celui qui renfermait les restes du P. Faure. Nous venons de rappeler que c'était dans la salle du chapitre. L'épitaphe, composée par le P. Lalemant, portait:

.... *Vir tranquillitate animi, lenitate morum, vitæ innocentia conspicuus, moris antiqui retinentissimus; quem in rebus gerendis dexteritas. sagacitas et fides; in dignitatibus exercendis integritas et modestia; in laboribus assiduitas et diligentia; in adversis et prosperis æqualitas et constantia suis mirifice charum atque utilem, magnatibus notum probatumque, omnibus gratum et spectabilem reddiderunt*.....

(*Gall.*, tom. VII, col. 802, 803.)

II

DEUX LONGS CONFLITS

La lutte de Chancelade contre la Congrégation de France s'était continuée.

Lutte ardente que n'avaient calmée ni la mort du P. Faure, ni celle du cardinal de La Rochefoucauld, ni la cession de l'abbaye par Alain de Solminihac. Ce dernier, quelque temps avant son trépas, arrivé à la fin de 1659 (1), avait résigné en faveur de son disciple et ami, le P. Garat. Mais l'ami entendait ne pas déjuger l'ami, le disciple continuer le maître.

Lutte aussi habile que les lutteurs étaient tenaces, car on ne s'avouait jamais vaincu : cédant sur un point, on reprenait l'offensive sur un autre, et à la défaite on faisait succéder une vaillante revanche. Pas plus que les arrêts civils, les décisions ecclésiastiques n'étaient sans appel.

(1) Alain de Solminihac fut un saint évêque, après avoir été un saint religieux. Si à Sainte-Geneviève l'on avait cru devoir condamner ses résistances, l'on savait aussi reconnaître ses éminentes vertus. Nous lisons dans un de nos mss., le ms. 18[4], p. 707-709 : « L'Église de France a « fait cette année une perte qui luy a esté commune avec nostre ordre en « la personne de messire Alain de Solminihac... Il avait esté tiré de son « monastère pour estre eslevé à la dignité épiscopale pour sa piété et ses « mérites, et quoique ses desseins n'ayent pas toujours concouru avec les « nostres, nous n'avons pas laissé et durant sa vie et après sa mort d'avoir « une particulière estime de sa vertu. Il n'a jamais quitté l'habit ny les « pratiques de sa profession et a trouvé le secret de joindre la splendeur « de l'épiscopat avec l'humilité religieuse, la grandeur convenable à cette « dignité avec l'austérité de sa vie ; et la richesse d'un des plus considé« rables éveschés du royaume avec la pauvreté qu'il avoit vouée et qu'il a « voulu pratiquer jusqu'au dernier moment de sa vie, envoyant demander « un linceul par charité aux filles de la Providence qu'il avoit establies, « pour ensevelir son corps... Sa vie qui a esté escrite par le révérend « Père Chastenet..., est remplie de tant de saintes actions, et sa mort a esté « illustrée de tant de merveilles, qu'il y a lieu d'espérer que l'Église le « déclarera un jour au rang des saints comme il jouit de leur compagnie « dans le ciel. »

D'un tribunal où l'on avait eu gain de cause, l'on se voyait cité devant un autre pour s'y entendre condamner. Et même après cette sentence de Rome : « Obediant sententiis latis ac perpetuum imponatur silentium » (1666), sentence confirmée par lettres patentes, les religieux de Chancelade qu'elle atteignait trouvèrent moyen de s'y soustraire. Enfin, la célèbre abbaye des environs de Périgueux dut renoncer à La Couronne et à Saint-Gérald, mais elle conserva Sablonceaux et devint réellement ce qu'elle ambitionnait, chef d'ordre (1).

La Congrégation de France avait, en même temps, à faire face à d'autres adversaires, non moins stratégistes, non moins fermes dans l'action, non moins infatigables dans les marches et contre-marches, quoique parfois plus accessibles aux propositions de paix, plus enclins à déposer les armes.

Le bon accord n'avait pas longtemps régné au chapitre d'Uzès entre les anciens et les nouveaux chanoines. La sympathie de l'évêque s'était aussi bien refroidie à l'endroit de ces derniers : le prélat craignait pour ses droits épiscopaux. Un second concordat, en 1643, était venu calmer les susceptibilités épiscopales. Le ferment de discorde

(1) Mss. 21^5, 18^4 et 18^5, *passim*.

Voir aussi différentes pièces qui ont été alors imprimées :

Au Roi (requête des abbé et chanoines de Chancelade...);

En l'Instance pendante devant Monseigneur l'illustrissime évêque et comte de Châlons,... commissaire délégué par N. S. P. le pape... ;

Sentence rendue par l'official de Beauvais, commissaire apostolique... ;

Les raisons ou motifs qui ont poussé M. Cardinal, official de Beauvais, à rendre la sentence... ;

Au Roi et à Nosseigneurs de son conseil (autre requête des chanoines de Chancelade...) ;

Réponse à une requête imprimée, présentée au roi par deux religieux de l'abbaye de Chancelade...

Notre ms. 21^5 parle aussi d'une sentence de l'abbé de Grosbois ou Grosbosc, monastère de l'ordre de Cîteaux, au diocèse d'Angoulême. L'abbé de Grosbois était également délégué par le Saint-Siège. Sa sentence cassait celle de l'official de Beauvais, laquelle avait été rendue en faveur de Chancelade.

eut fini par céder à l'action lénitive du temps. Malheureusement, un nouvel et puissant élément de division se trouva jeté dans le sein du chapitre.

Le P. Sconin avait été, à la suite de son généralat, nommé prévôt de la cathédrale d'Uzès et visiteur de la province de Bourgogne. Mécontent de la congrégation, visant peut-être déjà à s'en séparer, il essaya de se faire un protecteur de l'évêque. Il y réussit, car il devint grand vicaire et official. Ces nouvelles fonctions lui fournirent un prétexte pour se dispenser, en 1654, de ses devoirs de visiteur. Une lettre de l'évêque au supérieur général affirmait également la nécessité de la présence de Sconin à Uzès.

La province devant être visitée, le P. Vatrée fut chargé de cet office et eut ordre de commencer par Uzès. Grand embarras pour Sconin ! Et même sa situation s'accusait d'autant plus compromise, que les rapports étaient tendus entre lui et le chapitre. Se retirer au château de La Chapelle, protester contre la visite qu'on prétendait faire à Uzès, tel fut le parti adopté par le prévôt. Vatrée passa outre; et le chapitre écrivit au supérieur général pour demander un autre prévôt; car, disait-il, « d'autant que « ce jour nous est cher, d'autant plus aussi avons-nous « sujet de craindre qu'il ne s'éclipse. Ce qui s'est déjà « passé ici, dont Votre Révérence a été informée, et ce « qui s'y passe à présent, nous fait légitimement appré« hender que l'homme ennemi qui jeta de la zizanie dans « le bon grain, tandis que les hommes dormaient, ne « produise des ténèbres pour offusquer la beauté de ce « jour. C'est pourquoi, en même temps que nous remer« cions très humblement Votre Révérence de nous avoir « visités par un autre, ne le pouvant faire en personne, « nous la supplions aussi de vouloir assurer l'objet de « la visite par un moyen qui soit aussi efficace que prompt « dans son exécution (1)... »

(1) Ms. 18^{4}, p. 318, lettre du 1er septembre 1655.

L'évêque était absent au moment de la visite. A son retour, il se montra froissé de ce qui s'était fait. Pourquoi cette visite? Est-ce qu'une cathédrale doit dépendre d'un général de congrégation? Le P. Vatrée dut essuyer les décharges du mécontentement épiscopal.

Nicolas de Grillé — ainsi se nommait l'évêque — ne s'en tint pas là. De son autorité, non seulement il maintint l'infidèle Génovéfain dans les fonctions de prévôt, mais il lui donna une autorité presque absolue dans le monastère. C'était aggraver la situation, car les religieux étaient toujours dans les dispositions de ne pas obéir à Sconin. Mais le prélat allait tailler dans le chapitre. S'appuyant sur le dernier concordat, il réduisit à huit le nombre des Génovéfains. Les autres furent contraints de quitter immédiatement le monastère.

Un arrêt du conseil privé ordonnant la réintégration des expulsés demeura sans effet. Nicolas de Grillé entendait demeurer maître du terrain : il eut mieux aimé perdre son évêché que d'avoir le dessous.

Chargé de porter à Paris les cahiers des États du Languedoc, il saisit de la grave contestation l'assemblée générale du clergé qui n'avait pas encore clôturé sa session. A ses yeux, le conflit intéressait l'épiscopat entier. Comme de juste, l'assemblée voulut entendre l'autre partie. Le P. Fronteau parla au nom de la congrégation dont la justification était facile, puisque aucune clause des deux concordats n'avait été violée. Néanmoins, l'assemblée résolut d'intervenir au conseil privé en faveur de l'évêque d'Uzès, et la cause fut renvoyée au parlement de Toulouse.

De son côté, le P. Sconin faisait parvenir au chapitre général de 1656 une longue lettre apologétique. Il fallait une certaine audace pour cela, car comment justifier sa conduite et surtout son refus d'obéir, sous prétexte d'un appel en cour de Rome, au supérieur général qui l'avait mandé à Paris? Aussi fut-il décidé qu'on lui intimerait un *veniat* au nom du chapitre, et qu'en cas d'un nouveau refus on procéderait par les voies de rigueur contre lui.

Le chapitre d'Uzès se trouvait dans un si déplorable état, que l'évêché allait en poursuivre la sécularisation. Naturellement la congrégation devait se poser en adversaire du projet. Grâce au P. Annat, le brevet qui était déjà prêt, disait-on, ne fut pas signé.

Mais le roi partait pour le Languedoc. De ce côté, de nouvelles influences n'étaient-elles pas à craindre? Le génovéfain Mailhot eut ordre de suivre la cour pour faire face à tout événement. Le supérieur général écrivit au cardinal Mazarin qui répondit en politique habile à se tirer d'affaire :

« Mon Révérend Père,

« J'ai trop d'estime et d'affection pour vous et pour « votre communauté, pour favoriser ce qu'on voudrait « entreprendre contre vos intérêts. Mais quand on a pro- « posé au roi d'accorder le brevet de sécularisation de « l'église d'Uzès, ç'a été seulement pour renvoyer la con- « naissance de cette affaire au pape à qui Sa Majesté en a « voulu remettre la décision. Ainsi cela ne vous préjudicie « point; car, si vous avez d'aussi bonnes raisons que vous « prétendez pour empêcher cette sécularisation, vous « n'aurez qu'à les représenter à Sa Sainteté, qui pourra « ordonner ensuite ce qu'elle estimera plus à propos pour « le service de Dieu et le bien de cette Église. C'est tout « ce que j'ai à vous dire en réponse de votre lettre et « que je suis véritablement votre très affectionné à vous « faire service (1). »

La mort de l'évêque d'Uzès allait ouvrir les voies à la conciliation. Le successeur, déjà coadjuteur, Adhémar de Monteil de Grignan, se montrait mieux disposé. En prin-

(1) Ms. 18[4], p. 700-701, lettre datée de Toulouse, 20 décembre 1659.

cipe, le *statu quo* était maintenu et la sécularisation repoussée. « Dieu a disposé des affaires — mandait le « P. Annat au supérieur général — qu'il n'y a plus rien « à craindre touchant la sécularisation du chapitre d'Uzès. « Le nouvel évêque a des pensées plus favorables à l'état « régulier... Ainsi vous voilà hors de souci. Le mien sera « d'avoir toujours des occasions de servir votre ordre (1). »

Un nouveau concordat devait tout régler. Mais il fallut préalablement plusieurs années de réflexions, de pourparlers, de discussions. Enfin, le 25 octobre 1664, la paix se signait aux conditions suivantes qui modifiaient les précédents traités :

Le chapitre était uni à la Congrégation de France, et se composait de quatre dignitaires : le prévôt, l'archidiacre, le sacristain, le capiscol, et de seize chanoines;

Le prévôt serait nommé, comme les autres prieurs, par le supérieur général de la congrégation, tandis que les trois autres dignitaires seraient élus par le chapitre d'Uzès ;

Comme compensation du droit dont se dessaisissait l'évêque relativement à la collation de ces trois dignités capitulaires, le chapitre d'Uzès lui servirait, avec l'autorisation du pape, douze cents livres de rente qui seraient affectées à la fondation d'un séminaire diocésain ;

En dehors du monastère, le chapitre restait sous la juridiction de l'évêque.

Ce n'était pas le compte de Sconin. Pourtant, on lui offrit la belle cure de Sainte-Madeleine de Montargis. Mais il préféra ne pas quitter le pays, en se fixant dans celle, plus modeste, de Saint-Maximin, dont il avait été précédemment gratifié (2).

(1) Ms. 18[5], p. 75, lettre datée d'Aix, le 4 février 1660.

(2) Il mourût à Uzès en 1689. Il était oncle, par sa sœur, de notre grand poète, Jean Racine, qu'il avait appelé près de lui en Languedoc et dont, par des motifs un peu humains, il avait fait un élève en théologie et probablement un clerc. (*Gall.*, tom. VII, col., 795-796; Lettres de Racine pendant

L'union si laborieusement cimentée ne devait durer que quelques années : en 1671, le chapitre d'Uzès cessait définitivement d'appartenir à la congrégation (1).

III

LES TROIS DERNIERS GÉNÉRALATS DU P. BLANCHART

(1667-1675)

Sur son lit de mort, le P. Boulart avait recommandé tout particulièrement à ses religieux « de conserver le premier esprit qui avait été inspiré par le R. P. Faure » (2). Personne mieux que le P. Blanchart ne pouvait travailler, à la tête de la congrégation, à la réalisation de ce vœu d'un mourant. D'ailleurs, le généralat lui revenait en qualité de premier assistant, dignité que, pour la septième fois, le chapitre général allait lui maintenir en septembre prochain.

Quelques mois avant la tenue de ce chapitre, le corps de Descartes était présenté à l'église Sainte-Geneviève pour y

son séjour à Uzès ; *Notice biograph. sur Jean Racine*, au commencement de ses *Œuvres*, édit. de M. Paul Mesnard, Paris, 1865, in-8, p. 43.)

Le jeune Racine écrivait le 15 novembre 1661 à Vitart :

« Il (l'oncle) est fort fâché de ce que je n'ai point apporté d'émis-
« soire... Il m'auroit déjà mené à Avignon pour y prendre la tonsure ; et
« la raison de cela est que le premier bénéfice qui viendra à vaquer dans
« le chapitre est à sa nomination... Il est bien aise que j'apprenne un peu
« de théologie dans saint Thomas, et j'en suis tombé d'accord fort volon-
« tiers. »

Le 6 juin 1662, il mandait encore au même :

« Il (l'oncle) est résolu de me mener un de ces jours à Nîmes ou à
« Avignon pour me faire tonsurer, afin qu'en tous cas, s'il vient quelque
« chapelle, il la puisse impétrer. »

(1) *Gall.*, tom. VI, col. 646.

Sources générales pour cet article : mss. 18[4] et 18[5] *passim*.

(2) Ms. 18[5], p. 585.

être inhumé. L'on avait choisi cette église, parce que la célèbre abbaye, dit Baillet, n'était pas moins regardée « comme le sanctuaire des sciences que comme celui de la religion ». Le P. Blanchart s'était empressé d'accueillir la proposition de Pierre d'Alibert et des amis du grand philosophe; et au jour marqué, 25 juin 1667, revêtu de ses ornements pontificaux et à la tête de la communauté, il reçut le corps à l'entrée de l'église. Le lendemain, il y eut service solennel. Le P. Lallemant devait prêcher l'oraison funèbre; mais il garda le silence sur un ordre de la cour ou, comme porte notre manuscrit, sur l'invitation de la Faculté des Arts de Paris, laquelle tenait la doctrine cartésienne « pour hétérodoxe en matière de philosophie ». Après le service, le corps fut déposé dans un caveau, au côté méridional de la nef (1).

Au chapitre général de 1667, on décida que la congrégation compterait une province de plus, celle de Champagne avec Saint-Denys de Reims pour siège du chapitre provincial. Dans les dix-sept dernières années, si l'on compte Sainte-Catherine de Laval et Saint-Vincent-au-Bois, plus de quarante nouveaux monastères en France

(1) Une colonne en marbre blanc, surmontée du médaillon de Descartes, avec emblèmes scientifiques, deux épitaphes, l'une en français et l'autre en latin, se détachant sur cette colonne, devaient consacrer le souvenir et la gloire du philosophe.

Voici la première :

Descartes, dont tu vois ici la sépulture,
A dessillé les yeux des aveugles mortels,
En gardant le respect que l'on doit aux autels,
Leur a du monde entier démontré la structure.
Son nom par mille écrits se rendit glorieux,
Son esprit, mesurant et la terre et les cieux,
En pénétra l'abîme, en perça les nuages;
Cependant, comme un autre, il cède aux lois du sort,
Luy qui vivroit autant que ses divins ouvrages,
Si le sage pouvoit s'affranchir de la mort.

(Baillet, *Vie* de Descartes, Paris, 1691, in-4°, p.p. 433 et suiv.; ms. 18[5] p. 669; Alex. Lenoir, *Musée des monuments français*, Paris, 1800-1806, tom. V, p. 74; Alb. Lenoir, *Statistique monumentale de Paris*, Paris, 1867, tom. I.)

s'étaient réunis à la congrégation qui, dès lors, en comprenait près de cent (1).

(1) Voici la composition des quatre provinces, renfermant quatre-vingt-dix-sept abbayes ou prieurés :

Province de France

Sainte-Geneviève de Paris.
Sainte-Catherine de Paris.
Saint-Éloi de Lonjumeau.
Saint-Jean du Jard.
Notre-Dame de Livry.
Notre-Dame d'Hérivaux.
Saint-Vincent de Senlis.
Saint-Maurice de Senlis.
Saint-Jean-au-Bois.
Saint-Martin-au-Bois.
Saint-Quentin-lez-Beauvais.
Saint-Acheul.
Saint-Martin d'Amiens.
Notre-Dame d'Eu.
Notre-Dame de Chage.
Hôpital Jean-Rose à Meaux.
Saint-Chéron de Chartres.
Saint-Jean-en-Vallée.
Saint-Vincent-au-Bois.
La Madeleine de Châteaudun.
Saint-Euverte d'Orléans.
Notre-Dame de Beaugency.
Notre-Dame de Bourg-Moyen à Blois.
Saint-Lazare de Blois.

Province de Bretagne

Les Deux-Amants.
Saint-Lô de Rouen.
La Madeleine de Rouen.
La Madeleine de Chartrage.
Sainte-Honorine de Graville.
Notre-Dame de Corneville.
Sainte-Barbe-en-Auge.
Le Plessis-Grimould.
Abbaye de Saint-Lô.
Notre-Dame de Montmorel.
Saint-Pierre de Rillé.
Saint-Denys de Rennes.
Saint-Jacques de Montfort.
Notre-Dame de Painpont.
Notre-Dame de Beaulieu, diocèse de Saint-Malo.
Saint-Jean des Prés.
Sainte-Catherine de Laval.
Notre-Dame de La Roé.
La Trinité de Mauléon.
La Madeleine de Géneston.
Saint-George-sur-Loire.

Province de Champagne

Saint-Ferréole d'Essomes.
Saint-Martin d'Épernay.
Saint-Denys de Reims.
Notre-Dame de Landèves.
Saint-Menge ou Saint-Memmie de Châlons.
Toussaint de Châlons.
Notre-Dame de Chatrices.
Notre-Dame de Beauchamp.
Saint-Serein de Chantemerle.
Saint-Loup de Troyes.
Saint-Martin-des-Aires de la même ville.
Notre-Dame de Châtillon.
Notre-Dame du Val des Écoliers.
Notre-Dame d'Oigny.
Saint-Pierre d'Auxerre.
Saint-Eusèbe d'Auxerre.
Saint-Jean de Sens.
Saint-Jacques de Provins.
Saint-Séverin de Château-Landon.
Saint-Crépin de Soissons.
Saint-Barthélemy de Noyon.
Saint-Éloi-Fontaine.
Notre-Dame de Ham.

Si prospère en France, la congrégation captivait l'admiration de l'étranger.

Les chanoines réguliers de Sainte-Croix et de Saint-George d'Augsbourg mandaient au P. Blanchart que la traduction en latin du *Directoire* du P. Faure *était entre leurs mains à tous,* que, pour bien rétablir la discipline canonique parmi eux, *les Constitutions de la congrégation leur seraient d'un grand secours.* Ils ajoutaient : « Que le « Dieu très bon, très grand conserve dans sa vigueur la « Congrégation de France, ce splendide ornement de « l'ordre canonique. Si nous pouvions obtenir au moins du « supérieur général, par un acte authentique, une parti- « cipation des bonnes œuvres qui s'y font, des jeûnes qui « s'y pratiquent... nous nous estimerions assurément les « plus heureux du monde (1). »

Province de Bourgogne

Saint-Symphorien d'Autun.
Saint-Martin de Nevers.
La Trinité d'Aubigny.
Saint-Ambroise de Bourges.
Saint-Vincent de Chantel le Châtel.
Sainte-Geneviève de Riom.
Saint-Vincent de Vielle-Brioude.
Notre-Dame de Pébrac.
Saint-Pierre d'Énaux.
La Cathédrale d'Uzès.
Saint-Nicolas de Campagnac.
Notre-Dame de Quarante.
Notre-Dame de Cassan.
Saint-Jacques de Béziers.
Saint-Volusien de Foix.
Saint-Antonin-en-Rouergue.
Saint-Gérald de Limoges.
Saint-Pierre de l'Esterp.
Notre-Dame de La Couronne.
Notre-Dame de Lanville.
Notre-Dame de La Réau.
Notre-Dame de La Celle en Poitou.
La Celle-Saint-Hilaire de Poitiers.
Notre-Dame de Fontaine-le-Comte.
Saint-Laon de Thouars.
Toussaint d'Angers.
Saint-Jean de Melinays.
Notre-Dame de Château-l'Hermitage.
Notre-Dame de Beaulieu-lez-Mans.

(Même ms., 18[3], p. 614).

(1) *Gall.*, tom. VII, col. 804, où se lit le texte latin. Ces vœux furent réalisés. Des lettres d'association furent expédiées en Allemagne. Une condition imposée aux chanoines d'outre-Rhin était de célébrer chaque année la fête de sainte Geneviève, et, ensuite, au premier jour libre, de chanter un service pour les défunts de la congrégation.

Une association spirituelle analogue se forma entre la congrégation et l'Oratoire.

On renouvela celle qui datait de si haut, entre Sainte-Geneviève et Saint-Germain des Prés.

(*Ibid.*, col. 803, 804.)

Un supérieur, précédemment général, de la congrégation de Sainte-Croix de Coimbre, disait, de son côté : « La « Congrégation de Sainte-Geneviève tient le premier rang « dans notre ordre canonique et, par la parfaite obser- « vance de la vie régulière, elle ne cesse d'exhaler un « suave parfum. Que le Seigneur accorde à cette sainte « congrégation de chanoines de demeurer toujours dans « sa religieuse et rigoureuse observance, afin que nous « ayons un modèle à imiter !... (1) »

Un évêque se faisait, à Rome, l'interprète des sentiments de l'illustre général de la congrégation de Windesheim, autrefois si florissante en Hollande et en Allemagne et à laquelle avait appartenu le célèbre Thomas à Kempis. « Le P. Pierre de Saint-Trudon, disait le prélat, est si « désireux de réformation, qu'il voudrait, se dépouillant « du généralat, marcher le premier, à la tête de ses cha- « noines, pour aller chercher la discipline de Sainte-Gene- « viève; car il aimerait mieux vivre en simple religieux « dans un ordre parfaitement réformé que d'être général « dans un autre un peu en décadence (2). »

Des actes venaient à l'appui des paroles. Le Val des Écoliers de Liège ne se contentait pas de l'affiliation que nous avons fait connaître : il entrait pleinement dans la congrégation, en se donnant à elle sans autres conditions que celles-là mêmes qu'on stipulait en France (3). Si l'abbaye de Géronsart n'imita pas absolument le Val, au moins implora-t-elle l'assistance du même ordre dans la personne d'un religieux qui vint remettre en vigueur la

(1) *Gall.*, tom. VII, col. 804, où se lit le texte latin.

(2) *Gall.*, *ibid.*, col. 805, où texte latin.

(3) Le concordat fut signé en janvier 1667, ratifié aussitôt à Paris et, quelques mois après, à Rome. L'abbé se réservait trois mille livres de rente et les religieux six cents. Après la mort de l'abbé, le supérieur serait triennal et nommé conformément aux constitutions de la congrégation. A celle-ci étaient cédés les lieux réguliers, ainsi que l'administration spirituelle et temporelle. Les anciens devaient se retirer dans une autre partie du monastère. (Ms. 18[5], p.p. 631 et suiv.)

vie canonique : la prière fut entendue, et le succès si complet que l'abbé et les religieux prirent l' « habit et les pratiques de la congrégation (1). »

La dignité et les pouvoirs du P. Blanchart lui furent continués en 1670 et 1673, si grande était la confiance, bien méritée du reste, qu'il inspirait! Mais la mort vint le frapper au milieu de son neuvième généralat, le 13 février 1675.

Esprit aussi élevé, plus brillant peut-être, cœur aussi large, aussi dévoué que le P. Boulart, il exerça, avec une âme non moins pénétrée des graves devoirs de la vie religieuse, et grâce à une longue administration, une action des plus salutairement efficaces sur les heureuses destinées de la congrégation. Comme le P. Boulart, avant de remettre son âme à Dieu, il bénit les membres présents de la nombreuse famille en leur adressant ses derniers conseils, ses suprêmes exhortations. « Je vous quitte, ajouta-« t-il, mais j'espère que je demeurerai toujours avec « vous (2). »

Quelques-unes de ses maximes ont été conservées. Elles se rapportent à l'amour de Dieu et à la sagesse. Le P. Blanchart n'a écrit les premières « qu'après avoir trempé sa plume dans son cœur » (3). Les secondes ont été extraites des écrits et des lettres du vénérable supérieur. Transcrivons quelques mots de celles-ci et de celles-là. Elles feront connaître, à la fois, le saint, le penseur et même un peu l'écrivain.

D'abord, sur l'amour de Dieu :

« N'ayant qu'un cœur et un cœur si petit, on se doit « employer absolument à aimer Dieu infiniment aimable.

(1) Ceci s'accomplissait en 1669. (Même ms., p. 762-763.)

(2) Ms. fr. H. 30[1], in-fol., lequel ms. est le second volume de la *Vie* inédite du P. Blanchard par Le Royer, chanoine de Sainte-Geneviève. Cette *Vie* est dédiée au P. Polinier, supérieur général. La dédicace porte la date de 1713.

(3) *Ibid.*

« La grande science sans amour de Dieu est une grande « ignorance, et l'ignorance avec un grand amour est une « grande science.

« Il est bon d'aimer ses parents, mais il est beaucoup « meilleur d'aimer Dieu.

« Les blessures de l'amour divin sont désirables, parce « qu'elles donnent la santé et la vie.

« Un jour bien employé pour acquérir l'amour de Dieu « vaut mieux qu'un million d'années pour acquérir toute « la terre.

« Le lit du cœur est trop étroit pour y contenir Dieu et « la créature; Dieu est trop jaloux pour souffrir un cor- « rival.

« Tous les moments de la vie sont précieux devant Dieu, « quand ils sont employés pour l'amour de Dieu.

« Le plus grand des miracles est un cœur bien « aimant.

« Le vrai trésor du cœur, c'est la charité.

« Le véritable amour de Dieu est la mesure de toute vertu.

« La charité est l'élément du cœur; c'est le bon air qui « fait vivre l'âme chrétienne et religieuse.

« La véritable joie ne se trouve que dans le sein virginal « de la vertu.

« La jouissance de mille mondes ne peut causer jamais « tant de paix qu'en donne une conscience qui a la charité « pour règle.

« Un cœur d'enfant envers Dieu n'estime et ne recherche « que sa volonté.

« Dieu ne se plaît que dans les cœurs abaissés par « l'humilité, innocents par la simplicité, étendus par la « charité.

« Une âme religieuse doit être tellement morte à elle- « même et au monde que si son esprit était déjà dans le « ciel et son corps dans le tombeau. »

Les maximes de sagesse ont particulièrement trait aux supérieurs des communautés religieuses.

« La charge de supérieur est l'art des arts : elle suppose « un homme tout d'amour, parce qu'un supérieur est une « image de Dieu et porte spécialement le caractère de la « Divinité qui est la charité.

« Un supérieur... doit se faire craindre et aimer d'une « crainte et d'un amour filial; lorsqu'il se sert de lancette, « il doit se servir de coton avant et après.

« Les religieux font le peuple de Dieu. David le compa- « rait à un mouton qui demande à être conduit par dou- « ceur : le bâton le fait fuir, l'herbe l'attire.

« Saint Bernard a gouverné en priant, saint Pierre en « pleurant, saint Paul en exhortant, Moïse, le plus doux « des hommes, en suppliant.

« Le supérieur doux est un arbre de vie en religion et « en fait le paradis.

« La trop grande rigueur est une marque de faiblesse.

« Un supérieur dans les répréhensions mêmes doit « prendre le parti de la douceur : il doit se souvenir qu'il « est père; il ne doit reprendre qu'avec amour.

« La modération veut qu'on ne fasse pas d'une mouche « un éléphant.

« Les faibles sont des malades qu'il faut remuer douce- « ment.

« Qui dit un supérieur dit un homme accompli en tout... « Il doit avoir les perfections de tous ses inférieurs, comme « l'âme possède et renferme en soi éminemment les per- « fections des âmes et des formes inférieures.

« Le supérieur n'est supérieur que pour les faibles, il « n'est médecin que pour les malades, il n'est chef que « pour conduire courageusement.

« La patience est la voie de la victoire et de la couronne.

« Il ne faut se proposer que des croix dans la conduite « des âmes.

« Un esprit juste, un cœur généreux ne se laissent pas « gagner par les caresses (1). »

En cette année 1675, le nombre des monastères possédés par la congrégation s'élevait à plus de cent, grâce à l'agrégation des maisons suivantes : Sainte-Catherine de Laval (2), et Saint-Vincent-au-Bois (3), que nous avons déjà nommés,

(1) C'est dans le ms. 30¹, cité tout à l'heure, que nous avons relevé ces maximes.

Les œuvres, demeurées inédites, du P. Blanchart forment plusieurs volumes que possède la Bibliothèque Sainte-Geneviève. Ces œuvres se composent surtout de sermons, de petits traités, souvent en latin, de lettres, etc.,

Le corps de ce saint abbé reposa à gauche de celui du P. Faure. L'on n'a pas oublié que les restes du P. Boulard occupaient la droite. Le tombeau, comme le ciel, devait consacrer l'union des trois religieux qui dans leurs diverses fonctions, avaient si puissamment contribué à l'établissement et à la prospérité de la congrégation. L'épitaphe composée pour le P. Blanchart a beaucoup de similitude, du reste, avec celle du P. Boulart :

« ... *Vir corporis dignitate, mentis præstantia, vitæ æqualitate, morum « innocentia et sermonis gratia excellens, in tractandis rebus prudentia, « regendis animis dexteritate, complectendis suis quotquot erant cari- « tate et divinorum affectu singularis...* » (*Gall.*, tom. VII, col. 806.)

(2) C'était encore une fondation de la noble famille de Craon. Hervise ou Avise, veuve de Gui VI, avait fait élever tout près de Laval (*Vallis Guidonis*) un oratoire en l'honneur de la vierge martyre d'Alexandrie. Cet oratoire fut donné, au XIIIe siècle (1224), à l'abbaye de La Réau et, dans le XVe, il devint un couvent de chanoines augustins. Ce couvent porta même quelque temps le nom d'abbaye. Mais il revint à son premier état et à sa première dénomination, simple prieuré.

Dépendant de la cité, s'il n'avait pas fini par être inclus dedans, ce prieuré devait aussi faire partie de la Congrégation de France. 1666 fut l'année marquée pour cela.

(*Gall.*, tom. XIV, col. 444; Expilly et la Martinière, *Dictionn.*; ms. fr. H. 18³, p.p. 508 et suiv.)

(3) Oratoire à l'origine, ermitage en 1066, depuis monastère de chanoines réguliers avec le titre d'abbaye, Saint-Vincent-au-Bois (*de Nemore*) se trouvait près de la forêt de Thimerais, à quelque distance de Châteauneuf, qui emprunte son surnom à la forêt même. Les seigneurs de ce bourg s'en montrèrent les bienfaiteurs.

Eu égard à sa situation isolée, cette abbaye — nous transcrivons notre manuscrit — « fut exposée au pillage et à la fureur des hérétiques du siècle passé », lesquels « lui firent ressentir les derniers excès de leurs violences ».

Cruellement éprouvée dans nos guerres civiles, elle fut heureusement

Notre-Dame de Gâtines (1), Mont-aux-Malades à Rouen (2),

préservée de la commende, mais non point du relâchement qui amena la réforme génovéfaine (1667).

(*Gall.*, tom. VIII, col. 1320; même ms., 18[5], p.p. 595 et suiv.)

(1) Gâtines (*Gastinela*), à une lieue de Château-Renault, fut d'abord — ses bois épais s'y prêtaient admirablement — le séjour d'ermites qui, de libres qu'ils étaient, se réunirent, en 1138, pour mener la vie commune. Ils avaient demandé l'autorisation de l'archevêque de Tours, qui l'avait accordée, à la condition que l'abbé ou le prieur, par eux élu, serait présenté au chapitre métropolitain. On fit venir de Chartres des chanoines pour leur expliquer la vie régulière selon la règle augustinienne. C'est ainsi qu'ils devinrent chanoines réguliers.

L'abbaye ne cessa d'appartenir à l'ordre. Mais elle finit par n'abriter plus la régularité, qui commença à y refleurir par l'établissement des Génovéfains (1668).

(*Gall.*, tom. XIV, col. 317; même ms., p.p. 681 et suiv.)

(2) Avant de porter ce nom, cette montagne, une de celles qui dominent la ville, s'appelait Mont-Saint-Jacques, à cause d'une église placée sous ce vocable. Cette église, apparemment paroissiale, desservie en premier lieu par des chanoines séculiers, fut, vers le milieu du XIIe siècle, donnée à des chanoines réguliers.

Dans l'acte d'association, en date de 1160, avec les Frères *Palmiers*, nous lisons que la communauté se composait de *chanoines et de pauvres lépreux*. Nous y voyons aussi le monastère désigné sous le nom de Saint-Jacques du Mont-aux-Malades. On peut donc inférer de là qu'une des règles primitives du chapitre prescrivait la réception et le soin des lépreux à la condition pour ceux-ci de se soumettre à la vie religieuse. C'est la même pensée de charité qui fit naître, en 1183, l'établissement de Quevilly aux environs de Rouen : on voulut faire pour les lépreuses ce qu'on avait fait pour les lépreux ; et l'organisation du premier monastère dut servir de modèle à celle du second.

Les malheureux travaillés par cette horrible maladie devinrent si nombreux qu'il fut impossible de les recevoir dans l'enceinte monastique; on les plaça dans des maisons situées au haut et sur le versant de la montagne; mais le monastère ne cessait de les assister corporellement et spirituellement. Plus tard, une vingtaine de paroisses de Rouen constituèrent un fonds à l'effet de faire soigner leurs lépreux par les zélés chanoines.

En 1175, le repentir de Henri II, roi d'Angleterre, dota le prieuré d'une nouvelle église consacrée à saint *Thomas le Martyr*. Celle de Saint-Jacques fut réservée pour le service paroissial. Par suite, le prieuré se désigna sous le nom de Saint-Thomas du Mont-aux-Malades.

Vers le milieu du XVIIe siècle, les lieux réguliers qui menaçaient ruine, durent être rasés, et firent place à de nouvelles constructions (1664).

Le renouvellement moral date de cinq ans plus tard (1669).

(Expilly, *Dictionn.*, art. Rouen, p. 434-435; *Gall.*, tom. VII, col. 804.)

Saint-Léger de Soissons (1), Saint-Jean de Colle (2), Le Parc dans le diocèse d'Evreux (3), Saint-Gilles de Pont-Audemer (4), Saint-Jean l'Évangéliste à Semur-en-Auxois (5), Aigues-Vives (*Aquæ Vivæ*), dans le diocèse de Tours, Fontenelles, à une lieue de la Roche-sur-Yon (6).

(1) Wyart, chanoine de la Congrégation de France, ayant été nommé par le roi abbé de Saint-Léger de Soissons, devint naturellement le promoteur, que le succès attendait (1670), de la vie nouvelle à introduire dans la vieille abbaye. Mieux partagée que bien d'autres, celle-ci, après la réformation, eut toujours pour abbé un chanoine de la même congrégation.

Saint-Léger était primitivement une église de la banlieue de Soissons, relevant des comtes de la cité et desservie par des clercs séculiers. Un de ces comtes, Renaud, dit le Lépreux, la remit à l'évêque Joslenus de Vierzi. C'était afin que le prélat la confiât à des clercs obéissant à la règle de Saint-Augustin. Les lieux réguliers plus ou moins bien disposés, Joslenus tira de l'abbaye d'Arrouaise les premiers chanoines qu'il y plaça (1139). Son successeur, Ansculphe, fut le fondateur du vrai monastère qu'il plaça dans l'intérieur de la ville. Cette abbaye appartenait donc à l'illustre congrégation d'Arrouaise avant d'appartenir à une plus illustre encore, celle de France.

(*Gall.*, tom. VII, col. 805, et tom. IX, col. 467; Gosse, *Histoire de l'abbaye de l'ancienne congrégation d'Arrouaise*, Lille, 1786, in-4°, p. 343.)

(2) Lorsque, chargé par le cardinal de La Rochefoucauld de visiter les monastères de l'ordre canonique dans plusieurs diocèses du midi, Alain de Solminihac arriva, le 31 janvier 1631, au prieuré de Saint-Jean de Colle, à six lieues de Périgueux, il y trouva quatre religieux vivant « comme des séculiers, sans supérieur et sans règle », n'ayant même pas la notion de la vie régulière. Comment l'eussent-ils acquise, cette notion, puisque dans ce prieuré — abus déplorable! — l'on recevait, en même temps, à l'habit et à la profession.

La rénovation du prieuré vint aussi de Sainte-Geneviève (1669).

(Même ms., 18[5] p.p. 742 et suiv.; *Gall.*, tom. VII, col. 804, et tom. II, col. 1487.)

(3) Ce prieuré était une fondation, au XIIIe siècle, de la pieuse famille d'Harcourt.

(4) Prieuré.

(5) Prieuré qui se rattachait, ne fut-ce que par l'origine — et le camail rouge du prieur ne cessa de l'attester — à l'antique abbaye d'Agaune, monument de la piété et plus tard théâtre de la pénitence du roi Sigismond. (*Gall.*, tom. VII, col. 805; Expilly et La Martinière, *Dictionn.*)

(6) Ces deux abbayes étaient anciennes. L'une devait peut-être son origine à des ermites; l'autre avait abrité des moines avant de recevoir des chanoines de Chancelade. (*Gall.*, tom. VII, col. 806, 807, tom. XIV, col. 320, tom. II, col. 1433; Expilly.)

Le nombre des monastères, tant abbayes que prieurés, s'élevait donc à

Nous terminons ici ce qu'on peut appeler la période de formation. Nous avons pris le nouvel ordre à sa naissance et nous avons assisté à ses développements successifs. C'est bien, pour emprunter les expressions évangéliques, le grain de sénevé qui, jeté en terre, et malgré de nombreuses et puissantes oppositions, a germé, grandi et est devenu un arbre majestueux. Ainsi des œuvres de Dieu, surtout au sein du christianisme. Expression plus ou moins adéquate, selon les temps et les circonstances, de ces lois providentielles : *Quæ stulta sunt mundi elegit Deus, ut confundat sapientes; et infirma mundi elegit Deus, ut confundat fortia* (1), elles se montrent toujours par quelque côté jaillissant du néant ou de la faiblesse, triomphant par la fragilité, déconcertant les sages comme les forts, les habiles comme les violents.

Les deux principaux agents dont Dieu se sert pour l'accomplissement de ses œuvres, ce sont les caractères et la sainteté, les caractères dans l'ordre naturel, la sainteté dans l'ordre surnaturel, mais ceux-là n'étant pas moins que celle-ci l'effet de la libéralité d'en haut, car c'est Dieu qui trempe les caractères comme c'est lui qui accorde la sainteté. Les caractères agissent par leur noblesse, leur élévation, leur sérénité, leur énergie, leur persévérance; la sainteté par son zèle, son dévouement, par la foi qui transporte les montagnes, la charité qui embrase le monde, par le langage du sacrifice ainsi que par les accents de la prière. Toutes ces forces se réunissent en un puissant faisceau pour seconder l'action divine et même déterminer en elle un accroissement de puissance intrinsèque. Plusieurs de ces grands caractères au sein de la congrégation ont passé devant nos regards : qu'il nous suffise de rappe-

cent six en France. A ce nombre on doit ajouter les six maisons belges qui s'affilièrent et dont une, le Val de Liège, voulut, nous le savons, avoir une union plus intime encore avec la congrégation.

(1) I *ad Corinth.*, I, 27.

ler les noms de La Rochefoucauld, Faure, Boulart, Beaudoin, Branche, Blanchart. Nous savons aussi que la sainteté n'était pas moins admirable en eux. Mais qui pourrait dire le nombre de ces âmes d'élite que renfermaient les différents monastères ?

Les anciens annalistes de Sainte-Geneviève se proposaient d'en révéler plusieurs. Un manuscrit nous a été conservé sous ce titre : *Les vies des personnes considérables en piété et en doctrine des chanoines réguliers de la Congrégation de France.* Nous résistons à la tentation de résumer ici quelques-unes de ces biographies. Nous ne voulons pas interrompre la marche de notre récit que nous continuons dans les conditions et avec le cadre que nous avons indiqué dans l'Avant-Propos.

CHAPITRE CINQUIÈME

DEUX GRANDES ŒUVRES

ET DEUX GRANDES CRISES

I. LA BIBLIOTHÈQUE — II. LA NOUVELLE ÉGLISE — III. LA CRISE RELIGIEUSE
IV. LA CRISE FINANCIÈRE

I

LA BIBLIOTHÈQUE

Les deux gratifications du cardinal de La Rochefoucauld, nous l'avons marqué, furent les premiers fonds de la riche bibliothèque de l'abbaye. Les deux savants génovéfains, Fronteau et Lalemant, à qui elle fut successivement confiée, déployèrent le plus grand zèle pour accroître la précieuse collection. Du Molinet, autre génovéfain d'une vaste érudition, s'inspira du zèle de ses prédécesseurs pour marcher sur leurs traces : par ses soins, imprimés, manuscrits, médailles, objets rares, entrèrent nombreux à l'abbaye. Les legs et dons ne firent pas défaut. L'on doit mentionner ceux d'un prêtre grec, du nom d'Athanase, qui mourut sur le territoire de Sainte-Geneviève (1) ; de Gabriel Naudé, que des luttes récentes, au sujet du plus beau livre après l'Évangile, rattachaient à l'abbaye (2) ; de

(1) *Gall. christ.*, tom. VII, col. 813 : « ... quas inter (donationes) perrara « est illa, quæ *jure albinatus ac beneficio* obtigit, anno 1663, a presbytero « græco, nomine Athanasio, commorato et mortuo in dominio Sanctæ Ge- « novefæ. »

(2) Nous les ferons connaître.

Flécelles, conseiller au parlement de Paris, locataire, sinon hôte, des chanoines (1); d'Achille III de Harlay, si renommé comme faiseur de bons mots, savant distingué toutefois, qui, alors qu'il était procureur général, fit présent, écrit du Molinet, « de tant de livres curieux, de médailles, d'antiquités et d'autres pièces rares, et d'une manière si obligeante, que je ne puis assez le publier ni le reconnaître (2). »

En 1687, cette bibliothèque comprenait déjà vingt mille volumes imprimés. Les manuscrits ne laissaient pas, non plus, d'être nombreux et importants, ainsi qu'on peut le voir dans le catalogue qui en a été dressé à cette époque (3) : ces manuscrits, formats in-fol., in-4, in-8, tant anciens que modernes, tant grecs et latins que français et italiens, s'élevaient au chiffre de quatre cents. Les seize mille volumes, légués en 1710 par Maurice Le Tellier, archevêque de Reims (4), firent de ce trésor

(1) Franklin, *Anciennes Bibliothèques de Paris*, tom. I, Paris, 1867 p.p. 74, 75. Le même historien rappelle aussi qu'un sieur Accard partagea son importante collection d'estampes entre les abbayes de Saint-Victor, Saint-Germain des Prés et Sainte-Geneviève.

(2) Fin de la Préface du *Cabinet de la Bibliothèque de Sainte-Geneviève*, Paris, 1692, in-fol.

(3) Ms. 21^2, p.p. 882 et suiv.

(4) Le Tellier écrivait dans son testament : « Ce recueil de livres est « grand et très curieux, je l'ay fait avec beaucoup de dépense et de plaisir, « car je n'ay pas cessé d'en acheter pendant près de cinquante ans ; ce « seroit grand dommage que ces livres fussent dissipez, comme il est « indubitable qu'ils le seroient après ma mort : c'est ce qui m'a persuadé « que je les devois donner à une communauté capable de s'en servir, « d'en aider le public et de les bien conserver. Je les donne donc et je les « lègue à la maison des religieux de l'abbaye de Saint-Geneviève au Mont « de cette ville...; j'estime cette congrégation autant qu'elle mérite de « l'être, et je suis bien aise de lui donner cette marque de l'amitié que j'ay « pour elle... » C'est par erreur que diverses biographies portent à cinquante mille volumes le legs de l'archevêque de Reims. Les Génovéfains ont eu soin de faire placer sur chaque volume une étiquette portant :

Ex Bibliotheca
quam 16,000 voll. constantem
huic abbatiæ S. Genovefæ Paris.
testamento legavit Car. Maurit.
Le Tellier archiep. Remensis.
Obiit anno 1710.

intellectuel un des plus considérables de la capitale (1).

Dès la fin du XVIIe siècle, on avait joint à la bibliothèque un cabinet renfermant des collections d'antiquités : médailles anciennes, tant en argent qu'en bronze et cuivre, au nombre d'environ deux mille deux cents ; mesures, poids et monnaies des Romains et même monnaies des Grecs ; instruments des sacrifices, lampes et autres ustensiles en usage chez les mêmes peuples et aussi chez les Égyptiens ; médailles, en cuivre, des papes, depuis Martin V jusqu'à Innocent XI, au nombre de trois cents, avec une centaine de mêmes pièces représentant des cardinaux ; médailles, aussi en cuivre, des rois de France, depuis Charles VII jusqu'à Louis XIV, des reines, princes, chanceliers, dignitaires du royaume ; médailles des souverains, princes et personnages étrangers ; monnaies de la France, depuis l'origine de la monarchie, de la Chine, du Japon, de la Mongolie, de Siam, etc... « Ceux qui ont travaillé à former la bibliothèque de Sainte-« Geneviève, ont cru qu'ils feraient une chose qui ne con-« tribuerait pas peu à son ornement et à son utilité, s'ils « l'accompagnaient d'un cabinet de pièces rares et curieuses « qui regardent l'étude et peuvent servir aux belles-lettres « et à l'histoire... (2). » Le riche cabinet de Fabri de Peiresc, magistrat non moins généreux qu'érudit, avait été un appoint considérable. Les Génovéfains, dans leur amour pour les sciences, avaient eu soin de réserver une place pour « les instruments de mathématiques, les lunettes d'approche, microscopes, pierres d'aimant et autres choses de cette nature ». Il y avait place aussi pour « les pierres gravées, au nombre d'environ mille, les coquilles, les marcassites et minéraux. » On y voyait encore « diverses

(1) En 1714, Helyot portait à soixante mille le nombre de ces volumes. (*Histoire des ordres monastiques...*, Paris, 1714-1719, tom. II, p.p. 388, 389). Mais c'était de l'exagération, nous le verrons plus tard.

(2) Ms. 21[2], p. 912.

sortes d'animaux étrangers, de poissons rares, des pièces d'optique et d'autres choses curieuses (1). »

La bibliothèque et le cabinet des antiques continuèrent de s'enrichir dans le XVIIIe siècle.

En 1675, on s'était occupé d'un aménagement définitif, convenable et même artistique de la bibliothèque. On prépara une vaste salle au-dessus de la chapelle du cloître. Notre manuscrit en contient cette description : « La voûte « est de plâtre, enrichie de sculptures et de cadres pour « y enchâsser des tableaux et des portraits d'hommes « illustres, et tout le long est revêtu de tablettes de bois « de chêne, ornées de pilastres, corniches et autres orne-« ments de sculpture, avec trente-six bustes de figures « d'auteurs, posés sur leurs scabellons et adossés contre « les pilastres, qui font un fort bel effet (2). » Maurice Le Tellier prescrivit, dans son testament, de faire placer les « livres de sa bibliothèque, tous ensemble », dans une seconde salle aussi spacieuse et déjà disposée dans le même goût pour recevoir des livres.

Très probablement cette salle faisait suite, en ligne droite, à la première du côté de l'Orient. Deux nouvelles salles, aux mêmes proportions et aussi richement décorées, devaient être ajoutées au nord et au midi, de façon à couper les deux autres à angle droit et à leur point de jonction. C'était donc quatre belles galeries qui formaient une croix grecque en se reliant à un splendide rond-point. Ce rond-point était surmonté d'une coupole où Jean Restout avait peint, en 1730, la glorification de saint Augustin : enlevé au ciel par des anges, le grand docteur tenait une plume de la main droite et un livre de la main gauche ; deux anges portaient l'un sa crosse, l'autre sa mitre ; à ses pieds, l'on voyait foudroyés les ouvrages de Pélage, Manès,

(1) *Ibid.*, p.p. 916, 917. Voir aussi Préface du *Cabinet de la Bibliothèque de Sainte-Geneviève*, par du Molinet.

(2) Même ms. 21², p. 881.

Donat et autres. La première pierre des nouvelles constructions avait été posée en 1720 par le régent (1).

« Quoique cette bibliothèque ne soit pas publique — « lisons-nous dans *l'Almanach royal* de 1756, — MM. de « Sainte-Geneviève se font un honneur et un devoir d'en « partager les richesses avec les savants qui veulent étu- « dier. » Cette attention si digne d'éloges remontait même à vingt ans plus haut (2). Trois années plus tard, l'ouverture de la bibliothèque au public se trouvait ainsi fixée : les lundis, mercredis et vendredis, excepté les jours de fêtes et le temps des vacances, de deux heures à cinq (3).

Le cabinet des antiques était contigu à la bibliothèque. Il devait dans la suite occuper deux pièces non moins splendides que les galeries réservées aux livres. Ces pièces communiquaient à l'extrémité occidentale de la galerie sud avec laquelle elles formaient un angle droit. Le très curieux cabinet s'ouvrait également aux visiteurs les lundis et mercredis (4).

(1) *Gall. christ.*, tom. VII, col. 814 : *Regnante Ludovico XV, sub moderamine Philippi, Aurelianensium ducis, nova tandem exsurgit ædificii moles splendorem regali magnificentia non indignum conciliatura...* (Inscription commémorative).

(2) Suivant des citations faites par M. A. Franklin, *Anciennes Bibliothèques de Paris*, tom. I. Paris, 1867, p.p. 80 et 83.

(3) *Almanach royal*, années 1759 et suiv.

(4) M. A. Franklin, *Anciennes Bibliothèques de Paris*, tom. I, p. 84, d'après le *Guide des amateurs et des étrangers à Paris*.

Source générale : même ms. 21², p.p. 887 et suiv. Voir pour plus de détails M. A. Franklin, *Loc. cit.*, p.p. 72 et suiv., lequel a aussi beaucoup puisé dans notre manuscrit.

II

LA NOUVELLE ÉGLISE

« Dieu ayant exaucé les vœux et les prières des Français « en rendant une parfaite santé à ce monarque, il est venu « à Sainte-Geneviève le 17 novembre 1744 en rendre ses « très humbles actions de grâce au souverain arbitre de la « vie et de la mort; la reine, Monseigneur le dauphin, « Mesdames de France, les princes et princesses du sang « ont accompagné Sa Majesté très chrétienne dans cette « cérémonie; et la confiance qu'ils ont témoigné avoir « dans la puissante protection de sainte Geneviève a auto- « risé les abbé et chanoines réguliers de l'abbaye de « Sainte-Geneviève à présenter au roi une requête, par « laquelle ils lui ont exposé la vétusté de cette église et son « insuffisance pour contenir un peuple si nombreux; et sur « cette requête le roi, étant en son conseil, a rendu un « arrêt le 9 décembre 1754 par lequel il a ordonné qu'à « compter du 1er mars 1755 les billets des trois loteries qui « se tirent chaque mois dans la ville de Paris, seraient « augmentés d'un cinquième et demeureraient à vingt- « quatre sols chaque billet, dont deux pour l'augmentation « des lots et deux autres sols pour la construction de la « nouvelle église (1). »

Ces loteries étaient celles de Saint-Sulpice, des Enfants-trouvés et des communautés religieuses.

Plusieurs plans furent présentés. On adopta celui de Soufflot, architecte du roi et contrôleur des édifices royaux.

Le temple, qu'on désirait un des plus vastes de la capi-

(1) Arch. nat., série O[1], carton 1695, *Projet du procès-verbal de la pose de la première pierre de Sainte-Geneviève*. On ne sait si ce procès-verbal a été officiellement adopté. Mais le document n'en demeure pas moins précieux et exact. C'est lui que nous suivons.

tale, aurait la forme d'une croix grecque dont les quatre bras ou nefs viendraient se relier à un dôme central. Toutefois, les nécessités du culte exigeaient que la nef d'entrée et celle du fond fussent plus longues que les deux autres (1). La châsse de la patronne de Paris serait placée sous le dôme; et un double escalier circulaire conduirait de là à la chapelle souterraine pratiquée sous la nef du fond et devant recevoir le tombeau également si vénéré de la sainte. Des péristyles régneraient autour des nefs et s'en détacheraient sensiblement par une élévation de cinq marches. Les nefs seraient éclairées par le haut, et les péristyles par des croisées placées entre chaque entre-colonnement, mais de façon à permettre de ranger au-dessous les mausolées de l'abbaye et ceux que dans l'avenir l'on y voudrait ériger (2). A l'extérieur, le dôme, orné d'une colonnade d'ordre corinthien, devait être flanqué de quatre massifs en avant-corps pour opposer la résistance nécessaire à la poussée des voûtes. A chacun de ces avant-corps, sur des soubassements en harmonie avec la colonnade, l'on poserait un groupe des huit principaux Pères tant de l'Église orientale que de l'occidentale. Le sommet (3), élevé de trente toises au-dessus du sol, aurait pour couronnement un piédestal destiné à la Religion qu'entoureraient les quatre

(1) Le plan premier de l'architecte était de conserver aux nefs la symétrie d'une parfaite égalité. Mais il dut le modifier dans le sens indiqué. Le même motif détermina l'addition de deux tours sur le chevet : ces tours devaient servir de clochers.

(2) Certaines dépendances de la crypte deviendraient facilement caveaux.

(3) Le plan premier du dôme, quant à la partie supérieure, fut aussi modifié. « Soufflot, dit Rondelet, content de nos moyens de construction, me chargea d'en faire l'application à un projet de dôme à pans coupés qu'il imagina, ensuite à un projet de dôme circulaire avec des avant-corps, et enfin à celui existant qui fut sa dernière idée. » (*Mémoire historique sur le dôme du Panthéon français*, Paris, 1797, in-4°, p. 2.) La lanterne parut même pour le dôme définitivement adopté un amortissement préférable au groupe que nous allons signaler. (Dulaure, *Histoire... de Paris*, Paris, 1837-38, tom. VI, p. 103.)

Évangélistes. Quant au corps de l'édifice, seule l'entrée principale serait l'objet d'importantes décorations : d'abord une colonnade formerait en avant un splendide péristyle ; puis des bas-reliefs viendraient enrichir ou varier l'ensemble du frontispice. On se contenterait pour les autres parties de l'entablement qui couronnerait extérieurement les hauts murs. Comme on le voit, l'architecte visait à la sobriété dans l'ornementation (1).

En ces quelques lignes, l'on a reconnu l'édifice religieux qui domine encore si majestueusement la montagne Sainte-Geneviève.

La direction des travaux demeurait confiée à l'architecte lui-même. Les constructions se feraient au nom et au compte de Sainte-Geneviève dont la grande ressource était sa quote-part dans le bénéfice des loteries (2). Le roi

(1) Rondelet, *Mémoire* cité; Piganiol de La Force, *Description historique de la ville de Paris...*, nouv. édit., tom. VI, p.p. 98 et suiv. Pour plus de détails consulter ce même *Mémoire* ou lire l'*Histoire de l'église Sainte-Geneviève*, par M. l'abbé Ouin-Lacroix, Paris, 1852, lequel a transcrit ou résumé le travail de cet architecte.

(2) Après les trois loteries désignées, d'autres s'établirent dont Sainte-Geneviève bénéficia également. Chez nous, ce mode de se procurer de l'argent était alors en vogue plus que jamais. Aussi trouvons-nous deux arrêts rendus en conseil d'Etat, à quelques jours d'intervalle, l'un le 31 août 1762, l'autre le 7 septembre suivant, portant création, le premier d'une loterie générale à trois livres le billet, le second d'une loterie de piété à vingt-quatre sols le billet pour remplacer celle de Saint-Sulpice. Dans les trois premières années, c'est-à-dire de mars 1755 à janvier 1758, l'abbaye reçut environ un million cinq cent mille livres, soit cinq cent mille livres par an. Un autre compte nous fait connaître que les recettes, du 20 mars 1759 au 24 janvier 1770, s'élevèrent à trois millions cinq cent quatre-vingt-treize mille quatre cents livres, ce qui, les centimes écartés, faisait par année moyenne trois cent vingt-six mille six cent soixante-douze livres. Un notaire du Châtelet était nommé par arrêt du conseil d'Etat pour percevoir et payer sur ordonnancement les travaux de la nouvelle église. Les honoraires étaient fixés à deux mille quatre cents livres. (Arch. nat., ser. H, cart. 3632-33.) Le gouvernement se réservait encore la haute direction et surveillance, ainsi qu'il conste, en particulier, de ce fragment d'une lettre de Necker, directeur général des finances, en date du 4 septembre 1780 : «... Il s'agit « de Sainte-Geneviève. Le roi m'a dit qu'il me chargerait de cette affaire; « M. le comte de Maurepas me l'a écrit... A présent, je suis accablé des « demandes de tous les artistes prétendants et de tous les protecteurs. Je « ne puis répondre, parce qu'il faut que je sois investi ministériellement

abandonnait encore à l'abbaye, tant qu'elles subsisteraient, les loyers des maisons expropriées pour former une place devant la nouvelle église et pratiquer les rues jugées nécessaires (1). Enfin, en vertu de lettres patentes du 6 juin 1784, un emprunt de quatre millions se concluait au nom de Louis XVI, emprunt « gradué sur dix années à raison de quatre cent mille livres par an, » et « dont les deniers ne pourraient être appliqués, sous quelque prétexte que ce fût, qu'aux dépenses des constructions nécessaires pour achever l'exécution des plans de Sainte-Geneviève... (2). » On le voit, la basilique devra véritablement son existence à la munificence royale.

Dès 1757, on commença les fouilles. L'emplacement choisi était la grande cour de l'abbaye. En plusieurs endroits, on s'aperçut que le sol ne se composait que de terres rapportées. On creusa toujours ; et cent cinquante puits dont quelques-uns avaient jusqu'à quatre-vingts pieds de profondeur, furent mis à découvert (3). On les remplit par de solides travaux de maçonnerie. Tout cela avait pris deux années, et occasionné de bien grandes dépenses.

« Sur toute la superficie de ce fond bien nivelé et battu,

« de la part du roi,... afin que je puisse donner des ordres et régler « l'administration à établir, examiner celle qui existe, confirmer les ins- « pecteurs, nommer le chef, régler les traitements... » (Arch. nat., série « O[1], cart. 1704.)

(1) De 1759 à 1774, ces loyers formèrent la somme de cent huit mille neuf cent quatre-vingt-une livres.

Les autres ressources étrangères étaient les aumônes et les matériaux provenant des maisons expropriées qu'on démolissait. (*Ibid.*)

(2) Arch. nat., série S, cart. 3637.

(3) Ces puits ont dû être creusés par les potiers qui, du temps des Romains, occupaient la montagne. Les âtres de four propres à la cuisson de ces sortes d'objets et découverts en même temps ne permettent pas de doute à ce sujet, Cette industrie était même développée en cet endroit, car, à une époque assez récente, les travaux qu'on exécuta aux jardins du Luxembourg, firent apparaître, avec d'autres puits, des restes de poteries, mélanges dont la composition attestait, à la fois, la grossièreté et la finesse de l'art. (Voir M. Cocheris, dans son édit. de l'abbé Lebeuf, tom. II, p.p. 615 et 117.)

« dit le continuateur de l'œuvre de Soufflot on posa « quatre assises de libages, à bains de mortier et battues « à la hie. C'est sur ce massif général qu'on traça le « plan de l'édifice... Les fondements de tous les murs et « massifs furent construits en libages. Au-dessous de toutes « les colonnes isolées, on éleva des piliers de six pieds en « quarré, en pierres de taille, avec des parements rusti- « qués qui formaient des liaisons sur tous les sens ; et, afin « d'entretenir et de lier ces piliers les uns avec les autres, « on construisit dans les intervalles des murs en moellons « de trois pieds d'épaisseur. Quoique ces murs fussent « posés sur le massif général, ils furent érigés sur deux « assises de pierres taillées en voussoirs, formant ensemble « un double arc renversé. Le motif de ces arcs était « d'étendre l'effort de la pression provenant de la charge des « piliers sur une plus grande surface, c'est-à-dire sur toute « celle où portent les arcs (1). »

Ces difficiles substructions et l'église souterraine achevées, on fixa au 6 septembre 1764 la pose de la première pierre de l'église supérieure. Louis XV devait faire la cérémonie.

L'architecte voulut donner une idée sensible de la hauteur de l'édifice. Dans ce but, il fit dessiner le portail « dans les vraies et naturelles dimensions sur des châssis « garnis de toiles appliquées contre une charpente so- « lide... Ces châssis contenaient cinq bas-reliefs : celui « du milieu représentait sainte Geneviève distribuant du « pain aux pauvres ; d'un côté était représenté le martyre « de saint Pierre et le roi qui reçoit le plan de l'église, et « de l'autre côté le martyre de saint Paul et le roi posant « la première pierre; le fronton était un grand tableau en « bas-relief représentant le sacrifice de la messe (2)... »

(1) Rondelet, *Mémoire historique sur le dôme du Panthéon français*, p. 31.

(2) *Le Bibliophile français*, tom. VI, Paris, 1872, p. 343, citation empruntée au *Registre contenant les procès-verbaux des cérémonies extraordinaires de l'abbaye royale de Sainte-Geneviève.*

Pour l'entrée de Sa Majesté qui n'avait pas lieu par le carré Sainte-Geneviève, l'on abattit deux pans de murs en face de la rue Saint-Étienne des Grès. De magnifiques tentures dissimulaient ce qu'il y avait d'insolite dans cette ouverture improvisée. Au midi, par rapport aux constructions, les chanoines avaient fait élever des gradins pour soutenir deux mille spectateurs. Les officiers de l'hôtel de ville y avaient des places réservées. Les piqueurs, de leur côté, avaient eu soin de dresser d'autres gradins pour les personnes de leur connaissance. Les élèves de Montaigu s'étaient ménagé des places sur le toit du collège pour pouvoir contempler la cérémonie.

Le roi arriva avec le dauphin et une nombreuse suite. Il se rendit à l'église abbatiale qui était splendidement décorée. L'archevêque de Paris et l'évêque de Senlis, en leur qualité, l'un de grand, et l'autre de premier aumônier, l'avaient précédé dans le lieu saint. Il fut reçu au grand portail par l'abbé François Delorme, qui, selon l'usage liturgique, lui présenta l'eau bénite, la croix et l'encens, et lui adressa quelques paroles heureusement inspirées. De l'église on se dirigea processionnellement vers les nouvelles constructions. L'abbé précédait le roi. Une immense acclamation accueillit ce dernier, quand il parut devant les gradins.

A la base d'un des piliers du dôme, du côté de l'Évangile et proche du chœur, l'on avait pratiqué une entaille pour le placement de la première pierre. Celle-ci devait recouvrir six médailles commémoratives, dont une en or, deux en argent et trois en bronze (1). Remises par le directeur de la Monnaie, elles furent enfermées dans une double boîte sur laquelle on appliqua encore une lame de

(1) Les médailles représentaient, d'un côté, la tête du roi et, de l'autre, la nouvelle église, avec cette inscription en haut : *Pietas augusta*, et cette autre en bas et en plus petits caractères : *Novi Sanctæ Genovefæ templi primum lapidem posuit, anno MDCCLXIV*. (*Projet du procès-verbal...*)

bronze (1). Lorsque tout fut disposé, l'on apporta au roi une auge d'argent, et, avec une truelle du même métal, il prit et jeta le mortier destiné au scellement de la pierre. Deux bandes de fer, comme mesure de précaution, furent aussitôt apposées.

Pendant la cérémonie, les éclats du bronze guerrier venaient de temps à autre s'unir aux sons joyeux de l'airain sacré. Après le *Te Deum*, le clergé se remit en marche vers la basilique, et le roi, accompagné du dauphin, visita l'église basse (2).

Les travaux continuèrent. Mais un monument pareil demandait des années et des millions, et d'autant plus d'années qu'il fallait plus de millions.

Les critiques ne firent pas défaut. Le dôme devint comme le point de mire. Il était vraiment d'une étonnante hardiesse. L'architecte Patte (3), dès l'année 1770, s'était efforcé d'établir dans un mémoire l'impossibilité d'exécuter, eu égard à la dimension des piliers, la coupole projetée. Il n'hésitait pas à traduire l'auteur du plan à la barre des savants et des artistes. Rondelet, ami et élève de Soufflot, répondit en prouvant à son tour, que « les voûtes sphériques n'avaient point de poussées et qu'en conséquence elles n'exigeaient pas des murs dont l'épaisseur fût plus

(1) Sur la lame de bronze on lisait : *quod a Clodoveo Francorum primo rege christiano basilica Sanctorum Petri et Pauli memoriæ dicata, Beatæ Genovefæ sepulcro, reliquiis et, a pluribus jam sæculis, nomine insignita, vetustate collaberetur, Ludovicus XV, singulari erga civitatis patronam pietate, novam hanc, non procul a vetere, ampliorem, splendidiorem extrui jussit, primumque hic lapidem posuit, anno MDCCLXIV. (Projet du procès-verbal...)*

(2) L'on voulut, à l'abbaye, faire les choses grandement. Des rafraîchissements avaient été préparés pour les officiers et soldats, gardes du corps, gardes françaises et suisses qui escortaient le roi.

(3) Patte prenait dans son *Mémoire* le titre d'architecte du *Duc régnant des Deux-Ponts*. N'ayant pu obtenir l'autorisation nécessaire en France, il publia son travail sous la rubrique d'Amsterdam.

forte » par le bas (1). Cependant les faits semblèrent donner raison au premier. Des éclats se manifestèrent en 1776. « Les ouvrages que l'on fit dans le courant des « années 1777 et 1778, augmentèrent la charge de six « millions ; il en résulta de nouveaux éclats qui furent « dénoncés en 1779 par le citoyen Patte... Les plus forts « de ces éclats n'avaient pas plus de trois pouces d'épais- « seur; ils s'annonçaient par des fentes inclinées en sens « contraire qui tendaient à se rencontrer. Presque tous ces « éclats se trouvaient au droit des calles. Pour obvier à cet « effet, Soufflot fit employer, pendant plus d'un an, des « ouvriers pour ouvrir les joints des parements avec des « scies à grès, et arracher les calles qu'on pouvait aperce- « voir (2). » Toutes ces attaques, en apparence justifiées, empoisonnèrent les derniers jours de l'illustre architecte qui mourut en 1780.

Ordre fut donné de continuer les travaux sans rien changer au plan de Soufflot. L'architecte Brebion, également contrôleur des édifices royaux, remplaçait ce dernier (3). Rondelet, qui depuis 1770 était particulièrement chargé du *mécanisme de la construction* (4), devait avoir la gloire d'achever et de rendre impérissable le majestueux monument. en sorte que son nom demeure inséparablement inscrit à côté de l'architecte créateur dans les fastes de l'architecture moderne (5).

(1) *Mémoire historique*, cité, p. 1. Suivant l'ingénieur Gauthey qui publiait également une réfutation de Patte (*Mémoire...*, Dijon, 1771, in-4°) les piliers attaqués pouvaient même, suivant les règles de l'art, *supporter un dôme beaucoup plus considérable.*

(2) *Mémoire historique* cité, p. 76.

(3) *Ibid.*, p. 77

(4) *Ibid.*, p. 1.

(5) On croit généralement — et les biographes s'expriment ou semblent s'exprimer en ce sens — que Rondelet succéda à Soufflot comme architecte du monument. C'est une erreur. Brebion, que nous venons de nommer, fut ce successeur; et une lettre du célèbre Bailly, en date du 4 mars 1791,

Mais d'où provenaient ces *éclats,* ces *fentes*, ces *ruptures* des quatre piliers du dôme, accidents qui allaient se multiplier encore ? Rondelet en a assigné deux causes principales. La première se trouve ainsi exposée : « La méthode vicieuse « que l'on a suivie... et qui consistait à démaigrir le lit des « pierres jusqu'à quatre ou cinq pouces près de leurs pare- « ments et à les poser sur des calles, en sorte que ces « pierres sont plus minces sur le derrière de sept à huit « lignes que sur le devant ; le peu de soin que l'on a pris « à les équarrir, fait qu'il se trouve à l'intérieur des flaches « et des joints considérables... » Il fallait voir la seconde cause dans « la disposition de la tour du dôme au-dessus des grandes arcades qui la soutiennent en partie », car « le plus grand effort du poids s'est porté sur les parties les plus faibles, telles que les colonnes engagées et les pilastres qui forment les piédroits » de ces « grandes arcades (1). » Il y aurait donc eu simples défauts de construction ; et, par conséquent, la gloire du célèbre architecte demeurerait intacte. Le raisonnement de Rondelet doit être d'autant plus convaincant, que lui-même, en se basant sur ces données, a pu, nous le rappelions à l'instant, communiquer au dôme, toute la solidité désirable.

Le monument était à peine achevé, et la Révolution allait en faire une de ses premières proies au sein de la capitale, spoliation des plus iniques, profanation des plus sacrilèges

nous apprend que cet architecte remplissait encore la même charge à cette époque. Le maire de Paris expose même la raison du choix : « Elle « (Sa Majesté) fit choix, dit-il, de M. Brebion comme réunissant, à l'expé- « rience la plus consommée dans l'art de bâtir, la modestie nécessaire « pour suivre littéralement le plan d'un grand homme dont il avait été « l'un des plus sincères admirateurs. » (Arch. nat., série O[1], cart. 1704.)

Soufflot fut réellement enterré dans l'ancienne église de Sainte-Geneviève en attendant la translation de ses restes dans la nouvelle. Rien n'avait encore été fait en 1828. (Voir le *Bibliophile français*, tom. IV, Paris, 1872, p.p. 314 et suiv. d'après le *Registre* tout à l'heure mentionné.)

(1) *Mémoire hist...*, p.p. 97, 99, 76.

que les progrès de l'impiété faisaient pressentir depuis longtemps déjà :

Au sein de la cité qui règne sur la France
S'élève à Geneviève un édifice immense.
Piété trop tardive! Inutiles honneurs!
Avant qu'il soit fini, dans ce siècle d'horreurs,
L'athéisme, ennemi de tout pouvoir suprême,
De la ville et du temple aura chassé Dieu même. (1)

III

LA CRISE RELIGIEUSE

Le jansénisme avait prétendu, au moyen de sa fameuse distinction du *droit* et du *fait*, échapper aux condamnations qui le frappaient (2). En 1705, Clément XI, par sa bulle *Vineam Domini,* avait fait justice et de la distinction et du singulier *silence respectueux* qui en était une des conséquences. Quelques années plus tard, en 1713, le même pontife lança la bulle *Unigenitus,* pour porter un coup décisif à une des hérésies les plus subtilement défendues. A l'exception d'un très petit nombre de prélats, l'épiscopat français

(1) Vers cités par l'abbé Saintyves, *Vie de sainte Geneviève,* p. 210, comme extraits des Mélanges de M. de Boulogne, évêque de Troyes, lesquels ne seraient que la traduction de ces distiques latins :

Templum augustum, ingens, regina assurgit in urbe :
Urbe et patrona virgine digna domus.
Tarda nimis pietas, vanos moliris honores ;
Non sunt hœc cœptis tempora digna tuis.
Ante Deo in summa quam templum erexeris urbe,
Impietas templis tollet et urbe Deum !

(2) Les jansénistes condamnaient en soi les cinq propositions du *Formulaire.* Mais, quant à l'affirmation qu'elles étaient extraites du livre de Jansénius, ils la rejetaient. Les uns — c'étaient les intransigeants, comme l'on dirait aujourd'hui, — se refusaient absolument à signer le *Formulaire* ; les autres, moins rigides, consentaient à donner leur signature, mais en ce sens seulement, qu'adhérant pleinement à la condamnation de la doctrine, ils n'accordaient que le silence du respect à l'assertion de la provenance des propositions.

s'empressa de recevoir l'acte pontifical, donnant ainsi un exemple qui allait être suivi par toute l'Église. Le cardinal de Noailles se mit à la tête de ces prélats récalcitrants. De la bulle on en appelait au futur concile, moyen souvent employé par l'hérésie pour couvrir sa défaite et prolonger son existence.

Aussi le jansénisme va-t-il, pendant le XVIIIe siècle, continuer de porter le trouble au sein de l'Église de France.

Nous l'avons vu, l'hérésie s'était introduite dans la congrégation ; et, en dépit de toutes les prohibitions capitulaires (1), elle y avait pris racine. Elle devait s'y maintenir longtemps encore, et même après la bulle *Unigenitus*, par les mêmes manœuvres qu'elle se maintiendrait ailleurs. Là aussi, il y avait des *appelants* et des *réappelants*.

Heureusement la congrégation et l'abbaye eurent, à cette époque, pour général et abbé, pendant 12 ans, un homme qui, comprenant son devoir de fils soumis de l'Église, avait le sentiment profond de sa grande responsabilité. Le chapitre général éleva, en 1715, Gabriel de Riberolles à cette dignité et l'y maintint en 1718.

Enfant de Paris, Gabriel de Riberolles avait eu pour père Abraham de Riberolles, conseiller au Châtelet. Il était né en 1647. Il avait rempli avec distinction les postes les plus importants dans la congrégation, depuis celui de prieur de Saint-Crépin de Soissons jusqu'à celui d'abbé du Val des Écoliers de Liège et de premier assistant. Il s'était montré digne du ministère apostolique dans la difficile mission, à lui confiée en 1685 ainsi qu'à onze de ses confrères, d'évangéliser les Cévennes. Mais le plus bel éloge qu'on puisse faire de lui, c'est que Bossuet — Riberolles était alors

(1) Le chapitre de 1678 avait confirmé ce qui avait été précedemment décidé au sujet de la nouvelle hérésie, avec « défenses très expresses aux professeurs de théologie d'enseigner aucune doctrine contraire à celle de l'Église ou qui puisse être suspecte des sentimens particuliers de Jansénius et de Baius, condamnez et désapprouvez par le Saint-Siège ».

prieur de Notre-Dame de Chage — voulut lui confier la direction de son séminaire, c'est que, pendant près de vingt années, il l'associa à l'administration de son diocèse et, pour ainsi dire, à ses luttes contre les ennemis de l'Église, estime qu'à sa mort le prélat attesta de nouveau par le legs de son anneau pastoral (1).

Malgré la grande vigilance de Riberolles et la fermeté de son administration, le jansénisme se gardait de désemparer et préparait même dans l'ombre quelque revanche. Dès le commencement de son troisième généralat, en 1727, l'abbé de Riberolles dut user de rigueur contre les plus avancés du parti, soit par des destitutions, soit par des déplacements. Le mal gagnait les étudiants eux-mêmes : cinq élèves en théologie furent renvoyés de Sainte-Geneviève. On était en droit de n'être pas sans inquiétude sur la tenue du chapitre général de 1730. Par sa parole à l'abbaye, par ses missives aux chapitres provinciaux, le général-abbé recommandait instamment de n'élire que des constitutionnaires. Il marquait aux visiteurs qu'il avait compté, en même temps, sur leur légitime influence. Il disait, dans une de ces lettres : « Il est de la dernière conséquence, pour le bien de « la congrégation et pour la tranquillité du chapitre général, « qu'aucun des députés ne soit appelant depuis la déclara- « tion de 1720 (2), ni réappelant, ni adhérent à M. de « Senez, ni enfin qui ait eu des affaires pour la constitu- « tion (3). »

Les élections furent généralement bonnes. Toutefois, les Jansénistes formaient une minorité imposante. Telle fut peut-être la raison pour laquelle, s'il faut s'en rapporter aux *Nouvelles ecclésiastiques*, on estima prudent de passer sous

(1) *Gal. christ.*, tom. VII. col. 814.

(2) Il s'agit évidemment d'une déclaration d'adhésion à la bulle *Unigenitus*.

(3) *Nouvelles ecclésiastiques*, an. 1730, 18 octobre, art. *Paris*.

silence, au chapitre, le formulaire et la bulle (1). La question pratique, aussi bien que la théorique, était, d'ailleurs, depuis longtemps résolue; et quelques-uns des actes du chapitre montraient bien qu'il n'avait pas lui-même d'autre manière de juger.

Gabriel de Riberolles qui fut élu au généralat pour la quatrième fois, eut besoin, malgré son grand âge, de demeurer muni de toute son énergique fermeté. Vaincu au chapitre, le parti ne désarmait pas. Ici, les maîtres d'un collège faisaient en masse leur démission. Là, des curés entendaient profiter de leur situation pour lutter avec plus d'avantage. Dans l'abbaye même de Sainte-Geneviève, la moitié des étudiants refusait de souscrire le formulaire. Ces jeunes théologiens furent exclus des ordres, les curés de Saint-Étienne du Mont et de Saint-Médard révoqués, et les maîtres du collège de Senlis frappés dans les principaux meneurs (2).

Sous les deux successeurs, Sutaine et Patot (3), le parti

(1) *Ibid.*, 1er oct., art. *Paris*. Est-il besoin de dire que, en puisant à cette source, nous avons soin de corriger ce qu'il y a de faux ou d'inexact dans les faits ?

(2) *Nouv. ecclésiast.*, an. 1730, 18 octobre, art. *Paris*, et même année, décembre, p. 15.

De grandes solennités à Sainte-Geneviève marquèrent la fin du quatrième et dernier triennat de G. de Riberolles : ce furent en 1732, les bénédictions des six nouvelles cloches. Les cérémonies eurent lieu les 16 et 17 septembre et le 27 novembre. Deux de ces cloches furent nommées par d'illustres personnages, le 16 par le duc d'Orléans et la reine seconde douairière d'Espagne, le 17 par le duc et la duchesse de Noailles. Mais ce fut le 27 novembre que la cérémonie prit vraiment le caractère d'une fête publique en l'honneur de la patronne de Paris. Le corps de ville de Paris s'était engagé à nommer les quatre autres cloches. La comtesse de Trêmes était la marraine désignée. Donc, le 27 au matin, le prévôt des marchands, les échevins et le procureur du roi se rendirent à l'abbaye en carrosse et « revêtus de robes de velours, usitées seulement dans les plus grandes solennités. » Les archers ouvraient la marche et formaient escorte. Venaient ensuite plusieurs autres voitures où avaient pris place les principaux officiers de la cité. La réception des magistrats fut pompeuse, la cérémonie imposante et l'assistance considérable. (*Mercure*, an. 1732, p.p. 2282-85 et 2912-20)

(3) Pierre Sutaine (1733-1739) ; François Patot (1739-1745).

gagna du terrain en certaines maisons de la congrégation; et le chapitre général de 1745 s'annonçait comme devant être très orageux (1).

Les circonstances parurent assez graves à la cour pour appeler l'intervention royale. Une lettre de Louis XV à l'abbé de Sainte-Geneviève partait d'Alost le 8 août : « Notre intention, disait le monarque, est qu'il ne soit « député à ce chapitre que des sujets de saine doctrine, « disposés à signer purement et simplement le formulaire « d'Alexandre VII et à déclarer leur soumission aux bulles « apostoliques et notamment à la constitution *Unigeni-* « *tus* (2). » Ordre était donné de faire parvenir copie de la missive aux visiteurs qui devaient présider les chapitres provinciaux.

Cet abbé était toujours François Patot qui, par la douceur de son caractère, rappelait saint François de Sales (3). Il touchait au terme de son second généralat. Il joignit à l'expression de la volonté royale l'expression de ses conseils, de ses désirs, de ses exhortations : « Nous nous promettons « tout, disait-il en terminant sa lettre, de votre attachement « sincère pour une congrégation qui vous a élevés et for- « més, et de la persuasion où nous savons que vous êtes « que vous ne devez travailler qu'à la préserver de tout ce « qui pourrait lui porter quelque coup fatal (4). »

Les chapitres provinciaux se réunirent. Les élections se firent avec calme pour la province de Bretagne. Deux protestations essayèrent de se faire jour à l'assemblée capitulaire de la Champagne. Les deux autres provinces furent bien plus agitées. C'était dû surtout aux deux visiteurs, Scoffier et Cottin, deux ardents du parti ; le premier, au chapitre de la province de France, le second, à celui de la

(1) *Table raisonnée et alphabétique des Nouv. ecclésiast.*, art. *chan. rég. de Sainte-Geneviève*, avec renvois pour les années 1731-1744.

(2) *Nouvel ecclésiast.*, an. 1746, p. 5.

(3) *Gall., christ.*, tom. VII, col. 815.

(4) *Nouv. ecclésiast.*, ibid.

province de Bourgogne, déclarèrent que, dans la situation, la liberté requise faisant défaut aux capitulants, il ne pouvait y avoir de séances. On passa outre, tout en leur donnant acte de leurs protestations.

Quelques jours avant l'ouverture du chapitre général, un écrit circulait ayant pour titre : *Réflexions à présenter au chapitre...*, et pour objet l'exposé des puissantes raisons qui devaient détourner les capitulants de toute acceptation, absolue ou conditionnelle, de la bulle. Ces raisons étaient rangées sous ces quatre chefs : 1° la mauvaise grâce avec laquelle les évêques eux-mêmes s'étaient résignés, en 1714, à accepter l'acte pontifical : ne fallut-il pas de nombreux commentaires ? — 2° le mal que la bulle avait déjà produit au sein de la congrégation : quelle division elle y a semée ! — 3° le déshonneur qui rejaillirait sur les chanoines réguliers, puisqu'ils renonceraient, malgré leurs serments, à la doctrine de leur père, saint Augustin ; — 4° les graves dommages qui résulteraient pour la noble famille religieuse, car l'on arriverait fatalement à exclure des charges les sujets les plus capables de les remplir. Ah ! disait l'écrivain anonyme au sujet de la prétendue doctrine augustinienne, « les enfants du siècle, nos adversaires — il entendait les « jésuites, — sont bien plus avisés dans leur conduite, toute « opposée qu'elle est à la lumière. Que ne font-ils point « depuis plus d'un siècle pour accréditer la doctrine « d'un homme nouveau (c'est-à-dire Molina) précisément « parce qu'il est leur frère ! Quelle souplesse pour la faire « tolérer d'abord, malgré l'indignation du premier coup « d'œil ! Quelle assiduité auprès des grands pour la leur « insinuer ! Quelles calomnies et quelles noirceurs pour « rendre odieux leurs adversaires et, par contre-coup, leur « doctrine ! Se sont-ils rebutés pour les obstacles qu'ils ont « rencontrés ? Se sont-ils soumis aux différentes censures « qu'ils ont essuyées... Profitons de ces exemples et ne « laissons pas à la iuste cause le désagrément et le dés-

« honneur d'être soutenue plus lâchement que sa rivale « ou même de lui être sacrifiée (1). » L'auteur de ces *Réflexions* était Scoffier, le visiteur qu'à l'instant nous voyions à l'œuvre (2).

Le roi se fit représenter au chapitre par le sieur de Marville, maître de requêtes et lieutenant général de police. Louis XV lui avait ainsi tracé la mission à remplir : « Mon « intention est que vous y assistiez (au chapitre) en qualité « de commissaire et que vous déclariez que tous ceux qui « n'ont point signé purement et simplement le formulaire « d'Alexandre VII, et déclaré leur soumission aux bulles « apostoliques et notamment à la constitution *Unigenitus*, « soient privés de voix active et passive et ne puissent être « élevés à aucunes charges ni dignités de la congrégation, « et qu'au surplus ceux qui composeront ledit chapitre « général, aient à se conformer, sans aucune difficulté, à « ce que vous leur ordonnerez de ma part (3). »

La lettre royale fut lue à la première séance. Tous les capitulants affirmèrent leur disposition à signer le formulaire et protestèrent de leur soumission aux décisions du Saint-Siège.

Mais où étaient Scoffier et Cottin qui, en leur qualité de visiteurs, étaient de droit membres du chapitre général (4).

(1) *Nouvel. ecclés.*, an. 1745, p. 181-182.

(2) *Suite du Nécrologe des plus célèbres défenseurs et amis de la vérité*, au XVIIIe siècle, tom. VI, p. 418.

(3) B. S. G., ms. fr. H. 44, in-fol. : *Actes des chapitres généraux* (1703-1751), chap. de 1745 ; la lettre royale est datée de l'*Isle*, le 5 septembre 1745. A la même date et de la même ville, Louis XV avait écrit au général : « Cher et bien amé, ayant jugé qu'il étoit nécessaire de faire assister un « commissaire de notre part au chapitre général de votre congrégation..., « je vous fais cette lettre pour vous dire que j'ay fait choix du sieur Feydeau de Marville,... et que mon intention est que vous vous concertiez « avec luy, pour que le chapitre ne soit ouvert ni tenu qu'en sa présence, « que les élections qui s'y feront ne tombent que sur de bons sujets, « non suspects en matière de doctrine et capables de bien conduire et « d'édifier la congrégation... » (*Ibid.*)

(4) On lit dans les *Constitutiones*, édit. de 1772, in-8°, p. 223 : « Capi-

Avant l'ouverture de la séance, ils s'étaient présentés dans la salle. Scoffier avait tenu la plume ; Cottin devait porter la parole. Chacun son tour : rien de plus juste. Donc Cottin fit rouler son petit discours et sur l'absence de liberté dans les élections capitulaires et sur la compression qui se faisait déjà sentir dans l'assemblée générale. Non seulement il protestait, en son nom personnel et au nom de son ami Scoffier, contre tout ce qui se ferait au chapitre, mais il avait même en poche plus de cent protestations, rédigées dans le même sens, que lui avaient remises de vénérables confrères et qu'il se proposait de faire connaître ou, au moins, de déposer avec la sienne et celle de son ami sur le bureau de l'assemblée. On ne voulut ni prendre connaissance de ces actes d'opposition ni en permettre le dépôt. Les deux fidèles se retirèrent.

Lazare Chambroy fut élu au troisième tour de scrutin. C'était un excellent choix. Attaché à la saine doctrine, il venait, en qualité de visiteur, de montrer, dans l'assemblée capitulaire de la Champagne, qu'à une grande fermeté de caractère il joignait l'art difficile de mener à bien les hommes et les choses. Mais Scoffier et Cottin n'avaient pas dit leur dernier mot. Le même jour, ils faisaient signifier par huissier leur fameuse protestation.

Le chapitre renouvela les décrets interdisant la lecture de Jansénius, Baius et autres auteurs condamnés, portant défense à tout membre de la congrégation de rien dire ou enseigner qui soit contraire aux bulles pontificales, prescrivant aux visiteurs de se rendre bien compte de l'état de leurs provinces respectives et de le faire connaître à qui de droit dans un rapport exact. A la voix sévère du législateur il voulut joindre un pressant appel à la concorde. « Le

« tulum autem generale constabit tum ex prædictis, præposito generali, « assistentibus et visitatoribus, tum ex deputatis... » Nous ne connaissons pas l'époque précise de cette addition à la cinquième partie des *Constitutiones*.

« présent chapitre général, disait-il, animé du même esprit « qui conduisait nos pères dans les chapitres généraux des « années 1659 et 1662, plein du même respect envers le « Saint-Siège, qui forma la délibération capitulaire de la « communauté de Sainte-Geneviève du 4 juin 1661 (1), « exhorte de tout son pouvoir les enfants de la congréga- « tion, leur recommande et les conjure par les entrailles de « Jésus-Christ, de se réunir tous ensemble et de se sou- « mettre de la manière la plus sincère et la plus unanime « à toutes les bulles émanées du Saint-Siège apostolique, « reçues en France, rendues dans la cause de Jansénius et « de Baius, et notamment à la bulle de N. S. P. le pape « Clément XI, qui commence par ces mots : *Unigenitus* « *Dei filius*, confirmée et autorisée par les souverains pon- « tifes, ses successeurs, et qui, selon le pape même qui en « est l'auteur, tend à proscrire de nouveau les erreurs « déjà condamnées dans les bulles contre Jansénius et « Baius (2). »

La tâche était rude pour le nouveau général. Il n'y faillit pas. A ceux qui ne comprenaient pas le langage du devoir, il faisait entendre le langage de l'autorité. Il se voyait, il est vrai, très bien secondé par les assistants qu'on lui avait choisis. Les opposants durent s'incliner devant les mesures énergiques prises par le général aussi bien que devant les décisions souveraines du chapitre (3).

Mais l'assemblée capitulaire de 1748 ne fournirait-elle pas l'occasion d'une nouvelle prise d'armes?

Les armes furent reprises, en effet. Mais, avec des assail-

(1) Nous n'avons pas trouvé le texte de cette délibération.

(2) Même ms. H. 44.

(3) Sources générales pour le chapitre de 1745 : même ms. H. 44, *Actes des chapitres généraux; Nouvel. ecclés.*, an. 1745, p. 200, an. 1746, p. 6-12 et p.p. 81, 199 et 200; *Supplément des Nouvel. eccles.*, p. 9.

Quelques années auparavant, les jansénistes avaient réussi à faire supprimer les cours de théologie à Sainte-Geneviève : ils voulaient, pour parler leur langage, soustraire cet enseignement à l'influence des *promoteurs de la bulle*. L'abbé Chambroy les y rétablit.

lants moins nombreux, à quoi pouvait-on s'attendre, sinon à une déroute plus complète. Battus aux chapitres provinciaux, les opposants au chapitre général ne se trouvaient plus qu'au nombre de soixante-quatorze ; et Sainte-Geneviève n'en fournissait aucun. Mais les braves se comptent-ils, surtout lorsqu'ils sont conduits par des chefs de la valeur d'un Scoffier et d'un Cottin, qui s'étaient empressés de recommencer la campagne et d'en diriger les opérations. Cette fois, néanmoins, aucun champion ne se présenta. L'huissier seul parut, au nom de tous et armé de son exploit. Ce fut le matin même de l'ouverture du chapitre.

Au premier tour de scrutin, par vingt-sept voix sur vingt-huit, on continua le général-abbé dans ses fonctions. « Qu'un tel homme — écrivait l'auteur janséniste des « *Nouvelles ecclésiastiques* — ait été choisi pour chef de sa « congrégation d'une voix unanime, c'est-à-dire d'une « manière en apparence plus honorable que n'ont peut-être « jamais été choisis les meilleurs et les plus célèbres géné- « raux ; c'est une espèce de phénomène que les désordres « seuls de la constitution peuvent rendre croyable ; c'est « un de ces faits qui sont vrais sans être vraisembla- « bles (1). »

Le même écrivain n'eut pas plus de respect pour la mémoire de l'abbé Chambroy. Ce dernier mourut en septembre 1750. Le gazetier n'eut rien de plus pressé que de s'inscrire en faux contre les termes mêmes de l'épitaphe qu'on plaça sur la tombe du défunt. Comment, s'écriait-il, oser qualifier ce soi-disant général *d'astre brillant dans ces jours nébuleux*, lui faire honneur d'une *foi au-dessus des craintes humaines*, d'une *conscience timorée qui le guidait dans toutes ses actions !* Ne faudrait-il pas plutôt lui appliquer les qualifications contraires ? La *foi au-dessus des craintes humaines !* Hélas ! ce n'était pas seulement une

(1) Même ms. H. 44 ; *Nouv. ecclésiast.*, an. 1748, p. 188.

foi faible, c'était encore une *foi douteuse!* Ne refusa-t-il pas, lorsqu'il était prieur à Blois, de se rendre à l'évidence de ce miracle opéré en faveur de l'appel? Une pieuse veuve avait perdu ses dents durant une maladie, et d'autres lui étaient repoussées à la suite d'une neuvaine faite au saint diacre (1).

Le P. Duchesne, en qualité de premier assistant, prit les rênes de l'administration. Dans sa circulaire au sujet du fatal événement et du changement qui en était la conséquence, il faisait le plus bel éloge de son prédécesseur et exhortait ardemment à la soumission aux décrets du Saint-Siège. « Voilà, mes révérends pères et mes très chers « frères, disait-il, notre règle à laquelle nous devons nous « soumettre de cœur et d'esprit; règle qui doit établir et « qui, par la grâce du Seigneur, a tant contribué à établir « parmi nous l'unanimité de doctrine et de sentiments, « soit pour les vérités de la foi, soit pour la morale; règle « sans laquelle il n'est pas possible de trouver dans quel- « que société que ce soit la paix et la tranquillité, laquelle « ne se trouve que dans la simplicité de la foi et la vérita- « ble soumission à l'Église (2). »

Selon les constitutions, le chapitre général ne se réunit qu'en septembre de l'année suivante.

Les adhérents à la doctrine condamnée avaient dû remuer beaucoup au sein de la congrégation. Il faut savoir qu'à leurs yeux tout ce qui s'était fait depuis le chapitre de 1745 se trouvait frappé de nullité. *Le brigandage de 1745,* voilà le nom que, s'inspirant d'une page de l'histoire ecclésiastique, ils se plaisaient à donner à ce chapitre. La mort de Chambroy leur avait rendu quelque espérance.

En cet état, il y avait eu de nouveau intervention royale. Une lettre du ministre comte d'Argenson renouvelait, de la part du roi, les défenses précédentes relativement aux

(1) *Nouv. ecclésiast.*, an. 1751, p.p. 41, 101.
(2) *Ibid*, an 1751, p. 42.

choix des députés. Mais nous ne croyons pas qu'il y eût de commissaire au chapitre général. L'huissier, lui, ne manqua pas de se présenter avant l'ouverture. Il était porteur d'un nouvel exploit : soixante-cinq chanoines — le nombre allait toujours en décroissant — avaient tenu, suivant l'exemple du passé, à signifier par acte ministériel leur opposition au présent chapitre. Effort inutile ? Peines et argent perdus ! L'assemblée commença et continua tranquillement son œuvre. Toutes les voix se portèrent sur le général *par intérim* qui devint ainsi capitulairement titulaire (1).

Les chanoines jansénistes allaient-ils enfin se tenir pour battus et bien battus ? Oui, si l'on en juge par le silence qu'ils gardèrent au chapitre de 1754 (2). Peut-être attendaient-ils des jours meilleurs qui ne devaient pas plus se lever au sein de la congrégation que dans les autres parties du royaume.

Depuis longtemps déjà, le jansénisme était entré dans sa période de décadence. La mort, cette même année 1754, du dernier évêque, M. de Caylus, qu'il comptât, en France, comme protecteur ouvertement déclaré, lui porta un coup terrible. Sans chef, il ne saurait y avoir de parti. Les jansénistes demeurèrent plus ou moins isolés, plus ou moins secrètement patronnés. Ils traversèrent ainsi la fin du XVIIIe siècle, agissant par des voies détournées, manœuvrant dans l'ombre, portant superbement le mépris public que ne cessaient d'exciter leurs ridicules excentricités. La révolution devait leur fournir le moyen de prendre une sorte de revanche, bien digne de leur haine de sectaires contre le Saint-Siège et l'Église : on sait que la fameuse *Constitution civile du clergé* fut une œuvre janséniste.

(1) Même ms. H. 44 ; *Nouv. ecclés.*, an. 1752, p.p. 21, 25.
(2) *Nouv. ecclés.*, an. 1755, p. 27-28.

IV

LA CRISE FINANCIÈRE

Certes, dans la seconde moitié du XVIIIe siècle surtout, plusieurs ordres ou maisons religieuses laissaient beaucoup à désirer. N'avait-on pas vu, en 1765, vingt-huit Bénédictins de la grande abbaye de Saint-Germain des Prés, à Paris, adresser au roi une requête contre leur propre règle qu'ils qualifiaient si étrangement (1)? Les assemblées du clergé de France n'étaient pas sans se préoccuper d'un pareil relâchement. Mais le mal se guérit-il aussi promptement qu'on le voudrait? D'autre part, les ennemis de la religion ne manquaient pas de formuler leurs griefs. Pour eux, il ne s'agissait pas de corriger, mais de frapper. Ils avaient déjà réussi à l'endroit des jésuites.

Dans ces circonstances, le gouvernement de Louis XV voulut prendre en main l'œuvre de la réformation. De là, la fameuse commission qui fut constituée par arrêt du conseil d'État le 31 juillet 1766. On en voulait espérer beaucoup de bien. Mais, avec l'archevêque de Toulouse, Loménie de Brienne, qui en était devenu l'âme, comment les faits pouvaient-ils répondre à l'attente (2)? L'édit de mars 1768, en

(1) Picot, *Mémoires pour servir à l'Hist. ecclés. pend. le XVIIIe s.*, Paris, 1815-1816, tom. II, p. 502.

(2) Cette commission était ainsi constituée :

Antoine de La Roche-Aimon, archevêque de Reims ;
D'Aguesseau, conseiller d'État ;
Gilbert de Voisins, conseiller d'État ;
D'Ormesson, id.;
Joly de Fleury, id.;
Bourgeois de Boisnes, id.;
Chapelle de Saint-Jean de Jumilhac, archevêque d'Arles ;
Phélipeaux d'Herbault, id. de Bourges ;
Richard de Dillon, id. de Narbonne ;
Étienne-Charles de Loménie de Brienne, id. de Toulouse.

ouvrant la voie dans laquelle on voulait entrer, marque bien le but qu'on se proposait d'atteindre. De par l'autorité du roi, l'âge requis pour entrer en religion était de vingt-un ans pour les hommes et de dix-huit pour les femmes. De par l'autorité du roi, le nombre des religieux par monastère se trouvait fixé à un minimum de huit ou de quinze, non compris le supérieur, selon que le monastère appartenait ou n'appartenait pas à une congrégation. De par l'autorité du roi, aucun ordre monastique ou régulier n'aurait plus de deux maisons à Paris, plus d'une ailleurs, à moins que les autres monastères de l'ordre ne comptassent le nombre suffisant de religieux. De par le roi, commandement était adressé aux premiers chapitres généraux de prendre les mesures nécessaires pour obtempérer au présent édit. Outre l'ingérence à peu près exclusive du pouvoir civil dans le domaine spirituel, le résultat fatal n'était-il pas la destruction plutôt que le relèvement? Mais nous n'avons d'autres pages à écrire que celles qui concernent la Congrégation de France.

Le 2 juillet 1769, le conseil d'État, pour « procurer l'entière exécution » de cet édit, arrêta que les chapitres provinciaux nommeraient cinq députés de plus au prochain chapitre général, lesquels seraient pris parmi les religieux non supérieurs. A ce chapitre général, on dresserait un état exact des personnes, monastères, bénéfices et biens. On aviserait aussi aux moyens de liquider les dettes tant du régime que des maisons particulières. Communication de l'état et des décisions serait faite aux commissaires.

La congrégation, qui était atteinte comme les autres ordres, tombait surtout par sa situation financière sous le coup de l'édit. Les dettes s'accusaient considérables, et ne pouvaient que s'accroître encore. En effet, les charges de la procure générale s'élevaient à cent trente-

Il y aurait eu, ensuite, quelques changements dans cette commission.

cinq mille neuf cent dix-huit livres, tandis que ses recettes, en même monnaie, ne dépassaient pas quarante-trois mille neuf cent dix-huit (1). Il y avait donc un déficit annuel de quatre-vingt-douze mille livres. Les monastères étaient aussi, en leur particulier, plus ou moins lourdement obérés.

Le chapitre général, avec son augmentation exceptionnelle de députés, se réunit en septembre de cette même année 1769.

Combler le déficit annuel était la première chose à faire. Il fut décidé que ce déficit serait réparti, à dater du 1er avril 1770, sur les monastères de la congrégation proportionnellement aux revenus de chacun. Mais comment faire jusque-là ? Où trouver les soixante-seize mille quatre cent cinquante-neuf livres qui manquaient ? Il y en avait quarante-neuf mille cinq cent quatre-vingt-douze d'arrérages : on les ferait rentrer sans retard ; et pour le reste, soit vingt-six mille huit cent soixante-sept livres, chaque maison fournirait sa quote-part toujours calculée d'après ses revenus. Pour assurer la bonne gérance, le pro-

(1) Voici, tel qu'il est porté par l'arrêt du conseil d'État en date du 3 novembre 1669, le relevé des charges de la procure générale :

1° Intérêts des rentes constituées	32.875 liv.
2° Pensions viagères	75.236
3° Pension du prieur de Belleville	8.000
4° Abonnement des visiteurs	1.600
5° Honoraires des avocats	720
6° Port de lettres	1.400
7° Carrosses, tabac et voyages	1.200
8° Gages des domestiques et habillements	600
9° Frais d'impression	150
10° Frais de poursuite d'affaires extraordinaires	2.017
11° Frais de notaires et banquiers	600
12° Faux-frais et dépenses imprévues	6.520
13° Etrennes	800
14° Frais de voitures et de chevaux de la procure générale	1.200
15° Frais de profession, année commune	3.000
	135.918 liv.

Quant à la caisse, elle devait principalement s'alimenter par les versements, obligatoirement fixés, des différentes maisons de la congrégation.

cureur général ferait connaître l'état financier mensuellement au régime, annuellement à la diète (1), tous les trois ans au chapitre général.

Restait le passif. On résolut d'établir une caisse d'amortissement à Sainte-Geneviève, pour opérer le remboursement des capitaux dus tant par la procure générale que par les maisons particulières. Cette caisse d'amortissement aurait pour principale ressource la contribution imposée sur les bénéfices, soit dépendants de la congrégation, soit simplement desservis par elle, et évaluée au quart des décimes qu'ils payaient ou de l'impôt qu'ils supportaient, selon la coutume des pays où ils se trouvaient situés. Viendraient aussi en ligne de compte les intérêts à la charge des maisons particulières, car, après remboursement du capital, ils continueraient à être versés au profit de cette caisse, et cela jusqu'à complète liquidation. Les remboursements se feraient le plus diligemment possible, mais en suivant l'ordre déterminé par le régime qui, de son côté, devait placer en première ligne les capitaux dont les intérêts étaient plus onéreux.

Il était nécessaire de statuer aussi sur les emprunts que, à l'avenir, les circonstances pourraient imposer. Dans la situation, il fallait être très difficile au sujet de la création de nouvelles dettes. En conséquence, aucun emprunt ne pourrait être contracté par les monastères qu'après avoir été voté par le chapitre qui comprendrait alors, au moins, les deux tiers des membres. Avec cela, on exigeait : 1° l'avis conforme et motivé du visiteur; 2° la permission du général et des assistants. Toutefois, provisoirement et en cas de besoin urgent, le procureur général se trouvait autorisé, avec l'approbation du général et des assistants, à emprunter jusqu'à concurrence de la somme de trente mille livres.

(1) La diète était une réunion annuelle composée des supérieurs majeurs, c'est-à-dire du général, des trois assistants et des quatre visiteurs.

Le 3 novembre suivant, un arrêt du conseil d'État intervint pour donner force de loi aux délibérations capitulaires.

Les mesures adoptées étaient sages. Et pourtant, le chapitre général de septembre 1778, constatait que la masse des dettes était peu diminuée (1). C'était la négligence qu'il fallait accuser, négligence de la part des débiteurs pour payer, et un peu de la part des collecteurs pour réclamer.

Le revenu de la procure générale s'était accru (2), et, par suite de l'extinction des rentes viagères, les charges avaient diminué. Celles-ci ne se chiffraient plus que par cent quinze mille trois cent quatre-vingt-quatre livres (3), en sorte

(1) Nous n'avons pas les procès-verbaux des chapitres généraux de 1772, 1775. Mais nous avons, B. S. G., ms. fr. H. 46, in-fol., ceux des diètes de 1770, 1771, 1773, 1774, 1776. A la diète de 1770, assistèrent, en qualité de commissaires du roi, Chapelle de Saint-Jean de Jumilhac, archevêque d'Arles, et Champion de Cicé, nommé à l'évêché de Rodez. Les sessions duraient près d'un mois. On y procédait à l'examen des comptes et on prenait des décisions en conséquence.

(2) L'excédent des revenus se décomposait de cette façon :

Revenu des sacristies	7.000 liv.		
Rente sur le roi, la ville et les particuliers	12.508 l.	6 s.	2 d.
Pensions viagères affectées à la procure générale	683	16	8
Profits sur les pensions du juvénat	12.000		

(3) Donnons encore, d'après le nouvel arrêt du conseil d'État, en date du 27 avril 1779, le nouveau relevé des charges de la procure générale :

1° Intérêts des rentes constituées	37.502 l.	2 s.	4 d.
2° Pensions viagères	46.122	3	10
3° Pension du prieur de Belleville	8.000		
4° Abonnement des visiteurs	1.900		
5° Honoraires des avocats	960		
6° Ports de lettres	1.800		
7° Voyages et menus besoins	900		
8° Gages des domestiques et habillements	800		
9° Frais d'impression	200		
10° Frais de poursuite d'affaires extraordinaires	2.000		
11° Frais de notaires et banquiers	600		
12° Dépenses imprévues et faux frais	6.600		
13° Etrennes	800		
14° Frais de voitures et de chevaux de la procure générale	1.200		
15° Frais de profession	6.000		
	115.384 l.	6 s.	2 d.

que, la balance établie, s'annonçait un boni de huit mille huit cent vingt-huit livres.

Naturellement ce boni devait passer à la caisse d'amortissement. Mais le point capital était de faire rentrer les arrérages. Le procureur fut chargé de prendre, avec l'agrément du général, telles mesures qu'à ce sujet il jugerait opportunes.

Le conseil d'État ratifia les nouvelles décisions capitulaires, comme il avait ratifié les anciennes. L'arrêt est du 27 avril 1779.

Il paraît bien que la Congrégation de France fut assez heureuse pour atteindre enfin le but désiré, une complète liquidation. Nous ne voyons plus, en effet, la situation financière s'accuser embarrée ni appeler l'intervention du conseil d'État. Mais le malaise, qui n'allait plus cependant jusqu'à présenter les caractères d'une crise, s'était prolongé nombre d'années, malgré les ressources dont on disposait. En toutes choses, il ne suffit pas de vouloir : il faut agir. Il en est des décisions particulières comme des lois : elles deviennent lettres mortes, si elles ne sont scrupuleusement et même énergiquement appliquées (1).

(1) Nous avons rédigé d'après les arrêts du conseil d'État.

CHAPITRE SIXIÈME

L'ADMINISTRATION

I. DES ÉTUDES — II. DU PASTORAT — III. LES ABBÉS GÉNÉRAUX

I

DES ÉTUDES

L'organisation des études au sein de la Congrégation de France mérite d'être connue. Nous en avons déjà dit quelque chose. Mais l'œuvre s'est notablement complétée et en certains points modifiée. Quelques pages vont présenter l'ensemble de l'organisation. Quant aux compléments et aux modifications, le lecteur s'en rendra parfaitement compte en se reportant aux lignes que nous avons précédemment écrites (1).

La durée des études pour les jeunes chanoines était de sept ans : deux pour la littérature (2), deux pour la philosophie, trois pour la théologie (3). Ces études commençaient après le noviciat. En certains cas, ce laps de temps pouvait être abrégé ou prolongé. Le général demeurait juge de la

(1) Voir p.p. 7, 41-43 de ce volume.

(2) Ce cours de littérature était destiné à compléter les humanités.

(3) Les centres de ces études se multiplièrent suivant l'extension de l'ordre. Aux maisons nommées à la page 108 de ce volume quelques autres viendront s'ajouter dans le récit.

chose. Pour prononcer, il devait avoir égard non à l'âge, mais bien à la science et aux progrès de l'étudiant (1).

Le cours de littérature portait le nom de juvénat (*juvenatus*). Naturellement la rhétorique y tenait la première place. Mais « l'éloquence ne s'acquiert pas seulement par « les leçons : il faut encore l'exercice. Et d'ailleurs, à quoi « sert de composer un discours selon toutes les règles de « la rhétorique, si l'on ne peut parler devant un grand « nombre d'auditeurs ? Il est donc nécessaire que les « jeunes étudiants prononcent souvent des discours, soit « en latin, soit en français, devant les autres chanoines et « même parfois devant des hommes habiles et bienveil« lants. Ce sera le meilleur moyen de vaincre la timidité « naturelle, d'acquérir cette assurance que doit cependant « tempérer la modestie chrétienne, et de former sa voix et « son geste suivant les vraies lois de l'action oratoire. » Des cours accessoires venaient s'ajouter qui avaient pour objet l'histoire, tant civile qu'ecclésiastique, la géographie, la chronologie. Quant aux mathématiques, il était recommandé aux supérieurs et professeurs de faire attention à ce que pouvaient ou ne pouvaient pas « porter les épaules des élèves ». La règle disait encore avec raison : « Parce « qu'on est chrétien avant d'être clerc et religieux, et que « la vie religieuse n'est autre chose qu'une plus parfaite « observance des préceptes évangéliques..., les supérieurs « donneront tous leurs soins à faire procurer à nos jeunes « gens une exacte et pleine connaissance des dogmes et « des préceptes de la très sainte religion. » De là, pour les jeunes gens, obligation de lire l'Écriture sainte et d'en apprendre littéralement certaines parties, c'est-à-dire les psaumes et le Nouveau Testament ; de là, ordre de leur

(1) *Constitutiones*, Paris, 1772, pars III^a^, cap. I, n° 3-5. *Ces Constitutions* ne parlent pas des séminaires ou collèges dans lesquels se donnait l'enseignement secondaire. Mais nous savons que la congrégation possédait, notamment, deux de ces maisons à Nanterre et à Senlis.

expliquer le catéchisme du concile de Trente, ce fidèle et élégant exposé de la doctrine catholique (1).

La philosophie se divisait ainsi : logique, métaphysique, éthique ou morale. Pour la logique, « science direc-« trice de nos jugements », on recommandait aux professeurs le *livre d'or* qu'on appelait *Logique de Port-Royal.* Dans l'enseignement de la métaphysique, il fallait faire concorder cette théologie naturelle avec la surnaturelle : « L'on doit tenir pour certain que rien de vrai ne saurait « être contraire à la divine révélation; par conséquent, en « ce qui concerne Dieu et ses attributs, la nature, l'immor-« talité et la liberté de l'âme, comme les êtres irraison-« nables, que les philosophes n'enseignent rien que doi-« vent désavouer les théologiens. » La morale se tirait des principes naturels; toutefois il était bon de s'éclairer de la lumière évangélique, et on devait d'autant moins craindre d'empiéter sur la théologie, que les trois années consacrées à l'enseignement de cette science y suffisaient à peine. Le cours terminé, le temps disponible était destiné à l'étude de la physique, mais avec réserve d'une partie pour l'étude des mathématiques dans le cas où celles-ci eussent été séparées du juvénat. Au sujet de ces sciences positives, il s'agissait moins d'acquérir une connaissance approfondie que d'orner son esprit de notions respectables (2).

C'est surtout de la théologie qu'il est écrit dans le prophète Osée : *Parce que tu as rejeté la science, je te rejetterai, en sorte que tu n'auras aucune part de mon sacerdoce* (3). La théolog demande donc une étude qui « réponde et à sa dignité et à sa nécessité ». La déclaration de 1682 entrait dans le traité de l'Église. Il était prescrit d'en défendre les quatre articles suivant les principes émis par l'illustre Bos-

(1) *Ibid.*, cap. IV.
(2) *Ibid.*, cap. V.
(3) Os., IV, 6.

suet. Relativement à la grâce, on recommandait de s'attacher à la doctrine de saint Augustin, « notre père et législateur », ajoutait-on : doctrine qui avait mérité les suffrages de tant de pontifes et de conciles (1).

Il y avait par jour deux classes de philosophie et de théologie. Le professeur dictait d'abord une leçon qu'il tirait de traités par lui composés (2). La moitié de la classe était consacrée à cela. L'autre moitié était destinée, le matin à la récitation par les élèves et à l'explication par le professeur des leçons précédentes, et le soir à cet exercice qu'on appelait dispute dans l'école, et où un élève, désigné *ad hoc*, était chargé de répondre aux objections formulées et appuyées par ses condisciples.

Outre cette dispute, il y avait les thèses hebdomadaires et annuelles.

Les premières se soutenaient le samedi. Deux jours auparavant, le sujet était affiché. Tout le chapitre devait assister à la soutenance. On y invitait aussi les autres génovéfains qui habitaient la même ville ou les environs. Des invitations pouvaient être également adressées à d'autres personnes. A une heure après midi, on se réunissait dans une salle. Le soutenant montait en chaire pour repousser les assauts que devaient successivement lui livrer les invités étrangers, les anciens professeurs, les chanoines-prêtres et enfin, si le temps le permettait, les condisciples eux-mêmes. La joûte durait environ deux heures. Chaque élève était, à son tour, appelé au rôle de soutenant.

« Pour stimuler davantage encore, lisons-nous dans la « règle, l'ardeur des étudiants, et faire connaître au dehors « la doctrine de nos écoles, nous avons établi que, chaque

(1) *Ibid.*, cap. VI.

(2) Au chapitre VIII, n° 7, on reconnaissait que ces dictées étaient une perte de temps. Mais les traités « qui omne punctum tulerint », faisaient défaut. Jusqu'au moment où l'on aurait de ces traités-là, la dictée était indispensable.

« année, aux mois de juillet ou d'août, des thèses de phi-« losophie et de théologie seraient publiquement et solen-« nellement soutenues par un des élèves. » Ces thèses ne pouvaient être imprimées qu'avec l'autorisation du général. On tenait à ce que des évêques, des magistrats et autres personnages vinssent rehausser de leur présence ces actes scolaires (1).

Un seul professeur était chargé du juvénat. Le cours de philosophie n'en demandait pas davantage. Il y avait deux maîtres pour la théologie, lorsque le nombre des élèves s'élevait au-dessus de dix. On ne pouvait occuper une chaire de théologie avant d'avoir occupé avec succès une chaire de philosophie. Il était désirable que les élèves eussent le même professeur pour les deux sciences. Aussi rappelait-on aux maîtres que recommencer un cours de philosophie après en avoir terminé un de théologie ne devait avoir rien de désagréable.

Le professorat était en grand honneur dans la congrégation. Il associait au supériorat de la maison et ouvrait la voie aux dignités de l'ordre (2).

Les ordres mineurs se conféraient après la philosophie, le sous-diaconat après la première année de théologie. La loi des interstices canoniques plaçait naturellement le diaconat et la prêtrise à la fin des deux autres années du cours (3).

Certes, aux yeux de la règle, les études étaient loin de prendre fin avec les sept années scolaires. Les *Constitutions* renfermaient un chapitre intitulé : *Des études des prêtres* (*De studiis presbyterorum*) et dont les premières lignes étaient celles-ci : « Plus on aura fait avec succès son « cours de théologie, plus on comprendra et le peu de « connaissances que l'on a acquises dans les écoles, et le « grand nombre de celles qui restent à acquérir au prêtre

(1) *Ibid.*, cap. VII.
(2) *Ibid*, cap. VIII.
(3) *Ibid.*, cap. IX.

« désireux d'être utile à l'Église. Que les prêtres donc « estiment leurs premières études dans la science sacrée « comme de simples notions rudimentaires : la porte du « temple est ouverte, mais il faut pénétrer dans le lieu « saint. » L'Écriture sainte (1), les Pères, l'histoire ecclésiastique, le droit canon, tels étaient les larges et principaux domaines qui s'offraient à une nouvelle culture intellectuelle. Des conférences sur ces sujets étaient ordonnées deux fois par mois, du 1er novembre à la fin d'août, dans tous les monastères de la congrégation. Faisaient partie de ces conférences les chanoines-prêtres et ceux qui avaient terminé leurs études scolaires. Les génovéfains, curés aux environs, y étaient appelés. S'il y avait deux maisons de l'ordre dans la localité, on pouvait ne former qu'une seule conférence qui alors se tenait alternativement dans chacune des deux maisons (2).

On ne renonçait pas aux grades académiques. Les *Constitutions* portaient : « La congrégation désire vivement que « plusieurs de ses membres fassent le solennel quinquen- « nium dans les célèbres universités du royaume et « parviennent aux honneurs du doctorat (3). » Toutefois, autant que possible, le quinquennium devait se faire dans les maisons agrégées à quelque université, en sorte que les chanoines ne fussent pas obligés de fréquenter les écoles du dehors, au détriment de la discipline religieuse. Les futurs gradués se prenaient parmi les élèves qui joignaient la piété à une grande intelligence (4).

Comme on le voit, les études étaient sagement orga-

(1) Les *Constitutions* ajoutaient : « Summopere etiam exoptat congre- « gatio, ut plures e nostris periti sint linguarum illarum quibus usi « sunt scriptores sacri. »

(2) *Ibid.*, cap. x.

(3) Le quinquennium se composait ordinairement de deux années d'étude en philosophie et de trois en théologie. C'était donc sur le quinquennium des universités que les cours avaient été organisés dans la Congrégation de France.

(4) *Ibid.*, cap. x.

nisées et fortement encouragées. Il n'est donc pas étonnant que la congrégation ait produit dans les lettres et les sciences un assez grand nombre d'hommes remarquables, nobles figures qui vont bien former notre galerie littéraire.

II

DU PASTORAT

Un aperçu sur le ministère pastoral dont la congrégation se trouvait chargée en tant d'endroits, ne nous paraît, non plus, dénué d'intérêt.

La congrégation regardait l'administration des paroisses sous l'autorité épiscopale comme une grande prérogative de l'ordre, comme un précieux legs qui lui venait des temps anciens (1). Assimilés aux curés séculiers quant à la juridiction, les chanoines chargés de ce ministère devaient s'appliquer à les surpasser en zèle pastoral qui s'accuse : « dans le soin attentif, empressé à nourrir les « peuples de la parole divine ; dans la charité qui conduit « chez les infirmes et leur distribue des secours ; dans la « paternelle sollicitude des pauvres et des affligés ; dans la « prévoyante attention à administrer les sacrements ; dans « la ferme constance à évangéliser les esprits sans culture « et sans lumière ; dans l'infatigable ardeur à former les « enfants à la vie chrétienne et à les instruire de la doc- « trine de la foi ; enfin dans la pieuse application à donner « au culte la majesté qui lui convient (2). »

Le quatrième vœu touchant les bénéfices (3) avait enfin

(1) *Constitutiones*, édit. de 1676, *De pastoribus*, cap. I, n° 2, et édit. 1772, pars IV ª, cap. I, n° 1.

(2) *Constit.*, édit. de 1772, pars IVª, cap. II.

(3) Voir p. 42 de ce volume, note 1.

pris place dans les *Constitutions* imprimées en 1676 (1). Mais il disparaissait dans l'édition de 1772. Comme dans le principe, l'on pensa sans doute que c'était assez du vœu général d'obéissance. Peut-être les idées ou les luttes jansénistes ne furent-elles pas complètement étrangères à cette suppression. Nous savons par les *Nouvelles ecclésiastiques* de quelle sorte d'inviolabilité les sectaires voulaient entourer le pastorat et avec quelle force ils s'élevaient contre la révocation des curés inféodés à la nouvelle hérésie (2). L'anecdote suivante n'est pas sans projeter un trait de lumière.

C'était dans le courant de l'été 1742. Le curé de Saint-Médard était allé rendre visite au curé de Saint-Germain-le-Vieux. « Monsieur, je suis bien fâché, dit le premier, « d'avoir différé si longtemps à... — Monsieur, repartit « vivement le second, je n'ai pas l'honneur de vous con- « naître. — Je suis le curé de Saint-Médard. — Je regarde « la cure de Saint-Médard comme perpétuellement vacante. « — Véritablement cette paroisse a changé depuis quelque « temps plusieurs fois de curés. — Puisque votre abbé vous « destitue à sa volonté de concert avec M. l'archevêque, « vous n'êtes point titulaire. — Chaque communauté a ses « statuts et ses usages. — Monsieur, dès qu'on vous « déplace comme des pions, l'on ne peut vous regarder « comme curés. » Besoin n'est pas de rappeler que le curé de Saint-Médard était génovéfain. Le curé de Saint-Germain-le-Vieux s'appelait Rochebouet, nom assez honorablement connu dans le parti. (3)

(1) Pars IVa, cap. VIII : « Domine Deus, spes et refugium meum, voveo « omnipotenti majestati tuæ... me nullum unquam beneficium vel præ- « laturam, intra vel extra religionem, ambiturum, neque ullum benefi- « cium, quamvis ultro delatum, acceptaturum, nisi præpositus generalis « permiserit. Promitto etiam me quodlibet beneficium, a religione vel ab aliis « collatum, demissurum, quoties et quantum idem præpositus generalis vel « alius ejus authoritate mihi imperaverit... »

(2) Voir, entre autres, la page 20, de novembre 1730.

(3) *Nouvel. ecclésiast.*, an. 1743, p. 73.

L'on voulut même, au sujet des promotions et des révocations, introduire des garanties contre la possibilité de l'arbitraire.

Dans le premier cas, la seule volonté du général ne suffisait plus. Il fallait préalablement être inscrit sur un catalogue spécial, contenant les noms de ceux qui avaient été jugés aptes au pastorat. Ce catalogue était dressé tous les trois ans par le chapitre général sur les témoignages fournis par les supérieurs ou les chapitres des maisons particulières et après avis du visiteur de la province. D'autre part, cinq années de prêtrise étaient exigées avec deux autres d'une sorte de noviciat dans les séminaires que la congrégation destinait à former au ministère paroissial. Le professorat, la direction des collèges et des noviciats dispensaient de cette préparation. L'éligibilité cessait, si au chapitre général suivant l'inscription n'était pas renouvelée.

Des restrictions furent opposées au droit de révocation : ce droit ne pouvait s'exercer par le général qu'avec l'assentiment des assistants, et du consentement de l'évêque diocésain ; et la règle rappelait la nécessité de *justes causes*, en soi termes un peu vagues, mais empruntant pour la circonstance une certaine force au droit canonique (1).

Lorsque les curés habitaient le monastère, ils restaient, autant que le ministère le permettait, astreints à la vie de communauté. Si ailleurs le possible était la mesure de leur obéissance à la loi religieuse, ils devaient toujours conserver précieusement l'esprit de la congrégation (2).

Le curé prenait sur les revenus de la cure ce qui était nécessaire à son entretien et à celui du clergé; le surplus passait en grande partie entre les mains des pauvres; une faible portion pouvait être employée à rehausser la splen-

(1) *Constitut.*, 1772, pars IV [a], cap. IV.
(2) *Ibid.*, cap. V.

deur du culte dans l'église paroissiale (1). Les offrandes des fidèles étaient remises au procureur; le curé n'en pouvait distraire que la part jugée nécessaire pour les nécessiteux (2).

Apostoliquement admirable, ce ministère n'était pas sans inconvénients au point de vue religieux. Que de brèches forcées à la règle. Quel oubli peut-être de la congrégation ! Ces inconvénients, le P. Faure les avait pressentis. Les *Constitutions* essayaient d'y apporter remède et inscrivaient parfois de chaleureux appels à l'adresse des pasteurs. Que ceux-ci, disaient-elles, ne perdent jamais de vue « qu'ils « ne cessent pas d'être membres de la congrégation. Donc, « qu'ils portent le plus grand respect à leurs supérieurs, « qu'ils se montrent partout et toujours de vrais frères à « l'égard des autres chanoines. Eux que la congrégation a « reçus et nourris dans son sein, qu'elle réchauffe dans « les entrailles de sa charité, comment ne conserveraient- « ils pas à l'égard de la plus aimante des mères le senti- « ment de la piété filiale (3) ? »

III

LES ABBÉS GÉNÉRAUX

Le chapitre général de 1675 élut, pour succéder au P. Blanchart, le P. Paul Beurrier que nous avons vu

(1) *Ibid.*, cap. vi, n° 2.

La règle, *De pastoribus*, édit. de 1676, cap. iv, n° 9, accordait plus de latitude : « Residuæ, si quæ sint, pecuniæ judicio visitatoris vel ægrotis « pauperibusque parochianis erogentur, vel pro necessitatibus monasterii « a quo parochia pendet, prudenter expendantur. »

(2) *Constitut.*, édit. de 1772, cap. ii, n° 9.

(3) *Ibid.*, cap. vii, n° 1.

placé à la tête de la paroisse de Nanterre, après avoir été prieur de Sainte-Catherine de Paris.

Il était né, en 1608, dans la ville de Chartres, et avait fait son noviciat et sa profession à Sainte-Geneviève. S'il n'avait gouverné Sainte-Catherine qu'une année (1633-1634), il administra pendant près de vingt ans la paroisse de Nanterre (1634-1653). A Sainte-Catherine, on avait imposé en même temps au prieur, malgré sa jeunesse, la charge de maître des novices. A Nanterre, nous le savons, la direction du séminaire fut aussi confiée au curé.

On rapporte que, dans une circonstance grave, le pasteur intervint avec succès en faveur de ses ouailles. C'était en 1647, pendant les guerres civiles de la Fronde. Nanterre avait refusé passage aux troupes royales. Le bourg fut condamné au démantellement, et vingt de ses habitants, les principaux coupables, à la prison. Paul Beurrier obtint d'Anne d'Auriche, pour le pays la conservation de ses murs, et pour les personnes la remise de l'emprisonnement (1).

Transféré, en 1653, à la cure de Saint-Étienne du Mont, il réunit sous le même toit et pour le soumettre à une sorte de vie commune le clergé de la paroisse : les réglements qu'il fit à ce sujet, méritèrent la flatteuse approbation de l'archevêque.

C'est dans ce dernier poste surtout qu'il se fit un nom comme prédicateur. Pourtant, dans les œuvres qu'il nous a laissées, le souffle et la forme oratoires sont absents. C'est la méthode froidement didactique, nous dirions volontiers la sécheresse scolastique : on y procède dans une parfaite uniformité par des : premièrement, secondement, troisièmement.....; charpente osseuse que l'auteur songe à

(1) Le curé de Nanterre, pour répondre aux désirs d'Anne d'Autriche, avait écrit et mis au jour *La Vie de saincte Geneviève, dédiée à la reyne*, Paris, 1642, in-8°.

peine à revêtir de la chair vivante du style pour en former un corps quelque peu frais, dispos, gracieux, agissant.

La parole *parlée* du curé de Saint-Étienne du Mont a dû se faire mieux sentir aux auditeurs que sa parole *écrite* ne se fait goûter des lecteurs. Peut-être à cela y aurait-il une explication. Le titre porte bien que ces discours ont été *prêchés à Saint-Étienne et autres églises de Paris* (1). Mais dans la dédicace du premier volume à ses *très chers et très honorés frères et enfants, Messieurs les paroissiens de Saint-Étienne*, le P. Beurrier, indiquant le motif principal de la publication, à savoir le double désir de leur parler encore, quand sa voix serait éteinte, et de leur laisser après sa mort un gage de paternelle affection, expose qu'il a « recueilli en peu de mots les vérités les plus touchantes et les plus importantes du christianisme » et qu'il les a « réduites en ce volume ». Il serait donc permis de conclure que la forme première a été modifiée et que l'écrivain, sacrifiant l'orateur, a coulé dans le même moule, le moule étroit de la simple méditation, les diverses instructions qu'il avait données au peuple chrétien. Aussi bien les volumes se trouvent-ils inscrits sous cette désignation : *Homélies, prônes ou méditations.*

Un *confirmatur* se puiserait, au besoin, dans un autre livre du P. Beurrier, œuvre d'exposition doctrinale qu'il publia d'abord en latin (2), qu'il fit passer ensuite dans

(1) *Homélies, prosnes ou méditations sur les Évangiles de tous les dimanches et principales festes de l'année, preschez en l'église paroissiale de Saint-Estienne du Mont à Paris*, Paris, 1668, in-4° ; — *Homélies festives, prosnes ou méditations sur toutes les festes tant commandées que plusieurs autres de toute l'année, preschez à Saint-Estienne et autres églises de Paris*, Paris, 1670, in-4°.

(2) *Speculum christianæ religionis in triplici lege naturali, mosaica et evangelica, in quo quæ potissimum faciunt ad fidei confirmationem et conversionem atheorum et quorumvis infidelium sincere exhibentur*, Paris, 1666, in-12. Il était dédié *venerabilibus et reverendis sacerdotibus, viris apostolicis, sanctæ Dei Ecclesiæ ministris dignissimis, veris Christi missionariis et vigilantissimis animarum pastoribus.*

Le P. Beurrier fit suivre ce traité du *Compendium rhetoricæ christianæ, methodi facilis prædicationis evangelicæ et controversiæ ad docenda mys-*

notre langue et d'après un nouveau plan. *La perpétuité de la foi et de la religion chrétienne* — tel est le titre de l'importante étude sous sa dernière forme (1), — comprenant deux cents homélies uniquement rédigées pour être offertes au public par la presse (2), ne présente ni un autre mode de composition, ni plus de mouvement, d'ampleur ou de richesses dans le style.

Le curé de Saint-Étienne était premier assistant à la mort du P. Blanchart. C'est en cette qualité qu'il dut prendre le gouvernement de la Congrégation de France et convoquer le chapitre général pour le mois de septembre suivant. Nous venons de dire ce que ce chapitre fit du premier assistant. Le P. Beurrier se démit de sa cure. Il fut réélu abbé-général en 1678.

Pendant son second généralat, le P. Beurrier se rendit à Liège où il convoqua (mai 1681), en chapitre général, les abbés et autres supérieurs des maisons appartenant à l'ordre du Val des Ecoliers et situées dans la Basse-Allemagne. Il réussit à faire adopter d'un commun consentement le concordat conclu, en 1662, avec six monastères

teria sive atheos et infideles sive hæreticos, etc., cui addita est brevis chronologia sacra ad majorem explicationem et confirmationem eorum quæ scripta sunt in quatuor libris hujus opusculi, c'est-à-dire du *Speculum* Paris, 1672, in-8.

(1) *La perpétuité de la foy et de la religion chrétienne dans les trois états de la loy de nature, de la loy écrite et de la loy de grâce, expliquée et solidement prouvée en deux cens homélies...*, Paris, 1680, 2 vol. in-8°. Le *Speculum* était simplement divisé en livres et chapitres. L'auteur avait dédié *La perpétuité à Jésus-Christ, auteur et consommateur de la foy et de la religion.* « Permettez-moy, mon Seigneur et mon Sauveur Jésus-Christ, « disait-il, de me présenter avec ce livre à la main devant votre aimable « et adorable majesté, pour vous supplier très humblement d'agréer qu'il « paroisse au jour sous vos auspices et à la faveur de votre nom sacré... »

(2) *Au lecteur* : « A la prière de quelques personnes de condition et de « piété, écrivait l'auteur, je l'ay presque tout traduit en françois pour leur « consolation ; j'ay donc à ce dessein, et pour contribuer à affermir davan- « tage en la foy les néophytes, composé des homélies ou méditations que « j'ay tirées des plus belles et des plus utiles matières de ce livre (le « *Speculum*)... »

belges du même ordre et qu'alors nous avons fait connaître.

La première assistance lui fut réservée après le généralat. Trois ans plus tard (1684), quand les années, selon lui, ne lui permettaient pas de prendre une part aussi active au gouvernement de la congrégation, il choisit comme lieu de repos la prévôté de Nanterre. Douce et sainte retraite qu'il ne quitta (1688) que pour rentrer à l'abbaye, où, uniquement occupé à la méditation des années éternelles, il mourut plein de mérites et de jours (1696) et un des derniers survivants de cette puissante génération d'ouvriers évangéliques qui avaient si efficacement coopéré à la fondation du nouvel ordre de chanoines réguliers.

Son corps — cela devait être — fut déposé dans le chapitre près des restes des autres généraux (1).

Érard FLORIOT, successeur de Beurrier, avait également payé quelque tribut à la publicité, car, le *Gallia* nous l'apprend (2), il avait mis au jour les *Méditations sur les principaux devoirs des religieux et des chanoines réguliers*. La mort (janvier 1685) lui permit à peine d'inaugurer son second triennat.

Ayons un souvenir pour ces abbés généraux : Antoine WATRÉE qui acheva seulement le triennat de Floriot ; François MORIN (1685-1691) ; Jean de MONTENAY (1691-1697 et 1703-1706) ; Jean-Baptiste CHAUBERT (1697-1703) ; Claude

(1) Pour les détails biographiques, *Gall. christ.*, tom VII, col. 806-808. La B. S. G. possède deux ouvrages inédits du P. Beurrier.

L'un, *Flores bibliorum*, coté ms. lat. A, 15, in-4, est un double recueil alphabétique de pensées et de faits, le premier s'étendant *d'abnegatio* à *spes*, le second *d'Aaron* à *zelotes*. Différents textes, tirés de l'Écriture sainte pour le premier recueil, des Pères surtout pour le second, sont rangés sous chaque titre.

L'autre ouvrage inédit a pour titre *Loci communes* et pour cote ms. lat. D. 32, in-4. Ce volume contient principalement des canevas de sermons ou de méditations.

Suivant le P. Lelong, n° 13610, le P. Beurrier aurait écrit lui-même sa vie, et le ms. se trouvait à la bibliothèque de l'abbaye; mais il ne figure plus au catalogue, et nous n'avons pu, d'ailleurs, le découvrir.

(2) Tom. VII, col. 809.

Paris (1706-1709). Arrivons sans retard à un de leurs successeurs qui a joui d'une certaine célébrité.

Par sa naissance, — il était né à Pézenas — Jean Polinier (1) appartenait au diocèse d'Agde. Il fut longtemps professeur de philosophie et de théologie à Notre-Dame de Cassan. Prieur de Saint-Quentin-lez-Beauvais (1684-1691), transféré ensuite en la même qualité à Sainte-Catherine de Paris, il paraît bien que dans ces postes il s'occupa tout spécialement de l'étude de l'Écriture sainte. Aussi, en 1697, donnait-il au public une *paraphrase* ou *traduction* des psaumes avec des *réflexions touchantes et solides qui apprennent l'usage que l'on en doit faire* (2). Le grand tort de cet ouvrage c'est d'être venu après celui, conçu à peu près sur le même plan, de Le Maistre de Saci (3). Nous en dirons, *à fortiori*, autant de *l'Explication littérale et morale des Évangiles*, publication considérable, qui suivit d'assez près la première (4). L'auteur garda l'anonyme pour l'une comme pour l'autre (5).

Comme écrivain, Polinier était moins exégète que moraliste, moins brillant que correct. Il se peint lui-même ou se fait juger dans ces quelques mots de la Préface du second ouvrage publié : « On a tâché de développer le sens « naturel du texte et d'exposer aux yeux des fidèles les

(1) On écrit quelquefois Paulinier : le *Gallia* donne même la préférence à cette orthographe ; mais le général-abbé signait : Polinier.

(2) Paris, 2 vol. in-12.

(3) *Les Psaumes de David traduits en françois avec une explication tirée des saints Pères et des auteurs ecclésiastiques*, Paris, 1689, 3 vol. in-8°. Polinier s'exagérait donc les choses, lorsqu'il disait dans sa Préface qu'il n'y avait pas eu encore de travail « selon le dessein et la forme » du sien.

(4) Paris, 1699-1702, 5 vol. in-8. Les Évangiles de Saci avaient paru, en 1696-1697, d'après le plan adopté pour les autres livres de la Bible, c'est-à-dire avec une explication du *sens littéral et spirituel*.

(5) Polinier a laissé en manuscrits que possède encore la Bibliothèque Sainte-Geneviève :

I. Les Évangiles des dimanches et fêtes de l'année (ms. fr. B. 3, in-fol.) : ce sont des prônes ou sermons ;

II. La traduction et l'explication des *Actes des Apôtres*, et de la plupart des Épîtres du Nouveau Testament (mss. fr. B. 1[3] et B. 1[4], in-fol.)

« vérités que la lettre présente ou qui s'affirment comme « d'elles-mêmes à tout esprit capable de quelque attention. « On s'est attaché au sens plein et parfait de l'auteur sacré, « c'est-à-dire autant à son cœur qu'à son esprit. On a tra- « vaillé à en faire voir le rapport et la liaison, en proposant « d'abord le dessein du Saint-Esprit dans l'endroit qui est « traité, en cherchant ensuite à s'instruire de ses volontés « comme de ses pensées, et à posséder les trésors de la « charité, aussi bien qu'à découvrir les richesses de la « vérité. »

Ce génovéfain passait pour un habile directeur des âmes. Parmi les personnages qui se rangèrent sous sa direction, l'on cite Gaspard de Fieubet, le maréchal de Marchin, Claude Le Pelletier qui, après sa double démission de ministre d'Etat et de surintendant des postes, se serait même fixé quelque temps à Sainte-Catherine, pour rendre faciles et fréquents les rapports entre lui et son directeur.

Polinier quitta, en 1703, le prieuré de Sainte-Catherine pour celui de Sainte-Geneviève. Il était en même temps second assistant du général. Six ans plus tard, il devenait général, haute dignité qu'on lui renouvela en 1712.

A la mort de Louis XIV, le régent voulut appeler l'abbé de Sainte-Geneviève au nouveau conseil de conscience. Il suivait en cela les inspirations du cardinal de Noailles, qui en était président, et du maréchal de Villeroy. L'abbé refusa, estimant qu'il devait tous ses instants à la congrégation.

Deux autres généralats, après un intervalle de six années, furent la récompense de son zèle et de son habileté administrative. Il mourut en mars 1727, quelques mois avant la fin de son quatrième triennat.

Ce n'était pas seulement un esprit supérieur, un administrateur habile : c'était aussi un noble caractère (1).

(1) L'épitaphe qui lui fut consacrée nous le peint sous ses véritables traits : « . . . .

Nous avons fait connaissance avec plusieurs abbés, lorsque nous avons traité de la crise janséniste. Les noms de RIBEROLLES et de CHAMBROY, deux intrépides athlètes, sont encore présents à l'esprit du lecteur. Ceux de SUTAINE, PATOT et DUCHESNE, dont le rôle a été plus modeste, ne sont peut-être pas, non plus, oubliés. En toute hypothèse, un simple rappel suffit.

De Blaise Duchesne à Guillaume de Géry, quatre abbés ont gouverné la congrégation. Ils se nommaient : Louis CHAUBERT (1754-1760) ; François DELORME (1760-1766) ; Étienne VIALLET (1766-1772) ; REVOIR (1772-1778). Leur vie n'offrant rien de remarquable, nous esquissons immédiatement le portrait de celui qui doit être salué comme le grand orateur de l'ordre.

Humaniste d'abord à Reims, son pays natal (1727), puis à Saint-Vincent de Senlis, novice et profès à Sainte-Geneviève de Paris, philosophe à Sainte-Barbe en Auge, ce fut aussi dans ce prieuré qu'André-Guillaume de GÉRY s'initia aux règles de l'art oratoire ou, du moins, à l'action qui convient à l'éloquence sacrée (1).

Rappelé à la maison-mère pour y suivre les cours de théologie, il se fit remarquer à la soutenance de deux thèses dont l'une fut dédiée, en 1750, à l'assemblée du clergé.

Le professorat l'attendait. Il débuta par l'enseignement de la philosophie à Saint-Vincent de Senlis. Deux ans après,

« Fuit alta mens illius et vasti regiminis capax ; in pervidendis ne-
« gotiis acumen singulare, in tractandis mira solertia, rara celeritas in
« conficiendis ; animus sibi constans semper, nec fractus adversis, nec
« periculis territus ; primo aditu austera indoles, reipsa facilis omnibus,
« chara singulis, ipsis amica magnatibus, nunquam nisi vitiorum inimica,
« . . . . »

Pour les détails biographiques, *Gal. christ.*, tom. VII, col. 812-815.

(1) Le prieur de Sainte-Barbe, ayant reconnu en lui les plus heureuses dispositions pour la prédication, lui faisait apprendre et réciter en public des sermons de Massillon. L'étudiant était alors âgé de dix-huit ans. (Préface des *Sermons* du P. de Géry, p. VI.)

celui de la science sacrée lui était confié à Ham et ensuite (1754) à Sainte-Geneviève.

Mais les chaires théologiques ne lui faisaient pas oublier la chaire chrétienne. S'il enseignait avec distinction dans les premières, il se sentait une véritable passion pour la seconde. Même à Paris, le professeur se faisait souvent prédicateur, et certes ce n'était pas sans succès (1).

Curé de Saint-Léger de Soissons pendant cinq ans (1763-1768), de Saint-Irénée de Lyon pendant deux autres (1768-1770), et, pendant deux autres encore (1773-1775), de Saint-Martin d'Épernay, il parla en pasteur aux fidèles qui lui étaient confiés. Ses prônes attestent qu'il savait trouver le vrai langage de la situation, langage simple et délicat, familier et habile, tendre et pressant, plus instructif qu'éloquent, plus pratique que théorique. On l'accusait de jansénisme, surtout à cause de ses rapports intimes avec Fitz-James, évêque de Soissons, et Montazet, archevêque de Lyon. Aussi hésita-t-on quelque temps à l'élever à la dignité abbatiale (2).

Il s'était lié avec ces deux prélats, lorsqu'il administrait les paroisses de Saint-Léger et de Saint-Irénée. Il ne vécut, il est vrai, qu'une année dans l'intimité de l'évêque de Soissons, Mais le souvenir en était conservé. Quant à l'archevêque de Lyon, peut-être la liaison s'entretint-elle, malgré

(1) « Ses avents, ses petits carêmes, ses octaves, attiroient un concours « prodigieux de tous les quartiers de la capitale ; et les diverses paroisses « de cette grande ville sembloient se disputer l'avantage de posséder un « tel orateur. » Nous apprenons que, dès l'année 1763, il avait « signé des engagements qui s'étendoient jusqu'en 1774 inclusivement ». (*Ibid.*, p. XI.)

Entrant dans la polémique bibliographico-religieuse touchant l'*Imitation*, il avait publié, en 1758, simple brochure de 40 p., in-12, une *Dissertation sur le véritable auteur du livre de l'Imitation pour servir de réponse à celle de l'abbé Valart.* (Voir Barbier, *Dictionn.*, n° 4332.)

(2) C'était déjà le janséniste soupçonné, inculpé, qu'en 1763 l'on avait frappé dans l'orateur en l'éloignant de Paris, comme deux ans plus tôt on l'avait frappé dans le professeur en le privant de sa chaire de théologie. (V. *Nouvelles ecclésiastiques*, an. 1764, p. 61-63.)

la séparation. En tout cas, elle s'était traduite dans des faits. Montazet avait voulu attacher le génovéfain à sa personne et à son diocèse par des lettres de vicaire général. Il avait même songé à le faire nommer évêque *in partibus infidelium*. Si le P. de Géry, par amour de son ordre, refusa ces dignités, il s'efforça de répondre à l'affection de l'archevêque.

Déjà, en 1771, il avait été troisième assistant et prieur de Sainte-Geneviève. Mais, en présence des difficultés que créait ou de l'opposition que soulevait son élection, il avait dû se démettre.

La cour de France elle-même n'avait pas été sans manifester ses mauvaises dispositions à l'endroit de ce génovéfain en renom. Enfin, au chapitre général de 1778, l'évêque de Rodez, Champion de Cicé, qui y assistait en qualité de commissaire royal, déclara que toute opposition cessait désormais. Guillaume de Géry fut en conséquence élu abbé. Il était alors prieur de Toussaint de Châlons-sur-Marne. Ce glorieux mandat lui fut renouvelé en 1781. Les talents administratifs de l'élu s'élevèrent à la hauteur de la nouvelle situation.

Heureux de voir confier par le chapitre de 1784 le généralat à son disciple et ami, Claude Rousselet, il espérait pouvoir trouver dans sa charge de premier assistant des loisirs pour le ministère évangélique. Plusieurs stations avaient été remplies, des engagements étaient contractés pour d'autres, lorsqu'une mort soudaine, en 1786, l'enleva à l'ordre dont il était une des gloires, et à la chaire chrétienne qui espérait le compter quelque temps encore parmi ses orateurs les plus remarqués (1).

Ce qui distinguait surtout le P. de Géry comme prédica-

(1) Source générale : Préface des *Sermons* du P. de Géry.
Les œuvres oratoires de cet éloquent prédicateur : *Sermons*, *prônes*, *panégyriques*, *oraisons funèbres*, etc., ont été publiées après sa mort, en 1788, en 6 vol. in-12.

teur, c'était la facilité (1), qui se traduisait dans l'action par le naturel, s'affirmait dans la composition par une simplicité n'excluant ni la noblesse ni le mouvement, mais s'accusait en même temps par une rédaction un peu précipitée et certaines négligences. Ce naturel soutenu par le sentiment vrai de la pensée, animé par la passion qui grandissait comme les vérités annoncées ou les circonstances décrites; cette noble simplicité que relevaient çà et là de vives images, des tableaux bien dessinés; cet ensemble de qualités charmantes captivait, électrisait l'auditoire, tandis que pour les âmes ainsi émues disparaissaient les défauts littéraires. Ajoutez à cela la marche régulière, le développement logique du discours, et vous aurez l'explication des grands succès oratoires du P. de Géry.

En résumé, dans ce XVIIIe siècle où l'éloquence de la chaire avait décliné sensiblement, le P. de Géry a sa place marquée, après le P. de Neuville, à côté de ses contemporains, l'abbé Poulle, l'abbé de Boismont, l'abbé de Beauvais, l'abbé Lenfant (2).

(1) Cette facilité était telle qu'elle semblait incorrigible, ou, du moins, que l'œuvre de la réflexion n'aurait pas valu l'œuvre du premier jet. Ayant été, un jour, invité à prêcher devant le roi le sermon de la Pentecôte, il voulut se préparer à loisir. Il se retira à la campagne après les fêtes de Pâques, pour être plus à lui. « Là, il forma laborieusement son « plan, il médita profondément ses distributions, il étudia les développe- « ments les plus heureux : il écrivoit, effaçoit, corrigeoit sans pouvoir « s'arrêter à rien de déterminé : l'œuvre de la veille étoit changée le len- « demain... Enfin, il prit le parti d'oublier tout ce qu'il avoit fait ; et, « revenant à sa méthode ordinaire, le premier point qui se trouve dans « notre collection, fut presque sur-le-champ jeté sur le papier.» (Préface, p. IX, et *Carême*, tom. II, p. 439.)

(2) Nous nous permettrons deux citations, tirées, l'une du panégyrique de Jeanne d'Arc, l'autre d'un sermon.

Ce panégyrique fut prononcé le 8 mai 1779. Nous transcrivons cette appréciation bien vraie et bien éloquente de l'héroïne de Domremy : « Qu'un royaume, réduit par une longue suite de disgrâces au dernier degré « de l'épuisement et de la faiblesse, se relève tout à coup sans aucun se- « cours étranger, et que d'un vol rapide il remonte au même degré de splen- « deur d'où il a été précipité ; que des troupes découragées, humiliées, « consternées de défaites encore récentes, se montrent à l'ennemi pleines « d'une noble audace, précisément parce qu'elles ont à leur tête une

La révolution trouva le successeur déjà nommé, Claude ROUSSELET, dans son troisième triennat.

« jeune fille sans nom et sans expérience; que réciproquement une armée, « longtemps victorieuse, soit frappée, à la vue de cette fille, d'une ter- « reur subite; qu'elle lui laisse exécuter des entreprises qu'elle eût pu « facilement arrêter; qu'elle fuie devant elle, qu'elle se laisse battre par « elle; que cette fille, devenue de jour en jour plus redoutable, non seule- « ment fasse lever le siège d'une place réduite aux dernières extrémités, « mais annonce avec assurance les succès les moins vraisemblables; qu'elle « promette de conduire son prince à travers ses États, devenus pour lui « un pays ennemi, et de lui faire recevoir la couronne de ses ancêtres « dans une ville qui va le reconnaître pour son souverain; et qu'elle « exécute ces promesses, si contraires à toute prudence humaine; cela « ne vous paroît-il pas sortir de l'ordre naturel, et ne reconnaissez-vous « pas le doigt de Dieu en son opération toute-puissante dans des événe- « ments si frappans et si extraordinaires. » (*Panégyr.*, *Oraisons funèb.* p. 462.)

Le sermon date du priorat de Géry à Toussaint de Châlons. C'était un usage, dans cette cité, de réunir, le lundi de la Pentecôte, les reliques des différentes églises, et de les porter ainsi triomphalement. Appelé à porter la parole dans une de ces solennités, l'orateur développa élégamment et puissamment ces deux parties : « L'établissement de la religion « parmi nous a été la gloire des saints ; la conservation de la religion « parmi nous est le bienfait le plus précieux que nous puissions espérer « de leur protection. » Au commencement de la seconde partie, il lança cette vigoureuse apostrophe : « Philosophes téméraires, vous croyez « pouvoir suppléer par vos leçons à celles de ce divin maître; mais si, « dans ce que vous enseignez aux hommes, vous ne prenez pour guide « que les inclinations de la nature, quelles erreurs ne mêlerez-vous pas « avec la vérité? Combien de passions honteuses n'épargnerez-vous pas? « Que de vices prendront à vos yeux les couleurs de l'innocence et de la « vertu? Et si, au contraire, vous osez combattre les penchans de cette « nature corrompue, par quels moyens la soumettrez-vous à vos préceptes? « Vous est-il aussi aisé d'arracher les passions que de les censurer, et « rendez-vous les hommes chastes, désintéressés, vertueux, en leur mon- « trant qu'ils doivent l'être. » Rien de plus vrai. Ces arguments demeureront toujours victorieux en face des prétentions de la morale indépendante. (*Panégyriq...*, p.p. 391 et suiv.)

CHAPITRE SEPTIÈME

L'ABBAYE ET LA RÉVOLUTION

I. LES COMMISSAIRES DE LA MUNICIPALITÉ A L'ABBAYE
II. LA NOUVELLE ÉGLISE DEVENUE PANTHÉON — III. LA SPOLIATION

A juger par un document en partie inédit (1), l'abbaye aurait presque salué l'aurore de la révolution.

A la suite de la mention du *Te Deum* pour la prise de la Bastille, nous lisons ces mots : « Nous laisserons à des « plumes plus exercées que la nôtre le soin de transmettre « à la postérité la vengeance éclatante que le peuple in-« digné tira sur-le-champ du lâche gouverneur de la « Bastille et du perfide prévôt des marchands; un reste « d'égard pour le sang dont ils sont issus et plus encore « la crainte de souiller ces registres nous impose la loi de « ne point y transcrire leurs noms (2). » La passion révolutionnaire aurait-elle tenu un autre langage ?

(1) *Registre, déjà mentionné, contenant les procès-verbaux des cérémonies extraordinaires de l'abbaye royale de Sainte-Geneviève.* Il commence en 1764 et se termine en 1791. M. l'abbé V. Dufour en a donné une analyse et des extraits dans le *Bibliophile français*, tom. VI, Paris, 1872, p.p. 313 et suiv. C'est au travail de M. l'abbé V. Dufour que nous faisons nos emprunts.

(2) *Ibid.*, p. 350.

Une messe d'action de grâces et de *Requiem* à la fois fut aussi célébrée à l'abbaye. La milice bourgeoise du district et celle de Saint-Jean de Latran y assistaient. Or, « après « le *De profundis* en faux bourdon, Messieurs du district « de Saint-Étienne vinrent saluer le Révérendissime abbé « et le complimenter sur le patriotisme dont le chapitre « n'avait cessé de donner des preuves signalées dans les « circonstances présentes (1). »

En septembre suivant, il y eut bénédiction du drapeau dont le district avait été gratifié par l'abbaye « toujours empressée de donner des preuves de son patriotisme ». Sur le drapeau se voyait un vaisseau armé en guerre, sous la conduite de la patronne de Paris et avec cette inscription : « Il ne périra pas. »

Vers le même temps, une autre cérémonie, d'un genre tout à fait profane, se faisait à Sainte-Geneviève. Elle est ainsi relatée ? « M. Étienne, commandant du district, réunit « dans la salle des novices à l'abbaye cent vingt convives, « où figurèrent Messieurs de La Fayette, le Révérendis- « sime abbé, les officiers de la milice bourgeoise, les supé- « rieurs majeurs, les gardes nationaux et notables qui « fraternisèrent (2). »

Cela n'empêcha pas que l'abbaye et la congrégation ne fussent, comme les autres monastères et ordres, dévorées par la révolution.

(1) Dans Paris, au sein de l'effervescence, l'on n'oubliait pas la patronne de la cité. Les dames bouquetières de la rue aux Fers et les dames poissardes du faubourg Saint-Antoine venaient déposer un bouquet devant la châsse. Celles de la halle offraient à l'abbé avec une part de pain bénit la cocarde nationale. La compagnie de Vaugirard présentait son drapeau à la sainte. Jusqu'au 16 août, les corporations et les communautés se succédaient à la basilique pour y chanter le *Te Deum*.

(2) *Ibid.*, p. 350-351.

I

LES COMMISSAIRES DE LA MUNICIPALITÉ A L'ABBAYE

Le 16 avril 1790, l'abbé Rousselet répondait en ces termes à une communication de trois membres de la municipalité de Paris (la lettre est adressée à Hector de Joly, l'un d'eux) : « J'ai prévenu mes confrères de la visite « que vous vous proposez de nous faire aujourd'hui dans « la soirée avec Messieurs Buob et de Maisonneuve, en « exécution des décrets de l'assemblée nationale des « 20 février, 19 et 20 mars. Nous serons très flattés de « vous assurer, à cette occasion, du respect sincère avec « lequel j'ai l'honneur d'être, en particulier (1)... »

L'assemblée nationale continuait son œuvre spoliatrice. Après avoir décrété la *mise à la disposition de la nation des biens du clergé*, la suppression des ordres religieux avec l'abolition des vœux monastiques, elle venait de voter, dans les séances sus-indiquées, les mesures qui étaient la conséquence logique de ce second décret que le roi avait sanctionnées le 26 du même mois de mars (2).

La municipalité de Paris, incapable de ne pas réserver son meilleur concours pour les lois révolutionnaires, avait

(1) Arch. nat., série S., cart. 1490b. Dans ce carton, se trouvent les procès-verbaux (minutes) de l'inventaire dressé alors à l'abbaye, et les pièces originales y annexées. C'est d'après ces procès-verbaux et ces pièces que nous rédigeons, ayant soin toutefois de compléter quand besoin est.

(2) La Congrégation de France, qui allait prendre fin, comprenait alors le même nombre de monastères que dans le passé, c'est-à-dire cent six. Si, par suite d'un long procès avec le cardinal de Bissy, elle avait dû abandonner l'hôpital de Jean-Rose à Meaux (V. Expilly, art. Meaux), elle avait acquis le prieuré de Notre-Dame de Pontailler dans le Dijonnais. (V. aussi, *Revue des questions historiq.*, 1er juillet 1875, art. de M. Ch. Gérin.)

Rappelons que la congrégation desservait un millier de cures. (V., B.

arrêté, le 11 avril suivant, que, « pour répondre avec plus « de célérité aux vues de l'assemblée nationale, les admi« nistrateurs au nombre de cinquante-sept, à l'exception « seulement du procureur syndic et de ses deux adjoints, se « diviseraient par trois et qu'ainsi formés ils se transporte« raient par commission dans les maisons religieuses qui « leur seraient indiquées, à l'effet de mettre à exécution « l'art. V du décret de l'assemblée nationale concernant « l'état ou description des effets mobiliers et autres objets « énoncés dans cet article (1). »

Les trois commissaires désignés pour procéder à Sainte-Geneviève étaient donc Hector de Joly, Valentin Buob et Simonet de Maisonneuve (2). Le 16 avril, ils se mettaient à l'œuvre. Il ne fallut pas moins d'un mois et d'une quinzaine de séances pour mener à bonne fin l'important inventaire.

Dans la première séance, on se borna — le temps ne

S. G., ms. fr. H. 14, in-fol., le *Catalogue de tous les bénéfices* possédés en 1665). Elle dirigeait aussi ou avait dirigé deux séminaires diocésains, au moins, celui de Meaux et celui de Reims. Il suit de là que le chiffre de cinq cent soixante-six religieux, donné par M. Ch. Gérin pour l'année 1790 dans la *Revue* précitée, ne concerne que les cent six monastères. La congrégation comprenait bien d'autres sujets.

(1) Cet article V portait :

« Les officiers municipaux se transporteront dans la huitaine de la publi« cation des présentes (il s'agit des lettres patentes sanctionnant le décret) « dans toutes les maisons des religieux de leur territoire, s'y feront repré« senter tous les registres et comptes de régies, les arrêteront et formeront « un résultat des revenus et des époques de leur échéance ; ils dresseront « sur papier libre et sans frais un état et description sommaire de l'ar« genterie, argent monnoyé, des effets de la sacristie, bibliothèque, livres, « manuscrits, médailles, et du mobilier le plus précieux de la maison, en « présence de tous les religieux, à la charge et garde desquels ils laisse« ront lesdits objets, et dont ils recevront les déclarations sur l'état actuel « de leurs maisons, de leurs dettes mobiliaires et immobiliaires et des « titres qui les constatent. »

(2) Pourtant, un état détaillé de ce que renfermait et possédait l'abbaye avait été adressé déjà à la municipalité ; et, disons-le tout de suite, les commissaires durent reconnaître l'exactitude de cet état : quelques erreurs de détail, quelques oublis, voilà tout.

permettait guère autre chose — à relever le nombre des chanoines qui appartenaient alors à l'abbaye. Les chanoines étaient au nombre de trente-cinq. Il y avait trois absences légitimes, parmi lesquelles on inscrivit celle du jeune Mongez « en voyage avec M. de La Peyrouse par ordre du roi ».

Les autres séances commencèrent à dix heures du matin.

Matériellement l'abbaye se trouvait dans un état prospère.

Le trésor de l'église était riche et ses ornements de prix et nombreux (1). La châsse de sainte Geneviève passait pour une merveille (2)? Elle s'élevait, derrière le grand autel qu'elle dominait, supportée par quatre vierges en bois doré, œuvre de Germain Pilon, lesquelles représentaient les quatre vertus cardinales; ces vierges surmontaient elles-mêmes un ordre d'architecture ionique s'appuyant sur quatre colonnes dont deux en marbre et deux en jaspe. Nous l'avons déjà dit, les deux colonnes en marbre étaient un don de Louis XIII. Le splendide monument avait été exécuté d'après les plans de l'architecte Lemercier pendant l'administration du cardinal de La Rochefoucauld (3). Le bouquet offert par Marie de Médicis,

(1) L'inventaire porte — pour citer les principales choses — : cent quatre-vingt-deux chapes, cent deux tuniques, trente-quatre chasubles, neuf mitres brodées tant en or qu'en argent, quatre calices dont trois dorés, cinq paires de burettes dont trois dorées, deux croix de procession dont l'une dorée et l'autre en bois d'ébène garnie d'argent, quatre ciboires dont trois dorés, un bâton de grand-chantre d'argent doré, un ostensoir doré, et, pour les objets servant à l'abbé, une crosse dorée, un calice doré, une paire de burettes dorées, deux aiguières avec deux bassins dont un doré. On ajouta cette réflexion; « Nous avons remarqué qu'à l'ostensoir doré il y a « dans le haut un brillant monté en bague de cinq lignes de long sur « quatre de large, pesant environ vingt-deux grains, évalué trois mille six « cent trente livres; au-dessus il y a une émeraude entourée de roses, et « sur les parties latérales sont des pierres de topaze ordinaire. »

(2) L'église possédait encore la châsse de sainte Clotilde, en argent doré, et celles de saint Céraune et de sainte Aude, ornées de cuivre partie doré et partie argenté.

(3) On a essayé de faire revivre le monument derrière le nouvel autel de Sainte-Geneviève au Panthéon.

venait encore ajouter à la magnificence de la décoration (1).

La châsse et le bouquet devaient attirer les regards des commissaires. « Il nous a paru nécessaire, écrivirent ces « derniers, de voir de près, et, s'il était possible, de dé- « crire la châsse de sainte Geneviève que l'on disait sur- « chargée des objets les plus précieux. En conséquence et « pour remplir, autant qu'il était en nous, cette partie de « notre mission, nous sommes montés par l'extérieur de « l'église (sic) au-dessus des colonnes ci-devant énoncées, et « ne pouvant sans un danger imminent faire le tour de la « châsse, afin de la voir dans tous ses détails, ne pouvant non « plus la faire descendre sans occasionner une dépense con- « sidérable, nous nous sommes bornés à prendre ses princi- « pales dimensions et à la vérifier sur le devant. Nous avons « reconnu qu'elle pouvait être d'environ deux pieds de haut « sur quatre pieds de long, qu'elle est de vermeil et qu'elle a « été enrichie de pierres plus ou moins précieuses, pro- « venant de la piété et de la libéralité des fidèles... » Les commissaires voulurent dire aussi leur mot sur le bouquet. L'expression de la déclaration capitulaire : *bouquet de diamants monté en or*, ne leur sembla pas, non plus, suffisante. Ils ajoutèrent : « Nous avons également remar- « qué que le bouquet, monté en or et en émail, est sur- « monté d'une croix également montée en or et émail, et « que le tout est garni de brillants, de pierres faibles (*sic*) « et de roses; que dans le milieu du bouquet il y a un « saphir en pendeloque, et que dans le contour dudit « bouquet il y a deux rubis, un saphir et une vermeille. »

A très peu de différence près, le domaine de l'abbaye était demeuré tel que nous l'avons fait connaître. Les revenus montaient à la somme de cent quatre-vingt-un

(1) La déclaration faite par le chapitre mentionne aussi une statue de sainte Geneviève en argent, c'est-à-dire argentée, et trois cœurs, offrande de la piété.

mille cent cinquante-deux livres six sols quatre deniers, tandis que les charges ne dépassaient pas quarante-quatre mille soixante-quatorze livres dix-sept sols neuf deniers; par conséquent il lui restait un revenu net de cent trente-sept mille soixante-dix-sept livres huit sols sept deniers (1), sur lequel cependant elle devait prélever pour décimes, taxes publiques, réparations, aumônes, une somme évaluée ailleurs à trente-deux mille huit cent quarante-cinq livres (2).

La richesse de la bibliothèque de même que son heureuse disposition et son admirable aménagement frappèrent les commissaires.

Les bustes qui ornaient les pilastres s'élevaient au nombre de cent six. Plusieurs étaient dus au ciseau de Caffieri, Girardon, Coysevox et Coustou (3). La plupart étaient en plâtre ; il n'y en avait que douze en marbre et un en terre cuite. Les grands hommes de Rome et de la Grèce se trouvaient largement représentés dans la collection (4).

(1) Il est juste de le dire, la pauvreté religieuse régnait dans l'intérieur de l'abbaye. « Nous avons cru, disaient encore les commissaires, devoir « entrer dans les chambres de chacun de MM. les chanoines, à l'effet de « faire l'inventaire du mobilier. Nous en avons parcouru plusieurs que « nous avons trouvées meublées très simplement. Nous y avons spéciale- « ment remarqué un lit ordinaire, quelques chaises, un secrétaire, une « table et différentes armoires. » Complétons notre pensée par une remarque que nous puisons aux mêmes sources. Lorsque, quelques années auparavant, il fallut procéder à une liquidation devenue nécessaire, l'abbaye vendit un certain nombre de couverts, n'en conservant que soixante-dix, ainsi que les carrosses à l'usage de l'abbé et des administrateurs; ce qui produisit dix mille livres.

(2) Dans l'état précédemment rédigé et qui se trouve également aux Arch. nat., série S. cart. 154ª.

Voir, *Notes et Documents* B, pour le détail des revenus et des charges.

(3) *Inventaire général des richesses d'art de la France, Bibliothèque Sainte-Geneviève*, par M. H. Trianon, Paris, 1877.

(4) On peut voir l'indication de ces bustes dans les *Anciennes bibliothèques de Paris*, par M. A. Franklin, tom. I. Paris, 1867, p. 93-95. Mais il ne faut pas tenir compte des terres cuites indiquées. L'erreur a été commise, il est vrai, d'après la déclaration même des Génovéfains.

On m'a dit que les bustes consacrés aux illustrations de l'antiquité

Dans une des galeries de la bibliothèque — la galerie du sud, pensons-nous, — s'offrait un remarquable plan de Rome, exécuté en relief par un nommé Germain, et mesurant quatorze pieds de long sur douze de large. Près de là se conservait le modèle de la corvette *l'Aurore*, armée, au Havre, en 1767, pour un voyage en Hollande, afin d'*éprouver les montres marines de M. Le Roi et le mégamètre de M. de Charnière*. Ce modèle était l'œuvre d'un maître d'équipage de la marine royale (1).

Les bibliothécaires déclarèrent cinquante-huit mille cent sept volumes imprimés et deux mille treize manuscrits, en tout soixante mille cent vingt volumes. Il y avait, en outre, vingt-quatre cartons renfermant des pièces généralement intéressantes. Dans l'impossibilité de vaquer à la vérification, les commissaires signèrent et paraphèrent, avec mention expresse de leur qualité et mission, le commencement et la fin de chaque volume du catalogue, tant pour les manuscrits que pour les imprimés.

Le cabinet des antiques ne s'était pas moins enrichi que la bibliothèque. Il renfermait, dit le garde du cabinet aux commissaires, « une des collections les plus précieuses et les plus complètes dans tous les genres ». Les médailles surtout étaient nombreuses et remarquables : on en comptait plus de sept mille romaines dont huit cent quarante-deux en or, mille six cent vingt-cinq en argent, cinq mille cent trente-neuf en grand, moyen et petit bronze; il y en avait encore dix mille de peuples, villes, rois, papes, etc. (2). De la part des commissaires et pour

avaient été, pour la plupart, *exécutés à Rome d'après les marbres originaux des grands hommes qui peuplent les salles du Vatican et du Capitole.*

(1) L'inventaire mentionne aussi deux globes de Coronelli, l'un terrestre, l'autre céleste.

(2) M. Marion du Mersan, *Histoire du cabinet des médailles*, Paris, 1838, p. 167. Voici, du reste, le relevé du procès-verbal.

Première salle s'ouvrant sur la bibliothèque.

Au milieu, un coquillier, renfermant des coquilles;

les mêmes motifs, la cérémonie de tout à l'heure se répéta à l'endroit du catalogue consacré à tant d'objets rares et curieux.

Au pourtour, dans six armoires, de nombreux minéraux, des madrépores, coraux, coquilles multivalves, coquilles fossiles, etc ;

A la corniche du plafond, les portraits des rois, de saint Louis à Louis XIV, et les cornes de différents animaux ;

Au plafond, un crocodile, différents serpents, une tortue terrestre remarquable par sa grosseur, des armes de sauvages, objets d'histoire naturelle.

Salle suivante.

En face de la porte, le buffet appelé *médaillier du duc d'Orléans*, contenant, dans ses divers tiroirs, médaillons d'or et d'argent, médailles consulaires, médailles impériales d'or, médailles de Louis XIV, as romains, pierres gravées, médailles des rois, peuples et villes, etc ;

De chaque côté de ce buffet, deux autres médailliers contenant, l'un médailles de France et relatives à la France, médailles des papes et de personnages ecclésiastiques, l'autre médailles impériales de petit bronze, médailles modernes étrangères, sceaux ;

De chaque côté de la porte, deux médailliers portant le nom de *Noailles* et renfermant, l'un médailles impériales en argent, monnaies étrangères et françaises, l'autre médailles impériales de grand bronze, de moyen bronze d'Égypte, padouans, etc. ;

Dans les armoires, antiquités ecclésiastiques, bustes et bas-reliefs antiques, copies d'antiques, nombreux vases étrusques, momies d'Égypte, antiquités égyptiennes, divinités grecques, romaines, malabares, antiquités relatives aux sacrifices et aux funérailles, antiquités gauloises, ustensiles, armes et poids romains, antiquités françaises, armes et amphores antiques ;

Au milieu de la pièce, une grande table de stuc ;

Devant les croisées, deux autres tables de marbre antique noir et blanc ;

Dans une des encoignures, le cercueil antique, en deux parties, d'une momie d'Égypte et la momie elle-même ;

Enfin, au-dessus des *Médailliers de Noailles*, les coins des Padouans.

Relativement à ce dernier point, — lisons-nous dans le procès-verbal — « M. l'abbé Mongez nous a exposé qu'il ne manquoit à cette collection inté« ressante que deux coins qui sont au cabinet des antiques du roi. Il a « ajouté que ces deux coins isolés dans le cabinet des antiques du roi y « étoient parfaitement inutiles et qu'il seroit avantageux de les réunir à « la collection entière; qu'il seroit également intéressant de solliciter et « d'obtenir, à titre de dépôt, la remise des coins des monnoyes du car« dinal de Bourbon sous le nom de Charles X, qui sont négligemment « déposés au greffe de la Tournelle de Paris avec les couteaux et les poi« gnards des assassins. »

Nous avons parlé du médaillier du duc d'Orléans. Était-ce celui légué par le duc ? On s'accorde à prononcer négativement. Si les médailles pri-

Les bibliothécaires avaient nom : Pingré, Viallon, Ventenat, et le garde du cabinet des antiques : Mongez. Les bibliothécaires demandèrent, et acte leur fut donné du vœu exprimé, à demeurer attachés au service de la bibliothèque, prêts à « continuer pour la nation et la municipalité les fonctions paisibles et honorables dont leur maison les avait chargés ». Pingré ajouta que, « quoiqu'il ne puisse ni présumer ni même entrevoir sans un véritable chagrin la possibilité de la dispersion et de la vente d'un monument aussi ancien et aussi utile que la bibliothèque de leur maison, il ne pouvait cependant se dispenser de le prévoir », et que, dans le cas où il se verrait séparé de sa chère bibliothèque, il réclamerait les volumes qui lui appartenaient (1), promettant, pour le cas contraire, de les lui léguer, comme tous ceux qu'il pourrait acquérir encore. Acte fut également donné de ces réserves et de ces promesses. Le garde du cabinet des antiques exprima les mêmes vœux que ses collègues de la bibliothèque, mais dans un langage plus explicite : si, d'un côté, « il espérait que l'assemblée nationale et la municipalité de Paris se réuniraient pour conserver et perpétuer un monument aussi précieux », de l'autre, « son unique vœu, dans ce cas, serait d'en conserver la direction et la garde avec tels émoluments que la municipalité jugera à propos d'y attacher, soit qu'il reste dans la maison de Sainte-Geneviève comme chanoine séculier, soit que, la maison n'existant plus, il prenne le parti d'user de la liberté que lui donne le décret de l'assemblée nationale. »

Ces vœux étaient en quelque sorte une réponse anticipée

rent réellement place au cabinet des antiques, elles furent bientôt réclamées par le fils du prince. C'est sans doute en souvenir du legs et du placement que les génovéfains auraient donné à l'un de leurs médailliers le nom du noble personnage.

(1) Dans le nombre de ces volumes figuraient ceux qui avaient été donnés par l'académie des sciences et offerts par les membres de cette académie, car Pingré appartenait à ce corps savant. Un état détaillé de ces volumes fut remis aux commissaires.

aux demandes que les commissaires se réservaient de poser dans la dernière séance.

Un article du décret de l'assemblée nationale concernant la suppression des ordres religieux était ainsi conçu : « Tous les individus de l'un et de l'autre sexe, existant « dans les monastères, pourront en sortir en faisant leur « déclaration devant la municipalité du lieu (1). » N'était-il pas naturel de profiter du temps consacré à l'inventaire des choses pour s'assurer des dispositions des personnes ? Ainsi pensa-t-on à la municipalité de Paris.

Donc, le 17 mai, les commissaires firent convoquer le chapitre dans l'appartement de l'abbé, pour recevoir les déclarations susdites de la part des chanoines qui, d'ores et déjà, jugeraient à propos d'exprimer leur pensée.

Sur vingt-neuf chanoines présents — car depuis le commencement des opérations de nouvelles absences s'étaient momentanément imposées — cinq eurent le courage de déclarer qu'ils voulaient demeurer fidèles à leurs saints engagements. Ce furent, avec le digne abbé Rousselet, Bastion, sous-prieur, Marlot, procureur de l'abbaye, Le Blanc de Beaulieu, grand-chantre, Gillet, simple chanoine. Deux seulement eurent le courage contraire ou la lâcheté de signer leur sortie du cloître. Un troisième se dit prêt à le faire, mais avec la « permission du Saint-Siège » ; et un quatrième, lorsque l'assemblée nationale aurait « effectué le prix de sa pension » (2). Les trois bibliothécaires s'en référèrent à leurs déclarations antérieures. Le garde du cabinet des antiques alla plus loin : il s'unit à quatre de ses confrères pour exprimer leur renoncement à la vie reli-

(1) Séance du 13 février 179). (*Moniteur* du 15). Dans la séance du 12, relativement au déplorable projet de loi en discussion, l'abbé Grégoire avait prononcé ces paroles : « Les abbayes de Saint-Germain des Prés, « de Sainte-Geneviève rendent chaque jour aux lettres des services impor- « tans; elles sont remplies de savans distingués. » (*Moniteur* du 14.)

(2) Voir, *Not. et Docum.*, C., quelques déclarations rédigées et signées par leurs auteurs. La plupart ont été faites de vive voix et consignées au procès-verbal.

gieuse. Enfin vinrent les prudents qui attendirent pour se prononcer. Ils devaient prendre conseil des événements. De ce nombre étaient les deux premiers assistants, le procureur général de la congrégation, le trésorier de l'église, le procureur des censives.

Jusqu'à ce qu'il en fut autrement ordonné, les commissaires confièrent la garde des objets et laissèrent l'administration des biens aux chanoines qui remplissaient précédemment ces charges (1). C'était un provisoire qui ne devait pas se continuer bien longtemps.

II

LA NOUVELLE ÉGLISE DEVENUE PANTHÉON

La spoliation effective commença par la nouvelle église.

Le grand orateur de la révolution avait succombé le 2 avril 1791. Le lendemain, une députation du département de Paris se présentait à la barre de l'assemblée nationale pour exprimer un vœu patriotique. Le vœu avait été formulé à la suite de ces paroles prononcées par le marquis de Pastoret, procureur général syndic : « Que le temple de « la religion devienne le temple de la patrie ; que la tombe « d'un grand homme devienne l'autel de la liberté. On sait « qu'une nation voisine recueille religieusement dans un « de ses temples les cendres des citoyens dont la mémoire « est consacrée par la reconnaissance publique. Pourquoi « la France n'adopterait-elle pas ce sublime exemple ? « Pourquoi leurs funérailles ne deviendraient-elles pas une

(1) Nous connaissons les trois bibliothécaires, le garde du cabinet des antiques, le sous-prieur et le procureur de la maison. Nommons aussi le trésorier de l'église, le procureur des censives et le procureur général : le premier s'appelait Egresset, le second Saladin, le troisième Lefebvre. Ce dernier était alors franc-maçon et membre de la Société royale d'agriculture. Il devint plus tard agent général de cette Société, « agent général de la troisième division de la conservation générale des hypothèques » et « membre du Lycée des arts de Paris. » (V. Quérard, *France littéraire*).

« dépense nationale? » Orateur au sein du directoire départemental, le même personnage devait, comme lecteur de l'arrêté, en être l'organe devant l'assemblée. Renvoyé au comité de constitution, le vœu en revint sous cette forme de projet de décret que, dans la séance du 4, l'assemblée s'empressa de voter :

« I. Le nouvel édifice de Sainte-Geneviève sera destiné « à réunir les cendres des grands hommes à dater de « l'époque de la liberté française.

« II. Le corps législatif décidera seul à quels grands « hommes cet honneur sera décerné.

« III. Honoré Riquetti-Mirabeau est jugé digne de rece- « voir cet honneur.

. . . .

« V. Les exceptions qui pourront avoir lieu pour « quelques grands hommes avant la révolution, ne pour- « ront être faites que par le corps législatif.

« VI. Le directoire du département de Paris sera chargé « de mettre promptement l'édifice de Sainte-Geneviève en « état de remplir sa nouvelle destination. Seront gravés « au-dessus du fronton ces mots :

« *Aux grands hommes la patrie reconnaissante.*

« VII. En attendant que la nouvelle église de Sainte- « Geneviève soit prête, le corps de Riquetti-Mirabeau sera « déposé à côté des cendres de Descartes dans le caveau de « l'ancienne église de Sainte-Geneviève (1). »

Ce dernier article reçut immédiatement son exécution. Le 5, après un service à Saint-Eustache, la dépouille mortelle de Mirabeau fut conduite pompeusement à l'abbaye et déposée dans le caveau désigné (2).

Le directoire prit incontinent les mesures pour accomplir les travaux décidés par l'assemblée. Quatremère de Quincy fut son commissaire *ad hoc*.

(1) *Moniteur* des 4 et 5 avril 1791.
(2) *Moniteur* du 6.

Il s'agissait de substituer aux décorations caractéristiques des temples chrétiens les symboles de la liberté dont on parlait tant, et de la morale purement païenne au-dessus de laquelle on entendait ne plus s'élever. Le frontispice comme l'intérieur du monument devaient subir de nombreuses modifications.

Au fronton, la croix ornée de rayons divergents et entourée d'anges adorateurs, œuvre remarquable de Coustou, serait remplacée par l'image de la patrie distribuant des couronnes aux mérites personnifiés. Sous le péristyle et au-dessus des trois portes, cinq autres bas-reliefs qui représentaient, ceux du milieu trois faits de la vie de sainte Geneviève, ceux des extrémités, saint Paul devant l'aréopage et saint Pierre recevant les clefs des mains de Jésus (1), étaient destinés à disparaître également pour faire place à des figures symbolisant les *Droits de l'homme*, l'*Empire de la loi*, la *Nouvelle jurisprudence*, le *Dévouement patriotique*, l'*Instruction publique*.

A l'intérieur, les fenêtres se bouchèrent : rien de mieux pour donner au monument l'aspect d'un immense mausolée. A l'entrée même, l'équerre se dessinerait là où on lisait le nom de Jéhovah. La philosophie détrônerait l'Ancien Testament, les sciences, les arts, les vertus civiques le Nouveau : la philosophie, en prenant possession de la nef principale, les sciences, les arts, les vertus civiques, en revendiquant les trois autres nefs. Partout où la main de l'artiste avait fait ou devait faire revivre les héros religieux ou ressortir les emblèmes sacrés, le regard ne rencontrerait plus que les attributs des nouveaux saints et saintes qui s'emparaient du temple (2).

(1) Le lecteur remarquera que les dessins primitifs (v. *supra*, p. 144) avaient été modifiés.

(2) Pour plus de détails, voir Dulaure, *Histoire... de Paris*, Paris, 1837-38, tom. VI, p.p. 90 et suiv., lequel cite ou résume le rapport de Quatremère au directoire du département de Paris le 13 novembre 1793. Ajoutons, cependant, que les deux tours du chevet furent sacrifiées et la lanterne

L'article V eut un commencement d'exécution.

Les restes de Voltaire reposaient à l'abbaye de Sellières. Cette abbaye venait d'être vendue. Qu'allaient devenir ces restes ?

Un officier municipal de Paris se préoccupa, s'émut de la chose. Il fit parvenir une lettre à l'assemblée nationale pour demander un décret qui désignât l'église voisine de Romilly-sur-Seine comme devant recevoir provisoirement le pieux dépôt; car, d'un côté, persuadé que l'assemblée voudrait « payer à la mémoire de Voltaire le tribut de la reconnaissance », et, de l'autre, estimant que Paris, plus qu'aucune autre ville, avait « le droit de réclamer la possession des cendres de ce grand homme né, mort dans ses murs », il espérait bien pour ce dernier les honneurs d'une sépulture dans le temple que la « patrie » venait de consacrer à la mémoire des hommes illustres. La lettre, comme cela devait être, reçut bon accueil. Oui, disait Regnaud, « les restes d'un grand homme appartiennent à la nation ». Rappelez-vous, reprenait Treilhard, que Voltaire est « l'au-

du dôme remplacée par un piédestal devant supporter la statue de la Renommée. La statue ne fut jamais posée; et, en 1812, la lanterne réapparut. Le double escalier circulaire pour descendre à l'église souterraine n'ayant pas eu lieu, on construisit une entrée au dehors de la nef orientale, entrée où l'on arrivait de l'église supérieure par un perron à deux rampes.

Bientôt les dégradations des piliers du dôme devinrent tels, que l'édifice menaçait ruine. Le peuple fidèle de Paris disait : *L'église veut tomber, parce que sainte Geneviève n'y est plus.* Pour Rondelet, une troisième cause venait se joindre aux deux que nous avons fait connaître. Il écrivait dans son rapport de 1797 : « Des coups redoublés d'une quantite considé-« rable de tailleurs de pierre employés dans ces derniers temps à cette « opération pendant quatre ans augmentoient l'action du fardeau sur les « parties inférieures, en ébranlant continuellement la masse. » (*Mémoir. hist. sur le dôm. du Panth. franç.*, p. 99.)

Enfin il parvint à remédier au mal par un travail d'affermissement aux fameux piliers triangulaires; ce fut en *substituant aux pierres qui s'écrasaient sous le fardeau, non des placages, mais des constructions solides et durables* (*Ibid.*, p. 115). Il avait dit : « Il seroit honteux pour les artistes « et le gouvernement de laisser périr un édifice qui a coûté près de qua-« rante ans de travail et douze à quinze millions de dépense. » (*Ibid.*, p. 113). Grâce à lui, cette honte fut épargnée.

teur d'une révolution aussi belle » : comment ne serait-il pas « un des premiers pour lesquels nous devons les honneurs que vous destinez aux grands hommes qui ont bien mérité de la patrie? » En vain, le courageux abbé Couturier s'écria ironiquement : « On compare Voltaire à « un prophète; je demande que ses reliques soient « envoyées en Palestine. » En vain, Lanjuinais cita cette parole de Bayle : *Voltaire a mérité les remerciements, mais non pas l'estime du genre humain*, pour demander qu'on passât à l'ordre du jour. Des deux points de la proposition de l'officier municipal, le premier fut voté immédiatement, le second remis à une délibération ultérieure. Tout cela se passait à la séance du 8 mai de cette même année 1791. La délibération s'ouvrit le 30 suivant, et il en sortit un décret ordonnant que les cendres du philosophe seraient transportées immédiatement de l'église de Romilly dans celle de Sainte-Geneviève.

Le 11 juillet, le Paris révolutionnaire et incrédule était debout et en joie pour acclamer le cercueil de son héros ou lui faire cortège. Mais on dut encore avoir recours aux caveaux de l'ancienne église : en attendant mieux, les cendres de Voltaire prirent modestement place à côté du corps à peine refroidi de Mirabeau (1).

C'eût été illogique de refuser à Rousseau les honneurs qu'on rendait à Voltaire. La révolution n'était-elle pas en droit de revendiquer la paternité de l'un aussi bien que celle de l'autre? Pourtant le décret se fit attendre. Ce ne fut que le 11 octobre 1794 que l'urne cinéraire, enlevée de l'île des Peupliers, à Ermenonville, fut solennellement déposée, non plus dans la vieille église de Sainte-Geneviève, mais bien dans la nouvelle, baptisée maintenant du nom païen de Panthéon (2).

(1) *Moniteur* des 10 et 31 mai et du 13 juillet 1791.

(2) Voir, dans le *Moniteur* du 18 septembre, le discours de Lakanal à la convention et au nom du comité d'instruction publique.

Les caveaux du splendide monument funéraire s'étaient ouverts précédemment pour Voltaire et Mirabeau. Les restes du premier y demeuraient toujours. Mais déjà ceux du second en avaient été ignominieusement ôtés, et cela, à l'heure même où le cercueil de Marat venait, à son tour, y prendre rang. Est-ce que, en effet, l'*ami du peuple* aurait pu reposer à côté du *royaliste Mirabeau* (1)?

Comment ici ne pas transcrire ces paroles émues que l'archevêque de Paris, M. de Juigné, faisait entendre dans son mandement, daté de Chambéry, le 22 juin 1792 ? « Un « magnifique monument, élevé par la piété de nos rois et « par le vœu de tous les concitoyens en l'honneur de la « patronne de Paris, est converti en temple païen ! Le nom « du Dieu vivant qu'on lisait sur son frontispice, en a « disparu, et les cendres des plus cruels ennemis de la « religion sont en possession de la place où la religion elle- « même devait déposer la dépouille mortelle d'une vierge « sainte qui est l'objet de la vénération publique depuis « l'établissement de la monarchie et dont la capitale a tant « de fois éprouvé la puissante protection ! Ne semble-t-il « pas, grand Dieu ! que nous soyons reportés au temps « de ces barbares idolâtres ou hérétiques qui démembrèrent « l'empire romain, après l'avoir couvert de ruines; au « temps des Goths et des Vandales qui laissaient partout « sur leur passage des traces de leur férocité et de leur « fanatisme (2)? »

Ces derniers accents visaient, à la fois, d'autres pages, non moins lugubres, de notre histoire. Il nous faut en lire quelques-unes.

(1) *Moniteur* du 15 octobre et du 25 septembre 1794. « Au moment — « lisons-nous dans le *Moniteur* du 25 septembre — où l'on descendait « du char le cercueil qui contenait les cendres de l'ami du peuple, on reje- « tait du temple des grands hommes, par une porte latérale, les restes « impurs du royaliste Mirabeau. »

(2) Passage cité par l'abbé Saintyves, *Vie de sainte Geneviève*, p. 363.

III

LA SPOLIATION

L'administration temporelle n'était pas demeurée longtemps entre les mains des religieux : la municipalité s'en était emparée le 1er octobre 1790 (1).

La révolution poursuivait activement son œuvre.

Le 7 août 1792, l'assemblée nationale votait un décret sur les maisons religieuses. L'article XIII ordonnait aux municipalités de s'assurer dans *la quinzaine* qui suivrait la publication du susdit décret, de la présence des objets précédemment inventoriés. L'article XV décidait, en chargeant de l'exécution les directoires des districts, que les cloches et l'argenterie des couvents seraient converties en monnaie. Enfin l'article XVI était ainsi conçu : « Les bâtiments nationaux et leurs dépendances occupés par les « religieux ou religieuses seront mis en vente... sans « attendre qu'ils soient libres (2). »

Pour l'instant, le projet de l'administration départementale se bornait à ordonner le transport de la châsse de sainte Geneviève à l'église Saint-Étienne du Mont. Était-ce un reste de vénération pour les précieuses reliques devant lesquelles Paris s'agenouillait depuis tant de siècles? Ou bien ne jugeait-on pas l'heure encore sonnée de braver les sentiments chrétiens du peuple?

A peine le projet avait-il transpiré, qu'une pétition, à

(1) Arch. nat., série S. cart. 1540, arrêté de compte où nous lisons : « ... Jusqu'au 1er octobre 1790, époque à laquelle l'administration desdits biens a été prise par la municipalité... »

(2) *Moniteur* du 15 août.

l'adresse du département de Paris, se couvrait de signatures, pour demander le maintien de la châsse dans la basilique de l'abbaye. « Objet d'un culte national », ces reliques avaient leur place dans un temple dont l'accès était libre à tout instant, dans ce temple même où la capitale aimait tant à prier, et non pas dans une église consacrée au service multiple d'une paroisse. D'ailleurs, la piété des fidèles ne séparait pas le culte de la châsse du culte du tombeau. « Si nous présentions cette pétition, disaient les signataires, « à des hommes assez petits pour mettre de la philosophie « à mépriser tout ce qui touche à la religion, nous aurions « abandonné le projet de les y intéresser ; mais nous avons « trop bonne opinion des sentiments religieux et des vertus « des membres du département, pour soupçonner même « qu'ils puissent dédaigner cette pétition et les motifs qui « l'ont dictée (1). »

Les chanoines, de leur côté, pour parer au coup qui les menaçait, s'empressèrent aussi de signer une supplique au roi, conservant « toute la confiance de sujets soumis au plus chéri des souverains », ressentant, à la fois, la plus grande tristesse dans leur âme de chrétiens, de prêtres, de religieux. « Sire, disaient-ils, c'est dans cette basilique bâtie « par Clovis, le premier roi très chrétien, que reposent « avec les cendres de ce prince les restes précieux de « sainte Clotilde, son épouse. C'est dans ce berceau de la « religion de nos pères, honoré depuis quatorze siècles de « la présence de nos rois, vos prédécesseurs, de celle de « Votre Majesté, célèbre par le concours fréquent de votre « peuple dans les temps de prospérité et de malheur, que « sainte Geneviève a reçu les hommages de tous les Fran-

(1) Arch. nat, C. II, 6 A : 109. Cette pétition, imprimée in-4, contient d'abord presque cinq pages de signatures, puis un supplément de huit autres pages; et le nombre ne cessa de s'accroître. Suivant la pétition, ce n'était pas là une affaire qui intéressât seulement le quartier, mais bien tout Paris, et même les environs.

« çais, depuis la première époque de la monarchie jusqu'à « nos jours. » On lisait plus loin : « Organes des vœux des « Français auprès du Très-Haut pour la prospérité de votre « empire, ils (les chanoines) regardaient cette intéressante « destination comme leur plus beau titre, et la bienveil- « lance de leurs rois comme leur plus belle récompense. « Leur vœu le plus sincère est de conserver l'exercice de « cette fonction si honorable au milieu des ruines qui les « environnent. C'est dans cette confiance qu'ils réclament « auprès de votre personne sacrée la protection qu'ils « peuvent en attendre (1). »

Mais que pouvait le roi déjà en tutelle et tout à l'heure à la merci de ses ennemis ? Et l'administration départementale n'avait-elle pas garde de se laisser fléchir ou détourner ?

Le 14 août 1792, les scellés furent apposés à la sacristie de Sainte-Geneviève et la translation eut lieu (2). Saint-Étienne du Mont ne devait posséder qu'une année le précieux trésor. Pourquoi ne pas mieux utiliser l'or et les pierreries de la châsse, les diamants du bouquet ? Dans les premiers jours de novembre 1793, on enleva la châsse pour la porter à la monnaie. Bientôt après, les reliques de la

(1) Arch. nat., même cote C. II, 6 A : 109, supplique — copie — manuscrite et non datée.

La supplique rappelait encore deux faits de nature à faire impression sur l'âme chrétienne du roi. « Votre Majesté, était-il écrit, qui n'a cessé « de regarder le titre de roy très chrétien comme le premier de ses titres, « verroit sans doute avec la plus grande peine la châsse de sainte Gene- « viève passer dans une église dont le pasteur ne peut être regardé « comme ayant une mission canonique. » D'autre part, ces lignes allaient passer sous les yeux de Louis XVI : « Sire, les chanoines réguliers se « rappellent avec attendrissement les bienfaits que les roys ont répandus « avec profusion et sur ce temple antique et sur la maison qu'ils habitent. « Ils n'oublieront jamais que par la bienfaisance de Votre Majesté et « celle de votre auguste aïeul s'élevoit pour la patronne de votre capitale « et de votre royaume un édifice qui devoit être un des plus beaux monu- « mens de votre règne. »

(2) L'abbé Saintyves, *Vie de sainte Genev.*, p. 363, d'après deux pièces jadis conservées aux Archives de l'hôtel de ville.

patronne de Paris étaient brûlées en place de grève (1), le reliquaire dépouillé et détruit (2).

Les génovéfains eurent le sort commun des ordres religieux. Quelques infidèles à leurs vœux restèrent seuls dans l'abbaye pour y continuer leurs fonctions devenues purement civiles. On devine que nous désignons les bibliothécaires Pingré, Ventenat et Viallon. Quant à Mongez, il donnait la main aux révolutionnaires les plus avancés.

La collection de médailles passait au cabinet national (3). La bibliothèque perdait son nom et prenait, comme le nouveau temple, celui de Panthéon (4). Le monastère

(1) On voulait faire expier aux reliques « le crime d'avoir servi à propager l'erreur! »

« Oui, écrivait M. Georges Duval, j'ai vu sur cette place de Grève d'où « Geneviève était partie pour détourner de sa marche le terrible roi des « Huns qui s'avançait sur Paris, sur ce même port où, dans un temps de « famine, d'innombrables bateaux chargés du blé recueilli par ses soins « avaient ramené l'abondance dans la cité désolée ; j'ai vu brûler et pré- « cipiter dans la Seine, par une bande de forcenés impies, les cendres de « celle qui avait autrefois préservé leurs pères des horreurs de la famine « et des fureurs d'Attila! » (*Souvenirs de la Terreur*, Paris, 1841-1842, tom IV, p, 160.)

(2) *Moniteur* des 9 et 23 novembre 1793.

Le procès-verbal du dépouillement de la châsse (*Moniteur* du 24 suiv.) affirme que *la majeure partie des pierres étaient fausses*. Nous ne discuterons point l'assertion, ni ne rechercherons, pour le cas où on la voudrait véritable, l'explication du fait.

Parmi les objets que renfermait la châsse, le procès-verbal a signalé « une bande de parchemin sur laquelle » était « écrit : *Una pars casulæ sancti Petri, principis Apostolorum.* » Nous avons eu occasion de parler déjà du fragment de la chasuble de saint Pierre.

Le Musée de la renaissance, au Louvre, possède les quatre vierges ou vertus cardinales, aujourd'hui dédorées et sans bras, qui supportaient la châsse.

Les précieux restes de sainte Clotilde, de saint Céraune et de sainte Aude auraient échappé de cette sorte à la profanation : l'abbé Rousselet les aurait réduites en cendres ; cendres recueillies et plus tard déposées dans l'église Saint-Leu, à Paris. (Fête de sainte Clotilde, troisième leçon du bréviaire).

(3) Aujourd'hui cabinet des médailles, à la Bibliothèque nationale de la rue Richelieu.

(4) La bibliothèque est restée à l'abbaye jusqu'en 1842, année d'une installation provisoire au collège de Montaigu (M. de Bougy, *Histoire de la Bibliothèque Sainte-Geneviève*, p. 162-164). C'est en 1850 que l'installation

devenait école centrale en attendant qu'il devint lycée. L'ancienne basilique allait disparaître (1). Mais la vieille tour toujours debout, mais de vieilles constructions, ainsi que la disposition des lieux, ne cessent d'attester l'existence tant de fois séculaire de la glorieuse abbaye.

définitive se fit dans le local actuel. Jusqu'à cette dernière date, cependant, le déménagement n'avait pas été complet à l'abbaye.

Depuis cette époque, les galeries servent de dortoir pour les élèves du Lycée Henri IV; et, si le rond-point n'existe plus, les principales sculptures et la coupole se voient encore aujourd'hui.

Les deux salles du cabinet des antiques ne sont pas moins éloignées de leur destination première : l'une est salle du cercle, et l'autre salle de billard.

(1) Elle fut démolie en 1807.

La pierre sépulcrale qui couvrait le tombeau de Clovis a été transportée à Saint-Denys, après avoir été placée au Musée des monuments français, dans l'ancien couvent des Petits-Augustins.

Les cendres de Descartes dont on avait en vain décrété la translation au Panthéon, étaient, depuis 1800, à ce même Musée. Elles reposent aujourd'hui dans l'église Saint-Germain des Prés où elles furent déposées en 1819. Le médaillon avec l'inscription latine se voit au musée de Versailles.

Le tombeau du cardinal, après avoir été également transféré au Musée des monuments français, prit place, en 1817, dans la chapelle des Incurables, à Paris, pour passer ensuite aux nouveaux Incurables, à Ivry.

FIN DE LA PREMIÈRE PARTIE

DEUXIÈME PARTIE

HISTOIRE LITTÉRAIRE

OU

PRINCIPAUX ÉCRIVAINS DE LA CONGRÉGATION DE FRANCE

CHAPITRE PREMIER

XVIIe SIÈCLE

LA MORINIÈRE — FRONTEAU — LALEMANT — GUILLERY ET GABRIEL DE BOISSY

Précédemment, obéissant aux lois du récit, nous avons signalé ou mentionné plusieurs travaux dus à des plumes génovéfaines. Nous n'avons pas à y revenir (1). D'autre part, dans notre galerie, doivent seulement figurer les écrivains de distinction (2).

(1) Nous avons assez souvent cité le P. Chartonnet, auteur de la *Vie du P. Faure.*

Nous avons donné un aperçu des œuvres du cardinal de La Rochefoucauld, des PP. Faure et Blanchart, apprécié celles des P.P. Beurrier et de Géry, inscrit un souvenir pour celles de Le Royer p. 126, de Quesnel p. 12, des abbés Floriot et Polinier pp. 180 et 181.

(2) Cependant, parmi ceux que nous laissons dans l'ombre, plusieurs ont droit ici à un souvenir. C'est :

Le P. Brethe de Clermont avec son œuvre assez originale, *Basilicæ S. Genovefæ decora emblematibus illustrata*, Paris, 1661, in-fol;

Le P. Charpetier avec son travail sur sainte Geneviève, son tombeau,

I

MORINIÈRE (MICHEL-MARTIN DE LA)

(vers 1591-1651)

Martin de La Morinière avait déjà paru avec quelque éclat dans les chaires de Paris, lorsqu'il fut appelé à l'hôtel

les processions de la châsse : travail qui est loin d'être sans mérite, puisque l'auteur a traduit la *Vie* de la sainte *sur l'original latin écrit dix-huit ans après sa mort* et *revu sur plusieurs manuscrits*, Paris, 1697, in-8° ;

Le P. Demonchy, prieur-curé de Saint-Chéron-lez-Chartres, et auteur des *Instructions chrétiennes sur l'Eucharistie*, Paris, 1702, in-12, œuvre bien conduite dans ses deux parties : *La réalité de l'Eucharistie dans le Nouveau Testament ; — l'Eucharistie figurée dans l'Ancien Testament ;*

Bernard Caignet, prieur de Saint-Vincent de Senlis au XVIIe siècle, écrivain assez fécond dont les ouvrages inédits sont conservés à la Bibliothèque Sainte-Geneviève ;

Lefèvre, prieur-curé de Saint-Nicolas de Troyes, auteur de deux lettres écrites en 1723 et 1724, sous le nom de Gouault, maire de cette ville, sur la question de savoir laquelle des deux villes, Troyes ou Châlons, devait être considérée comme la vraie capitale de la Champagne (v. P. Lelong, n° 34303) ;

Viallon, l'un des bibliothécaires de Sainte-Geneviève au moment de la révolution et qui avait déjà essayé de se faire admettre dans le monde littéraire par deux ouvrages, ses seules productions du reste : *Philosophie de l'univers ou théorie philosophique de la nature*, Bruxelles, 1782, 1 vol. in-8, deux parties ; et *Clovis le Grand*, Paris, 1788, 1 vol. in-12. Le premier devait avoir quatre parties dont trois consacrées aux trois règnes de la nature et la quatrième au Créateur du monde. Une note manuscrite sur un exemplaire de la Bibliothèque nationale nous fait connaître en ces termes pourquoi l'ouvrage est demeuré incomplet : « L'intention de l'auteur « étoit de donner la suite de cet ouvrage... ; ses supérieurs ont obtenu une « défense de la laisser paroître : ils ont pensé que cette suite auroit pu « porter atteinte à la chronologie sacrée et au dogme de la création. » Disons aussi que la seconde partie dont le public a été mis en possession, n'est pas celle qui avait été annoncée dans la Préface. Disons encore que l'auteur signait seulement : *M. Viallon*. Dans le second ouvrage, l'auteur n'avait pas sujet de craindre de se donner les qualifications de *chanoine régulier* et de *bibliothécaire de l'abbaye de Sainte-Geneviève*. Cette fois, nous avons un livre qui forme un tout régulier, mais dont les développements sont peu considérables, car la *vie* du premier roi chétien est précédée de *l'histoire des Francs avant sa naissance*, et renferme les *vies des principaux personnages qui ont concouru à la gloire de son règne, tels que sainte Geneviève, sainte Clotilde et saint Remi.*

abbatial de Sainte-Geneviève pour être précepteur des neveux du cardinal. Il fit connaissance avec le P. Faure, eut naturellement quelque contact avec les religieux et se sentit attiré vers le même genre de vie. S'en étant ouvert au P. Faure, celui-ci ne manqua pas de lui découvrir les difficultés qui fatalement surgissaient : l'âge du postulant — La Morinière avait quarante-quatre ans, — ses habitudes de liberté, son existence jusque-là facile, mêlée au monde, se prêteraient-ils au joug de l'obéissance et de la vie mortifiée, ainsi qu'à la solitude du cloître ?

La Morinière se reconnut assez de courage pour répondre affirmativement, et l'avenir ne devait pas apporter de démenti à sa parole.

Il prit l'habit sur la fin de 1638 et, après un noviciat sous la direction du P. Blanchart à Reims, fit profession l'année suivante. A Reims, il prêcha dans l'église abbatiale, à la grande satisfaction de tous, « les dimanches de Carême de l'an 1641, les sermons qui s'y font sur la mort ».

Rappelé à Paris, il y composa une vie de sainte Geneviève « qu'on fit imprimer pour être présentée à la reine qui l'avait demandée ». Supérieur à Notre-Dame de Chage, il se faisait applaudir dans la chaire de la cathédrale de Meaux. A Sainte-Geneviève, il remplaça le P. Fronteau dans la chaire de théologie ; mais la mort (janvier 1654) ne lui permit de l'occuper que trois mois (1).

La seule œuvre oratoire qui nous reste de lui, est l'oraison funèbre du cardinal de La Rochefoucauld. Ce discours fut prononcé, le 4 juin 1645, dans l'église de Saint-Vincent de Senlis (2). Il n'y faut pas chercher la perfection à laquelle atteindra, quelques années plus tard, ce genre de composition. En France, l'époque de transition touchait à sa fin ; mais elle pesait encore sur l'art oratoire. Donc, absence

(1) B. S. G., ms. fr. H. 17[3], in-fol., p.p. 354 et suiv.
(2) Paris, 1646, in-4°.

de la vraie méthode qui veut des divisions logiques ou impose l'ordre chronologique, groupements arbitraires ou forcés, détails inutiles ou même peu relevés, marche pénible, développement laborieux, voilà spécialement ce qui caractérise ce discours d'une longueur démesurée (1).

La Morinière fut aussi écrivain. On dit même qu'il avait une telle facilité de style, « qu'il ne raturait jamais » (2). Il nous a laissé une monographie du grand cardinal dont il avait célébré les vertus dans la chaire chrétienne. Malheureusement la monographie, assez correctement écrite, est une sorte de second éloge dans de plus larges proportions (3). C'est, du reste, le défaut de l'époque : les biographies étaient plutôt des panégyriques que de véritables études d'histoire.

(1) 61 pages in-4°.

Ce n'est pas que le souffle de l'éloquence ne vienne animer certaines parties de ce discours. Témoin le passage où l'orateur, voulant rappeler ce que son héros a fait en particulier pour l'église Sainte-Geneviève, s'écrie : « Parlez donc pour moy, marbres sacrez qui soutenez ses voûtes; parlez « pour moy, belles peintures qui luy servez d'ornement; parlez pour moy, « tombeau d'une pauvre bergère, mais d'une grande sainte; parlez pour moy, « riche et superbe châsse qui enfermez le sacré dépost de ses reliques; « parlez pour moy, divin sanctuaire, précieux tabernacle qui nous mettez « encore devant les yeux la richesse et la gloire de celuy du Vieux Testa- « ment : parlez et dites le zèle que ce grand cardinal a eu à la décoration « des églises... » (p. 67).

(2) Même ms.

(3) *Les vertus du vray Prélat représentées en la vie de Monseigneur l'Éminentissime cardinal de La Rochefoucauld*, Paris, 1646, in-4°.

Le panégyrique, qui s'annonce ainsi par le titre, apparait jusque dans la division du travail du P. de La Morinière. Ainsi :

Livre I

Des qualitez naturelles et morales de Monsieur le cardinal.

Livre III

Des opérations de sa charité envers luy mesme (première partie).
Des opérations de sa charité envers le prochain (deuxième partie).
Des opérations de sa charité envers Dieu (troisième partie).

Livre IV

De ce qu'il a fait pour les ordres religieux (première partie).

. . . .

II

FRONTEAU (JEAN)

(1614-1662)

Jean Fronteau (1) naquit à Angers en 1614. Son père exerçait une charge de notaire en cette ville. Le jeune enfant fut placé, à l'âge de huit ou neuf ans, chez le curé d'Épiré, paroisse des environs. Ce digne ecclésiastique passait pour l'homme qui, dans la contrée, connût mieux le latin et le grec. Retiré au bout de trois ans, parce que le père le destinait aux affaires et non aux études, renvoyé sur ses instantes prières à Épiré pour y passer encore deux ans, l'élève devint si bon humaniste, qu'il pouvait « tourner sur-le-champ le français en latin et en grec fort correctement ». Le superlatif doit être de trop, puisque nous voyons le studieux écolier entrer en troisième chez les oratoriens d'Angers. Il resta dans cette maison jusques y compris sa rhétorique que, sur les conseils du P. Gallet, prieur de Toussaint, on tint cependant à lui faire doubler au collège de La Flèche.

Pendant qu'il était chez les oratoriens, son père avait été atteint d'une maladie dangereuse. Le jeune Fronteau, suivant à la fois l'impulsion de son cœur et de sa piété, s'était engagé par vœu à se faire religieux, si le ciel rendait à la santé le bien-aimé malade. Le père guérit et le fils entra, en 1631, à l'abbaye de Toussaint d'Angers.

Le collège de La Flèche, un des plus florissants du royaume, devait revoir l'étudiant devenu chanoine régulier. Ce collège en avait fait un élégant rhétoricien; il allait

(1) Cette notice, à moins d'indications différentes, est tirée de la vie inédite du P. Fronteau, ms. fr. H. 17³, in-fol., p. 534-610, de B. S. G.

en faire un solide philosophe et ébaucher, sous le P. Bagot, le savant théologien de l'avenir.

Toussaint venait d'être définitivement uni à la Congrégation de France.

Une thèse que l'étudiant avait dédiée au supérieur général de cette congrégation et soutenue devant lui à La Flèche, avait marqué sa place à Sainte-Geneviève. Il y entra en 1636, pour y poursuivre ses études théologiques sous le docteur Bétille, de la maison de Navarre, lequel venait professer cette science à l'abbaye.

L'année suivante, il fut lui-même chargé d'y enseigner la philosophie et, deux ans après, la théologie.

Formé à la Flèche dans les principes philosophiques de *l'Ange de l'école*, il en demeurait le chaud partisan. Il désirait qu'il n'y ait pas d'autre enseignement dans la congrégation. Il réussit même à faire partager son sentiment au P. Faure. Pour faciliter le travail des maîtres et aider aussi à l'intelligence des élèves, il entreprit, de concert avec un de ses confrères, le P. Lefebvre, de compléter l'œuvre du jésuite italien, Cosme Alamanni. De là, la *Summa totius philosophiæ D. Thomæ Aquinatis*, le premier ouvrage que le P. Fronteau donna au public (1).

Il se livrait, en même temps, à la double étude des Pères et des annales ecclésiastiques. Si la première étude fortifiait la science du théologien, la seconde révélait aussitôt l'historien. Dès cette époque, il composait en vers hexamètres une histoire résumée des papes, véritable tour de force, car, de saint Pierre à Urbain VIII, non seulement un vers est consacré à chaque pape pour dire son nom et ses principales actions, mais les premières lettres des vers se rangent dans l'ordre alphabétique, le nombre de celles qui dans chacun précède le nom du pontife marque le nombre

(1) *Summa..., philosophia morali ipsaque pro majori parte metaphysica recens adaucta*, Paris, 1639, in-fol., avec deux lettres, l'une au P. Faure et l'autre *ad benevolos lectores*.

d'années que ce dernier a occupé le Saint-Siège, et, dans le cas où le règne a été de moins d'une année, le nom est relégué à la fin du vers (1).

Estimant que la connaissance des langues orientales était très utile à l'intelligence de l'Écriture sainte, il voulut l'acquérir et engagea plusieurs de ses élèves dont les aptitudes s'y prêtaient, à en faire autant. Un maître leur fut donné ; et Fronteau — ses écrits l'attesteraient au besoin — devint assez habile dans les langues hébraïque, syriaque, chaldéenne et arabe.

La place de chancelier de l'université de Paris étant devenue vacante, en 1647, par la mort de Pierre Guillon, le supérieur général, usant de son droit en qualité d'abbé de Sainte-Geneviève, y nomma le savant professeur de l'abbaye. Mais l'université s'opposa à la nomination. La question des séminaires de la congrégation était pour beaucoup dans cette opposition. L'université, en effet, contestait à la congrégation la faculté d'avoir de ces établissements. Peut-être conservait-elle désagréablement le souvenir d'un discours habile, incisif parfois, prononcé par le P. Fronteau dans une circonstance récente et solennelle (2).

Le supérieur général, avant de soumettre l'affaire au

(1) Voici par exemple, le début :

> Affero pontificum seriem ; tu, *Petre*, canenti
> Blattas, diva *Lini* et matrum velamem, adesto.
> Clio patricii *Cletum* sedisse recenset.
> Discedant. *Clemens* populis heptagraphus infit.

Et pour les noms relégués à la fin :

> Ah scelus ! includit mira ambitione *Leonem*
> Barbarus invasor sedis *Christophorus* ; ast hunc
> . . . .

Il s'agit de Léon V et de l'antipape Christophe. En pareil cas, notons-le encore, le nom de l'antipape était placé à la dernière ou à l'avant-dernière place ; et, quand le dernier pied du vers était formé de deux monosyllabes, ceux-ci ne comptaient que pour un mot.

Fronteau dictait, en 1642, cette histoire à ses élèves. Ce curieux ouvrage est demeuré inédit, à la Bibliothèque Sainte-Geneviève, sous la cote ms. lat. H. 20. in-fol. Nous donnons le titre : *Summa summorum pontificum versibus descripta ea arte qua, et quotusquisque sit, et quos annos sederit et quid potissimum fecerit, facile deprehendi potest.*

(2) Voir précédemment p. 83-84.

parlement, en référa au premier président Matthieu Molé. Celui-ci fit appeler le recteur et, ne jugeant pas suffisantes les raisons alléguées, lui ordonna de recevoir sans plus tarder le chancelier nouveau. Le refus de l'université fut suivi aussitôt de la menace d'un arrêt. On capitula; et le chancelier fut admis à prêter le solennel serment (mai 1649) (1).

Fronteau se trouvait alors en plein dans la polémique. D'abord avec un chanoine de Chartres, l'érudit Souchet. Ce dernier, voulant donner une édition des œuvres de saint Yves, l'illustre évêque de cette ville, avait rédigé des notes judicieuses sur les lettres du prélat. L'impression devait se faire à Paris. Sur la demande même de l'abbé de Goussainville, prêtre du diocèse de Chartres et habitant alors les Incurables, Souchet chargea celui-ci de la revision du texte et de la correction des épreuves. Pareille besogne était-elle au-dessus des forces de Goussainville ou bien voulait-il ne rien négliger pour rendre l'édition aussi irréprochable que possible? Toujours est-il qu'il s'entendit avec l'imprimeur pour réclamer le concours du P. Fronteau. Le docte génovéfain adhéra à la proposition. On lui demanda ensuite et la vie de saint Yves qu'on voulait placer en tête de l'ouvrage, et la dédicace qu'on proposait d'en faire à Lescot, le successeur actuel du grand saint. Il est difficile d'admettre que tout cela se fit complètement à l'insu de Souchet. L'*in-folio* parut en 1647. Malheureusement l'épître dédicatoire ne portait que la signature de Fronteau. Souchet se trouva à bon droit blessé (2). Le premier tenta

(1) Rien dans notre ms. qui ait trait à la rétractation de Fronteau dont parle M. Jourdain dans son *Hist. de l'université de Paris aux XVII*e *et XVIII*e *siècles*, p. 169. Du reste, pourquoi Fronteau se serait-il rétracté? Son rôle ne s'était-il pas borné à ramasser les traits de l'adversaire pour les lui relancer? Quelques paroles de regrets de la part du nouveau chancelier, ce qui alors est surtout une affaire de politesse; et voilà tout, à notre sens.

(2) *Qua fronte*, disait Souchet, *Domine Fronto, Ivonis editionem tuam esse asseris, meam negas? cum semper ipsi præfuerim, sive illius præsulis*

vainement de répondre à toutes les récriminations du second. Pourquoi Fronteau n'inscrivait-il pas le nom de Souchet à côté du sien ? Ou bien pourquoi n'expliquait-il pas clairement les choses (1) ?

Fronteau fut plus heureux dans une autre polémique.

En 1640, Richelieu faisait sortir des presses royales une belle édition de l'*Imitation de Jésus-Christ*. Les bénédictins de la Congrégation de Saint-Maur demandaient instamment que cette édition portât le nom de Jean Gersen, abbé de Verceil. Suivant eux, ce dernier était vraiment auteur du livre, ainsi qu'on pouvait le constater par quatre manuscrits de Rome. Le cardinal exigeait une attestation sérieuse, motivée.

Il chargeait, en même temps, de l'étude de la question les PP. jésuites J. Sirmond et Peteau, trois docteurs en théologie : Duval, Hallier, Sainte-Beuve, les prieurs de Sainte-Geneviève, de Saint-Victor et de Saint-Germain des Prés.

Les bénédictins donnèrent commission à leurs procureurs à Rome de faire dresser l'attestation exigée. Ceux-ci s'adressèrent au cardinal de Bagny, ancien nonce en France, lequel confia la vérification à son propre bibliothécaire,

operibus colligendis, sive typographo ut ea typis daret commendandis. (*Veritatis defensio in F. Joan. Frontonem*, Chartres, 1651, in-8, p. 24.)

(1) Il nous semble que le vif débat soulevé à ce sujet doit être ramené aux proportions de notre récit. Le tort de Fronteau était d'avoir signé seul la dédicace, s'affirmant par là comme l'éditeur de l'ouvrage. Mais nous ne voyons pas qu'on pût l'accuser d'un véritable plagiat. Il y avait eu de sa part un travail personnel, considérable ; et le titre même de la seconde partie restituait par ces mots à chacun ce qui lui appartenait : *Cum notis doctissimorum virorum Jureti, canonici Lingonensis, et Soucheti, canonici Carnotensis.* Il est vrai que c'est au frontispice de la seconde partie qu'on lit ces mots, tandis qu'on ne trouve que ceux-ci dans le titre général du commencement : *Cum notis doctissimorum virorum Jureti canonici Carnotensis.* Mais qui ne voit qu'il y a là une évidente faute d'impression ?

Notre interprétation découle de la lettre que Fronteau écrivit à Souchet le 20 novembre 1647, et se détacherait même de l'ensemble des pièces produites par les intéressés et publiées, avec la lettre de Fronteau, à la fin du *Veritatis defensio*, que nous venons de mentionner.

Gabriel Naudé, qui le devint ensuite du cardinal Mazarin, et au sous-bibliothécaire du Vatican. Le 31 janvier 1641, on se réunit chez le cardinal de Bagny, pour entendre le rapport de Naudé qui conclut à la falsification des manuscrits ou à l'impossibilité d'en tirer une preuve admissible : le premier de ces manuscrits était d'une date postérieure à l'époque où vivait Thomas A-Kempis lui-même ; dans le second l'on avait ajouté après coup le nom de Gersen ; le troisième, sans indication d'auteur, ne pouvait servir à rien; la quatrième, enfin, portait les traces d'une grossière falsification.

A Paris, le P. Sirmond inclinait à attribuer le livre à un écrivain antérieur à Thomas A-Kempis. Le P. Peteau ne voulait admettre d'autre auteur que celui-ci. Le premier s'appuyait sur un vieux manuscrit de la bibliothèque du collège de Clermont, manuscrit dont l'écriture paraissait appartenir à l'époque précédente ; le second sur le style du chanoine régulier, style qui se retrouvait dans l'*Imitation*. Duval et Hallier ne se prononçaient point. Sainte-Beuve opinait pour Gerson, le célèbre chancelier.

En cet état, l'édition parut sans nom d'auteur.

Toutefois Fronteau ne crut pas devoir laisser sans réponse le factum de dom Valgrave en faveur de Gersen (1). Il en produisit un autre en faveur de Thomas A-Kempis (2).

La question sommeilla quelque trois ans, jusqu'au moment où un autre enfant de Saint-Benoît, l'italien Cajetan, lança son *Apparatus ad Gersenem restitutum* (1644). Fronteau reprit la plume pour rétablir les droits du chanoine des Pays-Bas : aux anciennes preuves s'en ajoutaient de nouvelles tirées du rapport de Naudé, lequel rapport avait même pris place dans le volume (3). Valgrave revint à la

(1) *Animadversiones apologeticæ*, Paris, 1638.

(2) *Thomas a Kempis vindicatus per unum e canonicis regularibus... Congregationis gallicanæ*, Paris, 1641, in-8°.

(3) *Thomas a Kempis vindicatus... cum evictione fraudis qua nonnulli usi id operis cuidam Joanni Gersen adscripsere*, Paris, 1647, in-8°.

charge, et un religieux de Saint-Germain des Prés, Quatremaire, arriva à la rescousse. Fronteau soutint vaillamment la lutte par deux nouvelles armées d'arguments (1).

Mais du domaine de la critique, la cause était déjà passée dans celui de la justice. Au milieu de la mêlée, Naudé, se trouvant atteint dans son honneur, avait porté plainte au Châtelet contre les athlètes bénédictins. L'affaire alla au parlement. Les chanoines de Saint-Victor se joignirent aux génovéfains pour se porter partie aux procès : ils demandaient que l'arrêt défendît, en même temps, l'impression de l'*Imitation* sous d'autre nom que celui de Thomas A-Kempis. Plusieurs audiences furent consacrées aux débats, cinq avocats entendus, et, après eux, Quatremaire et Fronteau prononcèrent chacun un discours en latin, sorte de bouquet artistement composé des principales raisons ou fleurs des plaidoyers précédents.

L'arrêt fut rendu, le 12 février 1652, ordonnant la suppression des « paroles injurieuses respectivement employées », et permettant de publier l'*Imitation* sous le

Dans une lettre au P. Boulart, Pierre Corneille s'exprimait ainsi sur l'ouvrage du P. Fronteau : « J'ay veu le *Thomas vindicatus* du R. P. Fron« teau, que j'estime très fort; mais si je ne me trompe, il ne respond « point aux mots dont je vous parlois dans ma dernière (ce sont ceux-là « mêmes qui vont être cités). Il justifie bien que les façons de parler de « l'Imitation de Jésus-Christ sont les mesmes que celles des autres livres « de Thomas a Kempis...; mais il ne touche qu'au mot de *leviter;* pour « les autres : *bassare, grosse vestire, sentimenta, sententiare, contentare*, etc., il n'en dit rien du tout, et je ne voy pas de moyen de faire « passer ces motz là pour allemands, si bien qu'il faut les advouer ita« liens, à moins que vous disiés que Thomas a Kempis les a pris de la « langue françoise qui se parloit en son monastère ou aux environs aussi « bien que la flamande. » (Lettre datée de Rouen, 23 avril 1652, et publiée pour la première fois dans *Bibliot. de l'École des chart.*, tom. III, 3e sér., p. 358.)

(1) 1° *Refutatio eorum quæ contra Thomæ Kempensis vindicias scripsere D. R. Quatremaire..... et D. de Launoy..... in qua..... sustinetur evictio fraudis*, Paris, 1650, in-8°.

2° *Argumenta duo nova, primum Theophili Eustathii....., alterum J. Frontonis*, Paris, 1651, in-8°. Si Fronteau n'est pas l'auteur du premier argument, il l'a fait sien en lui donnant cette hospitalité.

nom de Thomas A-Kempis, mais l'interdisant sous celui de Gersen (1).

Une troisième polémique attira au P. Fronteau une disgrâce méritée.

L'*Augustinus* avait fait son apparition en France et y excitait les plus vives disputes. Fronteau penchait d'autant plus facilement vers la théorie de ce livre, qu'il se roidissait davantage contre le molinisme. Voici ce qui donna l'éveil sur ses propres sentiments.

Il était souvent invité à la soutenance des thèses du collège de Clermont, où il comptait pour amis, outre le P. Bagot, son ancien professeur, les PP. Peteau et J. Sirmond. Un jour, à une de ces thèses, il attaqua fortement et soutint mordicus, au sujet de la prédestination, une proposition qui sentait en plein l'*Augustinus*.

La petite scène scolastique s'ébruita et déjà les accusations se formulaient. Pour imposer silence, le supérieur général engagea le P. Fronteau à aller, en compagnie d'un confrère, s'expliquer devant les PP. Peteau et Bagot. L'explication fut jugée parfaitement satisfaisante.

Toutefois, le théologien de Sainte-Geneviève voulut apporter son mot au débat. Dans un opuscule, il essaya d'établir la conciliation entre les opinions touchant les graves problèmes

(1) Pour ce qui regarde la question de l'*Imitation* : les divers opuscules, les diverses pièces du procès, le *Jugement contradictoire* rendu par « les gens tenans les requestes du palais à Paris, conseillers du roy nostre sire en sa cour de parlement, commissaires en cette partie..., » et aussi B. S. G., ms. fr. H. 18[1], in-fol., p. 143-157.

Le P. Boulart, dans le courant du mois qui suivit l'arrêt, adressa aux monastères de la congrégation une circulaire à l'effet d'obtenir de nouveaux témoignages en faveur de Thomas A-Kempis. C'est ainsi que le grand Corneille qui travaillait à sa traduction de l'*Imitation*, se trouva vivement engagé à dire son avis. Nous avons donné un extrait d'une de ses lettres. En homme prudent, il voulait éviter de se prononcer. Il avait déjà écrit dans une lettre précédente : « Pour moy qui ne prends intérest « ni pour le pays ni pour l'habit, j'ay besoin de me tenir neutre et pour- « suivre comme j'ay commencé, afin que ma traduction puisse estre bien « reçeue de tout le monde. » (Lettre au P. Boulart, Rouen, 12 avril 1652, *Biblioth. de l'École. des chart.*, *loc. cit.*, p. 355.)

de la grâce et de la prédestination (1). Dans un autre, il s'appliqua à montrer la profonde différence entre la doctrine du docteur d'Hippone et celle de l'hérésiarque de Genève (2). Le premier opuscule passa presque inaperçu : les esprits étaient si peu disposés à la paix. Le second fit beaucoup de bruit : c'était, par l'examen des propositions, une réponse, plus étudiée que péremptoire, à ceux qui entendaient tirer de l'*Augustinus* même les erreurs calvinistes. Le supérieur général estima prudent de faire retirer du commerce les *Antithèses d'Augustin et de Calvin*. Mais l'opuscule eut bientôt une seconde édition (3) ; et il paraît bien qu'elle se fit à l'insu ou, du moins, sans la participation de l'auteur.

Le P. Fronteau donnait à l'étude dix heures par jour et une partie de ses nuits. Il n'est donc pas étonnant que le professorat et la polémique lui laissassent encore du temps de reste.

Ayant découvert, à la Bibliothèque de Sainte-Geneviève, un manuscrit, vieux de neuf cents ans, renfermant le calendrier des fêtes qui se célébraient alors dans l'Église, il jugea à propos, dans l'intérêt de l'érudition, de le publier. L'édition fut enrichie de notes et de deux dissertations, l'une sur les fêtes païennes, judaïques et chrétiennes, l'autre sur le culte des saints (4).

L'exégèse l'occupait aussi. Il travaillait à un commentaire des psaumes, n'oubliant pas d'utiliser ses connaissances des langues orientales (5).

L'orage grondait. La chaire de théologie dut être enlevée au génovéfain suspect ; et le modeste bénéfice de Benais, en Anjou, gratification du marquis du Bellay, lui offrit une

(1) *Quæstionum de gratia et prædestinatione concordia*. Nous ne saurions dire si cet opuscule a été imprimé.

(2) *Antitheses Augustini et Calvini*, publié en 1650.

(3) En 1651.

(4) *Kalendarium romanum nongentis annis antiquius*..., Paris, 1652, in-8°.

(5) *In spalmos*, comment. inédit, B. S. G., ms. lat. B. 22, in-fol.

opportune retraite. Malgré le zèle qu'il déployait (1), ses fonctions de pasteur lui laissaient de nombreux loisirs qu'il consacrait, soit à l'étude des langues italienne et espagnole, soit à la composition de nouveaux ouvrages (2). Le ministère évangélique s'ouvrait même pour lui au dehors. Sa parole, comme prédicateur, se fit entendre à Sens et à Nevers, et, comme controversiste, sous la halle de Bourgueil, en présence de trois ou quatre mille personnes, mémorables séances où les élèves de l'académie de Saumur affluaient et où les professeurs étaient invités à venir proposer et appuyer leurs objections (3).

Des recherches à faire ou des devoirs à remplir l'amenaient souvent à Paris. Comment, en effet, aborder de pareils sujets d'érudition en se privant des ressources des bibliothèques de la capitale? D'autre part, ne demeurait-il pas toujours chancelier de l'université? La congrégation ne lui confiait-elle pas aussi certaines missions, par exemple, celles de porter, dans de solennelles circonstances, la parole en son nom (4).

(1) Notre ms. rapporte que les dimanches et fêtes il allait aux cabarets chercher les buveurs pour les amener aux offices et à la prédication.

(2) Il en a commencé deux, les a conduits loin, sans les achever cependant. L'un traitait des chanoines, de leur origine et de leur état dans le cours des âges, l'autre de l'Église des premiers siècles comparée à l'Église catholique d'aujourd'hui. Le premier était un monument élevé à la gloire de l'ordre, le second une réponse aux attaques, sans cesse renouvelées, des hérétiques modernes. La Bibl. S. Gen. possède les deux mss., l'un : *De origine canonicorum.....*, sous la cote ms. lat. E. 18, in-fol., l'autre : *De vita et moribus christianorum*, sous la cote ms. lat. H. 19², in-fol.

(3) Bourgueil est une petite ville à trois lieues de Saumur. Benais n'était pas non plus éloigné de Bourgueil. Ces diverses localités appartenaient au diocèse d'Angers.

(4) C'est ainsi qu'on lui confia l'éloge funèbre de Matthieu Molé : *Oratio funebris in obitum Matthei Molé*, Paris, 1656. Ce discours fut prononcé le 28 janvier 1656, au service religieux célébré à Sainte-Geneviève pour le repos de l'âme de l'illustre garde des sceaux. L'orateur satisfit pleinement son auditoire « qui estoit composé des plus doctes de Paris et des plus considérables de la robe ». Pierre Corneille écrivait au P. Boulart au

Mais les ennemis de l'exilé trouvaient que c'était là jouir de trop de liberté. D'ailleurs, lui-même ne perdait pas de vue la grande querelle religieuse. Il avait rédigé deux lettres, une pour le pape, l'autre pour le roi, les priant de choisir dans les deux camps des docteurs dont l'arrêt sage, pondéré, mettrait fin à l'interminable débat. Si ces lettres restèrent dans les cartons de l'auteur, c'est que de prudents amis l'engagèrent à ne pas les expédier. Nicéron lui attribue la lettre publiée, en 1656, sous le nom d'un *théologien* exposant les raisons qui ne lui permettaient pas d'adhérer aux décisions de l'assemblée du clergé(1). On lui attribuait aussi la fameuse distinction du droit et du fait, ce grand cheval de bataille des jansénistes. Quoi qu'il en soit, au commencement de 1661, une lettre de cachet le confina dans son bénéfice avec défense expresse d'en sortir.

Grâce à de hautes et pressantes interventions, la défense fut levée à la fin de l'année et même le rappel autorisé. Mais ces deux conditions avaient été imposées : la révocation de l'approbation donnée à la traduction française du Missel (2), et la signature du Formu-

sujet de ce discours : « Je vous rends grâce de ce que vous m'avés envoyé « de la façon du R. P. Fronteau : c'est un grand homme en tout, et ce « n'est pas avoir peu fait d'effait sur moy que de m'avoir obligé de lire « son oraison funèbre toute entière, moy qui ay une aversion naturelle « contre les panégyriques et qui n'ay jamais pu lire plus de quatre pages « d'aucun qui soit tombé sous ma main ; je n'en excepte pas mesme celuy « de Pline Second. » (Lettre datée de Rouen, 10 juin 1656, et publiée pour la première fois dans *Bibl. de l'École des chart.*, tom. III, 3e sér., p. 360.)

Quelques mois après cette oraison funèbre, Fronteau adressait une lettre de consolation aux deux fils du non moins illustre Bignon, qui mourut en avril 1656, *Bignonio in auditorio Paris. advocato regio et publico ejusque fratri*, lettre rendue publique cette année même.

(1) *Lettre d'un théologien à une personne de condition, où il déclare les raisons qui l'obligent à ne pas souscrire à l'ordonnance de Messeigneurs les évesques assemblés au Louvre, l'an 1654, et qui a été ensuite confirmée en l'assemblée générale du clergé tenue à Paris, l'an 1656.* (Voir Nicéron, tom. XXI, p. 88.)

(2) Cette traduction avait été publiée en 1660. C'était l'œuvre de Voisin. Fronteau l'avait approuvée. Condamnée, cette même année, par l'assemblée du clergé, et, l'année suivante, par Alexandre VII, le roi en avait prononcé la suppression par arrêt du conseil.

laire (1). Fronteau s'était soumis. L'exil avait duré sept ans (1654-1661). Le retour à Paris s'effectua en janvier suivant; et, sur la demande de l'archevêque de Sens, le gracié fut nommé à la cure de Sainte-Madeleine de Montargis où il mourut deux mois après avoir pris possession (2).

Fronteau était incontestablement un des hommes les plus érudits de l'époque (3). Sa plume a beaucoup produit (4). Ses œuvres, toutes en latin, dénotent un habile dans cette langue classique : c'est l'écrivain correct et par-

(1) Il s'agit toujours du Formulaire dont la signature était prescrite comme preuve d'orthodoxie.

(2) Notre ms. raconte sa mort en ces termes : « Ayant rencontré, en « faisant la visite de ses paroissiens malades, un pauvre passant gene- « vois qui estoit hérétique, son zèle toujours ardent l'arresta... auprez de « ce malade rempli d'infection et de pourriture ; et, quoi qu'il sentist fort « mal, il ne laissa pas de demeurer près de luy, pour tascher de le con- « vertir et le ramener au giron de l'Église. On ne sçait pas au vray si ce « fut là qu'il gaigna sa maladie; mais, sur le minuit, il se trouva atta- « qué de trois grands maux... » dont il mourut, en avril 1662.

(3) On peut lire l'éloge que le P. Lalemant a fait de lui sous le titre de *Memoria*, Paris, 1663, in-4°, éloge à la suite duquel on lit plusieurs pièces tant en prose qu'en vers.

(4) Citons encore parmi ses œuvres imprimées :

1° *Dissertatio philologica de virginitate honorata, erudita, adorata, fecunda*, Paris, 1651, in-4°; *Dissertatio* dédiée à l'*illustre et vénérable chapitre de Chartres*.

2° *Epistolæ selectæ*, Liège, 1674, in-16, lesquelles lettres avaient été précédemment et séparément mises au jour.

Ces lettres roulaient sur des sujets importants. Ainsi, par exemple :

Familia christiana in primis Ecclesiæ seculis, au premier président de Lamoignon;

De canonicis cardinalibus;

De episcoporum pastorumque nomine, officio et dignitate;

De moribus et vita christianorum in primis Ecclesiæ seculis;

De signo crucis;

De origine parochiarum, deque fundamentis obligationis ad eas conveniendi.

Citons aussi parmi ses œuvres inédites :

1° *De Ecclesia*, B. S. G., ms. lat. H. 19, in-fol., traité où une place assez considérable est réservée aux chanoines réguliers;

2° *Historia cancellarii S. Genovefæ*, au commencement du ms. lat. H. 25, in-fol., même Bibl.;

3° Hymnes et épigrammes, même Bibl., ms. lat. Y. 5, in-12, opuscule qui prouve de nouveau que la langue de Virgile et d'Horace ne lui était pas plus étrangère que celle de Cicéron et de Sénèque.

fois élégant. Les savants l'estimaient. S'il eut des adversaires ardents, il connut aussi des amitiés illustres : citons Matthieu Molé, Bignon, Ménage (1), Naudé, les PP. J. Sirmond et Peteau parmi les jésuites, Morin et Thomassin parmi les oratoriens (2).

III

LALEMANT (Pierre) (3)

(1667-1673)

A Reims appartient la naissance de Pierre Lalemant, à Paris sa carrière. Appelé à la chaire de rhétorique du collège du cardinal Le Moine, les progrès des élèves n'attestaient pas moins son dévouement que sa capacité et l'efficacité de sa méthode. Sa méthode était plus pratique que théorique : il visait surtout à inculquer par l'exercice les préceptes aux élèves. Élevé à la plus haute dignité de l'université, dix élections successives furent un éloquent hommage rendu aux aptitudes de la personne et à la bonté de la gestion. En enseignant aux autres les règles de l'éloquence, il les appliquait lui-même dans des œuvres oratoires qui furent remarquées, sermons, panégyriques, oraisons funèbres, discours de circonstances (4).

(1) C'est à Ménage qu'il destinait une dissertation latine, rendue publique, dans le but d'expliquer pourquoi il a latinisé son nom en *Fronto, Frontonis*, et non point en *Frontellus, Frontæus*, contrairement à l'avis de plusieurs : *De nomine suo latine vertendo dissertatio ad Ægidium Menagium*. (Nicéron, tom. XXI, p. 86.)

(2) Nous avons marqué plus haut que le P. Fronteau et, après lui, le P. Lalemant, furent pour l'abbaye des bibliothécaires d'un zèle admirable.

(3) Ce génovéfain n'orthographiait pas autrement son nom patronymique. On peut voir, en particulier, ses ouvrages par lui-même publiés. Nous avons constaté la même chose dans la signature manuscrite.

(4) Nous possédons de l'orateur, dans cette période, l'oraison funèbre, en latin, d'Omer Talon : *Oratio in honorario funere...*, Paris, 1653, in-4°.

Qui pourrait dire toutes les voies mystérieuses par lesquelles Dieu sait arriver jusqu'aux âmes pour les toucher et les porter à répondre à ses appels ?

La crainte de n'observer pas assez bien les vérités évangéliques qu'il enseignait aux autres, fut, pour Pierre Lalemant, une des causes déterminantes de sa vocation religieuse, et l'amour de la hiérarchie ecclésiastique, l'image s'en offrant là plus sensible, fixa son choix sur la Congrégation de France : le prédicateur en renom, l'habile professeur, le recteur apprécié de l'université de Paris alla s'ensevelir dans la solitude de Saint-Vincent de Senlis.

Pierre Lalemant n'était alors âgé que de trente-trois ans. Il avait été recteur du 23 juin 1653 au 10 octobre 1655, année de sa retraite dans ce monastère. Le noviciat achevé, l'abbaye de Paris l'appela dans son sein.

On se souvenait de l'orateur. C'est à lui qu'on demanda l'oraison funèbre de Pompone de Bellièvre, premier président au parlement de Paris. Le discours fut donné, le 27 avril 1657, dans l'église de l'Hôtel-Dieu, au service solennel que les administrateurs y faisaient célébrer. Le défunt, en sa qualité de premier président, avait le titre et exerçait la charge de premier administrateur de ce vaste

Ce discours fut prononcé dans l'église des Mathurins, au service religieux que l'université fit célébrer pour le repos de l'âme de l'éloquent avocat général.

Quelques *harangues* du recteur de l'université ont pris place dans un recueil de l'époque, *Harangues célèbres et remonstrances... et quelques oraisons funèbres... recueillies par Me L. G., advocat au parlement*, Paris, 1655, in-4°.

Dans l'une qu'il faisait entendre à la reine d'Angleterre, Henriette de France, en lui présentant un cierge le jour de la Purification, il s'exprimait avec cette délicatesse : « Les roses dont la couronne d'Angleterre « est tissue, ne nous sont pas moins vénérables pour estre environnées « d'espines ; et cette croix intérieure que Jésus-Christ luy-mesme vous « imprime dans le cœur, ne nous paroist pas moins esclatante que celle « que vous portez sur la teste comme une marque de vostre authorité. » (*Ibid.*, p. 167.)

Cette cérémonie de la présentation d'un cierge, à la Chandeleur, au nom de l'université, a été l'objet de décrets portés par ce docte corps. (Duboulay, *Histor. univers.*, tom. VI, p.p. 330 et 785.)

hôpital : « Nos pères ont voulu, devait dire l'orateur, « que le père des lois fût le père des pauvres, et que celui « qui préside à la justice présidât à la miséricorde (1) ». Le P. Lalemant, dans ce langage que le grand siècle n'avait pas encore épuré, loua son héros d'avoir « su faire un bon et « légitime usage de la gloire et des richesses que Dieu « avait mises dans sa maison » (2).

A Sainte-Geneviève, la charge de prieur attendait le P. Lalemant. Une nouvelle dignité universitaire lui fut aussi réservée, celle de chancelier en remplacement du P. Fronteau. C'était en 1662. Comme jadis le recteur, le chancelier devait être à la hauteur de la situation.

Cependant les forces physiques qui s'en allaient, les infirmités qui arrivaient, firent comprendre au génovéfain que son existence inclinait vers le terme fatal. Il voulut n'avoir plus d'autres soins que de se préparer chrétiennement, sacerdotalement pour l'heure jamais trop redoutée. En conséquence il fit agréer le P. Tetelet, professeur de théologie, pour son futur successeur et pour son suppléant actuel (3). Quant à lui, il s'isola de plus en plus, pour mieux se placer en présence de l'éternité et nourrir conti-

(1) *Panégyrique funèbre de Messire Pompone de Bellièvre...*, Paris, Cramoisy, 1657, in-4°, p. 28. Il fut aussi un des bienfaiteurs de l'Hôtel-Dieu.

(2) Dans la seconde partie, au sujet de l'hôpital général, l'orateur parle de cet établissement « que l'on avoit prit d'abord pour une idée agréable « de quelques personnes plus pieuses que prudentes, et qu'il (Pompone « de Bellièvre) a laissé dans le plus parfait estat que l'on pouvoit souhaiter « par la vigilance de ses soins, par l'authorité de son nom et par le se- « cours de ses charitez particulières. » (*Ibid.*, p. 35.)

M. l'abbé Maynard, *S. Vincent de Paul*, Paris, in-8°, tom. III, p. 361, réduit à de trop faibles proportions le concours donné par Pompone de Bellièvre à l'établissement de l'hôpital général. Mais aussi pourquoi s'avise-t-il de le faire succéder à Matthieu Molé en 1656, pour le faire mourir deux mois après, c'est-à-dire un an avant la date vraie ?

(3) A notre sens, c'est la seule manière d'expliquer le serment, imposé au chancelier, que le P. Tetelet prêta seulement en mars 1673 (*Religiosissimi... Petri Lalemantii, prioris S. Genov. et univers. Parisiens. cancellarii, Memoria, disertis per amicos virosque clarissimos encomiis celebrata*, Paris, 1679, in-4°, p. 25.)

nuellement son âme des salutaires pensées que la mort inspire. C'est au sein de ces graves méditations que se révèle pour nous l'écrivain pieux et austère, l'écrivain à la phrase correcte, au style coulant, aux périodes parfois éloquentes (1).

L'année 1669 vit éclore le *Testament spirituel ou prière à Dieu pour se bien disposer à mourir* (2), opuscule qui « doit être considéré plutôt comme une effusion de cœur que comme une production d'esprit » (3), et que le public accueillit avec faveur, car l'année ne s'écoula pas sans qu'une seconde édition devînt nécessaire et sortît réellement des presses. Commencé pendant une longue et cruelle maladie, le *Testament spirituel* fut achevé par l'auteur durant sa convalescence. Humilité de l'indigence, ardeur de l'amour divin, grandeur de la gratitude, reproches de conscience, détachement de la terre, aspirations sublimes, élans vers Dieu, tous ces sentiments qui ennoblissent, toutes ces pensées qui élèvent, tout cela se traduit, s'accentue dans une suite de prières qui transportaient le suppliant et ne laissent pas indifférent le lecteur.

A trois ans de là, *La mort des justes* faisait son apparition (4). C'est un choix judicieux des actions et des paroles qui ont marqué les derniers instants des plus illustres en sainteté.

Joindre aux exemples de ces héros de la religion les maximes des Pères avait paru utile au penseur génovéfain. L'ouvrage terminé était sous presse, lorsque la

(1) Ces quelques mots biographiques sont, en partie, puisés dans *Petri Lalemantii... elogium seu vitæ synopsis*, par Jacq. Gaudin, docteur de Sorbonne et chanoine de Notre-Dame de Paris, au commencement de l'ouvrage précité. Voir aussi Perrault, *Les hommes illustres* du XVIIe siècle, Paris, 1697-1700, tom. II, p.p. 11 et 12.

(2) Paris, in-12.

(3) Avertissement.

(4) *La mort des justes ou Recueil des dernières actions et des dernières paroles de quelques personnes illustres en sainteté de l'ancienne et de la nouvelle loy*, Paris, 1672, in-12.

mort qui arrivait à grands pas, frappa l'auteur le 18 février 1673 (1).

La dernière œuvre littéraire du P. Lalemant paraît avoir été un suprême hommage rendu à la glorieuse patronne de l'ordre : une traduction de la première vie latine de sainte Geneviève (2).

Pendant que l'histoire s'essayait à tracer la noble existence du religieux, du savant, de l'ami des lettres, la poésie s'unissait à l'éloquence pour en célébrer les vertus et la gloire. Ces diverses œuvres, l'admiration affectueuse du successeur dans la chancellerie de l'université devait les réunir, les coordonner, pieux monument érigé à la mémoire du défunt (3).

(1) L'ouvrage parut sous ce titre : *Les saints désirs de la mort ou Recueil de quelques pensées des Pères de l'Église pour montrer comment les chrétiens doivent mépriser la vie et souhaiter la mort*, Paris, 1673, in-12.

(2) Cette *Vie de sainte Geneviève écrite en latin dix-huit ans après sa mort et traduite par le P. Lalemant* n'a été publiée qu'en 1683, in-12, avec des *Remarques*, à la fin, *sur la vie de sainte Geneviève et sur sa châsse*. Les *remarques* sont du P. du Molinet. C'est par erreur que le P. Lelong, n° 4412, indique 1663 pour l'année de la publication de l'ouvrage. Cette erreur ressort manifestement de l'épitre dédicatoire à Mme de Miramion ainsi que des approbations et du privilège.

Le P. Lelong, n° 4450, attribue au P. Lalemant un *Éloge* ou *Abrégé de la vie de sainte Geneviève*, ouvrage sur lequel nous n'avons pu mettre la main.

Le P. Lalemant a laissé en manuscrits un certain nombre d'autres œuvres que possède la Bibliothèque Sainte-Geneviève : ce sont des instructions, exhortations, traités spirituels. Il faut y ajouter une *Vie* du P. Faure, travail qui, comme plusieurs documents dont il fait partie, a été mis à contribution par le P. Chartonnet. Ces mss. sont cotés, les œuvres spirituelles : D. fr., in-fol., 4 à 4[5], et la biographie : H. fr., in-fol , 29[4].

(3) Voir les deux ouvrages précités : *Vitæ synopsis*, par Gaudin, et *Memoria*, par Tetelet.

Dans le *Memoria*, nous trouvons deux pièces de vers composées, l'une par Sanlecque, l'autre par Santeuil. Il se termine par un sonnet de Nicolas Courtin. En voici le premier quatrain :

Sculpteurs ingénieux dont le sçavant cizeau
Promet après la mort de nous faire revivre,
Le fameux Lalemand, par un art bien plus beau,
S'est soustrait à l'oubly dont votre art nous délivre.

IV

GUILLERY (Pierre)

(1617-1619)

Et son historien BOISSY (Gabriel de)

Pierre Guillery, c'est le modèle des curés, c'est l'apôtre. L'appel de la grâce se fit entendre à lui dès la jeunesse. A dix-neuf ans, il quittait Beauvais, la ville où il avait reçu le jour et formé chrétiennement et littérairement son âme, pour venir solliciter son admission à Sainte-Geneviève.

Artiste, il aimait la musique et cultivait la miniature. Destiné aux affaires après l'achèvement de ses études, il sut plier son esprit aux exigences du poste et même y donner des preuves d'une aptitude peu ordinaire. Toutefois le procureur général de la congrégation, pas plus que le procureur de Saint-Lô de Rouen, ne le trouvait dans son élément véritable. Il lui fallait le ministère des âmes : il fut nommé, en 1653, prieur-curé de Saint-Ferréole d'Essomes.

Le calvinisme avait un certain nombre d'adeptes dans ce pays. Raffermir les fidèles et ramener les dissidents prenaient naturellement place en tête des devoirs du pasteur. Après avoir fait prêcher la controverse, il se fit lui-même controversiste. D'un zèle infatigable, il parlait tantôt dans l'église, tantôt sur les places publiques. Parfois même, il pénétrait dans les maisons des religionnaires pour discuter avec eux.

Verba volant, scripta manent. Combien plus profiteraient fidèles et dissidents, si on mettait entre leurs mains une substantielle explication de la doctrine catholique avec mention spéciale et appréciative des points en controverse. Mais ce livre était à faire. Guillery l'entreprit. Il ne consultait que son ardeur évangélique. Tous ses instants étant occupés, il prenait chaque jour deux heures sur son sommeil. Six mois suffirent pour composer le catéchisme raisonné, par demandes et par réponses, sous le titre : *Instructions catholiques des mystères de la foi en faveur de ceux qui sont parmi les religionnaires.* Si l'auteur s'en fût tenu à cet exposé, son but n'eût pas été complètement atteint. Aussi fait-il suivre l'exposé doctrinal, et de la *Profession de la foi catholique avec les preuves par passages exprès de la Sainte Écriture*, et du *Défi fait par les catholiques à Messieurs de la religion prétendue réformée.* Ce *Défi* présente, aux premières lignes, ces paroles fermes et claires : « Messieurs..., je vous soutiens que de toutes vos croyances, « ès points controversés, vous n'en saurez faire lire une « seule en l'Écriture sainte, en la même manière, comme « on les lit en votre confession de foi... »

Le pasteur ne put être témoin des heureux fruits que le livre était appelé à produire dans la paroisse. Les *Instructions catholiques*, sous presse à la fin de 1659, ne devaient voir le jour, au commencement de 1660 (1), qu'après la translation de Guillery à la charge de prieur de l'abbaye de la ville de Saint-Lô, charge qui imposa l'administration de la paroisse annexée au monastère. Mais l'âme de l'apôtre dut éprouver une grande joie, en présence de l'accueil favorable que la France faisait à l'œuvre. Trois éditions attestent cet accueil.

Du reste, la nouvelle paroisse ressemblait assez à l'ancienne. Là aussi, l'ivraie doctrinale se trouvait mêlée au bon grain. C'était donc un travail analogue à entreprendre, un zèle semblable à déployer. Ces malheureux disciples de Calvin, « il les confondit dans des sermons de controverse qu'il faisait faire dans une place publique par laquelle ils étaient obligés de passer allant ou revenant du

(1) Paris, 1 vol. in-12.

prêche; il les confondit par plusieurs thèses et défis imprimés auxquels ils n'osaient répondre, et dans les entretiens particuliers où il se trouvait fortuitement en leur compagnie...; il les confondit enfin et les mit en fuite, d'une manière honteuse, à la conversion de plusieurs d'entre eux. »

Parmi ces convertis figurait une parente du fameux Farel. Notre manuscrit porte : une petite-fille. N'ayant pu décider ni ministre ni autre huguenot à entrer en conférence avec le P. Guillery, cette généreuse personne mit fin à ses dernières hésitations et revint à la religion que ses pères avaient abandonnée.

Encouragé par tant de succès, le digne curé se proposa d'établir à Saint-Lô une sorte d'*Académie de controverses*. Deux controversistes de Paris vinrent inaugurer la série de ces conférences dogmatiques, qui, par le fait du changement du promoteur, ne paraissent pas s'être continuées.

D'une conscience plus que timorée, le P. Guillery, malgré ses incontestables succès, se croyait toujours au-dessous de la situation. Ce qu'il avait fait pour le poste d'Essomes, il le fit pour celui de Saint-Lô : il demanda à en être relevé. Son désir était la retraite, pour mieux s'y sanctifier; et, dans le cas où la vie active lui serait encore imposée, son ambition se bornait à une paroisse de campagne. Ni le désir ni l'ambition ne furent satisfaits. On le nomma, en 1662, à l'importante cure de la Ferté-Milon.

Il se retrouvait dans le diocèse de Soissons, dont l'évêque l'avait proclamé le modèle des curés. Vingt nouvelles années de ministère pastoral confirmèrent cette appréciation.

A La Ferté-Milon, comme à Saint-Lô, il attacha son nom, en la créant, à une œuvre féconde, celle des conférences ecclésiastiques, actif stimulant pour l'étude, foyer où se réchauffait et s'éclairait le zèle sacerdotal.

Le P. Guillery songeait encore à la retraite. Mais la Providence lui ménagea le repos de l'éternité. Il était sur son lit de souffrance, lorsqu'il reçut d'un de ses meilleurs amis, le P. Lalemant, une lettre de suprême adieu. Il se consola à la pensée qu'il le suivrait bientôt dans une patrie meilleure, se réunissant à lui pour ne s'en séparer jamais.

Cette existence si bien remplie a été racontée par un contemporain,

GABRIEL DE BOISSY,

également enfant de Sainte-Geneviève (1). C'est dans cette histoire que nous avons puisé.

Blondel en a donné un abrégé à la fin de ses *Vies des Saints* (2), ne pensant pas qu'il y eût de l'exagération dans ces lignes tracées par l'auteur dans la dédicace au P. Beurrier touchant son héros : « Dieu l'a fait un de ces hommes « rares, grands en vertu, qu'il destine pour être, comme « lui, les sauveurs des âmes dans la charge de pasteur. »

Le P. de Boissy lui-même maniait habilement l'arme de la controverse. La paroisse de Roucy, au diocèse de Laon, en fut témoin en 1663 (3).

Si la puissance de la logique lui faisait remporter des triomphes, la connaissance de la vie religieuse lui permettait de donner de salutaires conseils, soit pour obéir parfaitement à la règle, soit pour en pénétrer intimement l'esprit (4).

(1) Ce petit volume, correctement écrit, figure parmi les mss. français de la Bibl. Sainte-Genev., avec la cote : H. 6, in-8°. L'auteur mentionne encore comme ouvrages imprimés du P. Guillery :

1° Une traduction simple et littérale du Nouveau Testament selon la Vulgate ;

2° Les motifs de l'abjuration de Mlle des Bordeaux.

Par le premier travail, Guillery avait voulu donner une version assez exacte et assez claire pour être admise dans les controverses. Dans le second, il faisait connaître l'œuvre de la grâce et la sienne dans une laborieuse conversion.

Nous n'avons pu mettre la main sur aucun des exemplaires de ces deux ouvrages.

(2) Paris, 1722, in-fol., p.p. 1502 et suiv.

(3) On peut consulter, B. S.G., ms. fr. H. 39, in-fol., *Lettre du P. Gabriel de Boissy..., contenant la relation de ce qui s'est passé au synode..., tenu au chasteau de Roucy...*

(4) On peut lire aussi, même Bibl., ms. fr. E. 9, in-8, un commentaire des constitutions de la congrégation.

CHAPITRE DEUXIÈME

XVIIe SIÈCLE (SUITE)

LE BOSSU — ANSELME DE PARIS — DANTECOURT — DU MOLINET
CHAPONEL — LE LARGE — LOUIS DE SANLECQUE — DU VAU

I

BOSSU (RENÉ LE)

(1631-1680)

Courbevoie, près Paris, fut la patrie de René Le Bossu, et Nanterre le berceau de ses études.

Le jeune René reçut l'habit de génovéfain à dix-huit ans. Ses cours de philosophie et de théologie terminés, il enseigna dix ou douze ans la rhétorique dans diverses maisons de la congrégation. Bibliothécaire avec du Molinet à l'abbaye de Paris, puis sous-prieur à l'abbaye de Saint-Jean de Chartres, il sut se faire, ici comme là, une retraite studieuse.

Philosophe, il tenta la conciliation entre Aristote et Descartes. Mais son *Parallèle de la philosophie* de ces deux princes de la pensée, s'il ne passa point tout à fait inaperçu, tomba promptement dans l'oubli.

Littérateur, son *Traité du poème épique*, qui parut la même année (1675), eut un grand et légitime succès (1).

La longue campagne contre les anciens, relativement au mérite littéraire qu'on prétendait supérieur chez les modernes, était engagée et ardemment conduite. Desmarets de Saint-Sorlin tenait la tête des combattants. Sans vouloir se jeter dans la mêlée, Le Bossu ne laissa pas de montrer, en ce qui touchait son sujet, quel parti obtenait ses préférences : « N'ayant pas entrepris cet ouvrage, disait-il, pour « former des poètes à la manière d'aujourd'hui, que je ne « connais pas assez, mais seulement pour me servir de « fondement dans le dessein d'expliquer l'*Énéide* de Vir- « gile, je ne dois point m'arrêter à tout ce que l'on aura « inventé en ces derniers temps..... Laissant à la postérité « à décider si ces nouveautés sont bien ou mal imaginées, « je m'arrêterai seulement à ce que je croirai trouver dans « Homère, dans Aristote et dans Horace. Je les interpré- « terai les uns par les autres, et Virgile par tous les trois, « comme n'ayant qu'un même génie et une même idée « dans la poésie épique (2). »

Esprit cultivé, jugement droit, mémoire heureuse, imagination vive, sens exquis, raisonnement sûr, langage facile et non dénué de charmes, l'écrivain avait tout pour remplir avec bonheur et non sans gloire le cadre qu'il s'était tracé.

Le *Traité* vit le jour vers la même époque que l'*Art poétique* de Boileau (3). A part l'exclusivisme professé par ce dernier, au sujet du merveilleux chrétien, le poète et le prosateur se rencontraient pour tracer judicieusement les règles de l'épopée, l'un en les condensant, l'autre en les

(1) Suivant Le Courayer, « le public le reçut avec un applaudissement que quarante années n'ont fait qu'augmenter ». (*Mémoire touchant le R. P. Le Bossu*, au commencement du *Traité*, édit. de La Haye, 1714.)

(2) *Traité du poème épique*, liv. I, ch. I.

(3) *L'Art poétique* fut donné au public en 1674 ; et la première édition du *Traité du poème épique*, nous le disions à l'instant, date de 1675.

développant, celui-ci en maître qui enseigne, celui-là en législateur qui prescrit (1).

Ses idées ne furent pas le seul point de contact entre le grand poète et l'humble religieux. On rapporte que le fameux Desmarest de Saint-Sorlin, qui s'essaya si souvent à l'épigramme contre Boileau — celui-ci, du reste, savait bien payer de retour — faisait un jour imprimer une certaine pièce satirique à même destination. Était-ce celle dont Boileau annonçait si malignement l'éclosion à Racine ?

Racine, plains ma destinée,
C'est demain la triste journée,
Où le prophète Des Marais,
Armé de cette même foudre,
Qui mit le Port-Royal en poudre,
Va me percer de mille traits.

Nous ne saurions dire. Mais Le Bossu, qui avait pris connaissance de la pièce avant le tirage, se hâta d'en composer la spirituelle réfutation, qu'il réussit à faire insérer à la suite. Boileau fut sensible au bienveillant et ingénieux procédé, et une amitié s'établit entre eux, qui « ne finit qu'avec la vie de ce Père ».

Le brave génovéfain eut aussi occasion de prendre la défense d'un autre grand homme, et, cette fois, ce fut en essayant de redresser les idées d'un de ses frères en religion. Le fait, pour être demeuré à l'état de correspondance privée ou de communication intime, n'en est pas moins réel : des documents inédits l'attestent.

Anselme de Pâris, l'oncle du trop fameux diacre François de Pâris, mais n'ayant absolument de commun avec ce dernier que la parenté et le nom patronymique,

(1) Le *Traité du poème épique* comprenait six livres :
Liv. I, *De la nature du poème épique et de la fable;* liv. II, *De la matière du poème épique ou de l'action;* liv. III, *De la forme du poème épique ou de la narration;* liv. IV, *Des Mœurs;* liv. V, *Des machines:* c'est sous ce nom que l'auteur traite du merveilleux; liv. VI, *Des sentiments et de l'expression.*

avait cru devoir se poser en adversaire de Descartes au sujet d'une question scientifique. Dans un *Discours* sur la lumière, lequel n'a pas vu le jour, il s'était efforcé d'établir plusieurs propositions qui, suivant lui, ruinaient le prétendu idéalisme du célèbre philosophe touchant le phénomène visuel (1).

Le manuscrit fut envoyé au P. Le Bossu, dont l'auteur demandait l'appréciation. Le sous-prieur de Saint-Jean de Chartres se mit activement à l'étude, et, bien que le travail n'ait pu être complètement terminé — la mort frappa trop tôt — il atteignit cependant les proportions d'un volume considérable, également inédit, qui fut adressé au P. Anselme. La Préface de l'*Examen* — car tel est le mot inscrit en tête de l'œuvre consciencieuse (2), — Préface qui a pris naturellement la forme épistolaire, nous fait connaître la pensée très juste du P. Le Bossu sur le *Discours* du réfutateur de Descartes. Nous y lisons, entre autres bonnes choses : « J'ai lu votre écrit d'un bout à l'autre... Vous « ménagez peu M. Descartes. On a jugé à propos de lui « faire perdre cette grande et dangereuse autorité qu'il a « sur les esprits. Permettez-moi de douter que cet air soit « tout à fait de votre caractère. Vous jugerez, par ce que « je vous dirai, si j'ai raison de désirer qu'il soit mieux « soutenu par les choses. »

Écrivain aussi fécond que savant judicieux, le P. Le Bossu a laissé, à l'abbaye de Saint-Jean de Chartres, de nombreux et forts volumes d'ouvrages inédits (3).

Tant de productions font comprendre la vérité de cette assertion de Le Courayer : « Aussi faut-il avouer que le « R. P. Le Bossu étudiait et composait avec une facilité

(1) B. S. G., ms. fr. R. 10, in-8°.

(2) B. S. G., ms. fr. R. 10, in-4° : *Examen d'un Discours sur la lumière contre M. Descartes à l'auteur.*

(3) 6 vol. in-fol., 3 in-4°, 1 in-8°. C'étaient, pour la plupart, des ouvrages (traités ou lettres) de théologie, de philosophie et même de physique. On peut en voir la liste explicative dans le *Mémoire* de Le Courayer.

« dont on a peu d'exemples... A mesure que ses lectures « ou ses entretiens lui fournissaient une difficulté à éclair- « cir ou une opinion à combattre, il mettait la main à la « plume et ne cessait d'écrire qu'il ne se vît au bout de « l'entreprise (1). »

II

PARIS (ANSELME DE)

(1631-1683)

Quel contraste entre les deux Pâris, le génovéfain Anselme et le diacre François, dont notre plume a déjà écrit les noms ! Celui-ci se révolta contre l'Église et mourut hors de son sein ; celui-là demeura attaché à tous ses devoirs et laissa la réputation d'un bon religieux. Sur la tombe de l'un le ridicule le disputa au bruit ; rien n'est venu voiler la figure de l'autre. Les productions littéraires ne manqueraient même pas de les placer à distance. En effet, que pouvait produire de bien solide un fanatique finissant par s'asseoir devant un métier à bas ? Au contraire, n'était-on pas en droit d'attendre une œuvre, digne de ce nom, de la part d'un religieux qui n'interrompait l'étude que pour vaquer à la prière ? L'espérance ne fut pas déçue. L'on eut, cette fois, un livre de controverse.

Le public avait été mis en possession du premier volume de l'œuvre capitale de Nicole, *La perpétuité de la foi de l'Église catholique touchant l'Eucharistie* (2). C'était la refonte, dans des proportions considérables, d'un petit

(1) *Mémoire*, p. XXXVII.

(2) Le premier volume parut en 1669, le deuxième en 1672 et le troisième en 1674, format in-4°. Cet ouvrage se présentait sous le nom d'Arnaud, qui n'y avait eu qu'une très faible part. Nicole avait dû sacrifier son nom à la gloire du parti ou, ce qui revient au même, de son chef.

traité dû à la même plume et publié avec le même titre (1). De là, la distinction bibliographique de *petite* et de *grande perpétuité*. Ces études si magistrales faisaient sensation, réjouissant les catholiques, troublant les réformés. Le bouillant ministre de Charenton, Jean Claude, ne mit pas moins d'empressement à attaquer l'une qu'il avait montré d'ardeur à combattre l'autre (2). A l'exemple de plusieurs athlètes dans l'arène théologique, le P. Anselme de Pâris, s'armant pour la lutte, se porta vengeur de la croyance de l'Église grecque au sujet de la transsubstantiation. Pareille entreprise supposait dans le controversiste une logique pressante, une science réelle, une érudition peu commune, une certaine habileté de mise en œuvre, le tout rehaussé d'un style qui pût se soutenir à côté de celui de Nicole comme en face de celui de Claude. Ce dernier, pour le cas où il tenterait un nouvel assaut contre les deux autres volumes de la *Perpétuité*, devait s'attendre — l'engagement était pris — à voir réapparaître le champion catholique toujours aussi bien préparé pour le combat et encore assuré du triomphe. Non, malgré ses ruses et ses efforts, l'agresseur ne réussira pas à entamer le dogme eucharistique : ce dogme demeurera invulnérable dans les six premiers siècles de l'ère chrétienne comme dans les suivants (3).

Aux luttes de l'esprit non moins qu'aux autres, l'ardeur

(1) En 1664, in-12, sous le nom de *Barthélemy*.

(2) La première *réponse* est de 1665, la seconde 1675.

(3) *La créance de l'Église grecque touchant la Transsubstantiation...*, Paris, 1672-1675, 2 vol. in-12.

Nicole lui-même disait dans la Préface du IIIe volume de la *Perpétuité* : « Pour avoir une réfutation exacte des preuves qu'il (Claude) « employe sur le sujet des Grecs et des autres chrestiens orientaux, il « faut joindre à ces trois volumes... l'excellent traité du R. P. Pâris, « chanoine régulier et professeur en théologie de la maison de Sainte-« Geneviève, qui a bien voulu se charger de cette partie de la réfutation « de M. Claude, et qui s'en est acquitté avec toute la solidité, la netteté et « la simplicité que l'on pouvoit souhaiter. »

Le ministre ayant enfin gardé le silence, le P. Anselme se trouva dégagé de sa parole.

peut entraîner trop loin et des blessures inutiles, partant regrettables, être portées. A la fin de son traité, le P. Anselme disait : « Je prie M. Claude de me pardonner « s'il m'est échappé contre mon intention quelque parole « qui puisse raisonnablement lui faire quelque peine. » Quant aux autres protestants, spectateurs de la lutte, ces frères égarés, parmi lesquels il n'a jamais douté qu'il n'y eût des « personnes de bon sens et d'un esprit à juger de « nos contestations avec la même équité que s'ils n'y « prenaient aucune part », il les convie à l'examen sérieux, impartial, et des phases de la bataille engagée et du résultat de la bataille terminée, persuadé que le retour à l'Église catholique se trouve au terme (1).

III

DANTECOURT (2) (JEAN-BAPTISTE)

(1643-1718)

Anselme de Pâris ne fut pas le seul adversaire que les attaques sans cesse renouvelées du ministre Claude suscitèrent à Sainte-Geneviève. Jean-Baptiste Dantecourt, par sa science théologique et son talent d'écrivain, prend place à côté de ce controversiste. Ellies du Pin disait, en 1708, qu'il n'était pas « un des moindres ornements de sa con-

(1) Nous avons mentionné un ouvrage inédit de ce génovéfain. On en rencontre, à la même Biblioth., un autre, ms. fr. D. 32, in-4°, sous le titre : *Jean Gersen de Canoglia, véritable phantôme.* Il s'agit, on le comprend, du prétendu auteur de l'*Imitation*.

(2) Quelques auteurs écrivent : d'Antecourt. Nous avons préféré l'orthographe d'un ms. qui ne porte pas d'apostrophe.

Nous considérons comme appartenant au XVIIe siècle, non seulement ceux de nos auteurs qui y ont terminé leur existence, mais encore ceux dont le principal rôle littéraire s'y est circonscrit.

grégation, pleine de sujets qui ont beaucoup de mérite et d'érudition » (1).

C'est à ce titre que, dans une contestation, qui fit du bruit à l'époque, entre augustins et bénédictins, il fut opposé, comme défenseur des premiers, à l'illustre Mabillon, défenseur des seconds. Aux États de Bourgogne, en 1688, il s'agissait de savoir qui, des chanoines réguliers ou des moines de la province, auraient la préséance. Chacun des deux ordres y prétendait et défendait, depuis plusieurs années déjà, par la parole et la plume, ce qu'il estimait son droit, sa prérogative. Des factums étaient donc produits de part et d'autre, et en dernier lieu par les deux savants désignés. L'antiquité respective des deux ordres, leur rang et leur mission dans l'Église, le droit canonique, le droit civil, les coutumes générales et particulières, tout cela était tour à tour invoqué et contesté, affirmé et nié, attaqué et soutenu. Le célèbre abbé de Rancé n'avait pas tout à fait tort de qualifier ainsi le procès : « J'ai vu les fac-« tums des chanoines réguliers et des bénédictins. Les « hommes me font compassion ; à quoi passent-ils leur « temps ? En vérité un moine est bien mieux dans son « cloître que dans les assemblées publiques ; ne leur per-« suadera-t-on jamais que leur gloire est de se cacher et « de ne se mêler de rien, et leur honte de se montrer et « de se mêler d'affaires (2) ? »

Sa qualité de moine avait sans doute rendu l'austère abbé de la Trappe plus sévère à l'endroit des bénédictins. Mais sa parole se retournait également contre les chanoines réguliers. La science ecclésiastique gagnait assez peu à des

(1) *Bibliothèque des auteurs ecclésiastiques du XVIIe siècle*, 5e partie, p. 510.

(2) Ellies du Pin, *ibid.*, p. 72-84. Ces factums étaient livrés à la publicité, à l'exception de la seconde réplique de Dantecourt, « parce que les États, dit le P. Le Long, tom. I, n° 11637, ne voulurent pas terminer le fond du débat. Les bénédictins gardèrent leur place, et on en donna une hors de rang aux chanoines réguliers ».

discussions aussi embrouillées, tandis que l'humilité religieuse, du moins aux yeux du public, y perdait beaucoup. Nous devons chercher ailleurs, pour le génovéfain Dantecourt, la gloire d'écrivain.

L'argument de prescription a toujours fort embarrassé les protestants. Nicole et Bossuet, en particulier, en ont fait un victorieux usage, le premier dans son livre : *Préjugés légitimes contre les calvinistes*, et le second dans sa conférence avec Claude. Ce dernier, suivant son habitude et ses ardeurs belliqueuses, s'était empressé de lancer dans le public une prétendue réfutation des *Préjugés* sous le titre : *La défense de la réformation contre le livre* (1)... Parmi les catholiques, cette nouvelle œuvre du ministre fit assez peu d'impression, et on ne jugea point qu'elle appelât une réfutation directe, spéciale. Bossuet, d'ailleurs, quelques années après (2), en triomphant de Claude dans le mémorable duel théologique, avait, du même coup, réduit à néant tout le livre du ministre. Mais les protestants tirant gloire, aussi bien que l'auteur, de ce livre demeuré en définitive inattaqué, il parut nécessaire d'opposer une réponse (3).

Ce fut le Père Dantecourt qui se chargea de la tâche. Ses études théologiques et littéraires le rendaient apte à la remplir avec honneur. Il y consacra sa précision doctrinale, sa connaissance des Pères, sa science des faits et des personnes, la sagacité de son esprit, la rectitude de son jugement, la force de sa logique; et toutes ces ressources furent exploitées dans un langage modéré, convenable, soutenu, solide, parfois élevé et élégant. En sorte que l'œuvre produite, tant pour le fond que pour la forme, ne devait pas être indigne de l'âge d'or de notre littérature, ni même figurer

(1) Les *Préjugés* sont de 1671 et la *Défense* de 1673.

(2) En 1678.

(3) *La défense de la réformation* comptait plusieurs éditions; et la *Réponse au livre de M. Meaux*, intitulé : *Conférence avec M. Claude*, en 1683, montrait bien que ce dernier était loin de s'avouer vaincu.

sans quelque éclat, mais au second plan, dans ce siècle si fécond en chefs-d'œuvre. Disons aussi que le rang même occupé par l'auteur dans le monde savant — il était chancelier de l'université — lui permettait, sans témérité apparente, de relever le gant jeté par les huguenots aux catholiques et de s'avancer dans l'arène, tête haute et visage découvert. Mais, s'il releva le gant avec vaillance, il préféra, en religieux sans doute, disparaître sous le voile de l'anonyme (1).

Si nous nous en rapportons au *Dictionnaire des anonymes* (2), ce ne serait pas la première fois que le docte génovéfain prit la plume contre les assertions téméraires ou injustes du ministre de Charenton. Le P. Dantecourt aurait également écrit ce volume : *Remarques sur le livre d'un protestant intitulé : Considérations sur les lettres circulaires de l'assemblée du clergé de France de l'année 1682*. Ce protestant était Claude. Le livre voyait le jour en 1683 (3). Nous dirons volontiers : l'étude attentive du volume viendrait confirmer l'assertion de Barbier; il y a moins d'érudition sans doute dans cette première œuvre — le sujet ne demandait pas davantage,— mais la manière de dire et de sentir, parfois même les pensées semblent bien révéler une commune origine.

Quoi qu'il en soit, deux mots sur l'objet du livre et les circonstances qui l'ont fait naître.

(1) *Défense de l'Église contre le livre de M. Claude*, Cologne, 1689, 2 vol. in-12, édit. très compacte.

(2) Barbier, n° 16255. Ellies du Pin, Moréri, Feller, le *Dictionnaire universel... des sciences ecclésiastiques*, des PP. Richard et Giraud, n'attribuent à Dantecourt d'autres ouvrages que les *Factums* et la *Défense*.

(3) Paris, 1 vol. in-12. Aux *Remarques* s'ajoutait un *Examen de trois endroits importans du livre de M. Burnet, protestant anglois, sur le même sujet*. Les *Considérations* avaient été imprimées à La Haye, cette même année 1683. Les *Remarques* étaient dédiées à l'archevêque de Paris, François de Harlay, qui avait présidé l'assemblée « avec cette haute capacité et cette expérience consommée qui lui ont si justement mérité la vénération et l'amour de tout le monde ». (Dédicace.)

L'assemblée de 1682, après avoir donné la mesure de son servilisme aux volontés de Louis XIV, qui l'avait du reste convoquée pour cela, s'occupa d'une œuvre plus chrétienne et surtout plus ecclésiastique, nous ajouterons plus française : la conversion des calvinistes du royaume; car cet heureux résultat, poursuivi par l'Église, qui se montrait en cela fidèle à sa mission, était désiré par la France elle-même, qui aspirait à l'unité de la foi religieuse. Quatre choses furent décidées et aussitôt accomplies ou obtenues : on adressa un avertissement pastoral aux calvinistes pour les engager à rentrer dans l'Église ; on consigna dans un mémoire les diverses méthodes dont on pouvait heureusement se servir dans ce même but; on rédigea une lettre à tous les prélats du royaume, afin de faire appel à leur zèle évangélique en faveur du grand dessein; enfin, deux missives du roi furent octroyées, l'une pour les mêmes prélats, et l'autre pour les *commissaires départis dans les provinces,* leur enjoignant « de travailler avec zèle et dans l'esprit de paix au soin d'un ouvrage si avantageux à la gloire de Dieu et au bien de l'État, d'agir de concert dans cette sainte entreprise, sur toute chose de ménager avec douceur les esprits de ceux de la religion prétendue, de n'employer que la force des raisons pour les ramener à la connaissance de la vérité, et de ne rien faire contre les édits et déclarations, en vertu desquels l'exercice de leur religion est toléré » (1).

Dans tout cela, assurément, même aux yeux du protestant sensé et impartial, il ne pouvait y avoir rien de répréhensible : le but était noble et les moyens adoptés ou conseillés se renfermaient dans les limites évangéliques. Mais voici que l'organe le plus accrédité des calvinistes en jugea autrement. S'il s'en était tenu à une protestation mesurée, convenable, on l'eût compris : l'attachement à une secte religieuse, surtout de la part des ministres, n'admet guère

(1) Avertissement des *Remarques.*

le besoin, la nécessité d'une conversion pour les adeptes. Hélas! la modération n'entrait pas dans les habitudes de Claude. Sous sa plume, les assertions hasardées se produisirent, les erreurs s'accentuèrent, les accusations gratuites prirent corps, en sorte que la pensée de la haute assemblée se trouvait indignement travestie, l'œuvre injustement appréciée, peut-être compromise. La vérité demandait un vengeur. Le zèle religieux le suscita dans l'auteur des *Remarques*.

En suivant ces discussions, on peut se faire une idée, au sujet de l'édit de Nantes, et des préoccupations des protestants, et de l'état de l'opinion publique, et des sentiments du clergé.

Les événements, deux années plus tard, montrèrent bien que les préoccupations des protestants n'étaient pas sans fondement : la révocation de l'édit ne justifia que trop leurs craintes et le cri d'alarme poussé par le principal champion du parti.

L'opinion publique pouvait se résumer dans ces paroles de notre auteur : « Il est certain que les raisons qui ont « obligé Henri le Grand à accorder aux prétendus réformés « tout ce qui est porté par l'édit de Nantes ne subsistent « plus : leur nombre était bien autrement grand qu'il l'est « à présent; il reste peu de noblesse parmi eux et encore « moins de personnes de la haute qualité ; ils n'ont plus « de places de sûreté où ils puissent se fortifier, plus de « prince à leur tête, plus d'argent pour soutenir les frais « de la guerre, plus de porte pour faire entrer les étran- « gers dans le royaume. Il n'y a donc plus rien à craindre « de leur côté, et, par conséquent, rien qui puisse obliger « le roi à les conserver dans les termes de cet édit que sa « seule bonté royale, laquelle ils devraient mieux ménager « qu'ils ne font, en publiant tant de livres séditieux qu'on « voit aujourd'hui paraître (1). »

(1) *Remarques...*, p. 30.

Quant aux sentiments du clergé, nous sommes heureux de les rencontrer non moins justement exprimés. Une phrase de l'avertissement pastoral, au dire de Claude, avait jeté la frayeur parmi les protestants : c'était celle où l'on disait qu'en se montrant toujours inflexibles *aux remontrances qu'on leur faisait, ils devaient s'attendre à des malheurs incomparablement plus funestes que tous ceux que leur schisme leur avait jusqu'à présent attirés.* Notre auteur répondait, après avoir rappelé que la phrase visait simplement la ruine fatale qui attend toute société schismatique : « On peut leur dire qu'ils ont tort de s'en épouvanter si fort, « de s'imaginer qu'on veuille employer contre eux la force « et l'autorité. Ils devraient avoir d'autres sentiments de « l'équité, de la prudence et de l'humanité des évêques « qui, sachant que les protestants ont obtenu de nos rois « un libre exercice de leur religion dans ce royaume, n'ont « garde de rien entreprendre contre la foi politique des « édits qui ont été rendus en leur faveur. On sait aussi « que le désir qu'a le roi de voir tous ses sujets réunis à « l'Église, ne l'a pas empêché de déclarer qu'il n'entendait « point que ses officiers fissent rien contre les édits et dé- « clarations, en vertu desquels l'exercice de la religion « protestante est toléré dans son État. Qu'ils sachent donc « que ce n'est point de Sa Majesté dont on a prétendu les « menacer, mais de la juste vengeance de Dieu, dont les « châtiments sont d'autant plus terribles, qu'il peut perdre « *dans l'enfer et le corps et l'âme* pour une éternité. C'est « ce que MM. du clergé ont tâché de leur faire comprendre, « quand ils ont dit en finissant : « *Nous attendons de vous, « nos très chers frères, de meilleurs sentiments et des des- « seins plus favorables à votre salut* (1). »

Le réfutateur de Claude rendait-il complètement la pensée de ceux qui avaient rédigé la phrase ? Nous ne saurions

(1) *Ibid.*, p. 224-225.

prononcer. Peut-être y avait-il eu déjà quelques confidences royales. Mais en dehors des confidents, s'il en existait, la pensée générale du clergé était telle qu'on le dépeignait ici. Et, d'ailleurs, l'interprétation donnée aussi publiquement à la phrase n'a été l'objet, que nous sachions, d'aucun démenti, d'aucun correctif.

Nous voyons le P. Dantecourt placé, quelques années après, en 1694, à la tête de l'importante paroisse de Saint-Étienne du Mont. L'âge se faisant sentir, les forces déclinant, il résigna sa cure en 1710, comme, trois ans plus tôt, il avait renoncé à la dignité de chancelier. Il se retira dans sa chère abbaye de Sainte-Geneviève pour s'y préparer aux jours éternels.

IV

MOLINET (Claude du)

(1620-1687)

C'est le nom d'un savant peu commun, d'un infatigable érudit que notre plume vient d'inscrire.

En cet enfant de famille, qui se rattachait par sa mère aux L'Hopital, l'Abbaye trouva, pour sa bibliothèque, l'organisateur le plus apte à continuer et développer l'œuvre des Fronteau et des Lalemant. Enrichir de plus en plus, soit d'imprimés, soit de manuscrits, cette bibliothèque, lui donner un local et un aménagement dignes d'elle, y joindre un cabinet d'antiques, voilà avec la confection ou la correction des catalogues (1), le triple but que l'intelligent et

(1) Voir, en particulier, B. S. G., ms. fr. ZZ. I, in-fol., *Description et explication des principales médailles..., recherchées et mises en ordre par les soins du R. P. du Molinet.*

Le bibliothécaire publiait même un très curieux ouvrage de cette nature sous ce titre : *Tractatus singulares Bibliothecæ S. Genovef. Paris. de rebus sacris, antiquis, physicis*, Paris, 1681, in-8°.

zélé bibliothécaire ne cessa d'avoir devant les regards; et le succès a largement répondu à ses persistants efforts.

Du Molinet — tant ses connaissances en numismatique étaient appréciées! — fut chargé par Louvois de dresser, de concert avec l'abbé Bizot, autre numismate de renom, le catalogue des médailles du roi (1). Mais son œuvre capitale est le *Cabinet de la bibliothèque de Sainte-Geneviève*, avec estampes, magnifique publication due aux soins du génovéfain Sarrebourse, après la mort de l'auteur, et où l'art est venu s'allier si à propos à l'érudition (2).

Un autre ouvrage, inférieur au point de vue de l'art, mais d'une immense portée au point de vue de la science historique, avait été donné au public par l'auteur lui-même : c'était l'*Histoire des Souverains Pontifes, de Martin V à Innocent XI, écrite au moyen des médailles qui les concernaient.* Cet ouvrage, rédigé en latin (3) et qui dénote de patientes recherches et une science aussi sûre que variée, a placé l'érudit religieux au nombre de ceux qui, par de solides travaux, ont le mieux montré comment la numismatique devient une source des plus précieuses pour l'histoire (4).

(1) Ce catalogue forma six volumes. Les trois premiers furent l'œuvre du P. du Molinet, et les trois autres celle de l'abbé Bizot. (*Histoire du cabinet des médailles du roi*, dans le *Mercure* du mois de mai 1719, p.p. 57, 58.)

(2) Paris, 1692, in-folio. Ce volume se divise en deux parties : la première a trait aux antiquités, la seconde, à l'histoire naturelle.

Au bas du portrait de l'auteur, portrait placé en tête du volume, nous lisons :

Vous qui de cet autheur contemplés le visage,
Portés sur ses vertus vos regards curieux.
Il fut humble, sçavant, officieux et sage,
Et ce que son portrait n'offre point à vos yeux,
Vous le découvrirés en lisant cet ouvrage.

(3) *Historia... ab anno MCCCCXVII ad annum MDCLXXVIII*, Paris, 1679, in-folio.

(4) Ce n'est pas la seule étude en ce genre dont on soit redevable à notre génovéfain. Il a donné : 1° une *Dissertation historique sur la vision que Constantin eut de la croix de Notre-Seigneur... par des médailles antiques* (*Journal des sçavans*, 14 avril 1681, lequel, p. 121-131, reproduit un

Les confrères de du Molinet trouvaient toujours en lui un reviseur empressé. Le P. Louis de Clermont avait composé la *Centuria virorum illustrium selectorum ex ordine canonico regulari*, ouvrage qui, marqué au coin d'une certaine originalité, comprend l'éloge, en distiques, et la vie, en prose, des illustres chanoines, depuis saint Augustin, *canonici ordinis instaurator*, jusqu'au P. Lalemant, *academiæ Parisiensis cancellarius*. De plus, un dessin, précédant chaque article, résume les actes, peint le caractère ou rappelle la gloire des personnages (1). L'auteur, à sa mort, avait confié son manuscrit à du Molinet qui devait, en passant sur lui la lime, le rendre digne de voir le jour; délicate commission dont celui-ci s'acquitta scrupuleusement. Le manuscrit, toutefois, ne quitta pas les rayons de la bibliothèque (2).

L'antiquité païenne aussi bien que l'antiquité chrétienne, dans leurs points obscurs ou inexplorés, avaient vraiment des attraits pour cet esprit curieux. Là, il se trouvait, pour ainsi dire, dans son élément, et l'on dirait que plus le

extrait de cette *Dissertation*); 2° l'*Apothéose de l'empereur Constantin* par une médaille que les trois fils de cet empereur ont fait frapper à la mémoire de leur père (*Ibid.*, 30 juin 1681, où, p. 302-305, les réflexions de du Molinet sur cette médaille sont analysées.) L'on doit citer aussi cet ouvrage revu par notre érudit : *La Vie et les principales Actions d'Auguste César justifiées par les médailles*, (B. S. G., ms. fr. ZZ. 4, in-fol.)

(1) Nous avons, par exemple, pour le P. Lalemant, un cygne qui par ses chants mélodieux annonce sa mort, avec ces vers placés au-dessous :

Exhibet hæc totum Lalemanum objecta figura.
Dextera nobilius pingere nulla potest.
Objicitur cygnus, vox dulcis nuntia mortis.
Omnia conveniunt hæc, Lalemane, tibi :
Dum vultu arrides cunctis jucundus amœno,
Es cygnus morum simplicitate pari;
Par cygno, recreas blandis concentibus aures;
Dum te fata premunt, nobiliora canis.

(2) Il y est encore avec la cote : ms. lat. H. 23, in-fol. Il avait été dédié par du Molinet à l'assemblée capitulaire de septembre 1673.

recoin était ténébreux, le mystère profond, plus il se sentait attiré à pénétrer dans l'un, à sonder l'autre, pour aider la lumière à briller partout. A d'importants travaux sur l'ancienneté des chanoines et leurs différents costumes dans le cours des âges (1) il ajoutait d'intéressantes études sur différents sujets (2).

Sans doute des écarts dans la marche peuvent se constater, et l'idéal se prenait parfois pour la réalité. Mais partout s'accuse le chercheur consciencieux qui n'a épargné ni temps, ni soins, ni fatigues.

Cependant, qu'on ne le perde pas de vue, les travaux demeurés inédits, du laborieux génovéfain sont de beaucoup plus considérables que ceux dont le public a été mis en possession. Études à rédiger ou à retoucher, documents à revoir ou à mettre en ordre, rien de ce qui intéressait, à un titre quelconque, l'histoire de l'abbaye, ne semblait devoir se dérober, soit à sa plume habile, soit à son regard scrutateur ou à ses soins scrupuleux. Tout cela, fort heureusement, enrichit encore les archives de la bibliothèque à laquelle on a été assez bien inspiré pour maintenir son ancien et glorieux nom.

Fallait-il même se faire éditeur? Notre génovéfain n'hésitait pas devant l'ingrate besogne. L'on n'a pas oublié — car nous avons souvent eu recours à cet ouvrage — qu'il donna, en 1679, une nouvelle édition, avec des notes et augmentée de soixante missives inédites, des *Epistolæ* de l'illustre Étienne de Tournay. Nous rappelions aussi, quelques pages plus haut, qu'il publia, en la faisant suivre

(1) *Figures des différents habits...*, Paris, 1666, in-4°; — *Douze réflexions sur les Antiquitez...*, Paris, 1672, in-4°.

(2) Par exemple, sur la *mitre des anciens*, sur une *tête d'Isis* découverte à Paris (*Journal des sçavans*, 24 novembre 1687, p. 23), sur la *fortune*, au point de vue historique, *des lettres romaines, établie et justifiée par plusieurs belles antiquitez*, sorte de paléographie, reproduite en partie par le *Journal des sçavans* du 31 janvier 1684. On a prétendu, cependant, que du Molinet avait pris une tête de *Cybèle* pour une tête *d'Isis*. (*Hist. de l'Acad. roy. des inscript. et belles-let.*, tom. III, *Histoire*, p. 297-298.)

de *Remarques*, la *Vie de sainte Geneviève* traduite par le P. Lalemant.

Si l'abbaye devenait un champ ouvert aux investigations de l'érudit, la sainte patronne était pour le religieux l'objet d'un culte particulier, d'un amour vraiment filial. Aussi trouvons-nous ces brûlantes paroles en tête de ce manuscrit (1) où nous avons fréquemment puisé : « Je « commettrais... la dernière des injustices, si je présentais « à d'autres ce qui vous appartient par tant de justes titres ; « car si le petit ouvrage a quelque chose qui mérite d'être « considéré, c'est votre seul nom, si vénérable à tout le « monde, qui se rencontre presque en chacune de ses « pages, qui en fait tout le lustre et l'ornement.

« ... Recevez donc, vierge incomparable et toute miracu-« leuse, ces faibles hommages du moindre de vos domes-« tiques. Pardonnez à ma témérité, si j'ai osé faire mon « essai sur un sujet si digne et si relevé. C'est votre dou-« ceur, qui a été en ce monde le propre caractère de votre « âme, qui m'a inspiré cette audace ; et ce n'est qu'après « avoir lu dans votre vie que vous n'avez jamais rebuté « personne, que j'ai pris la confiance de venir offrir à vos « pieds mes vœux, mes travaux et mes services comme le « plus humble de mes sujets. »

On l'a compris, c'est la dédicace, à l'illustre vierge elle-même, de l'*Histoire de sainte Geneviève et de son église royale et apostolique*, œuvre qui fut le début littéraire du P. du Molinet.

Cette citation, d'ailleurs, donne une idée du style de ce dernier qui, du moins dans l'emploi de la langue française, ne brille pas précisément par l'élégance de la phrase (2).

(1) B. S. G., ms. fr. H. 21, in-fol.

(2) Nous citerons encore parmi ses œuvres inédites :

1° *Récit d'un voyage aux Pays-Bas fait par le P. du Molinet en 1682* (B. S. G., ms. fr. G. 2, in-4), description qui est celle d'un vrai touriste ;

2° *Histoire des seigneurs de Baugency-sur-Loyre*, dédiée par l'auteur à

Un des érudits les plus remarquables du grand siècle, du Molinet, avait tenu à acquérir aussi de respectables notions en histoire naturelle, en physique, en mathématiques et même en astronomie. L'honneur qu'on lui fit — lisons-nous dans le *Journal des savants* — « de le choisir pour veiller à l'ouvrage du P. Coronelli touchant le globe céleste, n'est pas une petite marque de l'étendue de sa science » (1).

A une intelligence d'élite, à une activité qui ne permettait pas de demeurer un instant oisif, double faculté à laquelle nous devons le vrai savant, à l'humilité et à la piété qui forment le bon religieux, du Molinet joignait l'affabilité du caractère, les agréments de l'esprit, une grande bienveillance, un commerce facile, un certain charme de conversation, et, par-dessus tout, la bonté, qui ne savait pas plus refuser un service qu'une aumône, un conseil qu'une consolation, l'éloge mérité que l'encouragement nécessaire. Aussi sa mort, qui produisit un vide bien senti dans les lettres, laissa-t-elle de sincères regrets au cœur de nombreux amis (2).

Son Altesse Royale Monsieur, frère unique du roy (B. S. G., ms. fr. L. 27, in-4).

Nous lisons dans l'Avertissement du tom. II de l'*Histoire ecclésiastique de la chapelle des rois de France*, 1704-1711, in-4°, par l'abbé Archon : « On a aussi eu la bonté de me communiquer un manuscrit du P. du « Moulinet, chanoine régulier de Sainte-Geneviève, sur quelques-uns des « confesseurs de nos rois depuis saint Louis jusqu'à Louis XIII. »

(1) 24 novembre 1687, article consacré à du Molinet.

Ce globe céleste, ainsi que le globe terrestre du même religieux, les deux plus grands qui aient jamais été gravés, se voient à la Bibliothèque nationale.

(2) Le *Journal des sçavans* commence ainsi l'article précité : « La douleur que les gens de lettres ont soufferte à la mort du P. du Molinet, leur a été trop sensible... »

V

CHAPONNEL (RAIMOND)

(1636-1700)

Il ne faudrait pas confondre Jean-Baptiste Dantecourt avec Raimond Chaponnel, nom auquel certains auteurs ajoutent : d'Antecourt (1). Celui-ci qui eut également l'honneur de tenir une plume, occupait hiérarchiquement un poste inférieur : il fut prieur-curé de Saint-Éloi de Roissy, et il ne paraît pas qu'il ait rempli de fonctions plus élevées dans la communauté.

Un peu controversiste, historien davantage, nous remarquons surtout en lui l'écrivain de haute mysticité.

Le livre que nous qualifions d'œuvre de controverse, composé à la demande de l'archevêque de Paris, François de Harlay, lui fut dédié par l'auteur, car n'était-ce pas justice qu'il ne *devînt public que sous la protection du nom* de l'illustre prélat (2)?

Pourquoi l'Église romaine — le débat regardait surtout l'Occident — pourquoi l'Église romaine tient-elle tant à la langue latine dans ses offices ? Pourquoi ne pas faire usage des langues vivantes ? Pourquoi ne pas permettre au peuple chrétien de savoir ce qu'il dit en priant et en chantant ? Les griefs des protestants sont-ils justes, leurs reproches fondés ? Autant de questions que le P. Chaponnel

(1) Ainsi Bergier, *Dictionn. de théol.*, art. *Langue vulgaire;* Barbier, *Dictionn.*, n° 18590 ; la *Nouvelle Biographie générale*. Nous avons rencontré également, à la Bibliothèque même de Sainte-Geneviève, l'addition manuscrite, aux caractères assez anciens, au-dessous du titre d'un exemplaire du premier ouvrage, publié anonymement, du P. Chaponnel. Une circulaire générale annonce aussi à la congrégation ce livre sous le nom de : Dantecourt. Mais les deux ouvrages postérieurs que le génové fain a signés, portent simplement : *Raymond Chaponnel.*

(2) Dédicace.

dut examiner, et sous toutes leurs faces, afin de leur donner une solution juste et bien motivée (1).

Dans cette étude, une des plus complètes que nous ayons sur la matière, nous voyons apparaître successivement ou à la fois la sagesse et la justification de l'Église catholique. Sa sagesse; car l'usage de la langue latine favorise et symbolise la communion des fidèles, n'est pas sans influence sur la conservation de la pureté de la foi dont l'expression officielle, pour ainsi parler, n'est pas à la merci d'une foule de versions, convient à la majesté des choses saintes dont autrement, par les modifications successives des idiomes particuliers, on devrait retoucher trop fréquemment les formules liturgiques, sous peine de se voir condamné à l'emploi d'un langage devenu ridicule (2). Sa justification; car il n'est pas un des inconvénients, signalés par les hérétiques des temps modernes, qui ne soit réduit à sa mince valeur, ou plutôt à sa faiblesse, à son inanité. Ainsi de l'inconvénient de la prière inintelligible : est-ce donc que la prière dans un langage non bien compris du suppliant n'est pas en définitive aussi efficace auprès de Dieu? Mais l'objection tirée de saint Paul (Ire *aux Corinthiens*, ch. XIV)? L'objection s'évanouit devant cette explication philologique :

(1) *De l'usage de célébrer le service divin dans l'Église en langue non vulgaire et de l'esprit avec lequel il faut lire l'Écriture sainte pour en profiter*, Paris, 1687, 1 vol. in-12.

(2) L'auteur, cite, comme exemple, quelques-uns de ces vers que jadis les protestants avaient consacrés à rendre un des plus admirables psaumes, le *Miserere :*

Lave moy, Sire, et relave bien fort
De ma commise iniquité mauvaise,
Et du peché qui m'a rendu si ord
Me nettoyer d'eau de grâce te plaise.
Car de regret mon cœur vit en esmoy,
Connaissant, las! ma grande faute présente,
Incessamment noir et laid devant moy.
D'hyssope donc par toy purgé seray;
Lors me verray plus net que chose nulle ;
Tu laveras ma trop noire macule;
Lors en blancheur la neige passeray.

l'apôtre n'a pas en vue le service divin, les offices publics, seul point en question, mais bien les exhortations des ministres de l'Église, les entretiens des fidèles entre eux et, tout au plus, la prière des particuliers.

Le quiétisme présente trois phases distinctes. Selon Molinos, la perfection chrétienne consiste dans l'acte continuel de contemplation et d'amour, heureux état qui dispense l'âme des autres vertus et de leurs œuvres. Selon Mme Guyon, ces vertus et leurs œuvres ne cessent d'être obligatoires, mais elles se trouvent renfermées dans l'acte continuel de contemplation et d'amour. La différence entre les deux systèmes est dans les mots, car les conséquences demeurent les mêmes. Aussi Fénelon rejeta-t-il cette complète et fatale inaction de l'âme pour placer simplement la perfection chrétienne dans un état habituel de pur amour de Dieu, état où n'entreraient pour rien ni le désir de la récompense ni la crainte du châtiment. Que deviendrait alors la vertu de l'espérance ?

C'est contre cette fausse mysticité que l'*Examen des voies intérieures* fut écrit et publié (1).

Ce livre du P. Chaponnel fut, pour employer l'expression du P. Lalemant, comme le *testament spirituel* de ce génovéfain, car l'apparition de l'ouvrage ne précéda que de quelques mois la mort de l'auteur (2).

VI

LARGE (Alain le)

(1639-1705)

Brillant professeur de théologie à Sainte-Geneviève, administrateur apprécié dans les postes de prieur à Notre-

(1) Paris, 1700, 1 vol. in-12.

(2) Nous avons mentionné, p. 67 du 1er vol., son *Histoire des chanoines ou recherches historiques-critiques sur l'ordre canonique*, Paris, 1699, 1 vol. in-12.

Dame de Chage-lez Meaux, à Saint-Jacques de Montfort, à Beaulieu-lez-Le Mans, à Blois, à l'abbaye-mère, dans ceux de visiteur et d'abbé du Val des Écoliers de Liège, Alain Le Large s'est également distingué comme écrivain.

La langue latine lui était presque aussi familière que la langue française. Le seul ouvrage qu'il publia fut écrit dans la première. Traité déjà par nous signalé, les *De canonicorum ordine disquisitiones* (1) sont, le titre l'indique et l'ouvrage répond au titre, de savantes recherches sur l'ordre canonique. Cet ouvrage est même antérieur de deux années à celui du P. Chaponnel. L'ancien a dû être de quelque utilité au nouveau. A une érudition vraie l'auteur a eu le mérite d'unir une latinité de bon aloi (2).

Enfant de la Bretagne, le P. Le Large avait eu l'idée d'écrire l'histoire de cette province. Mais, ayant appris que dom Lobineau avait déjà commencé cet important travail, il limita ses études à sa ville natale, Saint-Malo, et au diocèse auquel elle donnait le nom. C'est dom Lobineau qui nous fait connaître ce détail dans la Préface de son *Histoire de Bretagne*. Il dit ensuite, rendant hommage à la science, à la modestie, à la largeur de vues et de sentiments du génovéfain : « S'il abandonna sans peine un grand et vaste « dessein, qu'il était capable de bien traiter, il ne nous « cacha point les lumières que de longues et judicieuses « recherches lui avaient acquises ; et nous nous croyons « obligés de lui rendre cette justice d'avouer que nous « avons extrêmement profité des conférences que nous « avons eues avec lui. »

Il n'a pas été donné au P. Le Large de mener à bonne

(1) Paris, 1697, 1 vol. in-4. V. 1er vol., p. 67.

(2) La B. S. G. possède, ms. fr. H. 11, in-fol., la traduction de l'ouvrage sous le titre : *Dissertations sur l'ordre des chanoines réguliers, dans lesquelles il est traité de l'origine, des différents progrès et de la nature de cet ordre.* La traduction est signée : Fouldrier de Boiruaux ou Boirvaux, chanoine régulier de la congrégation, avec cette date : Saint-Ambroise de Bourges, 13 juillet 1718.

fin l'*Histoire du diocèse de Saint-Malo.* Le P. Deshayes de la même congrégation s'était chargé de mettre en ordre et de compléter le manuscrit de son confrère défunt. Suivant dom Lobineau (1), on en attendait la publication. Mais l'histoire est toujours demeurée dans les cartons de Sainte-Geneviève où on la voit encore avec deux livres en moins (2). Dans cette œuvre, l'historien consciencieux et érudit se retrouve; et le narrateur, en faisant usage de l'idiome de son pays, ne se montre ni moins correct ni moins habile. M. Hauréau a utilisé, pour son historique du diocèse de Saint-Malo dans le tom. XIV du *Gallia christiana*, un résumé du travail du génovéfain (3).

Pendant son séjour à Notre-Dame de Chage, le P. Le Large se trouva en relation avec Bossuet, et une sorte d'intimité s'établit entre le docte religieux et le grand évêque.

Dans ce génovéfain, la sainteté brillait à l'égal de la science, mais une sainteté douce, attrayante, persuasive. « C'était un homme, dit encore dom Lobineau, qui joi-
« gnait à une solide et sublime vertu des manières si en-
« gageantes, qu'on ne pouvait le connaître et le fréquenter
« sans se trouver engagé à le suivre dans les routes de la
« perfection (4). »

(1) Préface de l'*Histoire de Bretagne.*

(2) Ms. fr. H. 50, in-fol. Les deux livres manquants sont le troisième et le quatrième.

(3) Col. 995-996 : « ... quam (historiam) non sine fructu consuluimus. » Ce résumé se trouve à la Bibl. nat., *Fonds franç.*, ms. 22359, lequel ms. a appartenu à la Biblioth. des Blancs-Manteaux, avec la cote 86 D, et qui porte ce titre : *Extrait d'une histoire des évesques d'Aleth et de Saint-Malo, composée par le P. des Haies, chanoine régulier de Sainte-Geneviève, curé de Bazouge en Bretagne, sur les mémoires du P. Le Large, son confrère.* D'après une note de ce ms., le P. Deshayes était originaire de Rennes.

(4) *Loc. cit.*

VII

SANLECQUE (LOUIS DE)

(1652-1714)

Dans le siècle qui a conquis et conservé la palme littéraire, Sainte-Geneviève eut aussi son poète français. Non pas assurément que nous prétendions élever le P. de Sanlecque au rang sublime des princes de la poésie. Sa place est plus modeste, sans être cependant à dédaigner.

Louis de Sanlecque appartenait à une famille d'artistes et de savants. Le grand-père, Jacques de Sanlecque, avait justement mérité la réputation d'un des plus habiles graveurs de poinçons, en même temps que celle d'un des plus ingénieux fondeurs de caractères d'imprimerie. Le père, également appelé Jacques, supérieur même au premier dans l'art de la gravure en ce genre, savait le latin, le grec, le syriaque, l'arabe, l'anglais, l'espagnol, l'italien, et avait, en outre, des connaissances étendues en théologie, médecine, jurisprudence, mathématiques, astronomie. A tout cela il joignait le génie musical à tel point que, sans avoir reçu aucune leçon, il pouvait jouer de toutes sortes d'instruments. Un de ses jeunes enfants s'annonçait comme un prodige : à sept ans, il possédait la langue grecque et la latine, se trouvait initié à l'hébraïque et n'était pas étranger à la science de la philosophie (1). Si la mort frappa cet enfant admirable ayant à peine accompli son second lustre, deux autres frères ne laissèrent pas d'ajouter quelque éclat au nom de Sanlecque, l'un en suivant la même carrière (2), l'autre en cultivant un art différent.

(1) Vigneul-Marville, *Mélanges d'histoire et de littérature*, Paris, 1701, tom. I, p.p. 80 et suiv.

(2) Jean — tel était son prénom — mourut en 1716. Il « a transmis,

Louis de Sanlecque entra de bonne heure à l'abbaye de Sainte-Geneviève. Une circonstance révéla son talent de poète. Il avait été envoyé comme régent dans la maison de Nanterre. Les jours gras approchaient. Le P. Pilgrain, professeur de rhétorique et poète latin estimé, l'engagea à préparer une pièce pour être jouée en ces jours par les élèves. Comme le jeune régent n'avait plus qu'un mois devant lui, il fit représenter, après corrections, le *Bourgeois gentilhomme* de Molière, pièce à laquelle il adapta, pour servir d'entrée, quatre ou cinq cents vers de sa façon. Dans ces vers, le poète faisait défiler le public, désireux d'assister à la représentation : Parisiens, Picards, Normands, Bretons, Bourguignons, Auvergnats, Gascons, tous venaient se présenter à la porte du théâtre et tous recevaient, de la bouche des Suisses qui la gardaient, cette réponse impitoyable : *Point d'argent, point de suisses.* Cette composition fut très goûtée (1). Aussi, pendant les sept ou huit ans qu'il régenta à Nanterre, fut-il l'auteur ou l'*arrangeur*, en quelque sorte attitré, des pièces destinées au théâtre de la maison.

Sorti de Nanterre et n'ayant plus les absorbantes occupations du professorat, il aspira, pour parler le langage du temps, à s'élever plus haut sur la montagne du Parnasse. Il osa débuter par une attaque, à couvert, contre Boileau, déjà presque à l'apogée de sa gloire. Voici les raisons d'une pareille audace.

Le duc de Nevers, un des beaux esprits de l'hôtel de Rambouillet, s'était prononcé pour la *Phèdre* de Pradon contre la *Phèdre* de Racine. Après la première représenta-

lisons-nous dans *Moréri*, les poinçons et matrices de son père et de son grand-père à Jean-Eustache-Louis Sanlecque, son fils, entre les mains duquel ils subsistent toujours dans la même beauté qui les a fait employer par les Petit, les Cramoisi, les Muguet et autres célèbres imprimeurs... »

(1) D'après Titon du Tillet, *le Parnasse françois*, Paris, 1732, in-folio, p. 551, des fragments avaient été conservés.

tion de la pièce de ce dernier, un sonnet circula qui fut attribué au duc et dont le premier quatrain décochait ces traits :

Dans un fauteuil doré, Phèdre, tremblante et blême,
Dit des vers où d'abord personne n'entend rien.
Sa nourrice lui fait un sermon fort chrétien
Contre l'affreux dessein d'attenter sur soi-même.

On répondit par un autre sonnet, en empruntant les rimes du précédent :

Dans un palais doré, Damon, jaloux et blême,
Fait des vers où jamais personne n'entend rien.
Il n'est ni courtisan, ni guerrier, ni chrétien,
Et souvent pour rimer il s'enferme lui-même.

La sœur du duc y était cruellement outragée (1). Ce dernier, persuadé à tort que Racine et Boileau étaient les auteurs de la pièce, s'emporta, dans un nouveau sonnet où revenaient encore les mêmes rimes, jusqu'à écrire :

Vous en serez punis, satiriques ingrats,
Non pas, en trahison, d'un sou de mort-aux-rats,
Mais de coups de bâtons donnés en plein théâtre (2).

Toutefois le prince de Condé les prenant, coupables ou innocents, sous sa protection, le malheureux duc dut estimer plus sage de frapper ou faire frapper à coups de vers. C'est alors que le jeune Louis de Sanlecque vint à son

(1) Hortense Mancini, épouse de Charles de La Porte, duc de La Meilleraye :

Une Sœur vagabonde aux crins plus noirs que blonds
Va partout l'univers promener deux tétons,
Dont, malgré son païs, Damon est idolâtre.

On avait en vue de retourner ce tercet :

Une grosse Aricie, au teint rouge, aux crins blonds,
N'est là que pour montrer deux énormes tétons,
Que, malgré sa froideur, Hippolyte idolâtre.

On désignait par cette Aricie l'actrice qui avait créé le rôle de Phèdre dans la pièce de Racine.

(2) Ces sonnets sont cités en entier dans l'*Avertissement* qui précède la VIIe Épître de Boileau, dans les *Œuvres de Boileau*, Paris, 1772, in-8°, tom. II, p. 107-111.

secours. Fidèle au procédé, il utilisa les mêmes rimes pour les vers vengeurs. Le nouveau sonnet débutait donc ainsi :

> Dans un coin de Paris, Boileau, tremblant et blême,
> Fut hier bien frotté, quoiqu'il n'en dise rien ;
> Voilà ce que produit son style peu chrétien;
> Disant du mal d'autrui, l'on s'en fait à soi-même (1).

En prenant ce quatrain à la lettre, il faudrait dire que la menace du duc ne resta pas tout à fait lettre morte : s'il n'y eut pas d'esclandre au théâtre, le bâton n'en aurait pas moins fonctionné ailleurs.

Quoi qu'il en soit, aux yeux de Nevers, c'était, de la part du jeune poète, un service qui méritait récompense.

A quelque vingt ans de là (1701), l'évêché de Bethléem venant à être vacant, le duc de Nevers — c'était son droit — désigna au roi le P. de Sanlecque (2). A ce dernier, un évêché souriait pour le moins autant qu'une abbaye, qu'il n'hésitait pas à solliciter lui-même de Louis XIV :

> Nous avons, grand héros, deux desseins différents,
> Vous de vaincre vingt rois et moi vingt concurrents.
> Mais l'un de ces desseins est mieux conduit que l'autre.
> Que cependant tout irait bien,
> Si vous me répondiez du mien,
> Comme je vous réponds du vôtre (3).

Déjà l'évêque nommé avait reçu les félicitations de diverses personnes. Déjà il s'entendait appeler Monseigneur. Déjà même il avait fait sa profession de foi chez le nonce. Mais, ô inconstance de la fortune ! ô ruine des plus belles espérances ! on se rappela plusieurs de ses vers satiriques où évêques, moines, ecclésiastiques n'avaient pas été

(1) Ce premier quatrain se lit dans Titon du Tillet, *Ibid.* Le reste du sonnet ne nous serait pas parvenu.

(2) Bethléem était un évêché *in partibus infidelium*. Mais on lui avait annexé Notre-Dame de Bethléem, église hospitalière, près de Clamecy, laquelle relevait immédiatement du Saint-Siège. Cette église étant située dans le duché de Nevers, la désignation à l'évêché appartenait aux ducs, à cette époque. (*Gal. christ.*, tom. XII, col. 686.)

(3) *Placet au roy pour luy demander une abbaye*, édit. à la suite du *Bolæana*, Amsterdam, 1742, in-12, p. 44.

épargnés. On citait surtout la satire contre les directeurs (1), une de ses pièces les plus malignement caustiques, mais aussi les plus littérairement soignées. Moins retenu que Boileau, ce que celui-ci ne fit qu'effleurer (2), il le pénétra, l'analysa, le développa, en donnant à sa pensée, qui pèche souvent par l'exagération, et le tour piquant, et l'acerbité du ton, et la pointe du trait.

Toutefois, il y a justice à le dire, les protestants essayant de tirer profit de l'imprudente satire, l'auteur composa une énergique protestation qui est demeurée parmi ses poésies inédites. Nous en transcrivons le début :

Mortels qui bâtissez pour le souverain Être
Des temples sans autel, sans victime, sans prêtre,
Vous qui, sans consulter ce que la loi vous dit,
Reconnaissez Calvin pour votre Saint-Esprit,
Vous dont les saints docteurs ont exercé leur zèle
A rêver dans Genève une Bible nouvelle,
Vous qui détruisez tout jusqu'à ne mettre plus
La virginité même au nombre des vertus,
. . . .
Sachez que contre vous je vais crier d'un ton
Qui va faire trembler les murs de Charenton.
Mais, avant que la bile empoisonne ma rime,
Je vais, sans m'animer, dire ce qui m'anime.
Vous savez que j'ai peint la fausse charité
De ceux qui confessaient par sensualité
Et qui, voulant trop voir dans chaque circonstance,
Troublaient le doux sommeil de leur concupiscence.
Vous ne savez pas moins que j'ai décrit les mœurs
De ceux que nos péchés ne rendaient point pécheurs
Et qui même évitaient jusques à la fumée
Du feu dont l'impudique a l'âme consumée.
. . . . (3).

(1) C'est la seconde. Elle est adressée à Bourdaloue,

Chrysostome françois, censeur évangélique,
Aussi profond docteur qu'orateur pacifique.

Bien qu'elle n'ait pas pris place dans la première édition des *Poésies* du génovéfain, Harlem, 1696, in-8°, parce qu'on n'était point suffisamment édifié sur l'exactitude des copies, cette satire circulait à l'état de manuscrit et même d'imprimé. (Voir *Avis au lecteur* de l'édition sus-désignée du *Bolæana.*)

(2) Voir *Satires* X et XI.

(3) B. S. G., carton Q. 2, *Poésies de M. de Sanlecque*, premier cahier. fol. 14, vers.

Louis XIV n'agréa point la présentation.

Pourtant le poète n'avait pas été sans chanter les louanges du grand roi. Il lui avait adressé, en 1686, une épître qui commençait sur ce ton solennel :

> Toi qui fais tout céder au plaisir d'être juste,
> Qui passais dès vingt ans l'âge avancé d'Auguste,
> . . . . (1).

Pourtant, une autre fois, un seul placet avait obtenu ou devait obtenir du roi pour l'auteur et sur-le-champ ce que personne n'osait demander. Mais aussi le poète disait :

> Nous distinguons deux personnes en toi :
> L'une est Louis, l'autre le roi.

Et, après avoir fait l'éloge pompeux de Louis :

> Mais, à propos de bon, d'indulgent, de vrai père,
> Louis voudrait-il bien me présenter au roi ?
> Tous mes amis n'osent le faire (2).

Pourtant le P. de La Chaise dut intervenir. Il était l'ami de Sanlecque, et l'on sait son influence à la cour. Il est probable que c'est dans cette circonstance et à ce sujet que le premier reçut du second un madrigal qui s'ouvrait par ce vers :

> Tu vas bientôt décider de mon sort,

et se fermait par ces deux autres :

> Parler en ma faveur, c'est dire les prières
> Pour les agonisants (3).

Malgré tout, Louis XIV demeura inflexible. Il fallut que l'évêque désigné se contentât de rester simplement prieur-curé de Garnay, près Dreux, humble poste où nous le voyons dès 1689. Il fallut qu'il se résignât à un séjour où

(1) *Épître au roy après la destruction de l'hérésie*, même édit. d'Amsterdam, p. 6. C'est la seconde épître. On peut lire aussi le commencement de la première (1686) et celui de la cinquième satire (1694).

(2) Même édit., p. 52.

(3) Même édit., p. 49.

tout se présentait sous un aspect assez sombre. D'abord, le presbytère :

Hé! qui ne s'ennuirait d'une salle aquatique
Où vingt crapauds privés me donnent la musique.

Puis les habitants :

D'autre part, mon village est plein de gros manands,
Picards en apparence et dans le fond normands (1).

Enfin l'église :

Dans mon église l'on patrouille,
Si l'on ne prend bien garde à soi;
Et le crapaud et la grenouille
Chantent tout l'office avec moi (2).

Non seulement la résignation fut chrétienne et sacerdotale. Mais la vie du P. de Sanlecque, durant les treize années qui lui restaient à parcourir, attestait en lui une abnégation parfaite, un détachement absolu. Là, disait-il dans une pièce, restée inédite,

. . . . vivant comme un reclus,
Près de Dreux, loin d'Anet, je prends un soin extrême
A ne régner que sur moi-même.
De mes moindres défauts je songe à me guérir.
Je veux bien vivre et bien mourir (3).

Si les ressources eussent autorisé cette expression, l'on aurait pu dire que la charité du pasteur était inépuisable. Mais ce que l'on est en droit d'affirmer, c'est que les revenus de la cure appartenaient plus aux paroissiens qu'au curé. Les réparations les plus urgentes du presbytère étaient même laissées de côté. Y avait-il là, à la fois, un peu de l'insouciance du poète? C'est possible, c'est peut-être probable. Une anecdote, dans l'hypothèse de sa réalité, prouverait au moins que le poète savait, en certaines cir-

(1) Même édit., p. 24.
(2) Même édit., p. 55.
(3) B. S. G., carton Q. 2, *Poésies* inédites, deuxième cahier, fol. 34, vers. Cette pièce est adressée à Campistron, secrétaire du duc de Vendôme, et qu'il nomme « héros du Parnasse ».

constances, retrouver sa verve joviale. Obligé, pour éviter la pluie, de changer successivement son lit de place, il aurait rimé : *Les promenades de mon lit*, poème sur lequel nous n'avons pu mettre la main (1).

Nous rappelions précédemment ce qu'étaient les sentiments du clergé au sujet de l'édit de Nantes. Nous pouvons invoquer ici un nouveau témoignage. Nous le puisons dans une œuvre, inédite encore, de notre poète. Sous le titre de *Placet des religionnaires*, Sanlecque disait à Louis XIV :

> ... Grand roi, n'attends pas que mon cœur applaudisse
> Ces excès qu'on t'inspire avec tant d'artifice,
> Ni que je mette au rang de tes justes exploits
> Le désir d'extirper de fidèles sujets.
> Bien que ta volonté soit une loi suprême,
> Monarque glorieux, j'en appelle à toi-même,
> Et contre le plus sage et le plus grand des rois
> Je réclame aujourd'hui la justice et nos droits.
> Quand les siècles futurs verront dans ton histoire
> Un peuple, si soumis, si zélé pour ta gloire,
> Abandonné sans cesse à l'injuste courroux
> D'un conseil violent qui t'arme contre nous,
> Quand ils verront Louis rejeter nos requêtes
> Et lancer coup sur coup sa foudre sur nos têtes,
> Quand ils verront, hélas! nos temples démolis,
> De nos hymnes sacrés les concerts abolis,
> . . . .
> Enfin quand ils verront notre âme désolée
> Succomber sous le faix dont elle est accablée,
> Que pourras-tu répondre à la postérité ?

Qu'on ne mette pas en avant le nom de Dieu, car ce Dieu

> Ne veut pas qu'à l'autel on traîne les victimes (2).

Mais, dira-t-on, en face de ce document, il y en a un autre, produit de la même plume, et celui-là n'est pas resté à l'état de manuscrit : c'est l'*Épître*, déjà citée, *au roi après la*

(1) Voir Titon du Tillet, *loc. citat.*, et Moréri.
(2) Même carton Q. 2, deuxième cahier, p. 15 rect.

destruction de l'hérésie. Eh bien ! qu'on lise cette *Épître*, et l'on verra qu'il s'agit de la *destruction de l'hérésie* par de sincères, de volontaires conversions (1).

Le P. de Sanlecque avait la plus grande estime pour l'ordre des jésuites, comme on le voit par le portrait qu'il traça du vrai fils de Saint-Ignace (2). Par contre, il prisait peu les jansénistes, et sa palette lui fournissait de sombres couleurs pour les peindre (3).

Si la reconnaissance pour le duc de Nevers lui inspirait cet inconcevable vers :

> Horace n'est point mort, il est duc de Nevers (4),

il paraît bien cependant que Sanlecque aurait fini par avoir quelque peu à se plaindre de son protecteur et vieil ami. En effet, nous lisons dans une pièce *sur la mort de M. le duc de Nevers :*

> Nevers, je pleure ton trépas
> Et j'en suis même inconsolable ;
> Ton cœur à mon égard était invariable,
> Quoique ta main ne le fût pas.

(1) Édition du *Bolæana*, Amsterdam, 1742, p. 6.
(2) Même édition du *Bolæana*, p. 61.
(3) Même édit., p. 62.
Voici ce tableau qui aurait eu besoin d'une retouche :

> Sobre dans ses discours, délicat à sa table,
> Portant un fin orgueil aux pieds du crucifix,
> L'esprit impérieux, modeste en ses habits,
> Fort sévère au prochain, pour soy fort charitable,
> Des livres séduisans au cœur infatigable,
> Aux décrets de l'Église écrivain peu soumis ;
> Qui n'est de son parti, n'est point de ses amis ;
> Du grand saint Augustin, singe peu véritable,
> Hors son petit troupeau, tout le monde n'est rien ;
> Il n'est point hors de là de saints, de gens de bien ;
> Son mérite, à le croire, est l'objet de l'envie ;
> Cependant l'amour-propre est toute sa vertu.
> A ces fidèles traits, cher ami, connois-tu
> D'un parfait janséniste et l'esprit et la vie.

(4) *Épître* au duc de Nevers, pour *obtenir de lui qu'il publiât une satire qu'il lui avoit entendu réciter*. (Même édit., p. 35.)

Cependant cette main mérite qu'on l'excuse :
Elle écrivait des vers si nobles, si divins,
Qu'il semblait quelquefois aux esprits les plus fins
Que ton épouse fût ta muse.
. . . . (1).

Toujours exagéré dans l'éloge du talent poétique du noble duc, il continuait à être injuste à l'endroit de Boileau. Dans l'*Épître* même où il exaltait le premier, il disait du second :

. . . . . Boileau ne sait plus que médire.
. . . .
Il veut polir son vers qu'il croit encor sublime;
Mais c'est en vain : son vers est plus dur que la lime.

Plus tard, cependant, l'âge apportant à l'esprit avec plus de calme plus d'équité, il revint à l'admiration de sa première jeunesse pour l'illustre poète :

Autrefois, au sortir de mon adolescence,
Despréaux, le grand Despréaux,
Dès qu'il vit de mes vers qui lui paraissaient beaux,
Disait à son peuple caustique,
Qu'après lui je tiendrais le sceptre satirique.

Et Sanlecque ajoutait ingénûment :

Je l'espérais aussi, mais je n'y pense plus (2).

Il poussa même la générosité jusqu'à écrire une sorte d'amende honorable, l'*Apothéose de Boileau* (3),

De ce mortel utile à tant de gens,
Ami du vrai, du bon goût, du bon sens,
Chaud à venger la raison méprisée;

de Boileau, le *Juvénal français;* du *grand Boileau* à qui Momus lui-même *doit rendre les armes,* jugement porté par le souverain des dieux et que ratifièrent les autres immortels en proclamant d'une voix unanime

L'heureux Boileau dieu de la raillerie.

(1) Même carton Q. 2, *Poésies* inéd., 2e cahier, fol. 19, vers.
(2) Même carton Q. 2, *Poésies* inéd., 2e cahier, fol. 34, vers.
(3) Même édit. du *Bolæana*, p. 60.

Boileau lui-même avait changé de sentiments à l'égard de Sanlecque. Nous en avons la preuve dans une modification qu'il apporta à un endroit de sa dixième *Épître*, publiée en 1695. S'adressant à ses vers, il avait écrit d'abord :

Dans peu vous allez voir vos froides rêveries
Exciter du public les justes moqueries,
Et leur auteur, jadis à Régnier préféré,
A *Sanlecque*, à Régnard, à Bellocq comparé.

Au moment de la publication, ce dernier vers fut remplacé par celui-ci qui se lit dans toutes les éditions :

A Pinchêne, à Linière, à Perrin comparé.

Des trois premiers poètes qui avaient eu maille à partir avec Boileau, Régnard avait fait sa paix et Bellocq des excuses. Il y a lieu de penser que quelque rapprochement s'était aussi opéré entre le législateur du Parnasse et le poète génovéfain (1).

(1) Voir *Œuvres* de Boileau, Paris, 1772, in-8°, tom. II, p. 173, *Remarques*. Boileau aurait dit encore : « Sanlecque est un mauvais poète ; il ne va que par bonds. » (V. *Journal et Mémoires de Mathieu Marais*, tom. I, Paris, 1863, p. 21.)

Nous rencontrons parmi les poésies inédites du génovéfain cette épitaphe *sur la mort imaginaire et véritable de M. Molière* :

Cy gît qui parut sur la scène
Le singe de la vie humaine,
Qui n'aura jamais son égal.
Mais voulant de la mort, ainsi que de la vie,
Etre l'imitateur dans une comédie,
Pour trop bien réussir, il réussit fort mal,
Car la mort, en étant ravie,
Trouva si belle la copie,
Qu'elle en fit un original.

(Même carton, même cahier, fol. 29 rect.)

On trouve encore dans ce même carton un certain nombre d'autres pièces également inédites. Nous en mentionnerons quelques-unes :

1° Satire *Contre le faux honneur*, *dédiée à M. l'abbé Destrades*, dialogue peu remarquable ;

2° Épître *A Son Altesse royale Monseigneur le duc d'Orléans ;*

3° *Compliment de Mme l'abbesse de Letrées à Mme la mareschalle duchesse d'Humières* ;

4° Deux pièces au *Comte de Vezelay*, éloge assez délicat ;

5° *A Son Altesse Monseigneur le duc de Vendosme, Estrenne*

Si Louis de Sanlecque avait limé, poli toutes ses compositions (1) à l'égal de la *Satire* contre les directeurs, du *Poème sur les mauvais gestes de ceux qui parlent en public et surtout des prédicateurs*, de quelques petites pièces, et principalement de ses *Placets au roi* (2), la critique découvrant moins de côtés défectueux lui aurait assigné un rang supérieur. Voltaire a eu raison de le classer « parmi les poètes médiocres dans lesquels on trouve des vers heureux ». Mais, à notre sens, il n'a pas été d'une sévérité assez équitable en ajoutant. « La plupart de ces vers appartiennent au temps et non au génie (3). » Il eût été bon, au moins, de préciser, d'expliquer la pensée. Qu'on ôte à Sanlecque le génie, bien ; mais qu'on sache lui accorder le talent, en se gardant de faire de ses œuvres une sorte de produit fatal de l'époque, assertion trop vague pour être suffisamment intelligible.

(1) Il est bon de noter que les meilleures poésies du P. de Sanlecque, celles-là mêmes qui furent publiées, le furent sans son aveu. La première édition parut en 1696, sous le titre : *Poésies héroïques, morales ethistoriques, par M. de ****, Harlem, in-8°. L'éditeur convenait dans la préface qu'une revision par l'auteur eût été désirable. La seconde édition fut donnée douze ans après la mort du poète, sous ce titre : *Poésies du P. Sanlecque*, Harlem, 1726, in-12. Cette seconde édition, plus complète que la première, l'est moins que celle qui fait suite au *Bolæana*. Voilà ce qui explique pourquoi nous nous sommes servi de cette dernière.

(2) Dans un autre *Placet* en faveur d'une *Demoiselle dont le père et les frères avoient tous mangé leurs biens et le sien au service du roy*,

Qui sçait l'art d'être craint et celuy d'être aimé,

il ne manquait pas de tact, non plus, pour implorer les « royalles faveurs ». Il y avait un autre titre encore à produire :

Grand roy, souvenez-vous que Clermont et Rohan
A ceux de votre nom ont allié leur sang.

(Même carton Q. 2, deuxième cahier, fol. 13-14.)

(3) *Siècle de Louis XIV, Catalog. alphab. de la plupart des écrivains français.*

VIII

VAU (LOUIS DU)

(1658-1738)

Une question de droit canonique mit la plume à la main de Louis du Vau qui devait être le successeur immédiat du P. Dantecourt comme chancelier de l'université de Paris, et qui occupait alors une chaire de théologie à Sainte-Geneviève.

La question fut soulevée par Jean Gerbais, docteur de Sorbonne, dont le nom devait à plusieurs publications une certaine notoriété. Ce dernier avait fait paraître, en 1696, deux *Lettres*, non signées, sur le pécule des religieux qui devenaient curés ou évêques. Voici à quelle occasion. Le curé de Saint-Étienne du Mont, chanoine régulier de Sainte-Geneviève, étant mort (1), il s'en était suivi un procès entre l'abbaye qui prétendait à la succession, et les marguilliers qui élevaient les mêmes prétentions. Jean Gerbais, qui avait figuré comme témoin dans l'information, crut devoir, gain de cause étant donné à l'abbaye, traiter théoriquement la question. De là les deux *Lettres* lancées dans le public (2).

Ce n'était pas la première fois que ce docteur de Sorbonne se faisait le défenseur de causes mauvaises ou de doctrines hasardées. Son traité latin : *Des causes majeures*, condamné par Innocent XI, avait paru en France trop

(1) Il s'appelait Julien Gardeau et mourut en septembre 1694.

(2) La première avait pour titre : *Lettre d'un docteur de Sorbonne à un bénédictin de la Congrégation de Saint-Maur touchant le pécule des religieux faits curez ou évêques.* La seconde, sur le même sujet, était une réplique à cette réponse également anonyme, mais demeurée inédite : *Lettre à un docteur de Sorbonne touchant le pécule des religieux curez et évêques.*

hardi à l'assemblée même du clergé de 1681, laquelle en avait prescrit une édition corrigée.

Ici donc, Gerbais entendait établir cette thèse nouvelle : les chanoines-curés, étant par le fait affranchis de la règle monastique quant à leur personne et quant à ce qu'ils possèdent, peuvent librement disposer de leurs biens, et, lorsqu'ils ne le font pas, ces biens reviennent de droit à l'Église qu'ils gouvernent au moment de leur mort. Tout au plus, y aurait-il exception en faveur de la famille pour les biens patrimoniaux et autres acquis par industrie distincte, mais jamais, dans aucun cas, en faveur du monastère. Gerbais – et c'était sa principale preuve — alléguait à l'appui de sa thèse la coutume des temps anciens, lorsque les clercs vivaient en communauté. La vie commune et les obligations qu'elle imposait, prenaient alors fin par la charge, donnée à ces clercs, de l'administration d'une paroisse séparée : d'une part, le clerc recouvrait sa pleine liberté, et, de l'autre, la paroisse se substituait à la communauté pour le cas de succession.

Cette prétendue preuve n'était qu'un sophisme : tandis que les clercs dont il est ici question, n'avaient émis aucun vœu, les chanoines, vrais religieux, demeuraient perpétuellement liés par les engagements sacrés de pauvreté et d'obéissance.

Voilà ce que le P. du Vau entreprit de démontrer au docteur en prenant le public pour juge ; et il le fit longuement et victorieusement dans deux volumes (1) qui dénotent autant d'érudition que de logique, autant de modération que de force, autant d'habileté dans la disposition des parties et le groupement des preuves que de

(1) *Dissertation sur le pécule des religieux curez, sur leur dépendance du supérieur régulier et sur l'antiquité de leurs cures régulières*, Paris, 1697, in-12. Sur ce dernier point, en effet, Gerbais avait aussi élevé des difficultés qui disparurent également devant une solide explication ou des documents incontestables. La *Dissertation* n'était pas non plus signée.

noblesse dans le langage qui les présente ou les exprime.

En vain le docteur voulut-il répliquer par une troisième lettre. Plus faible que les premières, elle attira une foudroyante réponse de la part de l'antagoniste (1). Celui-ci, cependant, avait hésité à la produire, Gerbais étant mort sur ces entrefaites.

Dans cette *Réponse* qui forme un volume, l'auteur, cette fois, présentait ses observations sous forme de lettres adressées à l'adversaire. C'est dire que, si on y retrouve la même force d'argumentation, le style y acquiert plus de souplesse et de vivacité.

Barbier attribue à Louis du Vau un autre livre sur la même matière et publié cette même année 1699 (2), livre où nous avons puisé un certain nombre de renseignements pour la partie historique.

Nous ne connaissons pas d'autres ouvrages, soit imprimés, soit inédits,. de cet écrivain. La charge de chancelier de l'université et ensuite celle d'abbé de Notre-Dame de Landèves ne lui auraient-elles pas laissé assez de loisir, ou bien lui fallait-il encore des occasions qui ont fait défaut ?

(1) *Réponse à la troisième lettre de M. Gerbais*, Paris, 1699, in-12. La *Réponse* portait le nom de l'auteur.

(2) *Réflexions sur les ouvrages de M. Gerbais*... touchant *l'état des curez chanoines réguliers*, Paris, 1699, in-12. (Voir Barbier, n° 15886.)

CHAPITRE TROISIÈME

XVIIIe SIÈCLE

PRÉVOT — GILLET — LE COURAYER — BARRE — LENET — BERNARD
MERCIER DE SAINT-LÉGER

I

PRÉVOT (CLAUDE)

(1693-1752)

Dans le P. Prévôt il y a beaucoup du P. du Molinet, non seulement sous le rapport de l'érudition, mais aussi sous celui du caractère. Esprit fin et enjoué, cœur large et ouvert, nature sympathique et communicative, le P. Prévôt sut également, après s'être distingué comme professeur de philosophie et de théologie, conquérir un rang honorable dans le monde savant. En lui l'intelligence était secondée et le travail fécondé par une mémoire des plus heureuses, qui lui permettait de tout apprendre, même les langues, sans efforts et de tout retenir fidèlement. Il n'y a pas jusqu'au zèle dans les fonctions de bibliothécaire qui n'offre quelques points de contact entre les deux érudits.

Encore que le P. Prévôt n'ait rien publié, on ne saurait dire que le domaine littéraire n'ait reçu de lui aucun accroissement de richesses : il a colligé de nombreux documents qu'on a utilisés, et fait aux savants des communications précieuses et présentant déjà le caractère d'une mise en œuvre.

C'est grâce à des communications de cette nature que les auteurs du nouveau *Gallia christiana* ont pu rédiger l'historique si substantiel et si exact de l'abbaye de Sainte-Geneviève (1). Peut-être de semblables communications n'ont-elles pas été, entre les mains des mêmes auteurs, de moindres ressources pour les travaux analogues sur les monastères d'Hérivaux, de Livry, de Saint-Éloi de Longjumeau (2). L'histoire de l'ancienne et presque royale maison de Melun avait aussi fixé l'attention du chercheur. Ce ne fut pas sans succès : une ample provision de pièces devint la récompense des investigations de ce dernier et la source même où l'on puisa pour dresser la généalogie de cette maison. Le travail était destiné à prendre place dans la *Nouvelle et dernière édition* du *Dictionnaire* de Moréri (3). Enfin, le savant abbé Lebeuf affirme qu'il devait beaucoup au savant génovéfain pour le catalogue des écrivains auxerrois, catalogue qu'il avait joint à ses *Mémoires concernant l'histoire ecclésiastique et civile d'Auxerre* (4).

Ces deux érudits étaient compatriotes, nés l'un et l'autre à Auxerre, et amis. Nous savons par le premier que le second, pour la gloire de l'ordre, avait conçu le plan et désirait vivement la publication de ces trois ouvrages considérables, qui auraient demandé le concours aussi actif qu'éclairé de nombreux collaborateurs : 1° une bibliothèque complète et raisonnée des écrivains de la grande famille augustine, à l'exemple de plusieurs autres familles religieuses; 2° la vie des saints chanoines tant réguliers que séculiers, d'après l'époque de leur existence, et non

(1) *Gal. Christ.*, tom. VII, col. 699.

(2) *Journal de Verdun*, février 1753, p. 124 : *Lettre de M. l'abbé Lebeuf à l'auteur du journal* sur le P. Prévôt.

(3) Cette généalogie se trouve à la fin du dernier volume. D'après le même *Dictionnaire*, Prévôt avait réuni les matériaux nécessaires pour une histoire de Germain de Brie (*Germanus Brixius*), son compatriote.

(4) *Journal de Verdun*, *ibid.*

point suivant la place qu'ils occupent dans le martyrologe ; 3° l'histoire des diverses maisons de l'ordre canonique (1).

L'on n'était pas moins unanime pour reconnaître en ce génovéfain la rectitude du jugement, que pour rendre hommage à l'étendue de son savoir. Le *Journal de Verdun*, toujours par la plume de l'abbé Lebeuf (2), ne nous apprend-t-il pas qu'on « lui apportait des ouvrages de toute espèce » et qu'on « se trouvait bien de ses remarques ? »

Mais une question se pose nécessairement ici. Comment le P. Prévôt, si laborieux et en possession de tant de richesses, n'a-t-il mis au jour aucune œuvre ? Sans doute, les fonctions de bibliothécaire lui prenaient beaucoup de temps ; son caractère serviable lui en faisait dépenser, en faveur d'amis ou de savants qui recouraient à son érudition, une autre portion assez considérable. Mais nous ne serions pas éloigné d'estimer, avec Moréri (3), que la chute, après de vives attaques, de son ami Le Courayer — nous en présenterons le récit dans un instant — contribua bien quelque peu à le rendre circonspect en fait de publications. Lui-même avait adhéré au parti janséniste : il avait pris place, il est vrai, parmi les modérés ; mais, enfin, il lui appartenait. Dans ces conditions, le silence dut lui paraître préférable. Il eut même la pensée de se retirer à La Trappe. Et peut-être, sans la prière d'un ami et la publication de la bulle *Unigenitus* dans l'austère couvent, le projet se fût-il réalisé (4).

Le P. Prévôt resta et mourut génovéfain, jouissant,

(1) *Ibid.* L'on avait déjà, il est vrai, relativement à la bibliothèque, le travail de Philippe Elssius, *Encomiasticon augustinianum;* mais c'était un travail des moins complets et des plus défectueux. Thomas de Herrera avait, dit-on, laissé inédite une étude analogue (Antonio, *Biblioth. hispaniensis*).

(2) *Ibid.*

(3) Art. *Prévôt.*

(4) Voir, B. S. G., dans ms. fr. Z., in-4, la lettre inédite, adressée au génovéfain dégoûté, laquelle nous révèle ces faits. Dans ce même recueil, se trouve un grand nombre d'autres lettres également écrites au P. Prévôt.

durant sa vie, d'une grande autorité, et laissant, après sa mort, d'unanimes regrets au sein de la « république des lettres » (1).

A cette utile existence d'érudit se rattache un grand souvenir, le souvenir d'un prince admirable en tout, s'il n'avait été janséniste tenace jusque sur son lit de mort. Ardemment pieux, admirablement charitable, ami des lettres et des sciences, protecteur de ceux qui les cultivaient, le fils du régent, Louis, troisième duc d'Orléans, s'était retiré à l'abbaye de Sainte-Geneviève. Il y vécut les dix dernières années de sa vie, les consacrant aux exercices religieux, à l'étude, aux œuvres de bienfaisance (2). Un journal du temps nous fait connaître qu'il appréciait tout particulièrement le mérite du P. Prévôt, et qu'il s'établit entre eux des rapports assez intimes (3). Le prince se fit même disciple du religieux, pour accroître ses connaissances dans la langue d'Homère et de Platon (4).

II

GILLET (Louis-Joachim)

(1680-1753)

Si, à Sainte-Geneviève, Claude Prévôt rappelait Claude du Molinet, Louis Gillet faisait revivre la mémoire de Jean

(1) *Journal de Verdun*, nov. 1752, p. 400.

La Bibl. Sainte-Genev. possède un exemplaire du *Projet d'un nouveau cérémonial françois*, par Antoine François Jolly, Paris, 1746, in-4, lequel exemplaire est annoté de la main du P. Prévôt. Les notes sont dignes de l'érudit. On doit à ce Jolly, censeur royal, de bonnes éditions des deux Corneille et de Molière. (Note, au commencement de l'exemplaire, de Mercier de Saint-Léger.)

Nous n'avons pu découvrir l'Histoire du P. Guillery que le *Gallia*, tom. VII, col. 799, mentionne en ces termes : « Ejus vitam publici juris fecit, anno 1722, R. P. Prévôt. »

(2) Il s'y était fait construire une maison qui est le presbytère actuel de Saint-Étienne du Mont.

(3) *Journal de Verdun, ibid.*

(4) Moréri, art. *Prévôt*.

Fronteau : sans égaler celui-ci par l'étendue du savoir, le P. Gillet le surpassa peut-être dans la connaissance des langues orientales.

Élève des jésuites à leur collège de Rennes, Louis Gillet entra chez les génovéfains après avoir terminé sa rhétorique. Il prit l'habit à Sainte-Catherine du Val des Écoliers et fit profession à Saint-Geneviève. Il était alors âgé de vingt et un ans. Durant son cours de théologie, il donna des preuves éclatantes de ses riches facultés non moins que de sa remarquable doctrine : les thèses publiques qu'il eut à soutenir lui firent presque déjà un nom. En même temps, ses grandes aptitudes pour les langues savantes se révélaient. Successivement professeur de philosophie à Notre-Dame de Ham, bibliothécaire à Sainte-Geneviève, curé de Mahon au diocèse de Saint-Malo, il sut dans ses diverses fonctions, en province comme à Paris, moins facilement sans doute en province qu'à Paris, se montrer ardent à l'étude, chercheur infatigable, en un mot vrai amant de la science, comme il convenait à un vrai génovéfain. Sa place cependant était plutôt à la bibliothèque de l'abbaye. Aussi y fut-il rappelé pour ne plus s'en éloigner désormais. Il partagea avec le P. Prévôt la charge de bibliothécaire. C'est alors que, en possession de tant de ressources, sans avoir à distraire de l'étude, pour les donner ailleurs, tant d'heures précieuses, il put devenir, sans conteste, un des maîtres dans les langues hébraïque, chaldaïque et syriaque. Si le duc d'Orléans demandait au P. Prévôt des leçons de grec, il s'instruisait auprès du P. Gillet dans les idiomes sémitiques, et n'avait pas moins d'estime ni d'amitié pour celui-ci que pour celui-là (1).

Néanmoins il faut se garder de ne voir dans le P. Gillet que l'orientaliste distingué.

Le public a été mis en possession d'un monument litté-

(1) *Éloge historique* du P. Gillet. Cet *Éloge* est placé à la fin de la préface de la *Nouvelle traduction* de Josèphe, que nous allons apprécier

raire qui est dû à la plume, moins facile que fidèle et savante, du génovéfain : nous voulons désigner la *Nouvelle traduction de l'historien Josèphe.*

Après Arnauld d'Andilly, dont la traduction avait été si goûtée, il pouvait paraître téméraire d'entreprendre une œuvre rivale. Voilà bien ce qui se disait au moment où l'on annonçait ce nouveau travail: on lui prédisait même un insuccès certain (1). D'autres pourtant auguraient mieux de l'entreprise en applaudissant à la pensée qui l'avait conçue (2). Le P. Gillet était le premier à convenir que la traduction d'Arnauld tenait toujours la place d'honneur parmi celles qui avaient paru jusqu'alors. Mais il estimait qu'elle était loin d'être irréprochable. Selon lui, Arnauld visait plus à l'élégance qu'à la fidélité. D'autre part, les défauts s'expliquaient d'autant mieux que, selon toute probabilité, le traducteur s'était borné à la version latine de Gélénius, sans recourir au texte original. Le P. Gillet avait eu, d'abord, la pensée de joindre à une nouvelle édition de l'œuvre d'Arnauld des notes expliquant et les écarts du traducteur et les obscurités de l'auteur. Mais il ne tarda pas à reconnaître que ce serait augmenter démesurément l'ouvrage, et même s'exposer à faire désagréablement disparaître le blanc des pages sous le nombre de ces additions (3). De là, le projet d'un travail auquel le public et la science avaient droit, le projet d'une nouvelle version non seulement faisant mieux revivre l'original, mais l'éclairant encore de la lumière de réflexions *historiques et critiques.* Au sens du docte religieux, en effet, il y avait des altérations dans le texte tel qu'il se trouvait publié, et il fallait lui rendre sa « pureté » première; il y avait aussi trop d'accusations qui pesaient sur Josèphe, et il était équitable,

(1) Dans une *Lettre de M*** à M***, libraire à Paris,* au sujet de cette *Nouvelle traduction,* lettre répandue dans le public, et datée d'Ivry, 20 septembre 1747.

(2) Le *Journal des Sçavans,* octobre 1747, p. 614-615.

(3) *Prospectus,* voir *Journal des Sçavans,* oct. 1747, p.p. 609 et suiv.

soit de les ramener à leur juste valeur, soit d'en réduire le nombre. Pour tout cela faire, le nouveau traducteur se proposait de consulter les règles d'une « sage critique ». Quant à la traduction, il s'appliquerait à donner au style de l'auteur « les ornements que son caractère simple, la fidélité et l'exactitude » lui permettraient; mais il éviterait de l'embellir « de ces traits brillants, de ces tours de phrases qui surprennent par leur nouveauté », de le convertir en ce langage « énigmatique qui ne marche qu'en cadence » (1).

La *Nouvelle traduction*, annoncée par *prospectus* dès 1747, réannoncée en 1754, l'année même qui suivit la mort de l'auteur, commença seulement à sortir des presses en 1756, et ne cessa de les occuper qu'en 1767 (2). Elle présentait réellement le caractère désiré et promis. Le style pouvait manquer d'éclat et de fraîcheur, mais la phrase, d'ailleurs assez correcte, était aussi assez précise pour ne point fausser le sens de la pensée originale. Dans les notes où tout ne se montrait pas indiscutable assurément, on découvrait le linguiste doublé de l'érudit (3). A ces titres, la science gagna au nouveau travail. Mais le public, ne pouvant se déshabituer de l'œuvre plus élégante d'Arnauld, ne cessa de lui donner ses préférences.

Si la Providence eût accordé quelques années de plus au laborieux génovéfain, on aurait eu à apprécier en lui l'auteur, non plus éloquent que le traducteur sans doute, mais non moins judicieux, non moins sagace, non moins consciencieux : le P. Gillet se disposait à mettre au jour, après sa traduction de Josèphe, un examen critique des histo-

(1) Préface de la *Nouvel. traduct.*, p.p. XIX, XX, XXV, XXVIII.

(2) Paris, 4 vol. in-4.

(3) Ces notes comprenaient des notes proprement dites, au bas des pages, et des *Remarques* longues et multipliées, après chaque livre des deux grands ouvrages, les *Antiquités juives* et la *Guerre des Juifs*, comme aussi dans les trois autres opuscules de l'historien, sa *Vie*, sa *Réponse* à Appion et le *Martyre des Macchabées*.

riens anciens et modernes qui ont écrit sur les premiers temps de la monarchie française (1).

D'une modestie égale à sa science, jamais les entraînements d'une nature assez ardente, pas plus que la vivacité de la contradiction, ne vinrent altérer en lui la douceur du caractère ni troubler la placidité de l'âme. C'était un de ces hommes qui gagnent beaucoup à être connus, car une « timidité » naturelle et une sorte de « mélancolie » ordinaire, conséquence d'une santé chancelante, « rendaient moins sensibles les heureuses qualités de son esprit et de son cœur » (2).

III

COURAYER (Pierre-François le)

(1681-1776)

Un contemporain et peut-être un compagnon d'étude de Louis Gillet devait causer de grands troubles dans l'abbaye par ses idées paradoxales, son opiniâtreté à les défendre, et enfin affliger l'Église par le scandale de son apostasie.

Il est de ces hommes, intelligences distinguées d'ailleurs, qui semblent se complaire à prendre le contre-pied des doctrines professées et des opinions reçues. Qu'on ne croie pas que ce soit le propre du génie. Non, le génie cherche moins les voies inconnues ou non frayées, qu'il ne se trouve lancé sur elles par une force irrésistible; poursuivant loyalement sa marche, il est plutôt craintif que confiant à la pensée du terme entrevu, et ce n'est qu'avec une sage lenteur et vaincu par l'évidence qu'il se décide à faire con-

(1) Fin de l'*Éloge historique*.

D'autre part, la Bibl. Sainte-Genev. (voir ms. fr. Z., in-fol. et in-4, et cartes) conserve encore plusieurs opuscules du P. Gillet, lesquels viendraient confirmer ce que nous avons dit du linguiste et de l'érudit.

(2) *Éloge histor.*

naître le résultat de ses investigations. Nous visons ici ces esprits téméraires, présomptueux, enclins à demander à la nouveauté le bruit, sinon la célébrité. Cet état psychologique est l'effet de facultés naturellement mal équilibrées ou moralement détraquées : le jugement surtout n'est pas à la hauteur de l'intelligence et de l'imagination. Lorsqu'à cet état viennent s'ajouter, par une large culture intellectuelle, des connaissances respectables ou étendues, la facilité de la parole ou du style, il est bien à craindre qu'un jour ou l'autre, sur tel ou tel point, quelque esclandre ne se fasse dans le domaine des idées.

En ce peu de mots nous avons l'esquisse morale de Pierre-François Le Courayer, qui, originaire de Rouen, génovéfain dès sa jeunesse, fut jugé digne, après de bonnes études, d'occuper des chaires de philosophie et de théologie. A l'époque qui va nous occuper, il était chargé de la bibliothèque à l'abbaye. Il comptait déjà parmi les opposants à la célèbre bulle (1).

Un *Mémoire* avait été inséré, en 1620, dans la nouvelle édition de l'ouvrage de l'abbé Gould : *La véritable croyance de l'Église catholique*... Au mois de janvier de l'année suivante, le *Journal des savants* en donnait un extrait. Ce *Mémoire* (2) était, à juste titre, attribué à l'abbé Renaudot. En quelques pages, ce dernier établissait à nouveau la thèse catholique touchant les ordinations de l'Église anglicane, à savoir qu'elles se trouvaient frappées de nullité dans leur principe, parce que l'évêque nommé par Élisabeth au siège de Cantorbéry, Matthieu Parker, point de départ de tout l'épiscopat anglican, n'avait pas été vraiment consacré : d'abord il était fort douteux que Barlow, le prélat consécrateur, eût reçu lui-même la consécration épis-

(1) Il publiait alors le *Recueil de lettres spirituelles sur divers sujets de morale et de piété*, du fameux Quesnel, Paris, 1721-1723, 3 vol. in-12.

(2) Ce *Mémoire* figure à la suite de la préface de la *Dissertation sur la validité des ordinations des Anglois*, œuvre que nous ferons connaître tout à l'heure.

copale ; puis, l'eût-il reçue, une consécration faite suivant le rite, essentiellement défectueux, enfanté et imposé sous le règne d'Édouard VI, était radicalement invalide ; or, telle avait été la consécration de Parker. Quelques propositions moins accentuées dans le sens de la thèse catholique, et qui peuvent et doivent être considérées comme de simples concessions *ad duritiam cordis*, firent prendre le change au P. Le Courayer. Il avait lui-même des doutes, si nous l'en croyons. Il comptait trouver la lumière dans le travail du savant abbé. Vaine espérance ! De là, pour un esprit désireux de la vérité, la volonté d'étudier soi-même attentivement la grave question.

La conclusion de l'étude fut en faveur de la validité de ces ordinations. Cette conclusion motivée forma d'abord un simple *Mémoire* et, sur la demande de quelques amis consultés, elle allait se développer dans une *Dissertation* arrivant jusqu'aux proportions de deux volumes. La *Dissertation* parut, en 1723, sous la rubrique de Bruxelles (1), mais sans aveu de paternité. A entendre le dissertateur qui gardait pour l'instant l'anonyme, l'amour de la vérité historique n'avait pas été seul à conseiller une semblable publication : la charité évangélique en avait fait un devoir. Toutefois, l'écrivain protestait de sa soumission en cas d'erreur. Plût au ciel que l'engagement eût été tenu !

Il s'éleva un *tolle* général, surtout en France, contre la malheureuse *Dissertation*. Parmi ceux qui s'armèrent aussitôt pour la combattre, figuraient, au premier rang, les journalistes de Trévoux (2), dom Gervaise (3), le P. Le

(1) *Dissertation sur la validité des ordinations des Anglois et sur la succession des évesques de l'Église anglicane*, in-12.

(2) Les *Mémoires de Trévoux* consacrèrent, mars 1724, p. p. 389 et suiv., un long article à la réfutation de la *Dissertation*, En avril 1722, p.p. 708 et suiv., ils avaient déjà traité quelque peu la question en forme de lettre sous ce titre : *Difficultez proposées à l'auteur de la Lettre apologétique pour la succession des évêques dans l'Église anglicane*. Cette *Lettre apologétique* ne serait-elle pas l' *Epistola ad amicum* écrite par un anglais et dont il est parlé dans la préface de la *Dissertation* ?

(3) *Lettre d'un théologien à un ecclésiastique de ses amis sur une disser-*

Quien (1). Le P. Hardouin lui-même sembla oublier sa maxime, qu'*il ne se levait pas toute sa vie à quatre heures du matin pour dire ce que d'autres avaient dit avant lui*, et voulut, dans cette circonstance, non seulement penser, mais écrire comme les bons théologiens (2). La double question de fait et de droit se trouvait à nouveau examinée, discutée et résolue dans le sens catholique. Les journalistes de Trévoux se montrèrent ce qu'ils étaient d'ordinaire : critiques habiles, penseurs judicieux. En dom Gervaise s'accusait parfois l'impétuosité du caractère. Dans le P. Hardouin apparaissaient bien aussi, au milieu d'un fleuve d'érudition, quelques hardiesses ou excentricités. L'œuvre du célèbre dominicain était la plus remarquable à tous égards : plus complète, quant au fond, elle se présentait, en même temps, sous une forme plus irréprochable.

Le Courayer, qui, dès le 12 janvier 1724, dans une lettre adressée au *Journal des savants*, s'était bravement déclaré l'auteur de la *Dissertation*, se gardait bien de s'avouer vaincu. Comme cela est ordinaire en pareil cas, il se plaignit de la vivacité de l'attaque, qu'il qualifiait même, on ne saurait plus crûment, d'injuste (3). Il se prépara donc à la résistance, oubliant presque aussitôt l'engagement qu'il avait pris.

La tâche était difficile. Les efforts de l'athlète, se redressant pour la lutte, furent particulièrement dirigés contre le P. Le Quien, car, pour les autres adversaires, — c'est le moyen ingénieux, facile, à l'usage de tous, de se tirer prestement d'embarras — il les estimait à peine dignes des

tation touchant la validité..., Paris, 1724, in-12. Cette *Lettre* est suivie d'une *deuxième lettre du même auteur à la même personne, Examen des pièces*.

(1) *Nullité des ordinations anglaises ou réfutation du livre intitulé : Dissertation...*, Paris, 1725, in-12.

(2) *La Dissertation du P. Le Courayer... réfutée par le P. Hardouin*, Paris, 1724, in-12.

(3) Préface de la *Défense* dont nous allons parler, p. VII-IX.

honneurs du combat : les journalistes de Trévoux avaient fait preuve d'une singulière critique, en réfutant le livre, au lieu de le citer ; dom Gervaise était « trop connu par ses métamorphoses monastiques », pour qu'il soit besoin de relever « ses injures et ses soupçons » ; le P. Hardouin devenait « plus fameux encore par ses caprices en matière de littérature que par son érudition » (1). Le Courayer se promettait bien, toutefois, de ne pas les perdre complètement de vue, et de tomber sur eux quand le dominicain se déroberait à ses coups. Et même ce dernier se montrait-il bien terrible ? Non : c'était seulement un antagoniste respectable (2).

Quatre nouveaux volumes, sous le titre de *Défense* (3), vinrent au secours de la *Dissertation* si malmenée. L'appui ne pouvait être salutaire : la défaite était réelle, et l'appui même manquait de consistance, en sorte que toutes les ressources stratégiques déployées — car ici nous retrouvons Le Courayer avec ses audaces et ses artifices, ses marches savantes ou précipitées, ses attaques habilement ménagées auxquelles se mêlaient parfois les coups violents de la colère et du désespoir — n'eurent d'autre résultat que de rendre plus sensible, plus éclatant, sur le terrain de la discussion, le triomphe de la vérité.

Toutefois l'émotion était loin d'être calmée en France. Le P. Hardouin reprenait la plume (4). Un chanoine de Reims, Claude Le Pelletier, dénonçait à l'épiscopat français

(1) Liv. I., ch. I de la *Défense*, p.p. 3, 5, 7.

(2) Le Courayer le prisait d'une autre manière, lorsqu'il écrivait précédemment au *Journal des savants* : « J'attens sans inquiétude la réfutation « du P. Le Quien que vous annoncés. Comme je ne cherche qu'à m'ins- « truire, je me flatte de pouvoir profiter de ses lumières et même de sa « critique... Si je crois avoir quelque supériorité sur lui du côté de la cause « que je défens, je le reconnois en toute autre chose pour mon maître, et « je respecteray toujours, comme je dois, ses lumières et son érudition. » (Lettre du 5 février 1724).

(3) *Défense de la Dissertation sur la validité des ordinations... contre les différentes Réponses qui y ont été faites...*, Bruxelles, 1726, in-12.

(4) *La Défense des ord. angl. réfutée...*, Paris, 1727, 2 vol. in-12.

le téméraire et opiniâtre génovéfain (1). Une assemblée de prélats censurait, le 22 août 1727, au palais abbatial de Saint-Germain des Prés, les livres de ce dernier (2). L'évêque de Marseille, plus d'un mois auparavant, le cardinal de Noailles, tout récemment, en avaient fait autant. Le *Mandement* du cardinal était suivi, plus tard, d'une longue *Instruction pastorale* qui exposait les raisons du dogme pour mieux faire ressortir les motifs de la condamnation. Mais le prélat, en condamnant la doctrine, avait la consolation de pouvoir annoncer la soumission de l'auteur, et il se faisait un devoir de déclarer que l'abbaye de Sainte-Geneviève, comme la Congrégation de France, absolument opposée à la fausse théorie et aujourd'hui la condamnant formellement, était complètement étrangère à la composition et à la publication des livres qui la soutenaient (3).

De cette dernière assertion, cependant, il ne faudrait pas conclure qu'il n'y eût aucune divergence dans l'abbaye et la congrégation. Non seulement quelques religieux, comme le P. Prévôt, avaient incliné plutôt par amitié qu'autrement du côté de leur confrère éprouvé, mais il s'en était rencontré qui allaient plus loin. Le P. Lenet, par exemple, envoyait de Beauvais ces lignes à Le Courayer, le 31 décembre 1726 : «J'ai achevé de lire votre réponse et je l'ai lue « avec le double plaisir de me voir instruit et de trouver « confondus ceux qui m'avaient trompé... Il ne peut rester aucun doute, et la validité des ordinations anglaises « demeure absolument démontrée. Je serais trop long et je « paraîtrais trop flatteur pour un ami, si je vous marquais « en détail tout ce qui m'a charmé dans votre ouvrage (4). »

(1) *Dénonciation... d'un livre intitulé : Défense...*, s. l., 1727, in-12.

(2) L'acte, signé du cardinal de Bissy, évêque de Meaux, des archevêques de Sens et de Cambrai et de dix-sept évêques, allait recevoir d'autres adhésions et, entre autres, celles des évêques de Luçon et de Beauvais, le 1er octobre et le 8 décembre de la même année.

(3) *Instruction pastorale*, p.p. 115, 116.

(4) Lettre — copie — B. S. G., dans Recueil D., in-fol.

Il est juste de remarquer que, Le Courayer ayant avancé sur l'Eucharistie des propositions fort mal sonnantes et également atteintes par les condamnations épiscopales (1), ses partisans avaient toujours soin de faire les plus expresses réserves sur ce point.

La soumission du novateur, si peu sincère qu'elle fût, n'avait été signée qu'après bien des luttes, des résistances, des subterfuges, des promesses illusoires. Marquons-en brièvement les tristes préludes avant d'en rappeler les désastreuses conséquences.

Il terminait une lettre hautaine à l'évêque de Marseille, l'héroïque Belsunce, par ces paroles qui dépassaient vraiment toute mesure : « Puis donc, Monseigneur, que content « de débrouiller des idées que nos théologiens avaient em- « barrassées, je ne me suis point écarté de la doctrine de « l'Église ni des dogmes qu'elle enseigne, je me flatte que, « détrompé des impressions sinistres que s'est formées de « moi Votre Grandeur, sur des rapports calomnieux, elle « me tiendra justifié des excès dont on m'a accusé sans fonde- « ment. La justice et la charité l'exigent ; j'ose même espérer « de votre religion qu'après avoir souffert qu'on se servît « de votre nom pour me diffamer, vous me rendrez publique- « ment justice... Il ne m'est point permis non plus qu'à vous « de nous taire : vous regarderiez mon silence comme une « conviction des erreurs qu'on m'impute, et je regarderais le « vôtre comme un déni de justice indigne de votre piété. Il « m'est dû une réparation, et je la demande. Je n'ose croire « que vous me la refusiez. Mais, en ce cas, Votre Grandeur ne « peut trouver mauvais que je me récrie contre la calomnie, et « qu'en conservant les égards qui sont dus à votre caractère,

(1) Le mandement, en particulier, condamnait les livres entant que renfermant une doctrine ou des expressions contraires à l'enseignement de l'Église sur le sacrifice de la messe et la présence réelle, sur le sacerdoce, a forme des sacrements et le caractère qu'ils impriment, sur les rites et les cérémonies de l'Église, sur son autorité, la primauté du pape.

« j'annonce au public qu'on abuse indignement de votre « nom pour flétrir un théologien plus orthodoxe que ceux « qui l'accusent et le déchirent (1). »

Une condamnation par une assemblée d'évêques inquiétait davantage Le Courayer. Il fallait éviter le coup. Une lettre était écrite au cardinal de Bissy, le 13 août, lorsque circulait dans le public le bruit d'un projet de censure. « J'espère, disait Le Courayer, que Votre Éminence, mieux « instruite que M. de Marseille, me rendra plus de justice. » Il ajoutait en demandant une audience au cardinal : « Il « ne tient qu'à vous de vous convaincre de la fausseté des « impressions qu'on a voulu inspirer contre moi à Votre Émi- « nence. » Quelques jours après, le 19 suivant, il insistait dans une nouvelle lettre pour être entendu. (2) Les prélats estimèrent avec raison la chose inutile, puisqu'il s'agissait de prononcer sur des livres d'après le sens obvie des propositions.

Le tenace génovéfain avait aussi essayé de prendre ses mesures à l'égard de son premier juge naturel, le cardinal de Noailles, archevêque de Paris. Dès le 11 mars, dans une missive, il entendait rendre compte à ce dernier, comme c'était son devoir, de sa foi et de sa doctrine, lui demandant, d'une part, justice contre des ennemis acharnés, lui promettant soumission, de l'autre, quoique en termes un peu embrouillés : « C'est à Elle (à Son Eminence), disait-il, à me « marquer si je me suis écarté de la vérité en quelque « chose. Plein de déférence pour ses lumières, je suis prêt « à réformer tout ce qui pourrait paraître contraire à la « déclaration que je viens d'avoir l'honneur de lui faire, « et je désavoue sans répugnance toutes les erreurs qu'on « m'a imputées injustement (3). »

(1) Lettre du 18 juillet 1727, imprimée dans la *Relation hist. et apolog. des sentimens et de la conduite du P. Le Courayer*, par Le Courayer, Amsterdam, 1729, tom. II, p. 149-160.

(2) Les deux lettr. sont imprimées dans *ibid.* p. 162-171.

(3) Cette lettre, imprimée, figure, B. S. G., dans le Recueil D. 1580 [137], in-4, et dans tom. II, p. 109-114 de la *Relation*.

Le Mandement donné, mais non rendu public, — il fut lancé le 6 septembre seulement (1) — Le Courayer mettait un peu moins d'ambages dans ses paroles, tout en protestant encore de la pureté de sa foi : « Je puis assurer Votre Emi-« nence que j'acquiescerai à la condamnation des erreurs « qui pourraient altérer la foi, et des expressions qui pour-« raient scandaliser. Je supplie Votre Éminence de vouloir « bien accepter ma soumission comme la preuve du plus « profond respect avec lequel... » (2).

Aussitôt après la communication officieuse de ce Mandement, il prenait la plume pour renouveler et accentuer son adhésion : « Je prends la liberté d'assurer Votre Éminence « que je suis prêt de réitérer le désaveu que j'ai déjà fait « des erreurs et de tous les mauvais sens dont on peut « rendre ces propositions susceptibles, et que Votre Émi-« nence se propose de condamner. Je proteste donc encore « une fois à Votre Éminence que je n'ai jamais eu intention « d'enseigner ces mauvais sens et ces erreurs, ni de les sou-« tenir. Mais puisque contre mon intention et une déclaration « aussi précise que celle que j'ai donnée à Votre Éminence, « elle juge qu'on peut abuser de mes expressions pour « insinuer et autoriser des erreurs condamnables, je les « abandonne et les condamne moi-même le premier en ce « sens, et me soumets à la censure de ces expressions ou « de ces erreurs sans répugnance et sans équivoque. Je « supplie même Votre Éminence de rendre publique cette « déclaration comme une preuve de ma soumission et de « mon orthodoxie (3)... »

Toutefois, le Courayer refusait de souscrire cette formule de soumission qui lui fut présentée par le duc de Noailles,

(1) Lettre — copie — de l'abbé de Riberolles, abbé de Sainte-Geneviève, B. S. G., mss. fr., dans Recueil Z., in-fol.

(2) Lettre au card. de Noailles, du 25 août 1727, dans *Relation...*, tom. II, p. 177-178 :

(3) Lettre du même au même, du 5 septembre suiv., dans *ibid.*, p. 177-180.

frère du cardinal : « J'ai vu l'ordonnance par laquelle Votre « Éminence condamne les livres que j'ai faits au sujet de la « validité des ordinations des Anglais ; je me soumets de bon « cœur à son jugement ; j'attends avec impatience la lettre « pastorale qu'elle promet à son diocèse, puisque j'y trou- « verai l'instruction dont j'ai besoin et une occasion de » renouveler à Votre Éminence les marques de ma soumis- « sion, que je rendrai toujours volontiers à celui en qui je « reconnais l'autorité d'un juge et la charité d'un père (1). »

Il craignait de trop s'engager à l'avance relativement à l'Instruction pastorale.

Cette Instruction pastorale, complément du Mandement, que serait-elle ? Dans quels termes se trouvait-elle conçue ? C'était, aux yeux de l'accusé, la pièce capitale. Elle lui fut préalablement communiquée. Il la lut et se décida, le 30 octobre, à signer un acte de soumission rédigé en ces termes assez vagues : « J'ose assurer Votre Éminence que j'acquiesce sincèrement à la doctrine catholique qu'elle y expose (dans son Instruction pastorale) « sur les différents chefs qui font l'objet de son Instruction ; « que je condamne avec la même sincérité toutes les « erreurs qu'elle y censure, aussi bien que toutes les « expressions qui, dans mes deux ouvrages, expriment et « favorisent ces erreurs que je n'ai eu jamais intention « d'enseigner et que je n'ai jamais crues. Je suis fâché du « scandale que mes livres ont causé (2). »

L'archevêché estima l'acte insuffisant.

Le Courayer pressentait lui-même l'appréciation. C'est ce qu'il mandait immédiatement au P. Prévôt, un de ceux qui n'avaient cessé de conseiller la soumission. « J'ai écrit « une lettre, disait-il. On en paraît content. J'ai éloigné « toute imputation, et il n'y est point parlé d'acquiescement « pur et simple. Ainsi nous en voilà revenus à la lettre

(1) Dans *ibid.*, p. 245.
(2) *Relation...*, tom. II, p. 254.

« du 25 août, qui avait cependant paru insuffisante. Aussi « je ne sais si l'archevêché en sera content, quoiqu'on s'en « flatte... On m'a lu ici l'Instruction pastorale de M. le « cardinal. J'aurais plutôt tout risqué que de dire que « j'acquiesce, car je n'en suis pas content... (1) »

Dans une autre lettre, datée du même jour, mais à destination inconnue, il tenait le même langage : « Je souhaite « qu'on soit content. Pour moi, je ne le suis pas trop. Je « me suis prêté autant que j'ai pu et peut-être plus que je « n'ai dû. Mais enfin c'est beaucoup pour moi qu'on m'ait « passé de ne parler ni de ne condamner l'ouvrage, ni de « rétractation ; et après tout ce qu'on m'avait demandé, « je ne croyais pas qu'on se contentât de ce que j'ai « offert... (2) »

Nous l'avons dit, on ne s'en contenta pas.

Les négociations recommencèrent. Le cardinal se montrait ici tout entier avec ses indécisions, ses tâtonnements, ses essais, trop souvent stériles, de conciliation, ses regrettables fléchissements (3). Il tenait à l'adhésion pure et simple au Mandement et à l'Instruction. Un mois plus tard, il en faisait le sacrifice, et il se résignait à agréer ce désaveu qui ne différait pas, même dans les expressions, du précédent. « Je déclare à Votre Éminence que j'acquiesce de « tout mon cœur à la doctrine catholique que Votre Émi- « nence expose sur les différents chefs qui font l'objet de « son Instruction ; que je condamne bien sincèrement « toutes les erreurs contraires qu'elle condamne dans son « Instruction pastorale et qu'elle y censure, aussi bien que « toutes les expressions qui, contre mon intention, expri-

(1) Lettre du 30 oct. 1727, extrait dans Recueil Z. de la B. S. G., mss. fr., et dans *Relation*..., p. 255.

(2) Même Recueil (copie).

(3) Il n'est peut-être pas inutile de rappeler que, à cette époque même et depuis plusieurs années, le cardinal demeurait sous le coup d'une condamnation de Rome contre son *Instruction pastorale*, au sujet de son refus d'admettre la bulle *Unigenitus*. Il ne rétracta son appel qu'à la fin de l'année 1728.

« ment ou favorisent ces mêmes erreurs dans mes ou-
« vrages; que je suis très mortifié du scandale que mes
« livres ont excité (1). »

Le Courayer avait obtenu le retranchement de cette première clause : « Je me soumets et souscris sincèrement « à son Ordonnance et à son Instruction pastorale qui « concernent mes deux ouvrages (2). »

Aussi se félicitait-il de la conclusion de l'affaire. Le même jour, 3 décembre, il écrivait au P. Prévôt : « Voici « enfin, mon cher ami, la lettre signée sans l'article : « *je me soumets*..., comme on me l'a permis. Je souhaite « qu'on soit content. Pour moi, j'en reste là, et ne ferai « rien davantage, quelque chose qu'on dise (3). »

Malheureusement il ne devait pas en rester là, non point en accordant davantage, mais en revenant par une rupture éclatante sur ce qu'il avait accordé.

Tel était l'acte de soumission que le cardinal visait et dont il reproduisait les termes mêmes dans son Instruction, rendue publique le 22 décembre, tout en conservant la date première du 31 octobre.

Par prudence et avec l'autorisation de l'abbé, le religieux avait quitté l'abbaye depuis plusieurs mois : le prieuré-cure d'Hennemont, près Saint-Germain-en-Laye, lui avait été assigné comme retraite (4). De l'université d'Oxford lui était arrivé le diplôme de docteur en théologie (5). Tout cela lui avait-il troublé la tête ?

(1) Lettre—autographe—de Le Courayer au cardinal, du 3 décembre 1727 (B. N., *Fonds franç.*, ms. 20973, fol. 43-44). Cette lettre a été imprimée avec quelques autres, en 1728, chez Mercier fils, imprimeur de l'abbaye de Sainte-Geneviève.

(2) *Projet dressé par le conseil du cardinal*..., le 1er décembre, et signé, le 3 suivant, par Le Courayer avec les modifications désignées. (Dans même recueil Z.)

(3) Copie d'une lettre dans même recueil.

(4) Tout ceci ressort de plusieurs lettres inédites. C'est à Auteuil qu'eurent lieu les communications et les pourparlers qui avaient précédé la signature des deux actes de sommission. (Dans *ibid.*)

(5) Le diplôme, du 28 août 1727, dans *Relation*..., tom. II, p. 183.

Toujours est-il que, le 1er janvier, dans une lettre au P. Prévôt, il laissait entrevoir de sinistres pensées : « J'ai « lu enfin, disait-il, la nouvelle Instruction; elle est à peu « de chose près telle que je l'avais vue. Vous devez juger « par là si j'avais tort de ne vouloir pas y donner un « acquiescement sans réserve. Je me repens du peu même « que j'ai fait, et la mauvaise foi avec laquelle on en a agi « à mon égard en cette occasion, me révolte. Ce qui me « chagrine le plus, c'est que les supérieurs se soient prêtés « au point de vouloir bien servir d'instrument à me trom- « per. Par là, je me trouve exposé à la tentation la plus « délicate où j'aie été de ma vie, et je ne sais encore à « quoi me déterminer pour faire connaître qu'on m'en « impose et au public. Mais tôt ou tard je le ferai; il n'est « question que de la manière et du temps (1)... »

Le temps ne se fit guère attendre et la manière fut celle des rebelles. Celui qui allait grossir de son unité — car, Dieu merci ! il n'entraînait personne à sa suite — le nombre des défections, passait en Angleterre et arrivait, le 23 janvier, à Londres (2).

Avant son départ, il avait rédigé deux lettres, l'une pour l'archevêque de Paris, l'autre pour l'abbé de Sainte-Geneviève.

Dans la première, datée de Paris, le 12 janvier, il protestait en termes injurieux contre l'interprétation donnée dans l'Instruction pastorale à l'acte même de sa soumission. Selon lui, le cardinal avait notifié la soumission du théologien pour se faire honneur d'une conversion dont le théologien n'avait pas besoin et qu'en tout cas il n'avait pas opérée; celui-ci, en effet, entendait bien n'avoir rien avancé dans ses écrits que de vrai, d'orthodoxe, de con-

(1) Extrait d'une lettre dans susdit Recueil et dans susdite *Relation...*, p. 283.

(2) Nous avons dans le même Recueil le récit assez curieux de cette fuite.

forme à la saine et ancienne théologie ; s'il avait parlé de scandale au sujet de ses livres, il s'agissait du scandale pris et non du scandale donné (1).

Dans la seconde, écrite de Calais le 19 du même mois, il voulait expliquer à son supérieur les nombreuses et belles raisons de sa retraite en Angleterre. Elles portaient principalement *sur la nécessité où il se trouvait de désavouer l'Instruction de Son Éminence, et l'impossibilité de le faire en France ; sur la crainte de l'oppression, pour peu qu'il parlât pour sa défense ; et sur la menace d'une nouvelle poursuite qu'on lui faisait appréhender de la part des évêques.* « Qu'on annonce dans le public, ajoutait-il, une « soumission que je ne puis regarder que comme une « lâcheté, puisque je la crois contraire à la justice, et « qu'on me fasse honneur d'une rétractation d'erreurs dont « je regarde l'imputation comme une calomnie qui crie « vengeance, cela était au-dessus de mes forces, et j'ai cru « que je me devais, et au public, le désaveu d'une fausseté « aussi insigne (2). »

Nous n'avons pas à suivre Le Courayer de l'autre côté du détroit : à la place du religieux nous avons l'apostat; et pour nous, historien de Sainte-Geneviève, la carrière de l'homme de lettres a pris fin. Nouvel et fatal exemple des ravages causés dans l'intelligence, des déviations produites dans la vie par la funeste puissance de l'orgueil ! Pour des esprits trempés de la sorte, il est vrai, la discussion n'engendre guère la lumière. La voix seule de l'autorité peut maintenir ou ramener dans le bon chemin. Le malheureux ! Que n'a-t-il su la reconnaître, cette voix qui se faisait entendre à lui ? Que n'a-t-il eu la générosité de s'y soumettre ? Il ne fût pas devenu une des mille preuves psychologiques,

(1) La lettre, imprimée à Londres, a pris place dans la *Relation...*, tom. II, p. 295-308.

(2) Dans *Relation...*, tom. II, p. 287-289. C'est par erreur que les *Mémoires de Trévoux*, mai 1728, p. 965, indiquent la date du *13 janvier*.

une des mille réalités vivantes de l'oracle divin : *Abyssus abyssum invocat*, un abîme en appelle un autre (1).

(1) Aux ouvrages déjà connus, et dans ce nombre se place le *Mémoire*, précédemment cité, ou notice historique sur le P. Le Bossu, l'on peut ajouter, pour ce qui concerne cette première phase de l'existence du génovéfain :

1° Lettre à M. l'abbé *** sur un nouveau projet de catalogue de bibliothèque, datée de 1712, in-fol., 8 pages, à 2 colon., lettre où, par une idée peu heureuse, il proposait de partager le catalogue en 2 parties, l'une pour les titres entiers des ouvrages, l'autre pour des titres abrégés (voir Barbier, *Dictionn....*, n° 9348) ;

2 Mémoires fournis à l'*Europe savante*, 1718-1720, (voir Barbier, *ibid.*, n° 6099, et Quérard, *La France littéraire*, art. *Le Courayer*).

La France littéraire, ibid., parle aussi de traités sur la *Supériorité des évêques* et sur la *Primauté du pape*, « qui vraisemblablement n'ont pas été imprimés ».

La Bibl. Sainte-Genev., de son côté, renferme parmi ses mss. français :

1° Un Mémoire sur une question de droit conventuel relativement à l'admission des religieux (E. in-fol.);

2° Quatre lettres sur les droits des chanoines-curés et leur indépendance à l'égard des supérieurs réguliers (E. in-4).

Excommunié par son supérieur, reçu à bras ouverts en Angleterre, l'apostat essaya d'égarer l'opinion publique par sa *Relation historique et apologétique des sentimens et de la conduite du P. Le Courayer* (Amsterdam, 1729, 2 vol. in-12).

A trois ans de là, sortait des presses le *Supplément aux deux ouvrages faits pour la défense de la validité des ordinations anglaises* (Amsterdam, 1732, 1 vol. in-12), œuvre où l'auteur, ayant sans doute assez de la lutte, cherchait une consolation dans l'application personnelle de ces vers :

> ... Que sert de répondre ?
> C'est un procès qui n'aura point de fin.
> Par cent raisons j'aurois beau les confondre ;
> Cicéron même y perdroit son latin.

(Fin de la Préface.)

Traducteur de Fra Paolo (*Histoire du concile de Trente*, Londres, 1736, 2 vol. in-fol., avec Notes), et de Sleidam (*Histoire de la réformation*, La Haye, 1767, 3 vol. in-4, avec Notes), il ne devait être ni plus orthodoxe ni moins attaqué. Aux censures que s'attira la première traduction, il crut devoir opposer, mais vainement, une *Défense* (Amsterdam, 1742, 1 vol. in-12).

En ces différentes œuvres, on retrouve l'écrivain que nous connaissons : ce sont les mêmes écarts de logique, les mêmes subtilités et la même érudition au service d'une mauvaise cause, le même style qui ne manque ni de clarté, ni de précision, ni de mouvement.

Enfin, Guil. Bell a publié, en 1787, in-12, comme opuscule de Le Courayer : *Declaratio of my last sentiments on the differents doctrines of religion.*

La *France protestante* lui attribue cet autre opuscule sur lequel nous n'avons pu mettre la main : *De vita et scriptis Dumolineti.*

L'ex-génovéfain vécut quarante-huit ans en Angleterre, pensionné par le roi, gratifié d'un canonicat d'Oxford, prétendant demeurer catholique,

IV

BARRE (JOSEPH)

(vers 1692-1764)

On l'a remarqué, les sciences historiques étaient en grand honneur à Sainte-Geneviève. Elles eurent en Joseph Barre un nouvel interprète autorisé.

Les premières publications de ce génovéfain regardent la théologie. C'était tout naturel : il enseigna de bonne heure et longtemps la science sacrée à cette abbaye. Après s'être fait le défenseur du concile de Trente relativement aux livres deutéro-canoniques de l'Ancien Testament (1), il portait résolument la critique dans le domaine de la théologie.

Une étude réfléchie, non précisément sur les livres, — ceci eût été très long — mais sur l'enseignement tant des scolastiques que des théologiens modernes, lui avait paru utile, non seulement pour en connaître le mérite, mais aussi et surtout pour savoir à quoi s'en tenir sur les décisions qu'on y rencontre. Était-ce là une témérité ? L'écrivain s'inspirait de ce principe si sage formulé par Nicole, à savoir, qu'on *ne doit point s'abstenir de procurer un avantage réel à ceux qui sont disposés à en profiter, parce que d'autres s'en scandaliseront mal à propos et prendront à contresens ce que l'on dira.*

se parant du titre de docteur d'une université protestante, y accolant celui de chanoine de Sainte-Geneviève, s'enfonçant de plus en plus dans l'hérésie et mourant, le 16 octobre 1776, sans avoir rien rétracté, rien désavoué.

(1) *Vindiciæ librorum deutero-canonicorum veteris Testamenti, in quibus traditionis et concilii Tridentini mens de eorum auctoritate accurate elucidatur*, Paris, 1731, in-12. Cet ouvrage était publié sous la simple signature d'*un chanoine régulier de la Congrégation de France*, et dirigé contre une dissertation manuscrite qu'on attribuait à l'abbé de Longuerue, esprit aussi peu orthodoxe qu'inquiet et caustique.

Le premier but qu'il se proposait, c'était d'aider à faire rentrer la théologie dans les voies tracées par l'Écriture sainte et suivies par les Pères de l'Église. A ce but doctrinal s'en joignait un second qui en était une conséquence : « réunir les théologiens divisés sur des sentiments qui ne défigurent ni la foi ni la morale. » Serait-ce donc chose répréhensible que de travailler à limiter les disputes théologiques, à en réduire le nombre, « en séparant les controverses réelles de celles qui ne consistent qu'en quelque malentendu ou qui sont de peu de conséquence ? »

Ainsi s'exprimait le P. Barre dans la préface de son étude critique. Et comme il devait tout particulièrement insister sur les travers des théologiens, il adoptait ce titre : *Examen des défauts théologiques, où l'on indique les moyens de les réformer.*

Cette œuvre, qui pouvait paraître une nouveauté, originale dans sa conception, incisive parfois dans son langage, ferme dans les jugements portés, relativement hardie dans les conseils tracés ou les règles remises en mémoire, l'auteur jugea à propos de ne la point signer et de la publier à Amsterdam. C'était en l'année 1744 (1).

Nous avons là une étude d'ensemble sur la nature et le caractère de la science sacrée, les systèmes qui s'y dessinent, les écoles qui s'en partagent ou disputent le domaine, les écarts qu'on s'y permet, les excès qui s'y commettent, les règles qu'on doit y suivre. Dans ces pages, notre génovéfain traite successivement et avec assez de développement, en ce qui regarde son sujet :

Des droits réels et de l'usage légitime de la raison ;

De la netteté et de la confusion des idées, de la valeur

(1) Deux forts vol. in-12.

Nous trouvons dans la correspondance inédite (B. S. G., ms. fr. Z., in-fol.) du P. Barre, trois lettres qui lui sont adressées par Rondeau de La Mairerie, réfugié en Hollande. Elles ont évidemment trait à la publication de cet ouvrage, car elles sont de l'année 1741 et parlent d'un manuscrit envoyé par le P. Barre, qui voulait le faire imprimer secrètement dans ce pays. A juger par l'évaluation du prix approximatif de l'impression, l'auteur a dû revoir et étendre son premier travail.

précise des propositions, de la justesse désirable des expressions ;

De l'enseignement dogmatique et moral, l'un se gardant de donner pour vérité de foi ce qui n'est qu'opinion, l'autre évitant le rigorisme comme le relâchement, écueils dont il n'est pas si facile qu'on le pourrait penser de se mettre à couvert, si l'on en juge par les discussions théologiques ;

Des systèmes qui ont ici leur raison d'être, aussi bien que dans les autres sciences, mais qui ne doivent ni arborer l'exclusivisme ni pratiquer l'intolérance, car, dans ces disputes de théologien à théologien ou d'école à école, « le zèle pour la vérité a moins de part que l'envie de se signaler et de faire dominer ses opinions, afin de régner avec elles (1) » ;

Des injustices dont on se rend si fréquemment coupable à l'égard de ses adversaires, soit orthodoxes — car « lorsque l'esprit de dispute entraîne les hommes, il les fait avancer au delà de la vérité (2) » — soit hétérodoxes — car un zèle malentendu ou mal réglé porte à n'avouer pas la vérité qui s'enseigne chez eux : « S'il y a du bien dans les ouvrages « des protestants, pourquoi n'en pas profiter ? S'il est mêlé « avec le mal, il en faut faire le discernement » (3) ;

Des controverses où il est nécessaire d'éviter les logomachies en saisissant bien et présentant sous son vrai jour la question ;

Enfin, des diverses méthodes qui ont été suivies depuis les Pères jusqu'à nos jours, et qui toutes ont du bon, pourvu qu'on sache les appliquer.

Çà et là, il y a des pages qui dénotent une grande finesse d'observation.

Ainsi des jugements qu'on porte sur les théologiens :

(1) *Examen des défauts théol...*, tom. I, p. 592.
(2) *Ibid.*, p. 507.
(3) *Examen...*, tom. II, p. 276.

« Le blâme ou les louanges qu'on leur donne sont souvent « fondés sur le profit qui nous en revient et non sur la « sincérité. Si un théologien nous favorise, c'est un homme « d'une profonde érudition. Nous est-il contraire ? On « cesse de faire son éloge, et c'est beaucoup pour lui, si « on ne témoigne pas du mépris pour son autorité (1). »

Ainsi de cette peinture aux couleurs vives et vraies : « Un défaut assez ordinaire aux disputes, c'est de s'arrêter « à des questions incidentes ou sur des mécontentements « personnels, excités par je ne sais quelle passion de ne « jamais céder ou de ne rien pardonner : on voltige d'objet « en objet, ou saute de branches en branches, on parle de « vingt matières sans en approfondir aucune; on y mêle « des reproches contre un agresseur qu'on accuse de falsi- « fier l'Écriture, de tronquer les Pères, d'altérer les faits « qu'on lui oppose ; après bien des invectives et des inci- « dents faux ou vrais, il ne reste plus rien de ce qu'on a « dit; les idées et les raisons se confondent dans leur mul- « tiplicité; et tout ce qu'on recueille de ce verbiage, « c'est d'avoir obscurci la question principale et d'être « moins avancé qu'auparavant (2). »

Mais sont-ce là des travers particuliers aux théologiens ? Non sans doute. L'esprit humain est ainsi fait : il n'aime pas la contradiction et « regarde comme ennemi quiconque n'aquiesce pas à ses décisions. »

Comme on le voit par ce résumé, dans ce livre dont les parties s'enchaînent logiquement et où s'accuse la science du théologien, les appréciations ne manquent pas de justesse, ni les aperçus d'élévation, ni les maximes de sagesse et de vérité, ce qui fait de l'étude un ouvrage d'une valeur réelle et dont en certains endroits on pourrait tirer profit de nos jours. L'*Examen des défauts théologiques* ne nous paraît guère pécher, sous le rapport de la forme, que par quelques

(1) *Ibid.*, p. 27

(2) *Ibid.*, p. 305-306.

incorrections dans le style et aussi par une certaine prolixité, défaut commun à ceux qui poussent trop loin la crainte de n'exprimer pas suffisamment leur pensée. Mais, il y aurait lieu de faire des réserves, sinon sur les opinions gallicanes de l'auteur—qui alors, en France, n'était pas gallican ?—du moins sur sa grande sévérité pour la scolastique et son trop d'indulgence pour la théorie janséniste au sujet de la grâce.

Si l'historien dans le P. Barre se montre moins irrépréhensible, il a bien plus de renom ; on peut même dire que là pour ce génovéfain est le véritable titre de gloire.

L'Allemagne attira son attention. C'était un champ assez peu exploré, malgré de récents travaux. Heiss n'avait été que superficiel et ses continuateurs ne contrastaient pas avec lui. Bunauw, comprenant la mission sérieuse de l'historien, avait donné un ouvrage qui se distinguait par l'érudition et la critique, mais qui s'arrêtait au commencement du dixième siècle. Le P. Barre ne se laissa point décourager par les énormes difficultés de l'entreprise.

Nous savons par lui qu'il lut tous les « historiens d'Allemagne en quelque langue qu'ils aient écrit, en grec, en latin, en allemand, en italien et même en arabe. » Il se mettait en rapport avec les érudits allemands les plus distingués : Amort, le baron de Senkenberg, Schœpflin, Mascov (Jean-Jacques) et autres, ainsi qu'on le voit par la correspondance inédite du génovéfain (1). Plus de quinze années d'un travail soutenu furent consacrées à l'œuvre considérable.

L'*Histoire générale d'Allemagne* parut en 1748, comprenant dix gros volumes in-4°, avec cartes, et dédiée à Auguste III, roi de Pologne. L'auteur était alors chancelier de l'université de Paris. Cette publication fut presque un événement. Louée par le *Journal des savants*, assez vivement critiquée par les *Mémoires de Trévoux*, l'œuvre était bien accueillie du public français et vivement désirée au delà

(1) B. S. G., ms. fr. Z., in-fol.

du Rhin, puisqu'on en commençait immédiatement la traduction en allemand (1).

Quelle est réellement la valeur de cette œuvre monumentale ?

Au point de vue de la vérité historique, les *Mémoires de Trévoux* ont, avec raison, signalé des lacunes, relevé un certain nombre d'oublis, d'erreurs, de méprises, d'inexactitudes. Dans un travail de cette nature, accompli dans de pareilles conditions, c'était presque inévitable. Aussi souscrivons-nous à ce jugement porté par le *Journal des savants* (février 1749) sur l'historien : « Il ne faut jamais oublier, « en le lisant, qu'il est le premier qui ait eu le courage de « débrouiller le chaos de l'histoire d'Allemagne, que rien « n'était plus difficile que d'y porter la lumière, et que « c'est déjà avoir beaucoup fait que d'y en avoir répandu « quelques rayons ; ainsi, pour rendre justice au travail du « Père Barre, il ne faut pas tant considérer jusqu'où il est « arrivé que d'où il est parti, et les prodigieuses difficultés « qu'il a eu à surmonter pour faire un tout de tant de « parties si mal unies et dont quelques-unes ne paraissaient « pas même avoir été faites pour aller ensemble (2). »

L'accusation de plagiaire pèse davantage sur la mémoire du P. Barre. Car comment le justifier? Nous voulons bien que cela se soit pratiqué sans mauvaise intention ; mais

(1) Leipsick, 1749-1752.

Les éditeurs — le traducteur gardait l'anonyme — écrivaient à l'auteur, le 19 juin 1749, en lui annonçant l'envoi du 1er vol. de l'édition allemande : « Vous verrez que nous ne changeons rien dans le texte de l'ouvrage, que « par ci par là l'orthographe des noms propres ; et là où on relève une « faute, qui arrive rarement, c'est par une note, où on dit : l'auteur n'est « pas conforme sur ce qu'en dit un tel sur un tel article... » (Dans *Correspondance* du P. Barre, B. S. G., ms. fr. Z., in-fol.)

Toutefois, le travail ne fut pas sans essuyer quelque critique de l'autre côté du Rhin. Voilà bien ce que nous fait connaître la *Dissertatio apologetica* du P. Barre *adversus D. Joecherum, S.S. theologiæ doctorem et historiæ professorem in academia Lipsiensi.* Cette dissertation porte 1751 pour date d'impression.

(2) *Journal des Sçavans*, février 1749, p. 123.

l'intention ne fait rien ici : l'acte est tout et demeure sous le coup de la condamnation littéraire. « Nous savons bien, « disait finement l'écrivain des *Mémoires de Trévoux*, que « les livres des autres sont faits pour servir, mais il nous « semble que, si l'on portait l'estime jusqu'à les transcrire « quelquefois mot à mot, il serait à propos de mettre des « guillemets ou de la lettre italique (1). »

Or, ces mêmes *Mémoires* ont constaté de nombreux plagiats dans les tomes VIII et IX de l'ouvrage : « L'historien « d'Allemagne ayant fait en quelques endroits un très « grand usage du P. Daniel (*Histoire de François Ier*), nous « avons été curieux de le mettre aussi en parallèle avec « d'autres bons écrivains modernes, et nous avons trouvé « des ressemblances très fréquentes, très reconnaissables, « disons même très identiques (2). »

Varillas, Vertot, Le Courayer, traducteur de Fra Paolo, les jésuites Catrou et Bougeant, Desroches, le président Hénault, Jacques Basnage de Beauval, Fléchier lui-même, traducteur de la *Vie* de Commendon, tels sont les principaux écrivains auxquels il a fait ces emprunts répréhensibles, en puisant dans leurs ouvrages qui touchaient les points par lui traités (3).

(1) *Mémoires...*, mai 1749, p. 931.

(2) *Mémoires...*, *ibid.*, p. 930.

(3) *Ibid.*, p.p. 930 et suiv., 1062 et suiv., et août 1749, p.p. 1664 et suiv.

Notre historien a-t-il fait aussi de ces emprunts-là à Voltaire ? L'auteur de l'article qui lui est consacré dans la *Biographie universelle*, l'affirme en ces termes : « Une observation assez piquante, c'est que le P. Barre a « inséré dans son ouvrage beaucoup de faits et de discours pris mot par « mot dans l'*Histoire de Charles XII* par Voltaire. » Une observation non moins piquante, c'est que les *Mémoires de Trévoux* ne nomment point ce dernier parmi les écrivains qu'ils citent et qui ont bien moins de notoriété. Suivant l'auteur en question, le P. Barre prête à Charles-Quint ces paroles que Voltaire met dans la bouche de l'empereur Joseph : « Le Pape est « bien heureux que les princes de la ligue de Smalkade ne m'aient pas « proposé de me faire protestant, car, s'ils l'avaient voulu, je ne sais pas « ce que j'aurais fait » ; paroles que nous trouvons bien, avec les modifications nécessaires et même avec quelques autres, dans l'*Histoire de Charles XII*, édit. de Bâle, 1755, in-12, p. 126, mais que — est-ce distrac-

Faut-il dire aussi un mot du style ? Le style du P. Barre nous paraît être, si l'on excepte Fléchier, Vertot, le P. Bougeant qui ont plus d'élégance, le style des auteurs dont il se permettait un si abusif usage : rien de bien brillant, rien de trop commun; c'est une simplicité qui ne se gardait pas toujours des négligences et savait parfois s'élever jusqu'à la noblesse. Parmi ces auteurs, le P. Daniel — nous laissons de côté, bien entendu, les défauts ou les délits signalés dans l'*Histoire générale d'Allemagne* — le P. Daniel est l'historien auquel nous comparerions tout particulièrement le P. Barre : celui-ci, non inférieur à celui-là, sous le rapport littéraire, l'égale par l'importance de l'œuvre, le surpasse peut-être par la multiplicité et la grandeur des difficultés vaincues.

Historien d'un grand peuple, il se fit biographe d'un grand homme. Une histoire abrégée du maréchal de Fabert avait été offerte au public à la fin du dix-septième siècle (1). Le P. Barre voulut en écrire une plus complète. Il y réussit (2), en puisant dans les Mémoires et les lettres du maréchal lui-même, dans le *Journal des campagnes du cardinal de La Valette* et dans d'autres documents inédits. Au sujet de ces documents, nous avons à recueillir la parole du biographe. « Une personne judicieuse, dont je res- « pecte la modestie, avait déjà fait le discernement de ces « pièces... J'ai profité de l'ordre qu'elle y a mis et d'un « manuscrit qu'elle m'a prêté ; il est intitulé : *Campagne « de M. le maréchal de Fabert*. Cet ouvrage dont M. le che- « valier de Saint-Jorry est l'auteur, commence à la nais-

tion de notre part ? — nous n'avons pas remarquées dans l'*Histoire générale de l'Allemagne*. En tout cas, il faut convenir que c'est un grave inconvénient de formuler des propositions de cette nature sans mettre à même, par des renvois précis, d'en vérifier l'exactitude. Les *Mémoires de Trévoux* procédaient autrement.

(1) Amsterdam, 1697, 1 vol. in-12. Elle est attribuée à Gatien de Courtilz (v. Barbier, *Diction.*, n° 8035).

(2) *Vie de M. le marquis de Fabert*, Paris, 1752, 2 vol. in-12.

« sance de M. de Fabert et finit en 1642, vingt ans avant « sa mort (1). »

Cette explication de notre biographe réduit à sa juste valeur l'assertion trop absolue de M. Barbier qui, dans son *Dictionnaire* (2), attribue l'œuvre à Louis Rustaing de Saint-Jorry.

Dans un travail intéressant (3), M. Marius Topin s'est efforcé dans ces dernières années, au moyen d'une correspondance inédite, de montrer que Louis XIII ne subissait nullement ce qu'on a appelé le joug du cardinal-ministre. Nous n'avons pas à apprécier la portée de cette correspondance. Qu'il nous soit cependant permis de placer ici un passage des Mémoires de Fabert. C'était en l'année 1637. La parole est d'abord à notre historien qui puise dans ces Mémoires : « Quelques années auparavant, Louis XIII avait « dit en secret au marquis de Rambures qu'il voulait abat- « tre cet homme superbe (Richelieu) ; il l'avait chargé de « concerter avec Fabert les mesures pour y réussir; il leur « avait recommandé de prendre si bien leurs précautions, « que la chute de M. de Richelieu ne causât aucun trouble « dans le royaume. Fabert, ne doutant pas que le roi ne fût « encore dans ces dispositions ou qu'il ne les reprît facile- « ment, vit ce prince en particulier ». Lui rappelant donc la commission donnée relativement aux « moyens pour abattre la puissance du ministre », Fabert ajouta : « Je les « ai trouvés : le cardinal de La Valette, homme d'une fidé- « lité à toute épreuve, commande une bonne armée en

(1) *Préface historique*, p. XXII. Voir cette même *Préface* relativement aux autres sources.

(2) N° 23536. Le savant bibliographe a dû étendre trop le sens de « l'indication » de son ms. Faut-il dire que nous avons trouvé bien faibles ces raisons par lui mises en avant : « Le public a dû être étonné de voir « l'annonce de la vie du maréchal de Fabert par un religieux, livré « jusqu'alors à des études austères ou à de graves recherches sur l'empire « d'Allemagne. » Mais l'*Histoire* d'Allemagne était publiée depuis 4 ans; et certes la monographie du noble maréchal n'était pas indigne du talent de l'historien.

(3) *Louis XIII et Richelieu.*

« Picardie; avec ces forces il serait facile de réduire le « cardinal-duc et de contenir ses partisans dans le devoir. » Louis XIII répondit : « Croyez-vous que le cardinal de « La Valette voudra bien me servir contre le ministre? Et « quand je serais sûr de cette disposition, puis-je compter « qu'il pourra aisément se faire obéir ? J'ai tout lieu de « croire le contraire. En effet, les parents de Richelieu occu- « pent les premiers grades de mes armées, ses créatures « sont à la tête des meilleurs régiments, tous savent l'as- « cendant que je lui ai laissé prendre : est-il vraisemblable « qu'ils se déclareront contre un ministre, leur protecteur, « dont je ne puis affaiblir l'autorité ? Si je leur défendais de « lui obéir, ce serait m'exposer à un refus qui découvrirait « ma faiblesse et qui augmenterait le pouvoir et les forces « du cardinal de Richelieu. Pensez, Fabert, à toutes ces « difficultés : si elles sont aujourd'hui insurmontables, « elles ne le seront peut-être pas dans quelque temps ; il « faut prendre de loin ses mesures, agir avec beaucoup de « prudence, observer un secret impénétrable; le temps « nous fournira des moyens faciles pour exécuter le projet « que vous m'avez présenté... (1). »

Dans cette nouvelle histoire du maréchal, à côté du soldat qui s'illustre et par sa bravoure et par sa science de stratégiste, à côté de l'administrateur qui donne tant de preuves d'habileté et de sagesse dans son gouvernement de Sedan, à côté de l'homme de bien qui se fait l'esclave du devoir, apparaît l'homme intime qui se révèle dans une foule de traits tombés de sa plume ou de ses lèvres. Les biographies ont cité plusieurs de ces traits admirables. Qu'il nous soit permis d'en recueillir quelques autres. A ceux qui lui conseillaient les divertissements, Fabert répondait : « Donnez-moi un moment que je ne sois pas homme, et « je suivrai votre avis (2). » Il disait à un ami : « J'ai pour

(1) *Vie de M. le marquis de Fabert*, tom. I, p. 248-251.
(2) *Vie de M. le marquis de Fabert*, tom. II, p. 270.

« maxime d'écouter jusqu'à la résolution; mais, la résolu-« tion prise, je l'exécute et je n'écoute plus rien (1). » Comme il savait demeurer calme devant les calomnies de ses envieux! « Mes ennemis, disait-il, s'en lasseront enfin « comme de toute autre chose; il est difficile de plaire « longtemps, quand on ne sait que dire du mal de la même « personne (2). » Et cette parole à son fils : « Les hommes « ne sont pas obligés d'être bien faits; mais ils sont dans « l'obligation d'être gens d'honneur et vertueux (3). » Et cette autre que ne doit jamais perdre de vue le zèle apostolique : « Ce n'est pas assez d'avoir raison, il faut la faire « goûter, et ne la pas proposer d'une manière choquante, « qui en éloigne ceux que vous entreprenez de convain-« cre (4). » La grandeur d'âme de Fabert et sa résignation chrétienne n'apparaissaient pas moins quand la mort frappait une épouse bien-aimée, que quand elle venait le frapper lui-même. « Puisqu'il faut apprendre à mourir sans « répugnance, — ainsi s'exprimait-il sous le coup du pre-« mier malheur — il faut aussi apprendre à voir mourir « sans désespoir les personnes qui nous sont les plus « chères (5). » Et sentant les approches de la mort, il mettait fin à un entretien avec un de ses amis par ces mots : « Laissez-moi me recueillir, pour ne plus penser qu'à « rendre mon esprit à son créateur (6). »

Fréron, dans l'*Année littéraire* (7), se montra d'une grande sévérité à l'endroit de cette monographie. Le *Journal des savants* qui portait ce jugement : « Le mérite du héros et « la sagesse de l'historien ont concouru à former un ou-« vrage aussi utile qu'intéressant », continuait à être plus

(1) *Ibid.*, p. 300.
(2) *Ibid.*, p. 244.
(3) *Ibid.*, p. 287-288.
(4) *Ibid.*, p. 183.
(5) *Ibid.*, p. 193-194.
(6) *Ibid.*, p. 259.
(7) Tom. VI, let. I.

dans la vérité, lorsqu'il ajoutait : « Si quelques lecteurs « lui reprochent (à l'auteur) trop de détails et de la pro- « lixité dans le style, ils en seront dédommagés par l'in- « térêt général qui domine dans son livre (1). »

Travailleur infatigable, le P. Barre fournissait, en même temps, des notes pour l'édition complète des œuvres de Van Espen (2); revoyait, à la demande de l'auteur, pour une nouvelle édition, le travail de Pfeffel, l'*Abrégé chronologique de l'histoire et du droit public de l'Allemagne* (3), et préparait une *Histoire des lois et des tribunaux en France* (4), œuvre importante que la mort ne lui a pas permis de mener à terme.

Si l'on ne connaît pas la date précise de sa naissance, l'on est mieux renseigné sur celle de son trépas. Il quitta cette terre, en juin 1764, à l'âge de soixante-douze ans.

Nous disions plus haut que le P. Barre se montrait indulgent pour la doctrine janséniste touchant la grâce. Sa coopération à l'édition, sans corrections, des traités du docte, mais non irréprochable canoniste des Pays-Bas, et

(1) *Journal...*, mai 1753, p.p. 281, 286.

(2) Louvain, 1753, 4 vol. in-fol.

(3) Ce fut l'édition de 1786. Barbier, dans son *Dictionnaire*, n° 32, affirme que Pfeffel « reprochait au P. Barre d'avoir omis des faits importants dans son *Histoire générale de l'Allemagne* », et que celui-ci, dans l'édition de l'*Abrégé chronologique*, de 1766, « en retrancha tous les articles qui pouvaient faire remarquer les lacunes de sa grande histoire ». Quérard se borne à reproduire la note de Barbier. Il eût été d'autant plus désirable d'indiquer la source des renseignements, que Pfeffel ne dit rien de tout cela dans les Préfaces des diverses éditions de son ouvrage. Dans la Préface de l'édition de 1776, il écrit simplement au sujet de celle de 1766: « Je ne parle pas de la troisième (édition) qui s'est faite à mon insu, à laquelle je n'ai pu fournir que quelques cartons. » En cet état, les assertions de Barbier nous paraissent, pour le moins, très hasardées.

(4) La Bibl. S. G. possède le ms. qui comprend trois vol. (L. fr. 26 (*bis*). Ce ne sont que des *Notes*, mais notes étendues et nombreuses que, sur la matière, l'on pourrait, même aujourd'hui encore, consulter non sans fruit.

On peut voir aussi dans le *Mercure*, mars 1762, p. 66-73, un *Extrait d'une lettre du P. Barre... sur l'unité de la monarchie françoise.*

ses relations avec l'abbé de Bellegarde, un ardent du parti, nous autoriseraient à croire que personnellement il ne s'éloignait pas assez, non plus, de ces étranges catholiques qui, malgré leur insoumission, prétendaient toujours demeurer dans l'Église et mieux connaître qu'elle les vérités de l'Évangile et la législation qui la régit ou doit la régir.

Mais deux faits viennent convertir en certitude la légitime présomption.

C'est, d'abord, une lettre inédite à l'abbé de Bellegarde, en date du 28 août 1759, et que le P. Barre termine par ces mots : « *Vale et longum vive reipublicæ litterariæ et Ecclesiæ bono* (1) ». Des vœux semblables en vue « de la république des lettres », passe ; mais en vue du « bien de l'Église », cela sent en plein le jansénisme.

Nous avons, ensuite, une note qui se lit au tome IV des œuvres de Van Espen, p. 310, note qui est due à la plume de notre génovéfain ou, du moins, a été adoptée par lui, puisqu'elle figure dans l'ouvrage inédit, tout à l'heure signalé, *Histoire des lois* (2)..., note qui est l'expression d'une doctrine contraire à la saine théologie. « La qualité « de protecteurs de l'Église, y est-il dit, ne donne pas aux « souverains le droit de faire des lois sur les matières spiri- « tuelles, mais elle leur impose l'obligation de faire exé- « cuter celles que l'Église a faites. C'est sur ce fondement « que les magistrats reçoivent les appels comme d'abus « interjetés des sentences que les juges d'Église ont pro- « noncées sur les matières spirituelles. Ils usurperaient « une autorité qui ne leur appartient pas, s'ils recevaient « les appels comme d'abus, lorsque la sentence, contre « laquelle l'appelant se pourvoit, n'est pas évidemment « contraire aux lois de l'Église, parce que dans ce cas il

(1) B. S. G., ms. Z., in-fol., *Correspondance*.

(2) Elle se lit dans l'opuscule : *Histoire de l'appel comme d'abus*, lequel a pris place parmi les pièces relatives à l'*Histoire des lois*...

« s'agirait de l'interprétation des canons, laquelle n'est pas « de la compétence des magistrats. L'interprétation d'une « loi dépend de celui qui a l'autorité de la faire. Mais lors- « qu'il est clair que les canons ont été violés, les magis- « trats de France prétendent qu'on peut alors appeler « comme d'abus, qu'ils peuvent recevoir ces appels sans « mettre la main à l'encensoir, parce qu'ils servent l'Église « par leurs arrêts et qu'ils la font triompher des con- « tempteurs de ses lois. »

V

LENET (Philibert-Bernard)

(1677-1748)

Janséniste comme Le Courayer, partisan des doctrines de celui-ci sur la validité des ordinations anglaises, Philibert-Bernard Lenet se garda cependant de le suivre dans l'apostasie.

Il était né à Dijon en 1677. Il appartenait à la famille du même nom qui avait donné deux présidents au parlement de Bourgogne et comptait comme illustration Pierre Lenet, procureur général et ensuite conseiller d'État. Son père était lui-même conseiller à cet antique parlement. Des liens de parenté l'unissaient aussi à Bossuet, évêque de Troyes, première cause, sans doute, des rapports assez intimes qui s'établirent entre eux.

Le P. Lenet occupa successivement les chaires de théologie des maisons de Senlis et de Provins. Il consacrait ses loisirs de professeur à l'étude de l'hébreu dans le dessein de mieux pénétrer le sens de l'Écriture sainte. Mais, à

Provins, une circonstance solennelle le révélait orateur : nous voulons parler de l'*Oraison funèbre de messire François d'Aligre*, abbé de Saint-Jacques, le monastère même où Lenet professait alors.

Cette oraison fut prononcée par ce génovéfain, dans l'église de l'abbaye, le 19 avril 1712 (1). Certes, le sujet à traiter était beau. François d'Aligre était fils du deuxième chancelier de ce nom. Entré dans la Congrégation de France, placé à la tête de l'abbaye de Provins, qui déjà avait eu plusieurs d'Aligre en qualité d'abbés commendataires, il fut non seulement un parfait religieux, mais un héros de charité. « Une piété éminente l'a rendu le modèle aussi « bien que le chef de ses frères...; une charité surabon- « dante l'a rendu le père et le protecteur du peuple. » Deux pensées que l'orateur, tout en s'égarant parfois dans des détails communs ou inutiles, développe avec talent et même éloquence.

Les ardeurs jansénistes de ce génovéfain devaient le condamner à une vie presque nomade. Envoyé à Reims pour diriger le séminaire qu'on avait confié à la congrégation, il perdait la confiance de l'archevêque et méritait sa révocation. A Saint-Quentin-lez-Beauvais où il fut nommé prieur, il se plaçait à la tête de la communauté pour interjeter appel de la bulle *Unigenitus* et faisait signifier l'acte capitulaire à l'évêque. Un nouveau changement fut la conséquence du procédé : le P. Lenet quitta le priorat de Saint-Quentin pour la dignité abbatiale du Val des Écoliers. Certes on ne pouvait pas dire que la congrégation le traitât mal. Mais voici que les décisions du concile d'Embrun (1727) contre l'évêque de Senez excitèrent le courroux du remuant janséniste. Cette fois, l'indulgence n'était plus possible : l'abbé devint simple religieux à Sainte-Catherine de Paris. Mais comment déserter la cause du parti? Pendant

(1) Imprimée la même année, à Paris, in-4.

un an qu'il demeura dans cette maison, il travailla tellement la communauté, qu'elle se déclara pour Soanen, le prélat persécuté. Une nouvelle retraite lui fut assignée à Saint-Martin de Troyes, en attendant que, pour les mêmes raisons on se trouvât obligé de le reléguer à Saint-Jean-au-Bois dans la forêt de Compiègne.

A Troyes, il pouvait se consoler de ses disgrâces. Il se voyait rapproché d'un prélat, son parent, son ami et, ce qui valait bien mieux, un fidèle de la secte. Il y trouvait l'abbé Duguet, autre fidèle éprouvé, et pouvait vivre dans l'intimité avec lui.

L'évêque de Troyes s'empressa de placer le P. Lenet à la tête de la commission chargée du nouveau missel, et lui confia la traduction d'un traité, en latin, du grand Bossuet, œuvre inédite que le neveu se proposait de publier et que, pour le rendre profitable à un plus grand nombre, il désirait en même temps donner en français. Le traité avait pour objet l'amour de Dieu requis dans le sacrement de pénitence. Le texte original et la traduction parurent en 1736. Un long mandement de l'évêque de Troyes prenait place en tête du volume. Quel qu'en fût le motif, le silence était fait sur le nom du traducteur, et même l'on aurait pu croire que la traduction était l'œuvre du prélat lui-même (1). Confident de Duguet, il devint dépositaire de deux manuscrits considérables de cet écrivain et les fit imprimer après la mort de l'auteur. Nous venons de désigner, en premier lieu, le *Traité des principes de la foi chrétienne* (2) ou l'exposé clair, méthodique des preuves fon-

(1) *Traité de l'amour de Dieu nécessaire dans le sacrement de pénitence suivant la doctrine du concile de Trente, ouvrage posthume composé en latin par Messire Jacques-Bénigne Bossuet, évêque de Meaux, avec la traduction françoise, par Messire Jacques-Bénigne Bossuet, évêque de Troyes*, Paris, 1 vol. in-12. C'est le traité qui figure dans les éditions complètes de l'évêque de Meaux sous le titre : *De doctrina concilii Tridentini circa dilectionem in sacramento pœnitentiæ requisitam.*

(2) Paris, 1736, 3 vol. in-12.

damentales de la religion, et, en second lieu, les *Conférences ecclésiastiques ou Dissertation sur les auteurs, les conciles et la discipline des premiers siècles de l'Église* (1). Les deux ouvrages sont précédés d'un avertissement du génovéfain. Dans l'un et l'autre, rien que d'orthodoxe. Peut-être, pour le premier, l'absence d'écarts est-elle due à la mort qui ne permit pas à l'auteur d'aborder la doctrine de Jésus-Christ. Le second est formé des conférences que Duguet, alors oratorien, donna, dans les années 1678-1679, au séminaire de Saint-Magloire, à Paris, et qui eurent un si grand succès. En exposant la discipline ancienne, l'auteur a bien soin de ne déverser aucun blâme sur la discipline moderne.

Telles furent les plus dignes occupations du P. Lenet à Saint-Martin et à Saint-Jean. Saint-Jean fut la dernière retraite : tout nous indique qu'il y mourut, en 1748.

En qualifiant ainsi les travanx littéraires du trop bouillant génovéfain, nous nous rappelions qu'il ne fit jamais trève avec les soucis et les agissements du passé. Autant que son isolement et sa modeste situation le permettaient, il ne cessait d'être un agent du parti. Ce sont les *Nouvelles ecclésiastiques* qui, après nous avoir fourni un certain nombre de détails biographiques, nous édifient encore sur ce point (2).

(1) Cologne, 1742, 2 vol. in-4.

(2) *Nouv. eccl.*, 24 juillet 1749.

La *France littéraire* attribue à Lenet, en qualité d'éditeur, un « Témoignage au sujet de M. Duguet, qui se trouve dans le Recueil de lettres que Mme Mol fit imprimer en 1734 ». Nous n'avons pu découvrir ce Recueil dans aucune des bibliothèques de Paris.

VI

BERNARD (Jean-Baptiste)

(1710-1772)

Un jour, une pièce de poésie était livrée au public. Œuvre d'un inconnu, elle semblait présager un vrai poète lyrique; et un des plus fins connaisseurs, un maître dans l'art, suivant un critique contemporain, ne faisait point *difficulté d'égaler cette pièce aux plus belles odes de Rousseau* (1). C'était une ode, en effet, et le rapprochement se présentait d'autant plus naturellement aux esprits, que la publication avait lieu l'année même de la mort de celui qui, chez nous, est demeuré sans rival dans cette poésie de l'enthousiasme et de l'inspiration, dans cette poésie où l'irrégularité de la marche s'allie si bien à la magnificence des images :

Son style impétueux souvent marche au hasard;
Chez elle un beau désordre est un effet de l'art.

L'ode, due à la plume d'un génovéfain, Jean-Baptiste Bernard, professeur d'éloquence ou de rhétorique au collège de Nanterre, était adressée au duc d'Orléans *à l'occasion des prix de sagesse* que celui-ci devait accorder à ce même collège en l'année 1742 (2).

Le poète disait au prince :

On grave les fureurs d'un héros sanguinaire
Sur le fer, le marbre et l'airain;
De ses lâches flatteurs l'adresse mercenaire
A l'immortaliser anime le burin;
Mais c'est dans votre âme attendrie
Qu'avec des traits de feu, victorieux des ans,
Un vif et tendre amour peint l'image chérie
Des héros doux et bienfaisants.

(1) *Observations sur les écrits modernes*, tom. XXV, p. 1

(2) Elle est reproduite dans *ibid.*

Les espérances qu'on avait conçues ne se réalisèrent pas. L'on dit que le P. Bernard continua de cultiver la poésie. Mais nous ne possédons de lui que deux autres odes (1), et encore sont-elles inférieures à la première. Elles se rapportent à la construction de la nouvelle église Sainte-Geneviève. L'une est de 1755 et vise le futur monument, l'autre de 1764 et célèbre la pose de la première pierre. Naturellement, étant présentées à Louis XV, elles chantent — mais en tout la poésie revendique le droit de vivre de fiction — la gloire, la grandeur, les vertus mêmes du monarque.

Poète n'ayant pas donné ce qu'on était en droit d'attendre, le P. Bernard fut-il orateur plus accompli ? De professeur de rhétorique, il devint prieur-curé de Nanterre. Dans ces deux situations et en des circonstances solennelles, il fut appelé à porter la parole évangélique. L'oraison funèbre du duc d'Orléans, celle de Henri II, prince de Condé, sont les deux principaux des quelques discours que les presses nous ont conservés.

La première fut prononcée en l'église Sainte-Geneviève, le 23 mars 1752, après la mort du duc d'Orléans qui, nous le savons, avait demandé pour ses dernières années à l'abbaye une retraite chrétienne et studieuse. L'église Saint-Louis entendit la seconde, le 4 septembre 1764. Il y avait là une fondation. Perrault, le secrétaire des commandements de Condé, en fondant dans l'église de la maison professe des jésuites un service annuel pour le repos de l'âme du prince, imposait en même temps l'obligation de l'y faire louer par un orateur chrétien. Après l'expulsion des jésuites, il fallait bien aviser au moyen de remplir la clause. Les chanoines de Sainte-Catherine — on n'oublie pas que c'étaient des génovéfains—allaient, il est vrai, en 1767, être transférés à Saint-Louis et, par conséquent, succéder aux obligations

(1) Ces deux odes sont imprimées.

de leurs prédécesseurs (1). Mais en attendant? Pour l'année 1764, le parlement d'accord avec la famille se chargea de faire célébrer le service et prononcer le discours.

Les deux oraisons funèbres du P. Bernard, écrites avec assez d'élégance et une certaine chaleur de langage, montrent bien plus l'art du rhéteur qu'elles ne font sentir la véritable éloquence de l'orateur.

Avec les qualités oratoires de cette nature, on peut plaire, acquérir même une certaine réputation. Mais rarement l'on s'élève au-dessus du commun des prédicateurs, et c'est à peine si l'on marque son sillon dans la carrière parcourue. Voilà ce qui explique, et cette quasi-célébrité dont jouit le P. Bernard durant sa vie, et l'oubli dans lequel il est tombé presque aussitôt (2).

VII

MERCIER (BARTHÉLEMY)

Abbé de Saint-Léger

(1734-1799)

« L'Europe possédait deux hommes rares, profon-
« dément versés dans la bibliographie et l'histoire littéraire
« de tous les âges et de tous les pays; rivaux sans jalousie,
« s'aimant, s'honorant l'un et l'autre, toujours prêts à

(1) La maison professe s'appela dès lors *prieuré de Saint-Louis-Sainte-Catherine*. (Lebeuf, *Histoire* de Paris, édit. de M. Cocheris, tom. III, p.p. 447 et 480.)

(2) Parmi les rares œuvres oratoires du P. B. Bernard, on peut citer encore le *Discours*, assez remarquable, *sur l'obligation de prier pour les rois*, prononcé, à Saint-Louis-Sainte-Catherine, le 5 décembre 1769, jour consacré dans cette église à faire des prières publiques pour le roi et le royaume (1769, in-8).

Nous devrions dessiner ici la silhouette du grand orateur de la congrégation, Guillaume de Géry, si le travail n'avait été fait au chapitre VI, p.p. 183 et suiv. de la première partie. Que, par le souvenir, ce brillant orateur prenne rang dans notre galerie littéraire.

« répondre aux questions qui leur étaient faites sur la « science, qu'ils cultivaient avec tant de fruit et de gloire ;

. . . . Arcades ambo
Et cantare pares ac respondere parati.

« Ces deux hommes, que le lecteur instruit a déjà nommés, « étaient Barthélemy Mercier, ex-bibliothécaire de Sainte-« Geneviève, connu de toute l'Europe savante, sous le nom « d'abbé de Saint-Léger, et l'abbé Morelli, bibliothécaire « de Saint-Marc à Venise. »

Ainsi s'exprimait, au lendemain de la mort de Barthélemy Mercier, Chardon de la Rochette, en commençant la *Notice* qu'il consacrait au savant bibliographe (1).

Ce dernier fut donc un fils de Sainte-Geneviève. Sa vocation à la vie canonique paraît avoir été plus humaine que divine, plutôt inspirée par la louable ambition de la science que déterminée par un véritable amour de l'état religieux : « La passion de l'étude, continue le biographe, le « désir ardent du savoir lui firent donner la préférence à « une congrégation riche en hommes instruits, en bibliothè-« ques, en moyens de tous genres (2). » Cet enfant de Lyon, — il y était né le 4 avril 1734 — appartenant à une honorable famille de la grande cité, entrait dans l'antique abbaye à quinze ans, et, à seize, était admis à la profession. Envoyé à l'abbaye de Chatrices, pour y compléter ses études littéraires et philosophiques, avant d'aborder la science maîtresse, la science de la théologie, il eut le bonheur d'y rencontrer un vénérable prélat, non moins érudit que pieux, autant protecteur des lettrés qu'ami des lettres, Jean de Caulet, évêque de Grenoble, qui, titulaire de l'abbaye, y venait, chaque année, retremper son âme dans

(1) *Notice sur la vie et les écrits de l'abbé de Saint-Léger.* Cette *Notice*, publiée en 1799 (*Magasin encyclopédique*, Ve année, tom. II, 1799, p. 152), a pris place dans les *Mélanges de critique et de philologie* du même auteur, Chardon de la Rochette, Paris, 1812, in-8, tom. II, p. 241.

(2) *Ibid.*, dans *Mélanges*, p. 242.

la retraite, et fortifier ou accroître ses connaissances par un travail plus libre, mieux soutenu. La large et prompte intelligence de l'étudiant frappa le prélat qui le prit en affection. Ce fut là pour le jeune Mercier l'occasion, sinon le principe d'une vocation littéraire. Chargé de la bibliothèque particulière de l'abbé, — car cet ami des livres ne s'était pas contenté d'en remplir son palais épiscopal de Grenoble, il avait encore eu soin d'en fournir sa maison abbatiale de Chatrices — Mercier reçut de Caulet les premières notions de bibliographie raisonnée, précieuses leçons dont il conserva toujours le souvenir (1). Son second maître fut l'illustre Pingré. Rentré à Sainte-Geneviève, quelque sept ans plus tard, le jeune génovéfain, selon son vif désir, lui était associé en qualité de second bibliothécaire, et devint pour lui un collaborateur habile (2). En 1760, une mission astronomique appelant Pingré dans les Indes, il le remplaça, de fait, comme préposé supérieur à la garde de ce vaste dépôt des connaissances humaines, et il remplit cette charge avec le plus grand zèle jusqu'en 1772.

Mercier débuta dans la vie littéraire en se faisant éditeur, mais éditeur intelligent, non seulement par le choix des pièces dont il composait son petit volume, mais peut-être aussi quelquefois par les retouches qu'il se permit. Le *Recueil C* est son œuvre (3). Ce *Recueil*, publié en 1759, faisait suite à deux autres, auxquels, l'on avait cru devoir donner, comme marque distinctive, les simples qualificatifs : *A* et *B*. Le premier de ces deux *Recueils* datait de 1745, et le second de 1752. Le P. Mercier pensait que ces sortes

(1) *Ibid.*, p. 243.

(2) Let. inéd., B. S. G., ms. fr. Z., in-4, Recueil de lettres du P. Marsan au P. Pingré, lettre ms. du 22 mai 1757 : « Je suis convaincu, écrivait le premier au second, que vous auriez de la peine à trouver un sujet dans la « congrégation plus intelligent, plus laborieux et plus propre à travailler « à un catalogue de notre précieuse et nombreuse bibliothèque. Vous ne « pouvez, il me semble, faire un meilleur choix et vous ne devez rien « omettre pour l'obtenir. »

(3) Barbier, *Dictionn.*, n° 15418.

de collections seraient toujours bien reçues du public, pourvu qu'on les fît « avec goût », que « les matières » en fussent « variées et intéressantes », et surtout qu'on ne se permît pas d'y faire entrer « de longs morceaux d'érudition, uniquement destinés aux savants. » Ce fut la règle qui présida au travail du génovéfain. Celui-ci inséra, à la fin, une *Imitation de l'ode* à sainte Geneviève, *du R. P. Le Jay, par François Arouet, étudiant de rhétorique et pensionnaire au collège de Louis-le-Grand.* De cette ode, première œuvre de Voltaire qui ait eu les honneurs de l'impression, le lecteur nous saura gré d'extraire ces deux strophes :

Oui, c'est vous que Paris révère
Comme le soutien de ses lis,
Geneviève, illustre bergère :
Quel bras les a mieux garantis?
Vous qui, par d'invisibles armes,
Toujours au fort de nos alarmes,
Nous rendîtes victorieux,
Voici le jour où la mémoire
De vos bienfaits, de votre gloire,
Se renouvelle dans ces lieux.

. . . .

Vous, tombeau sacré que j'honore,
Enrichi des dons de nos rois,
Et vous, bergère que j'implore,
Ecoutez ma timide voix !
Pardonnez à mon impuissance,
Si ma faible reconnaissance
Ne peut égaler vos faveurs.
Dieu même, à contenter facile,
Ne croit point l'offrande trop vile
Que nous lui faisons de nos cœurs (1).

(1) L'ode est de l'année 1709, année si malheureuse pour les armées françaises. Elle ne figure point parmi les poésies de Voltaire dans l'édition de Kehl. Elle est reproduite dans l'édition de Paris 1817-1821, chez veuve Perronneau, en 56 volumes in-12. Le P. Mercier l'a tirée d'un *Recueil fort rare, imprimé dans le temps.*

L'année suivante, le jeune génovéfain se faisait remarquer par une critique, sagement raisonnée, de l'*Essai d'un projet de catalogue de bibliothèques.* Cet essai était de l'abbé de Montlinot, alors chanoine de Saint-Pierre de Lille, puis libraire, puis publiciste. Montlinot voulait remplacer l'an-

L'injuste et impolitique mesure qui frappait les jésuites, en 1762, pouvait, par contre-coup, frapper les *Mémoires de Trévoux* que les Pères publiaient depuis tant d'années. C'eût été un malheur littéraire et historique. Il fallait y parer. L'abbaye de Sainte-Geneviève eut la gloire de contribuer largement au salut de l'importante publication, en procurant le nouveau directeur des *Mémoires* et en lui adjoignant un illustre collaborateur. Le nouveau directeur fut Mercier, et le collaborateur Pingré (1).

Malgré sa jeunesse, Mercier ne se trouva point au-dessous de la situation. Et, certes, ce n'était pas une mince besogne que de maintenir à la publication son importance et son intérêt. Grouper des talents qui apportassent un précieux concours, coopérer soi-même très activement à la rédaction, voilà l'œuvre du jeune religieux pendant quatre années.

Quelques mots sur les principaux articles que nous savons être de lui.

cienne division bibliographique : théologie, jurisprudence, sciences, arts, belles-lettres, histoire, par une autre où la prétention perçait plus que le naturel, du moins dans ses premiers termes : Science de Dieu, science de l'homme, science de la nature... L'*Essai* avait paru dans le *Journal encyclopédique* (1er septembre 1760). Les *Observations en forme de lettre* qui furent opposées, avaient leur place dans le même journal périodique (15 novembre et 1er décembre suiv.). Le bibliographe et le journaliste se révélaient en même temps.

(1) Nous n'adoptons pas l'opinion émise par le P. Sommervogel dans son *Essai historique sur les Mémoires de Trévoux*. (*Table méthodique*, Paris, 1864-1865, p. XCV-XCVII). Le docte jésuite, s'appuyant sur Bachaumont, donne pour directeur immédiat des *Mémoires*, après l'expulsion des jésuites un médecin, le docteur Jolivet, qui aurait conservé la direction jusqu'à sa mort, en 1764. C'est alors seulement que le P. Mercier aurait eu cette direction. Pour nous, les assertions de Chardon de la Rochette, qui avait vécu dans l'intimité avec Mercier, nous ont paru d'une plus grande autorité que les notes plus ou moins rapidement rédigées par Bachaumont et publiées après sa mort. Or, en ce qui concerne notre génovéfain, Chardon de la Rochette s'exprime en ces termes : « A vingt-« huit ans, il fit ses premières armes dans le *Journal de Trévoux* qu'il « rédigea, en société, avec Pingré et l'abbé Guyot..., depuis le mois de « juillet 1762 jusqu'à celui de d'octobre 1765 inclusivement, et qu'il conti-« nua seul jusqu'en août 1766. » (*Notice*. dans *Mélanges*, p. 244). Simple collaborateur alors, le docteur Jolivet aurait été pris par Bachaumont pour le directeur même.

Un libraire, Guillaume-François de Bure, qui était à la fois un savant, avait, en 1763, fait paraître le premier volume de la *Bibliographie instructive*. Il se proposait de combler une lacune dans la science bibliographique, en éditant en français un *catalogue raisonné de la plus grande partie de ces livres précieux, qui ont paru successivement dans la république des lettres depuis l'invention de l'imprimerie jusqu'à nos jours*. Il avait surtout en vue les livres *rares* et *singuliers*, et il leur destinait une mention spéciale (1). La lacune existait véritablement. Sous ce rapport, nous nous trouvions même dans une regrettable infériorité en regard de nos voisins qui, cultivant, et non sans succès, cette science des livres, savaient, par d'importants travaux, y initier le public. La pensée était donc excellente : on ne pouvait qu'y applaudir, quoique le véritable érudit ne vît pas, sans un certain déplaisir, relégués au second plan les livres qui se recommandaient uniquement par leur valeur intrinsèque, et non point par la rareté, la beauté de l'impression ou de la reliure, car, si l'auteur mentionnait ces livres, c'était en quelque sorte par acquit de conscience, pour rendre complet le catalogue. Mais les oublis, les méprises et même les bévues étaient presque inévitables dans un classement qui supposait des connaissances, à la fois, si précises et si variées. L'article consacré au volume dans les *Mémoires de Trévoux* constatait le fait d'un certain nombre de ces défauts-là, mais l'auteur laissait à d'autre le soin de faire la critique de détail (2).

Le P. Mercier se réservait cette tâche. Il prit le titre et emprunta le caractère de correspondant des *Mémoires*, Deux longues missives furent consacrées à l'épineuse besogne, et une troisième, plus courte, à l'examen de la réponse opposée. Gardant l'anonyme dans les deux pre-

(1) Nous reproduisons la pensée ou les expressions du titre de l'ouvrage.

(2) *Mémoires...*, juin 1763, p.p. 1358 et suiv.

mières, avouant presque aussitôt la paternité de l'appréciation (1), il inscrivit son nom en tête de la troisième. Mais, ici comme là, il se montra critique compétent, judicieux, sévère, incisif, sans fausser pourtant le ton des convenances, sans enfreindre les lois de la courtoisie. En signalant les défauts du travail dans l'intérêt des lettres, il savait rendre justice aux louables efforts de l'auteur et reconnaître le mérite général de la publication (2).

L'année suivante vit éclore le second volume de la *Bibliographie instructive*. Le censeur royal, Claude Capperonnier, dans l'approbation donnée à ce volume, avait entendu faire justice des attaques dirigées contre le premier. Les *Mémoires* se bornèrent à enregistrer le double fait, l'apparition du nouveau volume et la chaude approbation du censeur, car comment être « assez téméraire pour s'élever davantage contre un ouvrage si bien protégé » (3)?

En 1765, deux autres volumes de la *Bibliographie;* même approbation du censeur royal; même réserve des *Mémoires*. Pourtant, le censeur ayant fait parler Cicéron, dont il transcrivait ces paroles: « Nescio quo modo plerique « errare malunt, eamque sententiam, quam adamaverunt, « pugnacissime defendere, quam sine pertinacia quid « constantissime dicatur exquirere » (4), les *Mémoires* décochèrent ce trait : « Si nous connaissions aussi parfaitement « que M. Capperonnier les ouvrages de Cicéron, nous « pourrions, à l'exemple de ce censeur, en transcrire ici « quelques passages qui l'intéresseraient beaucoup; mais « en nous rappelant la lettre sans réponse dont il était « question tout à l'heure, il se présente un mot de l'orateur « romain, et, ne fût-ce que pour paraître avoir lu les bons

(1) *Mémoires de Trévoux*, septembre 1763, p. 2242.

(2) Voir *Mémoires de Trévoux*, juillet 1763, p.p. 1617, et suiv., août 1763, p.p. 1994 et suiv., octobre 1763, p.p. 2407 et suiv. Ces lettres portent en suscription... *aux auteurs de ces Mémoires.*

(3) *Ibid.*, juillet 1764, p. 375-378.

(4) *Acad.*, lib. II, ou *Lucullus*, cap. III.

« auteurs, nous le citerons tout naturellement : *Negligere* « *quid de se quisque sentiat,* dit Cicéron (1), *non solum arro-* « *gantis est, sed etiam omnino dissoluti.* Rapprochez ce « mot de cet autre d'Ovide :

« Si fueris censor, primo te crimine purgo (2). »

Les erreurs historiques n'appelaient pas moins l'attention, n'excitaient pas moins le zèle du P. Mercier que les oublis et les écarts en bibliographie. Ce n'est pas d'aujourd'hui que, par intérêt ou par malice, l'on s'étudie à mettre en défaut la science des archéologues. Le P. Colonia comptait parmi les habiles dans la connaissance des objets antiques. De plus, c'était un jésuite. Double motif pour tenter une épreuve. Donc, quelques plaisants de Lyon — le P. Colonia appartenait à la maison de cette ville — s'avisèrent de prendre une urne, de faire graver dessus :

Ollam Severi Flaminis ne tangito,

l'enfouirent quelque temps à Aisnay, dépendance et sous les murs de Lyon, puis la retirèrent en faisant grand bruit de la découverte, et la portèrent au bon religieux qui ne manqua pas, sur leur dire et après examen, de s'extasier en contemplant la précieuse trouvaille. Un article sur l'antiquité et la parfaite conservation de l'urne qui remontait certainement à la domination romaine, et sur les graves renseignements historiques qui découlaient du fait, fut envoyé par le Père aux *Mémoires de Trévoux* et inséré dans le numéro de décembre 1724 (3). Le tour joué, les plaisants le firent connaître à un journal de Hollande, les *Lettres historiques,* qui publièrent, à ce sujet, une longue et curieuse missive. La chose était notoire à Lyon. L'abbé Expilly qui n'en avait pas eu connaissance, s'en était tenu, dans son *Diction-*

(1) *Offic.* I, cap. XXVIII.
(2) *Mémoires...*, novembre 1765, p. 1316-1322.
(3) *Mémoires...*, p. 2271.

naire (1), à l'article du P. Colonia. Il y avait là une erreur que le P. Mercier ne pouvait ne pas signaler en rappelant les faits. Il donna encore à la rectification la forme d'une lettre *aux auteurs de ces Mémoires*. Cette fois aussi, elle était publiée portant en tête le vrai nom du *correspondant* (2).

Le critique, à l'occasion, pratiquait l'éreintement littéraire. Chaudon venait de faire sortir des presses les deux premiers volumes d'un nouveau *Dictionnaire historique*. Il le présentait au public comme étant l'œuvre d'une *Société de gens de lettres*. Mercier, ayant eu la faveur des premiers exemplaires, s'empressa de prendre connaissance de l'ouvrage, en commençant naturellement par la Préface. Les précédents Dictionnaires historiques, celui de Ladvocat surtout, y étaient sévèrement appréciés. Ceci paraissait presque naturel, les nouveaux auteurs désirant préparer les voies à leur élucubration. Mais quelle ne fut pas la surprise du critique qui croyait trouver là une œuvre magistrale et de première main, lorsqu'il constata : 1° que des articles entiers étaient pris textuellement dans le *Dictionnaire* même de Ladvocat; 2° que d'autres, venant de la même source, n'offraient que de légères modifications; 3° qu'il n'y avait pas la moindre indication de la provenance. Mais les articles nouveaux? Ceux-ci, le critique l'avait également constaté, fourmillaient, ou de bévues sur les hommes et sur les choses, ou de fautes typographiques. Délit littéraire d'une part, inadvertances de l'autre, tout cela fut relevé, exposé, prouvé sous le couvert du correspondant pseudonyme : *Font*** de Ri**** (3).

Le P. Mercier consacrait aussi un article à une question alors vivement débattue, l'authenticité du *Testament poli-*

(1) Le 1er volume du *Dictionnaire géographique, historique et politique de la France*, volume où se trouvait l'article : *Aisnay*, venait d'être publié cette même année 1763.

(2) *Mémoires de Trévoux*, sept. 1763, p.p. 2234 et suiv.

(3) *Lettre aux auteurs de ces Mémoires, Mémoires...*, février 1766, p.p. 436 et suiv. (Voir Barbier, *Dictionnaire...* n° 9892.)

tique du cardinal de Richelieu. Dès 1749, Voltaire s'était prononcé pour la négative. Mais ce ne fut pas sans susciter immédiatement des contradicteurs, parmi lesquels il faut citer les *Mémoires de Trévoux* et l'académicien Lauréault de Foncemagne. Les *Mémoires* insérèrent, en février 1750, une réfutation (1) et, la même année, l'académicien publia une lettre. La réfutation, la lettre surtout renfermaient de solides raisons en faveur de l'affirmative. Voltaire cependant revenait aussitôt à la charge en son *Oreste*. Nouvelles observations des *Mémoires* (2). Réplique, mûrie plusieurs années, mais péremptoire, de Lauréault de Foncemagne (3) qui donna même une nouvelle édition corrigée, complétée, annotée, la meilleure, sous tous rapports, de celles publiées jusque-là, du fameux *Testament*. C'est l'édition de 1764 in-8 (4). A tout cela Voltaire opposa des *Doutes nouveaux* (5). La grave question, portée ainsi devant le public, pouvait être d'autant moins passée sous silence dans les *Mémoires*, qu'ils se trouvaient eux-mêmes engagés. Elle y prit donc place par la plume du P. Mercier (6). Plus timide que les anciens rédacteurs, ce dernier estima que, dans l'état de choses,

(1) *Mémoires*..., p. 344.

(2) *Mémoires*..., mai 1750, p. 1133.

(3) *Lettre sur le Testament politique...imprimée pour la première en 1750 et considérablement augmentée dans cette seconde édition*, 1764, in-8. Elle était tellement augmentée qu'elle pouvait être considérée comme une seconde lettre.

(4) La *Lettre... augmentée* de Foncemagne prenait place à la suite de cette édition.

(5) 1765, in-8. Ils sont datés par Voltaire lui-même d'octobre 1764 (*France litt.*, art. *Voltaire*, no 263). Déjà donc les ouvrages imprimés à la fin d'une année pouvaient porter le millésime de l'année suivante.

(6) *Mémoires*..., janvier 1765, p.p. 145 et suiv.

Pour les articles non signés, nous avons surtout puisé nos renseignements dans la *Notice raisonnée des ouvrages, lettres, dissertation, etc., publiés séparément ou dans divers journaux, depuis l'année 1760 jusqu'en 1799, rédigée en partie par lui-même*, c'est-à-dire par Mercier. Cette *Notice* a pris place, par les soins de M. Ch. de Chenedollé, dans le *Bulletin du bibliophile belge*, tom. IX, 1re sér., p.p. 60, 156, 261, 327, 402, 456, et tom. I, 2e sér., p. 64.

la prudence et la réserve s'imposaient, laissant à l'avenir le soin de décider. L'avenir fut meilleur juge : il donna raison à Foncemagne.

Après la cérémonie de la pose de la première pierre de la nouvelle église de Sainte-Geneviève, Louis XV avait voulu visiter la belle bibliothèque de l'abbaye. C'était en septembre 1764. Le P. Mercier fit au roi, en admirable connaisseur et à la grande satisfaction de Sa Majesté, les honneurs du riche établissement dont il avait la direction. Il avait fait réunir et disposer sur des tables les volumes les plus curieux. Le roi passa plus d'une heure à les examiner, les uns après les autres, se faisant expliquer les signes caractéristiques de chacun. « Bignon, ai-je ce livre dans ma bibliothèque », demandait parfois le roi. Bignon était bibliothécaire royal. Mais Bignon se voyait forcé de garder un silence prudent. Mercier prenait alors la parole, et c'était parfois pour répondre négativement.

Parmi les ouvrages les plus remarqués par Louis XV, se trouvait la Bible de Sixte-Quint, sortie des presses du Vatican, en 1590. Quelque temps après, le roi, venant d'entendre la messe, traversait la grande galerie de Versailles. Le bibliothécaire de Sainte-Geneviève avait pris place parmi les spectateurs. Aussitôt que le roi l'aperçut : « Choiseul, « dit-il, en se retournant vers son premier ministre, à « quels signes reconnaît-on la Bible de Sixte-Quint ? » — « Sire, je ne l'ai jamais su », reprit le ministre surpris d'une pareille question. Et le roi de le dire aussitôt, montrant bien qu'il n'avait pas oublié la leçon reçue à Sainte-Geneviève.

Pendant la royale visite à l'abbaye, le P. Mercier avait eu soin d'attirer l'attention de Louis XV sur une autre bibliothèque, celle de Saint-Victor, dont les bâtiments délabrés exigeaient une prompte réparation. Sans doute, à la suite de la désastreuse guerre de sept ans, il était difficile de demander au trésor de se charger des dépenses. Mercier avait un autre projet : l'abbaye se trouvait vacante par la mort de Fitz-James, évêque de Soissons; ne pouvait-on pas, en le nommant, imposer au nouveau titulaire la retenue annuelle d'une somme assez ronde, pour suffire aux réparations ? Le projet sourit au roi qui, après l'avoir fait examiner, le mit à exécution. « Mais, comme il arrive souvent « dans les cours, un autre s'attribua la gloire de l'avoir « conçu. » Cette retenue annuelle fut fixée à dix mille livres.

Le roi ne limita pas à des paroles le témoignage de sa satisfaction. Il nomma le docte bibliothécaire, *en récompense des services que ce dernier avait rendus aux lettres*, à l'abbaye de Saint-Léger de Soissons (1).

Nous le disions plus haut, l'entrée de Mercier à Sainte-Geneviève ne paraissait pas le résultat d'une vocation vraiment religieuse. Sa sortie ne devra qu'assez peu nous surprendre. Précédemment, mais momentanément, il avait déjà quitté l'abbaye. Ce devait être peu de temps après avoir été adjoint comme second bibliothécaire au P. Pingré. Tout cela ressort de ce passage d'une lettre inédite et non datée du P. Marsan à ce dernier (2).

En 1772, la sortie fut définitive. Quelle fut la cause de cette séparation ? « A la suite de quelques tracasseries, dit « son historien et ami, dont aucune congrégation, aucun « ordre religieux n'étaient exempts, il remit la bibliothè-

(1) *Notice*, dans *Mélanges*, p. 245-247 ; *Les anciennes biblioth. de Paris*, par A. Franklin, tom. I, Paris, 1868, p. 168.

(2) « Je demande grâce au Révérendissime Père et aux autres supérieurs « pour le P. Mercier ; je n'ignore pas qu'il lui a donné et à vous quelques « sujets de mécontentement ; je lui ai donné là-dessus des avis qu'il a très « bien reçus ; il m'a promis d'y faire une sérieuse attention. Je le crois en « état de vous seconder dans vos travaux de la bibliothèque. Je pourrois « être sa caution que les supérieurs et vous en serez plus contents. Ne « doit-on pas pardonner quelque chose à la jeunesse, quand elle est accom- « pagnée de bonnes mœurs et de capacité ? Sa sortie de Sainte-Geneviève « ne lui aura fait que du bien par les réflexions qu'elle lui aura donné « occasion de faire. » (B. S. G., ms. fr. Z., in-4, Recueil de let. du P. Marsan au P. Pingré.)

« que à Pingré, quitta la maison et prit un appartement « particulier (1). » Il nous semble que ce fut un second coup de tête. Mais, cette fois le génovéfain ne voulut pas venir à résipiscence. La congrégation l'espérait sans doute; car, usant à son égard de ménagements, elle lui conserva, au moins deux années, le bénéfice de Saint-Pierre de Montluçon, prieuré-cure dont elle l'avait précédemment constitué titulaire. Pour lui, il préférait se faire admettre dans un autre ordre. Il jeta même les yeux sur celui de Malte, et travailla en haut lieu à s'en ménager l'entrée. Voilà bien ce que nous apprend une lettre autographe que nous possédons (2). Quelle qu'en fût la cause, le projet n'eut pas de suite. Mais, si Mercier continua à vivre en dehors de la congrégation, sans entrer dans un autre ordre, tout porte à croire que sa situation dut enfin obtenir, par les dispenses nécessaires, la régularisation canonique.

Ce que nous avons fait pour Le Courayer, nous devons le faire pour Mercier : la loi imposée par le cadre de nos études réapparaît ici.

L'ex-génovéfain, comme c'était son droit, ne cessa de tenir en commende l'abbaye de Saint-Léger de Soissons. De là le titre sous lequel l'illustre biographe se présente généralement à l'histoire, celui d'abbé de Saint-Léger.

Cette célébrité que l'avenir fit éclore et épanouir, la noble congrégation en fut le germe fécondant : « Rendu à lui- « même, continue l'historien précité, il se livra tout entier « aux travaux qu'il avait préparés à Sainte-Geneviève (3).

(1) *Notice*, dans *Mélanges*..., p. 247.

(2) La lettre porte cette seule date : « Paris, 28 septembre. » Mais, puisque — la lettre le dit — M. de Vergennes était alors ministre, elle ne peut avoir été écrite avant 1774, année où ce diplomate fut appelé par Louis XVI au ministère des affaires étrangères.

(3) Le premier ouvrage que produisit la plume de Mercier après sa sortie de Sainte-Geneviève fut l'intéressant *Supplément de l'Histoire de l'imprimerie* par Prosper Marchand (Paris, 1773, in-4).

De temps en temps, les presses initiaient le public aux érudites investigations de Mercier : en 1775, un avertissement et des notes accompagnaient la *Dissertation* de l'abbé de Ghesquière sur l'auteur de l'*Imitation de Jésus-Christ* (Paris, in-12); en 1783, trois *Lettres*, adressées au baron de Heiss sur différentes éditions rares du xve siècle, formaient une brochure de quarante pages (Paris, in-8); la même année, l'écrivain donnait une analyse du *Livre du très chevalereux comte d'Artois et de sa femme, fille du comte de Boulogne* (in-12); deux ans plus tard, c'était le tour de la *Notice raisonnée des ouvrages de Gaspar Schott, jésuite, contenant des observations curieuses sur la physique expérimentale, l'histoire naturelle et les arts* (in-8).

D'importants articles étaient fournis aux principaux journaux de l'époque. (Voir *Année littéraire*, 1775, tom. III, p. 19, tom. IV, p. 217, tom. VIII, p.p. 44 et 319; *Journal des Sçavans*, avril 1784, p. 229, août et décembre, 1785, p.p. 563 et 801; *Journal de Paris*, 28 août 1780; *Journal général de France*, 10 février 1787...)

C'est sans doute par sa collaboration, purement littéraire, à l'*Analyse des papiers anglois*, que l'abbé de Saint-Léger se trouva en rapport avec le comte de Mirabeau : une note rectificative était communiquée à ce dernier relativement à une assertion de la brochure, *Réponse aux alarmes des bons citoyens;* et cette note placée dans le second tirage et à la fin de l'opuscule.

Un des premiers actes de l'assemblée nationale fut la spoliation du clergé, décret d'une iniquité révoltante, et qui, au milieu de la discussion, arracha ce cri à Sieyès : « Ils veulent être libres, et ne savent pas être justes! » Mercier défendit la bonne cause dans le *Journal de la ville et des provinces* (no 24, p. 95, art. du 21 octobre 1789, sous le nom : *un abonné*). Après le clergé, il prit la défense des religieux par une *Lettre de M***, négociant de Rouen, à dom ***, religieux de la Congrégation de Saint-Maur...* (1789, in-4, datée du 24 décembre 1789). La constitution civile du clergé, faisait tomber de sa plume ces vertes paroles : « comme si le « cœur et l'âme des évêques et prêtres constitutionnels pouvoient jamais « être à l'unisson du cœur et de l'âme des catholiques! » (*Journal général* de l'abbé Fontenay, 9 septembre 1791).

Dépouillé de ses revenus ecclésiastiques, ayant pour tout avoir vingt-quatre mille francs, placés en rentes viagères chez son ami Anisson-Duperron, qui ne put même toujours remplir son engagement, le docte vieillard, lui qui si longtemps avait cultivé les lettres par amour des lettres, se vit contraint de leur demander des ressources pour l'existence. De là, pensons-nous, certains travaux qui sont sortis de sa plume pour être placés en tête d'œuvres assez légères : ainsi du *Mémoire* qui précède le roman des *Affections d'amour* (Paris, 1797), de la *Notice historique et bibliographique sur les Lettres portugaises* (Paris, 1796), et même de la *Préface* pour la seconde édition du *Voyage du Valon tranquille* (Paris, 1796).

L'étranger se montrait plus généreux que la France. Pendant que la convention accordait à Mercier mille cinq cents francs en assignats (3 janvier 1795), Pie VI, George III d'Angleterre, les villes de Varsovie et de Milan essayaient, par les propositions les plus avantageuses, d'attirer à eux le savant qui préféra sa patrie avec la pauvreté.

La révolution qui avait frappé Mercier dans sa fortune, par des lois spoliatrices, et dans plusieurs de ses amis, aux massacres de septembre, devait le frapper encore dans son existence. Le 7 juillet 1794, se trouvant en face d'un de ces chars, qui conduisirent tant de victimes à la mort, il leva la tête et y aperçut l'abbé Royer, son intime ami. Le coup fut mortel. A partir de ce jour, la santé, jusqu'alors robuste, de Mercier déclina sensiblement ; on peut dire que sa vie fut une marche, lente encore, mais pénible, douloureuse vers le terme fatal, qui fut touché le 13 mai 1799.

Il paraît bien que, durant la période révolutionnaire qu'il venait de traverser, Mercier n'avait pas su se maintenir à la hauteur de ses devoirs de prêtre : la récitation du bréviaire et la célébration des saints mystères avaient été laissées de côté; l'assistance à la messe, les dimanches et fêtes, n'était même pas régulière. M. l'abbé Emery contribua beaucoup à le faire revenir à des idées plus saines, et une fin chrétienne répara de coupables oublis. (*Vie de M. Emery*, par M. Gosselin, Paris, 1861, tom. I, p. 418-422.)

CHAPITRE QUATRIÈME

XVIIIe SIÈCLE (SUITE)

PINGRÉ — LES DEUX MONGEZ — VENTENAT — ANQUETIL

I

PINGRÉ (ALEXANDRE-GUI)

(1711-1796)

A quoi tient ce qu'on appelle les vocations littéraires ou scientifiques ? Une occasion ouvrit devant Pingré, théologien plus habile que profond, humaniste au goût cultivé, les voies à la célébrité astronomique.

Alexandre Pingré, en sa qualité de janséniste, avait, au chapitre général de 1745, pris place parmi les opposants. On jugea bon de l'enlever à la chaire de théologie qu'il occupait dans une maison de la Congrégation de France. On le destina à l'enseignement des humanités, fonctions qu'il remplit successivement aux collèges de Senlis, de Chartres et de Rouen (1).

Le collège de Senlis lui rappelait ses brillants succès d'écolier. Originaire de Paris (4 septembre 1711), le jeune Pingré avait été placé dans cette maison justement renommée (1727). La vivacité de son esprit, sa prodigieuse

(1) La Lande, *Bibliographie astronomique* avec l'*Histoire de l'astronomie depuis 1781 jusqu'à 1802*, Paris, 1803, in-4, p. 774.

mémoire, une grande facilité de travail, une vraie passion pour l'étude faisaient déjà concevoir de lui les plus hautes espérances (1).

Les collèges de Chartres et de Rouen ressemblaient assez à un exil. Mais ce fut dans cette dernière ville qu'allait heureusement s'offrir la cause occasionnelle d'un avenir scientifique, qui jusque-là n'avait été ni entrevu ni soupçonné.

A Rouen, le génovéfain en disgrâce fit la connaissance de Lecat, chirurgien en renom, lequel venait d'y fonder une académie. Il entra dans la jeune société savante. Un jour, dans une séance où il s'agissait pour les membres de se partager les travaux, on lui demanda quelle était la partie dont il consentirait à se charger. « Celle que vous « voudrez, répondit-il; donnez-moi celle qui est la plus « nécessaire; je veux être utile à l'académie. » L'académie n'avait pas encore de représentant ou d'organe pour la science astronomique. On en fit la réflexion. « Hé bien! dit Pingré, je prends l'astronomie, je travaillerai (2). » C'était en 1749. Pingré comptait trente-huit ans d'âge (3).

(1) Ventenat, *Notice* sur Pingré, dans *Mercure franc.*, tom. XXII, p. 218

(2) *Magasin encyclop.*, 2e ann., 1796, tom. III, p. 420.

(3) Quelques-unes de ses poésies — car il s'était complu parfois à faire usage de la *langue des dieux* — nous apprennent que ce n'était pas la première fois qu'il se sentait frappé pour ses idées jansénistes. Professeur de théologie à vingt-quatre ans, relégué bientôt en diverses maisons du midi, il nous a décrit son sort en ces vers :

Vous qui, m'offrant du bien une fausse apparence,
M'avez longtemps bercé d'une sotte espérance,
Intarissable source, hélas! de mes soupirs,
Où m'avez-vous conduit, trop indiscrets désirs?
Secouant le dur joug d'un état misérable,
Je crus vous voir suivis d'un succès favorable.

De Foix, d'abord, où il se trouvait assez tranquille :

Ariège, qui de Foix baignes le mur sacré,
Tu sais combien de fois sur tes aimables rives
J'accusai de tes eaux les Naïades plaintives;

il se voyait transporté

Aux lieux où l'Aveyron recevant la Bonnette
Arrose les remparts d'une obscure villette.

Pingré, en se chargeant de la partie astronomique dans l'académie de Rouen, comptait sur les merveilleuses aptitudes de son esprit et la puissance de son travail. Ses espérances se réalisèrent, peut-être même au delà de ses vœux. Son coup d'essai ne se fit pas attendre et fut presque un coup de maître : ce fut la rectification d'une erreur commise par Lacaille dans le calcul de l'éclipse de lune, arrivée le 23 décembre 1749. L'erreur était de quatre minutes. Lacaille la reconnut. On dit que de là est née l'amitié entre les deux astronomes, l'un à ses débuts et l'autre déjà célèbre (1). L'observation, à Rouen, du passage

Saint-Antonin fut encore un séjour momentané :

Contraint d'errer depuis de déserts en déserts,
Qui pourrait raconter les maux que j'ai soufferts?
(Pièce de décembre 1737.)

Il paraît bien que le monastère de La Couronne ui offrit enfin une retraite plus calme. Mais, en revanche, qu'elle avait peu de charmes!

A la couronne aux justes réservée
Je ne renonce : heureux qui l'a trouvée!
. . . .
Mais, pour cela, faut-il, comme Malot,
Rester ici sous-prieur? Quelque sot?
Non, non : jamais âme ne s'est sauvée
A La Couronne.
(Rondeau de juillet 1742.)

Ces compositions rimées font partie d'un Recueil ms., sans cote, renfermant : Epîtres, Elégie, Satire, Ode, Sonnets, Chanson, Bouquet, etc., et conservé à la B. S. G.

Nous n'avons rencontré que quatre ou cinq pièces de poésie latine. Parmi les poésies françaises, il y a deux ou trois pièces tant soit peu grivoises.

Notons que les poésies de Pingré, ainsi que ses autres œuvres inédites, sont écrites de sa main.

Nous dirons aussi que les autres documents cités dans cet article, sont également originaux ou autographes.

(1) Delambre, dans l'article qu'il a consacré à Pingré (*Biograph. univers.*), ne croit pas que cette amitié ait été bien vive ou, du moins, qu'elle ait été durable. Son jugement doit principalement s'appuyer — il rappelle ces choses plus loin — sur certains traits que Pingré, dans sa *Cométographie*, lance à Lacaille, et sur une discussion vive qu'ils ont eue au sein de l'académie. Mais, si l'amour de la science explique les discussions, même vives, entre amis, les quelques paroles malicieuses ne seraient-elles pas le fait d'un caractère non ennemi de la pointe.

de Mercure sur le soleil, en 1753, valut à Pingré le titre de correspondant de l'académie des sciences de Paris.

Tant de succès durent contribuer quelque peu à la fin de la disgrâce. Pingré fut appelé, la même année, à Sainte-Geneviève, pour y remplir les fonctions importantes de bibliothécaire. Il ne négligea pas, cependant, la science astronomique. Elle put même, grâce aux intelligents collaborateurs qu'on donnait au bibliothécaire, constituer pour lui un domaine de prédilection. L'abbaye allait faire en sa faveur ce que le collège de Mazarin avait déjà fait en faveur de Lacaille : on lui disposa un observatoire sur les toits de l'abbaye. Le chapitre lui procura un télescope de six pieds, un pendule, une lunette, et l'académie un quart de cercle (1).

Pingré trouva dans Le Monnier des encouragements et des conseils. Celui-ci exerçait un vrai prosélytisme au sujet des études astronomique. Il venait d'y lancer le jeune La Lande. Il estima que, à son âge, Pingré devait se faire connaître par un travail des plus difficiles, la confection d'un almanach nautique, ou méthode simplifiée pour observer sur mer « les longitudes par le moyen de la lune » (2). Pingré s'acquitta de la tâche, à la grande satisfaction du monde savant, pour les années 1754, 55, 56 et 57. L'almanach était publié sous ce titre : *Etat du ciel*. Au sujet des calculs de la connaissance des temps en 1759, Le Monnier émit l'avis de les confier au génovéfain. La Lande fut préféré. Mais, avouait ingénieusement l'élu, ce travail, Pingré « l'eût fait bien mieux que moi » (3). La Lande, cependant, sut rédiger cette publication de façon à tenir lieu d'almanach nautique.

Devenu associé libre de l'académie des sciences, seul titre qui pouvait alors être conféré à un religieux, Pingré

(1) Ce quart de cercle est conservé à la Biblioth. Sainte-Geneviève.
(2) *Bibliographie astronomique*..., p. 774.
(3) *Bibliograph*..., ibid.

entreprit de porter quelque lumière sur un point demeuré obscur, la marche des comètes. Pendant près de trente années, il poursuivit infatigablement ses opérations mathématiques. « Il calcula à lui seul plus d'orbites » de ces astres aux mouvements si irréguliers « que tous les astronomes ensemble dans un pareil intervalle de temps, comme on le voit dans son immense ouvrage, la *Cométographie* » (1). Au jugement de Delambre lui-même, l'ouvrage restera, bien que depuis, grâce aux méthodes d'Olbers, de Legendre, de Burckhard, et surtout à la théorie des perturbations, cette partie de la science astronomique ait fait de notables progrès (2).

Pingré n'avait pas dédaigné l'emploi, au besoin, de la *Méthode* d'un jeune savant, appelé à de hautes destinées dans la science, *pour déterminer les orbites des comètes.* Nous venons de désigner La Place. Ce dernier adressait sa *Méthode* à son « cher confrère » avec ce mot écrit de sa main : « Puisque vous voulez bien appliquer à un exemple « ma méthode..., il est naturel que je cherche à vous en « faciliter l'usage... (3) »

Lacaille avait mathématiquement précisé, pour l'admirable livre de l'*Art de vérifier les dates,* les éclipses de lune durant les dix-huit siècles de l'ère chrétienne. Pingré revit le travail, en 1766, et c'est de cette revision que se servit dom Calmet pour la seconde édition de l'ouvrage (1770). Pingré fit davantage : il soumit aux mêmes opérations mathématiques les mêmes phénomènes lunaires des dix siècles qui ont précédé immédiatement Jésus-Christ. Ce travail prit place dans le XLIIe volume de l'*Histoire de l'académie royale des inscriptions et belles-lettres.*

La science du génovéfain se voyait, en même temps,

(1) *Ibid.*, p. 775. — La *Cométographie ou traité historique et théorique des comètes* parut en 1783-84. 2 vol. in-4. Le titre indique bien le sujet et la division de l'ouvrage.

(2) Art. précit.

(3) Lettre non datée, dans Recueil ms. fr. Z., in-4.

mise à contribution pour des œuvres moins importantes. Concevait-on le projet de tracer un cadran solaire sur la colonne de l'hôtel de Soissons qui avait fait place à la nouvelle halle au blé? on s'adressait à lui, et sur ce plan défavorable un « cadran ingénieux » avec ses « styles... horizontaux » et les signes zodiacaux correspondant à la situation du soleil venait bientôt se montrer aux regards moins charmés qu'étonnés. Une notice raisonnée initiait même le public aux combinaisons de l'auteur (1). Joseph de l'Isle avait-il besoin, pour le plan qu'il en avait dressé, d'une description de Pékin? Pingré venait à son aide et lui communiquait même « les résultats de beaucoup de calculs d'éclipses pour la position » de cette ville. Depuis, ajoute La Lande, il a fait nombre de calculs semblables « pour déterminer les longitudes, ce que personne ne faisait auparavant » (2).

Nous devons signaler parmi les mêmes œuvres inédites de notre génovéfain un rapport curieux (3), fait au nom d'une commission désignée par l'académie des sciences pour examiner la *Réfutation*, par l'abbé Rochon, *d'une lettre de M. d'Après*. Il s'agissait d'un vif dissentiment entre d'Après de Mannevillette et l'abbé Rochon touchant la meilleure route à suivre, entre octobre et avril, de l'Ile de France à la côte de Coromandel. La question se trouvait alors à l'ordre du jour. Elle avait été soulevée par le chevalier Grenier qui prétendait avoir découvert cette voie plus sûre et moins difficile. En tout cas, elle abrégeait de 800 lieues la traversée. Rochon, associé à Grenier pour les travaux d'exploration dans la mer des Indes, ne partageait pas l'opinion de

(1) La Lande, *Bibliogr...*, p. 775. Le cadran datait de 1764; et la brochure est de la même année. Le cadran et la colonne se voient encore adossés à la susdite halle, qui n'a subi de changement que dans la coupole.

(2) *Ibid.*, p.p. 775, 776. La description de Pékin (1765) formait une brochure.

(3) B. S. G., Recueil ms. fr. Z., in-4.

celui-ci : à ses yeux, les écueils à éviter dans la mousson d'hiver rendaient, au contraire, la navigation périlleuse. Les deux navigateurs avaient fait connaître leur sentiment. Consulté, en février 1771, par l'abbé Terray, successeur intérimaire du duc de Praslin au département de la marine, Rochon avait de nouveau exposé sa manière de voir. L'académie de marine, après avoir pris l'avis du très compétent d'Après de Mannevillette, s'était prononcé dans un autre sens. Par ordre du ministre, Kerguelen, auquel on adjoignit Rochon lui-même, alla étudier sur les lieux le problème maritime. C'était le parti le plus sage. En France, la discussion se trouvait circonscrite à l'académie des sciences, au sujet d'une lettre d'Après et d'une réponse de Rochon qui venait de prendre rang dans l'illustre compagnie. Le premier avait adopté le rôle d'agresseur violent. Le second n'avait pu ne pas opposer une défense modérée. Tel fut bien le sens du susdit rapport qui, dans les circonstances, se gardait prudemment de conclure sur le fond du débat. Kerguelen donna raison au savant abbé (1). Mais l'avenir se chargea de faire prévaloir l'autre opinion.

Aux calculs du cabinet et aux observations ordinaires vinrent s'ajouter des missions scientifiques confiées, soit par le gouvernement, soit par l'académie des sciences : en 1756, pour vérifier, de concert avec Bouguer, Camus et Cassini de Thury, le degré du méridien compris entre Paris et Amiens ; en 1760, à l'île Rodrigue, pour observer le passage de Vénus sur le soleil; dans les années 1767, en Hollande, 1768-69 et 1771-72, en diverses parties du monde, pour, entre autres travaux assignés, faire l'épreuve des montres marines de Berthoud et de Le Roi (2).

(1) Voir Kerguelen, *Relation de deux voyages dans les mers Australes, et des Indes, faits en 1771, 1772, 1773 et 1774*, Paris, 1782, in-8, p. 14-17.

(2) On rapporte que, dans le voyage à l'île Rodrigue, il eut occasion de montrer la calme sagesse de Thémistocle. En quittant le cap de Bonne-Espérance, le capitaine de vaisseau inclinait trop vers le Nord.

Nommé par l'abbé de Sainte-Geneviève chancelier de l'université de Paris (1770) (1), reprenant après le départ de Mercier (1772) la direction effective de la bibliothèque

Pingré l'en avertit. Marion-Dufresne — tel était le nom de ce capitaine qui devait, quelques années après, périr malheureusement à la Nouvelle-Zélande — ne voulut rien entendre, et se laissa emporter jusqu'à menacer de son épée. « Vous pouvez le faire, reprit le sage conseiller ; mais profitez auparavant de l'avis que je vous donne. » (Ventenat, *Notice* sur Pingré, dans *Mercure franc.*, tom. XXII, p. 222).

Ces opérations, observations ou expériences ont été publiées, ou à part, ou dans les *Mémoires* de l'académie.

Les opérations touchant le méridien formèrent une brochure (1757).

L'expédition à l'ile Rodrigue, en ce qui concerne les observations astronomiques, est imprimée dans les *Mémoires* susdits (an. 1761, p.p. 87, 413.) L'expérience tentée dans la mer des Indes n'a pas dû être inutile pour la rédaction de ce travail, publié par Pingré, en 1767, avec le « privilège » de l'académie, et réédité en 1778 : *Mémoire sur le choix et la position géographique des lieux où la conjonction écliptique du soleil et de Vénus, qui doit arriver le 3 juin 1769, pourra être observée avec le plus d'avantage.*

Le récit de l'expédition de 1767, sur la corvette l'*Aurore*, parut, l'année suivante, sous le titre : *Journal du voyage de M. le marquis de Courtanvaux*... (1 vol. in-4.) Ce dernier commandait la corvette. Le célèbre Messier faisait partie de l'expédition.

Celle de 1768-1769 s'accomplit sur l'*Isis*, commandée par le capitaine Fleurieu. « Ce voyage de l'*Isis*, dit La Lande, un des plus importans « qu'on ait faits pour la géographie, parut en 1773 (2 vol. in-4.) Pingré « avait fait la plupart des observations ; il fit encore une partie des « calculs ; il en aurait fait beaucoup plus, si le citoyen Fleurieu n'eût « désiré de s'en occuper lui-même, comme il le fit avec autant de zèle « que d'intelligence. » (*Bibliog. astron*..., p. 776.) Aussi, ce voyage fait par ordre du roi a-t-il été donné au public, sous le nom de *M. d'Eveux de Fleurieu.* C'est dans le cours de cette expédition que Pingré et Fleurieu observèrent au cap Français, le 3 juin 1769, le second passage de Vénus.

Enfin, la quatrième expédition se fit sur la frégate la *Flore* et sous le commandement de Verdun. « La relation qui parut, en 1778... (2 vol. « in-4), écrit encore La Lande, est presque tout entière de Pingré. « L'Europe jusqu'au cercle polaire, l'Afrique et l'Amérique furent aussi le « théâtre de sa gloire astronomique ; et plusieurs années de calculs ne « furent pas de trop pour mettre toutes les observations en état de servir « à la géographie, à la correction des cartes marines, à la détermination « des longitudes et des latitudes... » (*Ibid.*) Borda fut associé à Verdun et à Pingré pour la mission scientifique, et c'est sous les noms des trois que fut publié le nouveau *Voyage également fait par ordre du roi.*

(1) L'acte de nomination, conservé à Sainte-Geneviève dans Recueil ms. fr. et lat. H., porte la date de 11 janvier 1770. C'est donc par erreur que Ventenat, *loc. cit.*, p. 224, assigne l'année 1769. Entre le chancelier Barre, mort en 1764, et Pingré, promu à la même dignité six ans après, il y a une lacune que nous ne saurions combler.

de l'abbaye (1), le P. Pingré faisait marcher de pair et les devoirs de ses nouvelles charges et les travaux scientifiques.

La Lande, ami de Pingré et son collègue à l'académie des sciences, désirait voir traduire en français le poème de Manilius sur l'astronomie. Il avait prié un avocat, Dreux du Rodier, de vouloir bien se charger de ce travail que, du reste, il se réservait d'examiner avant la mise au jour. Mais, nous dit-il, « quand je voulus m'en occuper, je m'aperçus que souvent le traducteur n'entendait pas Manilius, et quelquefois je ne l'entendais pas non plus. Ce travail, long et difficile, était plus du ressort de Pingré..... » (2). Celui-ci pouvait prendre le rôle de correcteur; il préféra faire œuvre de traducteur. Il joignit à la traduction des *Astronomiques* de Manilius celle des *Phénomènes* d'Aratus (3). Cette dernière fut faite, non pas sur l'original, mais bien sur la paraphrase versifiée qu'en a donnée Cicéron. De prime abord, l'idée peut paraître d'autant plus étrange que le traducteur connaissait parfaitement la langue hellénique (4). Mais ce dernier a soin de s'expliquer dans l'Avertissement qui précède : « Nous aurions, a-t-il « écrit, volontiers donné et traduit le poème d'Aratus. Mais « un poème grec en ce siècle affecterait bien peu de monde ; « et d'ailleurs il formerait une espèce de disparate à la « suite du poème latin de Manilius. » Pingré, en effet, plaçait le texte de Manilius en regard de la traduction, et il estimait bon d'en faire autant pour Aratus (5).

(1) Pingré n'avait cessé d'être inscrit comme premier bibliothécaire. (Voir *Almanach royal.*)

(2) *Bibliograp. astron...*, p. 777.

(3) Paris, 1786, in-8.

(4) Parmi les œuvres inédites de notre astronome, nous avons rencontré un abrégé de la syntaxe grecque.

(5) Ce n'est pas la seule traduction du génovéfain. Grâce à lui, le *Voyage intéressant de la frégate la Princesse* au Mexique, en 1780-1781, et un extrait d'un autre voyage, antérieur d'une année, *pour la découverte des côtes occidentales de l'Amérique septentrionale*, sont passés de l'espa-

Cette œuvre achevée, l'ardent travailleur en reprenait aussitôt une autre dont la pensée remontait à 1756 et qui, commencée aussitôt, avait dû, faute de temps, subir une interruption de trente années. Il se proposait de réunir, en les vérifiant, les diverses observations astronomiques qui avaient été faites pendant le XVIIe siècle et qui se trouvaient éparses, çà et là, dans quantité d'ouvrages, soit imprimés, soit manuscrits. C'était écrire l'histoire complète de l'astronomie à cette époque ; travail considérable qui fut terminé en 1790. La Lande en rendait compte à l'académie, en février 1791, « avec un enthousiasme que j'eus, dit-il, le plaisir d'inspirer à d'autres » (1). L'assemblée nationale vota des fonds pour l'impression de l'œuvre. Trois cent soixante-quatre pages étaient déjà tirées lorsque, par suite des troubles révolutionnaires, il fallut suspendre l'impression, et malheureusement ce fut pour toujours.

Dans ses dernières années, Pingré se sentait de l'attrait pour l'étude de la botanique, et, s'il avait commencé plus tôt cette étude — ce sont des paroles qu'on lui attribue — *Flore lui eût fait quelquefois négliger Uranie.*

Son « extrême complaisance et sa prodigieuse facilité pour le travail suffisaient à tout : on découvrait une comète, c'était à Pingré à la calculer ; on avait besoin de deux à trois mille ans d'éclipses, il ne fallait que les lui demander ; d'un voyage au delà des mers, il était prêt à partir ; de deux volumes de traduction, ce n'était rien pour lui... » Ainsi s'exprimait, avec raison, l'illustre astronome La Lande (2), dont plusieurs fois déjà nous avons invoqué le témoignage.

Mais la valeur réelle des travaux astronomiques du génovéfain ? La Lande, nous avons pu le remarquer, l'estimait des plus hautes ; Ventenat et Prony ne jugeaient pas autre-

gnol dans notre langue, et ont pris place dans le premier volume du *Voyage de La Pérouse autour du Monde*, Paris, 1797, in-4.

(1) *Bibliogr. astron...*, p. 777.

(2) *Ibid.*

ment ; mais avec cette différence que le premier parlait en historien (1), et les deux autres en amis ou panégyristes officiels (2). Delambre dont le jugement est postérieur, s'est montré moins enthousiaste ou plus sévère (3). Il ne nous appartient pas de prononcer sur ces quelques points ardus. Quoi qu'il en soit, l'illustration de Pingré astronome ne saurait être mise en doute par personne.

La révolution, que le vieux génovéfain ne vit peut-être pas avec déplaisir (4), de laquelle, en tout cas, il accepta la sécularisation avec assez d'empressement ou, du moins, sans tristesse, cette révolution fit-elle enfin de lui, comme de tant d'autres, un renégat ? Nous sommes heureux de pouvoir répondre négativement. Un de ses confrères en religion, celui-là même dont nous avons déjà plusieurs fois écrit le nom, Ventenat, qui est loin de mériter le même éloge, écrivait, le lendemain de la mort de notre savant, à la fin de la *Notice* qu'il lui consacrait : « La philosophie ne « reprochera jamais à Pingré son attachement constant « à la religion chrétienne. »

Mais ce que la religion est en droit de lui reprocher, c'est son affiliation à la Franc-Maçonnerie (5). Il y a là un signe du temps. Quoi ! Un religieux, non seulement faire partie d'une société secrète et déjà si formellement condamnée par le Saint-Siège, mais la chanter avec cet enthousiasme :

Qu'est-ce que la Maçonnerie?
C'est l'art de s'aimer tendrement.

(1) *Ibid.*, p.p. 773 et suiv.

(2) La *Notice* de Ventenat sur Pingré a été lue à une séance publique du Lycée des Arts, en 1796. (*Mercure franc.*, tom. XXII, p.p. 217 et suiv.) Prony a lu l'*Éloge* du même, également en 1796, à une autre séance solennelle, une séance de l'Institut. (*Mémoires de l'Institut...*, *Sciences mathématiq. et phys.*, tom. I, p.p. XXVI et suiv.)

(3) Art. *Pingré*, dans *Biogr. univers.*

(4) Ventenat, dans la *Notice* citée tout à l'heure, disait de Pingré, p. 119 : « Son attachement aux libertés de l'Église gallicane était un présage du « zèle qu'il a montré, lorsque le feu sacré de la liberté française a éclairé « le crépuscule de ses jours. »

(5) L'acte de réception à un grade de l'ordre a été « donné à l'orient de Paris le 25 mars 1761 ». (B. S. G., Recueil ms. H. fr.)

Mieux une pierre est équarrie,
Plus elle s'unit fortement (1);

mais lui jurer le plus fidèle attachement :

Sainte union qui nous enflamme
Du feu le plus pur, le plus doux,
Domine toujours sur nos âmes;
En l'unité consomme-nous;
Mes frères, je vous jure
La plus constante affection
Daignez aussi ne me jamais exclure
De votre parfaite union;

mais la célébrer sur ce ton dans son chef, le duc d'Orléans :

Il se montra partout tel qu'il est en effet,
De bienfaisance un modèle parfait,
Digne du sang qui l'a fait naître,
Du grand Henri digne héritier.

A juger par plusieurs lettres que nous avons également eues entre les mains, le religieux-maçon jouissait même d'un certain crédit auprès du grand-orient de France. De divers côtés, surtout des colonies, on s'adressait à lui pour

(1) Cette sorte de romance a pour refrain :

L'amitié la plus tendre
De l'art est la perfection;
Tout vrai maçon, tout bon frère doit tendre
A la plus parfaite union.

Ces pièces et plusieurs autres en l'honneur de la Franc-Maçonnerie se trouvent à la Biblioth. Sainte-Geneviève, Recueil ms. Z. fr., in-4.

Elles attestent, à la fois, que Pingré ne renonça jamais à la rime. La poésie conservant pour lui des attraits, la plume de l'astronome cessait parfois de tracer des formules et de consigner des observations pour écrire des vers plus ou moins élégants.

Si le génovéfain revenait volontiers à ses premières amours, la poésie, il ne paraît pas avoir oublié les secondes qui avaient, à leur tour, prit une large place dans son âme : nous entendons le jansénisme. N'est-ce pas lui qui, en 1756, sous la rubrique d'Amsterdam, se fit l'éditeur des *Mémoires de M. l'abbé Arnauld*, fils d'Arnauld d'Andilly et, non moins que le père et les autres Arnauld, inféodé à la nouvelle secte? Mais il serait injuste de ne pas ajouter qu'il travailla, en même temps, pour la science historique, car ces *Mémoires* renferment de curieux détails qu'on chercherait vainement ailleurs.

obtenir le bienfait de l'affiliation, la faveur de quelques décisions ou concessions désirées. Ces lettres sont signées : La Nux, Lourde-Martignac, Tanguy de la Boissière, Sainte-Croix, personnages occupant, en différentes carrières, une situation élevée (1).

Pingré trouvait aussi des loisirs à consacrer aux études maçonniques. La Nux, membre du conseil supérieur de l'île de Bourbon, ne lui mandait-il pas, le 15 octobre 1776, au moment où cet insulaire s'occupait d'établir une loge pour le *quartier Saint-Paul* de la colonie :

« Monsieur et très cher et très respectable frère,

« Par la lettre que j'ai eu l'honneur de vous écrire, le « 30 avril dernier, je vous ai accusé la réception de la « vôtre, en date du 12 septembre 1773, ainsi que de la « brochure contenant le précis en deux parties des tra- « vaux maçonniques que vous avez faits depuis la ré- « forme jusqu'alors, et dont je vous prie de recevoir mes « très sincères remerciements, en vous protestant de la « discrétion dont vous m'avez cru capable... Par votre « lettre du 12 septembre 1773, vous me promettiez de « plus amples instructions que celles contenues en ladite « brochure, car vous me dites : *Quant à ce qui regarde* « *les colonnes J et B, je ne puis pour le moment vous satis-* « *faire; mais ce qui est différé, n'est pas perdu. Or, mon* « *cher frère, je n'ai rien reçu ni vu depuis cette lettre*... (2). »

(1) Tanguy de la Boissière était procureur à Saint-Domingue, et Sainte-Croix chevalier de Saint-Louis et colonel d'infanterie.

(2) Au sujet de l'influence maçonnique de Pingré, transcrivons encore cet autre passage de la missive : « Nous prenons le parti, sauf votre « approbation, de vous prier de nous aider de votre crédit auprès du « grand-orient pour nous faire avoir *une constitution pour le quartier* « *Saint-Paul*... En conséquence, nous allons vous envoyer un pouvoir « en blanc, aux fins de présenter au grand-orient et où de droit toutes « requêtes, mémoires et autres demandes qu'il appartiendra, pour obte- « nir *une constitution de loge maçonnique pour être installée à l'orient* « *du quartier Saint-Paul de cette Ile de Bourbon*. Nous ne ferons pas « la requête par la raison que nous ignorons la formule. Mais les senti- « ments de bienveillance que vous avez pour nous, nous persuadent qu'en

Nous ne plaidons pas les circonstances atténuantes. Autrement nous nous demanderions si Pingré se rendait bien compte des choses, s'il ne les voyait pas, au contraire, à travers le prisme de ses naïves illusions. Cette pensée nous serait inspirée, non seulement par les poésies dont nous avons détaché pour le lecteur quelques fragments, mais aussi par des discours qu'il a prononcés dans des réunions maçonniques et qui nous sont également tombés sous la main (1). Ici, comme là, c'est la sagesse, la fraternité, la vertu dont il est tout spécialement question. Nous n'insistons pas. Les décisions de l'Église devaient suffire pour déchirer les voiles, dissiper les ombres.

Notre étonnement de tout à l'heure sur le signe du temps demande à être accentué davantage. Le P. Pingré n'était pas le seul génovéfain qui prît rang parmi les *frères!* Une de ces lettres maçonniques devait être remise, en l'absence du destinataire, à un personnage déjà nommé, « à Monsieur Lefebvre, chanoine de Sainte-Geneviève, procureur général de la Congrégation de France, à l'abbaye du Mont à Paris ». Cette lettre, écrite par Lourde-Martignac, porte la date du 9 février 1788. L'illustre abbaye comptait-elle d'autres enfants égarés? Nous serions d'autant plus autorisé à adopter la négative, que la susdite missive de La Nux était adressée, en l'absence de Pingré et de « crainte d'événements », au baron de Toussaint (2). Mais nous avons

« vous donnant le pouvoir de la faire, ce sera la même chose. Si vous « obtenez cette faveur pour nous, vous voudrez bien nous procurer les « instructions nécessaires avec les ornements et ameublements ou ten- « tures et les trônes qui conviennent à chaque grade, les bijoux, tabliers, « cordons, flambeaux... ».

(Même Recueil ms.)

(1) Parmi ces documents, nous avons remarqué un reçu pour 24 livres, chiffre de la souscription de Pingré à l'emprunt de 9.000 livres, voté par l'assemblée du grand-orient. Le lieu et la date sont ainsi indiqués : « A « Paris, le premier jour de la seconde semaine du premier mois de l'an « de la vraie lumière, cinq mil sept cent soixante-quatorze. » (Même Recueil.)

(2) Dans même Recueil.

un document plus convaincant. C'est le *Tableau des officiers et membres de la R.·. L.·. de Saint-Jean, sous le titre distinctif des cœurs simples de l'étoile polaire* (1). Sur ce *Tableau* les noms de Pingré et de Lefebvre sont inscrits en toutes lettres avec la qualification de *chanoines réguliers*. Mais ce sont les seuls en tant qu'appartenant à des génovéfains. Par contre, nous y avons vu figurer le nom d'un sieur *Baudeau, vicaire général du prince-évêque de Vilna.*

La révolution trouva Pingré à la fin de sa vie et de sa carrière de savant. Ce n'est pas qu'il eût perdu ses habitudes de travail. Mais il ne produisit plus d'œuvres (2). Maintenu bibliothécaire de Sainte-Geneviève ou du Panthéon, nommé de nouveau membre de l'académie des sciences à la formation de l'Institut, Pingré mourut, le 1er mai 1796, âgé de plus de 84 ans.

Grand astronome, poète par goût, écrivain facile, janséniste ardent, rimeur léger de scrupules, moins prêtre que savant, moins religieux qu'homme du monde, théologien aux idées peu saines, catholique à la conduite doctrinalement peu correcte, voilà, en quelques mots, si l'expression est permise, le bilan biographique de celui que nous devons saluer comme une des gloires les plus brillantes, mais non des plus pures de Sainte-Geneviève.

(1) Ce tableau est imprimé et conservé à B. S. G. dans le Recueil intitulé : *Franc-Maçonnerie.*

(2) Au commencement de 1796, écrivait La Lande, « je lui demandai « s'il pouvait encore calculer l'orbite de la comète qu'il avait déjà observée ; « il l'essaya, mais il me dit que cela lui paraissait pénible. C'était la « première fois qu'il trouvait quelques difficultés à un ouvrage difficile. » Le même historien nous apprend que, dès quatre heures du matin, le vieil astronome se livrait à ses calculs abstraits. (*Bibliogr. astron.*, p. 778.)

II

LES DEUX MONGEZ

ANTOINE (1747-1835), JEAN-ANDRÉ (1751-)

Une famille de négociants de Lyon donna à la Congrégation de France, dans deux de ses enfants, deux membres dont l'un fut distingué et l'autre célèbre.

Cette famille, qui avait nom Mongez, comptait déjà, comme savants : du côté paternel, Louis Gérard, botaniste et propagateur de la méthode naturelle de Bernard de Jussieu; du côté maternel, l'abbé Rozier, agronome de renom et écrivain vulgarisateur. Un jésuite, excellent professeur de rhétorique, plus connu sous le nom de l'abbé Mongez (1), appartenait aussi à la ligne paternelle. Le père des deux futurs génovéfains était lui-même versé dans la connaissance des langues savantes.

Ce dernier plaça au collège de Lyon son fils Antoine qui y fit toutes ses classes jusqu'à la philosophie inclusivement. Le père songeait au commerce pour le jeune homme. Celui-ci préféra l'étude et l'état religieux. Selon le conseil de son oncle, l'abbé Rozier, il entra dans la Congrégation de France (1763). Le noviciat se fit à la maison de Saint-Irénée de cette antique et grande cité. On rapporte que la passion du novice pour le grec lui faisait parfois interrompre les exercices de la probation religieuse, afin de savourer la lecture des poètes qui ont écrit dans la langue d'Homère. Surpris par le maître, il dut remettre à plus tard la lecture favorite. Après le noviciat, il compléta au

(1) C'est le nom qu'il porta, après la suppression de l'ordre, comme chanoine prébendé de la cathédrale de Lyon, comme bibliothécaire, historiographe et académicien de la même ville.

prieuré d'Enaux ses études littéraires et philosophiques. Le cours de théologie suivit. Pour l'étudiant jugé digne d'être maître, la carrière du professeur dans l'enseignement secondaire allait s'ouvrir aussitôt (1).

Jean-André, de quatre ans moins âgé qu'Antoine, — il était né 1751 — marcha sur les traces de son frère. Il se fit génovéfain. Nous le voyons, en 1777, professer la philosophie à l'abbaye de Saint-Lô de Rouen. Toutefois l'étude des sciences naturelles le captivait davantage.

Non seulement diverses publications l'avaient fait connaître du monde savant; mais il pouvait déjà compter sur un certain nombre de voix pour entrer à l'académie des sciences, lorsque, en 1785, il s'embarqua avec La Pérouse en qualité d'aumônier. On se proposait, à la fois, d'utiliser les connaissances du physicien. Parler de son embarquement, c'est rappeler le triste sort qui l'attendait avec l'héroïque capitaine. Peut-être, d'ailleurs, la mort est-elle arrivée à point pour lui? Aurait-il eu assez de courage pour ne point suivre le frère aîné dans ses égarements? (2).

Ce dernier avait trente ans, quand l'*Histoire de la reine Marguerite de Valois* (3) vint marquer ses premiers pas dans la vie littéraire. Il remplissait alors les fonctions de bibliothécaire à l'abbaye de Saint-Jacques de Provins. Les fatigues du professorat l'avaient contraint de renoncer à la chaire de rhétorique dans la maison de Sens. La fille de Henri II, la première épouse de Henri IV n'avait pas encore eu d'historien. Aux yeux de Mongez, « les bienfaits dont elle comblait les gens de lettres, la protection ouverte qu'elle leur accordait, les connaissances étendues qu'elle avait

(1) M. Walckenaer, *Notice historique* sur Antoine Mongez, Paris, 1849; Quérard, *La France littéraire*.

(2) *Biographie universelle et portative des contemporains;* et *Notice* précitée.

(3) Paris, 1777, 1 vol. in-8.

elle-même », rendaient « cet oubli impardonnable » (1). Sans doute, tout n'est pas digne d'éloge dans cette existence aux phases si diverses. Mais il incombe précisément à l'histoire de faire loyalement la part du bien et du mal. Et les critiques qu'elle inflige sont d'une aussi grande utilité que les louanges qu'elle décerne ou les approbations qu'elle donne. Henri IV comprenait cette haute vérité, lorsque dans une circonstance délicate — il était lui-même en cause pour certaines fredaines de jeunesse — il répondait à son historiographe P. Matthieu « que les légèretés et les fautes des princes instruisent et qu'il est bon que la jeunesse reconnaisse les écueils qui rompent les amitiés, enflamment les animosités, afin qu'elle s'en détourne » (2). Le P. Mongez, en s'inspirant de cette pensée, voulut réparer l'oubli.

Ce *vrai talent pour l'histoire* (3) s'affirmait de nouveau en divers mémoires qui furent réunis et publiés en 1780 (4). Le P. Mongez était passé de la bibliothèque de l'abbaye de Provins au riche cabinet des antiques de Sainte-Geneviève. On lui en avait confié la garde. Sans aucun doute, ce poste contribua à développer son goût pour les choses d'érudition. Aussi, les trois dissertations du recueil roulaient-elles sur des sujets de cette nature : la première *sur l'antiquité des hôpitaux* que la Grèce et l'Italie païennes n'ont pas connus, mais qui se sont élevés sous le souffle de la charité chrétienne (5); la seconde, *lue à l'académie des inscriptions*, le 31 juillet 1778, *sur l'usage des vases lacrymatoires* qui n'étaient pas destinés, comme on le croyait généralement

(1) Préface.

(2) *Ibid.*

(3) Ainsi parlait le *Journal des Sçavans*, septembre 1778, p. 604, dans le compte rendu du travail historique.

(4) *Mémoires sur divers sujets de littérature*, Paris, 1 vol. in-8.

(5) « Il était, disait-il, réservé à cette religion sublime, qui regarde tous « les hommes comme les membres d'une même famille et qui tient compte « du plus léger secours donné aux malheureux, d'apprendre aux législateurs ce qu'on doit à l'humanité souffrante. » (*Ibid.*, p. 11.)

alors, à recueillir les larmes versées aux funérailles par les parents et les pleureuses, mais bien à renfermer les baumes qu'on répandait sur le bûcher ou les cendres des morts; la troisième *sur le colosse de Rhodes*, dont, à tort, la réalité a été mise en doute par le docte Muratori.

Un *Discours*, quatrième pièce du recueil, traitait cette double et curieuse question : *Pourquoi le pays de Liège, qui a produit un si grand nombre de savants et d'artistes en tout genre, n'a-t-il vu naître que rarement dans son sein des hommes également distingués dans la littérature française; et quel serait le moyen d'exciter et de perfectionner le goût dans une langue qui doit être celle du pays.* La question avait été posée, en 1780, par la société d'émulation de la capitale même du pays. Dire la principale cause, c'était, à la fois, indiquer le principal remède : aux collèges de Liège et de Louvain, en vertu d'un ancien usage, non seulement les classes se faisaient en latin, mais les élèves devaient se servir de cette langue pendant les récréations; routine fatale avec laquelle il fallait savoir rompre jusque dans les cours de théologie, car, les écrits de Bossuet et d'Arnauld, de Nicole et de Mésenguy autorisent l'assertion, cette science ne perdrait certainement pas à l'adoption de la nouvelle mesure.

Pour nous, l'affligeant avenir du génovéfain se révèle déjà quelque peu à la lecture de deux pages du *Discours*. Voulant rendre hommage aux Liégeoises qui tenaient à élever leurs enfants, n'a-t-il pas écrit ces mots : « Dociles « à la voix de la nature, elles n'ont jamais négligé le plus « sacré des devoirs des mères. Ce n'est point pour elles « que l'immortel Rousseau composa son Émile; ce n'est « point à Liège, mais à Paris qu'il produisit la plus heu- « reuse des révolutions. » Et, un peu plus loin, ne rencontrons-nous pas encore sous sa plume cette étrange proposition : « Peut-être même, les honneurs prodigués « exclusivement à la théologie ont-ils été la cause de

« l'asservissement de l'Europe sous le joug de l'igno-« rance (1). »

Un prix avait été proposé. Le *Discours* le disputa sans l'obtenir.

Mongez fut mieux partagé à l'académie de Cassel. Mais aussi s'agissait-il d'une étude archéologique. L'antique cité de Persépolis : tel était le sujet proposé par l'académie allemande ou flamande, car la ville n'est désignée que par son nom propre. Toutefois il y a lieu d'opiner pour l'ancienne capitale des *Morini*. Au Mémoire du génovéfain fut décerné la palme (1781). Le Mémoire fut revu et complété ensuite, pour être lu à l'Institut, classe de littérature et beaux-arts (3 brumaire, an VII) (2).

Une palme plus glorieuse était réservée à l'érudit. L'académie des inscriptions avait mis au concours ce sujet : *Quels furent, chez les différents peuples de la Grèce et de l'Italie, les noms et les attributs de Pluton et des divinités infernales, Proserpine exceptée, comme ayant fait partie d'un autre sujet.* L'académie invitait à rechercher aussi

(1) *Ibid.*, p.p. 68, 79.

(2) Il est imprimé dans le tome III, p.p. 212 et suiv.

Selon M. Walckenaer, cet ouvrage serait devenu « le précurseur de ces grandes découvertes faites en Babylonie et en Perse, qui, dans ce siècle, sont comme un nouveau monde ouvert aux pacifiques conquêtes de l'érudition. » (*Notice*..., p. 12.) Ceci nous paraît un peu exagéré. Plus de vingt années auparavant, le comte de Caylus écrivait sur les *ruines de Persépolis*. Son Mémoire, après avoir eu, en 1758, les honneurs de la lecture au sein de cette académie des inscriptions et belles-lettres, prenait place, par un résumé substantiel, dans le tome XXIX de l'*Histoire* de l'érudite compagnie. Le célèbre archéologue établissait que l'ancienne capitale de la Perside est aujourd'hui *Chelminar* et qu'elle a subsisté longtemps après Alexandre; puis, donnant la description des ruines, il s'appliquait à démontrer que ces ruines n'appartiennent point à l'ancien palais des rois de Perse. Mongez, d'ailleurs, rend lui-même justice au travail de M. de Caylus, tout en contestant plusieurs de ses assertions.

Le sort de Persépolis arrachait ce cri à Mongez devant l'assemblée académique : « Puisse la cité que nous habitons, cette cité aujourd'hui le « berceau de la liberté française et bientôt peut-être celui de la liberté de « toute l'Europe, cette cité qui répare chaque jour avec tant d'avantage « les pertes inséparables d'un changement de gouvernement, puisse-t-elle « n'éprouver jamais le sort de Persépolis ! » (Mémoire, *ibid.*, p. 213.)

quels ont été les statues, les tableaux célèbres de ces divinités et les artistes qui se sont illustrés par ces ouvrages. Deux fois le prix proposé avait dû être remis. Le génovéfain prit la plume, et son Mémoire mérita d'être couronné. C'était en 1783 (1).

Cette étude témoignait de connaissances étendues. Une autre vint, la même année, montrer que dans Mongez l'érudit était doublé de l'observateur.

Que fallait-il penser du chant des cygnes ? Ce chant mélodieux, disait-on jadis, n'avait-il existé que dans l'imagination de ceux qui le célébraient ? Ou bien, si c'était jadis une réalité, pourquoi a-t-il pris fin, ou pourquoi les oreilles des contemporains n'en étaient-elles plus frappées ? Un académicien venait de formuler le jugement, que *les anciens avaient fait chanter les cygnes comme ils avaient fait parler les bêtes.* Devait-on compter cette décision comme souveraine ? Le P. Mongez avait du mal à s'y résoudre. Mais comment en formuler une autre ? Sur quelles données s'appuyer pour cela ?

Or, voici qu'il apprit l'existence, à la ménagerie de Chantilly, d'une espèce de cygnes chantants. Il s'y rendit avec le prieur de l'abbaye de Saint-Vincent de Senlis. L'inspecteur leur fit longuement l'historique de ces oiseaux d'origine étrangère. Ils étaient alors au nombre de six, le père, la mère et une couvée de quatre jeunes cygnes d'un an. Mais chantaient-ils ? Les visiteurs désiraient vivement constater le fait. L'emploi d'un stratagème le leur permit. Une oie domestique fut apportée sur le bord du bassin des cygnes. Aussitôt ceux-ci s'avancèrent, le père à la tête, pour livrer bataille. On retira l'oie ; et les deux anciens, en se plaçant en face l'un de l'autre, de chanter, comme pour célébrer leur victoire. La chose se répéta trois ou quatre fois. « Le

(1) *Académie des inscriptions*, tom. XLV, *Histoire*, p. 10. Le Mémoire n'a pas été imprimé.

« mâle, dit le P. Mongez, chante d'abord *mi, fa*; et, « pendant qu'il poursuit *ré, mi*, elle (la femelle) commence « *mi, fa*, et toujours de même ; ce qui produit un accord « qui doit être agréable, quand une troupe nombreuse de « cygnes est réunie et chante en même temps. Au reste, « ce chant n'est pas aussi varié que celui des oiseaux chan- « tants ; mais il l'est un peu et principalement dans la « dernière note, sur laquelle ils font une longue tenue. » Pouvait-on qualifier ce chant d'harmonieux? C'était au mois de juillet que le P. Mongez se trouvait à Chantilly, et, bien que la voix des cygnes fût très perçante, le chant lui avait paru assez gracieux. Mais, au dire de l'inspecteur, leur voix, qui se faisait entendre le matin, le soir et sous le coup d'impressions fortes et vives, devenait « plus mélodieuse dans le printemps, saison de leurs amours ». Ainsi s'exprimait le savant génovéfain dans un *Mémoire sur des cygnes qui chantent,* mémoire qui fut lu, en 1783, et à l'académie des sciences et à celle des inscriptions, après avoir été préalablement l'objet d'un rapport, à la première de ces deux académies, signé : Daubenton, Brisson, Vicq d'Azyr, et se terminant par ces mots : « Nous pensons que « ce Mémoire est digne de l'approbation de l'académie et « d'être imprimé parmi ceux des savants étrangers. » Le *Mémoire* et le *Rapport* parurent ensemble (1).

(1) Paris, 1783, in-8. Voir, pour citation, p.p. 19 et 18.

Il est de notre devoir d'ajouter que, dans le *Rapport*, nous voyons l'abbé Arnaud, un des commissaires que, à ce sujet, l'académie des inscriptions avait envoyé à Chantilly, assigner d'autres notes au chant de ces cygnes. Suivant ce commissaire, à la suite d'un prélude, les deux chanteurs procédaient ainsi : « Le mâle reprend et son cri modulé s'étend « du *la* au *si*, avec un coulé. La femelle ensuite pousse un son, qui du *sol* « dièze s'étend au *la*, aussi avec un coulé, et ils reprennent dans le même « ordre... » (*Ibid.*, p. 37.)

En dépit de ces assertions et malgré le quasi-patronage de l'académie, la théorie des cygnes chanteurs eut peu de succès ou, du moins, n'en eut pas de durable. Mongez lui-même, quelque quarante ans plus tard, faisant allusion aux cygnes de Chantilly, les aurait qualifiés de « hurleurs ou sauvages ». (*Mémoires de l'Institut...*, académie des inscriptions, tom. X, p. 375.)

L'académie des inscriptions et belles-lettres allait bientôt compter le P. Mongez au nombre de ses membres. 1785 vit s'opérer un changement au sein de cette illustre compagnie. Le roi, pour satisfaire aux vœux qui lui avaient été exprimés par un grand nombre de gens de lettres, créa une classe d'associés libres et résidant à Paris. On se proposait surtout de procurer à la compagnie le concours de savants qui se trouvaient exclus, ou par les règlements et les usages, ou par l'impossibilité d'assister régulièrement aux séances. Les nouveaux académiciens, au nombre de huit, devaient être, pour cette fois, choisis par le roi. Mongez fut l'un d'eux (1). C'était une gloire pour le génovéfain ; c'était aussi une bonne recrue pour l'académie.

Les succès à Paris ne préservaient pas de tout échec en province. L'académie d'Amiens avait mis au concours de 1785 l'éloge de Gresset. L'auteur de *Vert-Vert* était enfant de la capitale de la Picardie et membre de l'académie qui y siégeait, double motif pour mettre l'éloge du poète au nombre des travaux que couronnait, chaque année, cette société à la fois littéraire, scientifique et artistique. Le sujet était tentant. L'infatigable génovéfain se mit à l'œuvre. Sur quatorze travaux qui furent adressés, pas un qui répondît pleinement aux vues de l'académie. Mais échouer avec Bailly, un des quatorze concurrents (2), ne devait pas être un échec bien sensible (3).

Le nouvel académicien s'occupait alors d'un immense travail. Court de Gébelin était mort, avant d'avoir commencé le Dictionnaire d'antiquités devant faire partie de l'*Encyclopédie méthodique*. On s'était adressé à Mongez qui étendit le plan primitif, en ajoutant aux *antiquités* propre-

(1) Les autres étaient : Dom Clément, Dom Poirier, Bailly, Barthez (P. Joseph), Camus (A. Gaston), Hennin (P. Michel) et Silvestre de Sacy. (*Académie des inscript.*, tom. XLVII, *Histoire*, p. 10-12.)

(2) Maximilien Robespierre, était aussi du nombre des concurrents.

(3) Walckenaer, *Notice...*, p. 7 ; *Histoire de la ville d'Amiens* par M. Dusevel, Amiens, 1848, p. 425-427.

ment dites la *mythologie*, la *diplomatique* et la *chronologie*. Les trois premiers volumes furent mis au jour, de 1786 à 1790.

Mongez trouvait encore du temps à consacrer à une œuvre qui demandait non seulement de l'érudition, mais le sentiment et le goût du beau dans les arts, la connaissance des artistes, de leurs œuvres, des diverses écoles auxquelles ils se rattachent. Il s'agissait de donner les *Explications* de la fameuse *Galerie de Florence et du palais Pitti* dont les *tableaux, statues, bas-reliefs et camées* étaient dessinés par Wicar. Le premier volume porte le millésime de 1789.

Dans sa jeunesse, lorsqu'il étudiait au prieuré d'Énaux, Mongez avait puisé dans les traités de Rivard et de Lacaille des connaissances mathématiques, et demandé au *Dictionnaire* de Paulian des notions de physique. Il avait même débuté dans le professorat par l'enseignement des mathématiques à l'établissement de Nanterre (1). Les sciences conservèrent pour lui des attraits. Le *Journal des Savants* n'a pas tort de voir en cet érudit une « sorte d'expression vivante des relations qui existent entre l'étude de la nature et celle de l'histoire » (2). Au reste, notre génovéfain était assez versé dans les sciences exactes pour donner, en 1789, à la *Bibliothèque universelle des dames*, deux petits traités d'arithmétique et d'algèbre (3).

On lui attribue la *Vie privée du cardinal Dubois* (4), œuvre anonyme rédigée, disait-on, d'après le journal d'un secrétaire du prélat, mais conservant trop les allures et le ton du pamphlet pour faire autorité en histoire, œuvre, en tout cas, peu digne du talent sérieux de Mongez. Disons-le tout de suite, le moment approchait où le génovéfain allait signer sa renonciation à la vie religieuse, en attendant qu'il

(1) M. Walkenaer, *Notice historique* sur Mongez, p.p. 4, 5.

(2) *Journal...*, septembre 1835, p. 566.

(3) *Arithmétique*, 2 vol. in-18; *Algèbre*, 3 vol. in-18. (Voir la *France littéraire* et la *Biographie univers.*)

(4) Londres, 1789, 1 vol. in-8.

signât son acte de mariage. Désormais, en Mongez, la vie du savant appartient à l'Institut, et la vie du citoyen à la révolution ou aux carrières civiles (1).

(1) Fervent adepte de la révolution, Mongez s'unit d'abord aux Girondins. A la chute des Girondins, il inclina vers la Montagne.

Clavière le fit entrer (23 mai 1792) avec Bertholet et Lagrange à la *Commission des monnaies* qui allait devenir l'*Agence monétaire.*

Lors de la création de l'Institut, Mongez était appelé à prendre rang dans la classe de littérature et beaux-arts. Devant cette haute assemblée, il donnait, en 1796, lecture de ses *Considérations générales sur les monnaies* (Paris, in-8).

Il continuait, en même temps, ses autres travaux d'érudition. Les derniers volumes du *Dictionnaire d'antiquités* furent donnés au public (le IVe vol. porte pour millésime 1792, et le Ve l'an II de la république).

Un poète du grand siècle attirait l'attention de l'ex-génovéfain qui, à la passion de la science, joignait le sentiment, le goût, l'estime, sinon l'admiration de la belle littérature. Mongez publia, en l'an V, les *Fables de La Fontaine avec des notes grammaticales, mythologiques...* (Paris, 1 vol. in-12.)

Il fut appelé au tribunat. Orateur peu brillant, il n'y prenait que bien rarement la parole. Toutefois, en certaines circonstances, il savait y faire entendre de nobles accents. Tantôt il invoquait en faveur des émigrés « les principes de justice éternelle ». (Séance du 6 ventôse, an VIII, *Moniteur*, p. 655). Tantôt il applaudissait à la généreuse volonté d'affecter aux hospices les rentes dont jouissait l'État. (Séance du 2 ventôse, an IX, *Moniteur*, p. 639.) Une autre fois, il rendait, en termes émus, hommage à la mémoire de Dolomieu, de « cet habile minéralogiste, devenu aussi célèbre en Europe par ses souffrances, qu'il l'était par ses écrits sur l'histoire naturelle ». (Séance du 15 frimaire, an X, *Moniteur*, p. 301.)

Comme plusieurs de ses collègues, il paya de son élimination de ce corps délibérant certaines allures d'indépendance.

L'hôtel de la monnaie le revit simple fonctionnaire. Nommé d'abord commissaire (1802), il devint, l'année suivante, en remplacement de Dibarrart, un des trois administrateurs, poste qu'il conserva jusqu'au 1er janvier 1828. L'heure de la retraite sonna alors pour lui : il touchait à sa quatre-vingtième année.

Un indult de Pie VII, en date du 9 septembre 1814, l'avait rendu à la vie séculière. Le 26 octobre suivant, en l'église Saint-Germain des Prés, sa paroisse, il légitimait sacramentellement son union civile avec Angélique Levol, peintre d'un certain renom. (Voir registres des mariages de ladite église.)

A la seconde restauration, il avait cessé quelque temps de faire partie de l'Institut. Cet illustre corps n'ayant pas été à l'abri des épurations royales, Mongez fut momentanément un des sacrifiés.

Les dernières livraisons de la *Galerie de Florence* et *du palais Pitti* n'avaient pas encore vu le jour — trente ans avaient été consacrés à cette belle publication : les 49e et 50e livraisons paraissaient en 1821 — que Mongez s'était vu chargé de continuer une autre œuvre considérable où

III

VENTENAT (Pierre-Étienne)

(1757-1808)

L'illustration de Ventenat date, il est vrai, de l'époque où l'époux et le père avaient pris la place du religieux. Mais c'est comme génovéfain qu'il a formé son intelligence par de brillantes études et inauguré sa glorieuse carrière de botaniste par de solides travaux préparatoires. A ce titre, il doit prendre rang parmi les écrivains de l'abbaye.

C'était un enfant de Limoges. A quinze ans, il recevait l'habit dans la Congrégation de France. Bientôt les cours de philosophie et de théologie décelaient en lui un esprit supérieur (1).

l'art et l'érudition se trouvaient également alliés : nous entendons l'*Iconographie romaine* dont un 1er volume avait été publié par Visconti (Paris, 1817, in-4°) et dont les deux autres le furent par le savant français (Paris, 1821-1826, in-4).

De 1796 à 1828, notre savant lut de nombreux Mémoires à la classe académique à laquelle il appartenait. La plupart ont été analysés ou imprimés dans l'important recueil publié par la docte compagnie. (*Mémoires de l'Institut, classe de littérature et beaux-arts, classe d'histoire et de littérature ancienne, académie des inscriptions et belles-lettres.*)

Travailleur infatigable, Mongez, presque au terme de sa carrière, se livra à d'autres études. A ses yeux, les *Acta sanctorum* étaient une mine féconde qu'on pouvait, qu'on devait exploiter dans l'intérêt de la science archéologique. Il résolut, à cette fin, d'en extraire et traduire un certain nombre de passages. Pendant quatre ans (1829-1833), de fréquentes lectures associèrent l'académie aux nouveaux travaux du vieil académicien. (M. Walkenaer, *Notice...*, p. 18.) Espérait-il mener à terme la grande entreprise? On l'eût pensé à voir l'ardeur qu'il y apportait. Mais la mort ne le permit pas : elle le frappa en juillet 1835, après l'avoir épargné jusqu'à l'âge de plus de quatre-vingt-huit ans.

(1) La Bibliothèque nationale possède une thèse théologique, que Ventenat soutint, le 7 août 1780, *in aula insignis et regalis ecclesiæ Sanctæ Genovefæ Parisiensis* (Paris, 1780, in-4). Il était diacre alors. La thèse, qui a pour épigraphe : *quis est rex gloriæ?* traite de l'existence et des attributs de Dieu.

L'étude du droit mérita au jeune théologien le titre de docteur *in utroque jure* de la faculté de Paris.

Une chaire, qu'il occupa avec succès, lui était réservée à Sainte-Geneviève, en attendant que, selon ses désirs, mais un peu tard, on le nommât second sous-bibliothécaire de l'abbaye (1).

A la science de la théologie et du droit, il joignait une élocution facile et correcte, onctueuse et entraînante. Il possédait, d'autre part, les qualités extérieures de l'orateur. « Une taille imposante, une belle figure, une voix sonore (2). » Peut-être espérait-on que, pour la gloire de l'ordre, il serait un autre Géry. Il préféra marcher sur les traces de Pingré et des deux Mongez.

Mais sur quel champ scientifique diriger ses préférences? Pingré cultivait l'astronomie. Mongez l'aîné était surtout érudit, tandis que son jeune frère se distinguait dans la physique. La congrégation ne comptait pas de représentant dans une science dont les développements n'étaient pas moins admirables. Il se proposa de combler cette sorte de lacune en se faisant botaniste. Il avait trente ans. Les plus habiles en cette science, à Paris, devinrent ses maîtres.

Une mission qu'il accomplit à Londres, faillit lui coûter la vie. Sainte-Geneviève était, à juste titre, fière de sa bibliothèque et ne laissait échapper aucune occasion pour en accroître de plus en plus les richesses. On désirait faire emplette d'un certain nombre de volumes dans la capitale de l'Angleterre. Ventenat y fut envoyé. L'affaire terminée, il prit place, pour revenir en France, sur un assez mauvais navire qui avait des chevaux parmi son chargement. Une furieuse tempête vint à s'élever. Sous les coups des chevaux affolés, une ouverture se fit au navire. L'eau pénétrait

(1) Ce ne fut qu'en février 1790. (B. S. G., ms. fr. H. 45, in-fol., p. 263-264.)

(2) Cuvier, *Eloges historiques des membres de l'acad. des sciences*, Paris, 1861, in-8, tom. I, p. 247.

rapidement pour tout envahir. Plus d'espoir que dans le canot. Le capitaine, obéissant plus à la peur qu'au devoir, s'y jette avec quelques passagers. Ventenat n'était pas du nombre. Aussi vigoureux que bon nageur, il quitta ses habits, se précipita à la mer et parvint à joindre le canot. Là, une lutte terrible s'engagea entre le malheureux naufragé qui voulait être recueilli, et l'embarcation qui, à peine de couler bas, ne pouvait lui accorder de place. Le canot chavira et s'engloutit avec ceux qui le montaient. Ventenat, à bout de forces, ne pouvait pas longtemps échapper à l'abîme. Heureusement pour lui, les habitants de Calais, témoins du sinistre, jetèrent à la mer quelques tonneaux retenus par de longues cordes. Ventenat put en saisir un et être ainsi ramené sur le rivage.

A Londres, le génovéfain n'avait pas perdu de vue la botanique. Il s'était réservé du temps pour visiter jardins et herbiers et s'entretenir avec quelques botanistes des plus renommés. C'est dire que, son goût pour cette science s'élevant jusqu'à la passion, il allait se remettre à l'étude avec de nouvelles ardeurs.

A Paris, il s'attacha à l'Héritier. Magistrat, l'Héritier avait trouvé des loisirs pour cultiver la botanique qu'il aimait passionnément (1). Il est vrai que, partisan de Linné, il ne

(1) L'Héritier revenait aussi d'Angleterre où il s'était volontairement condamné à un exil de quinze mois, afin de préparer sans crainte et sans retard la publication de la *Flore du Pérou*, richesses végétales apportées par le voyageur Dombey. En effet, l'herbier de Dombey avait fait naître une question diplomatique. Le voyageur français s'était engagé à ne rien publier avant le retour de deux Espagnols, ses compagnons dans ces excursions scientifiques. En cet état, M. de Calonne n'avait pas cru pouvoir autoriser la publication sollicitée. Mais l'Héritier, en échange d'une pension annuelle, avait obtenu la riche collection. La gouvernement espagnol demanda l'annulation du marché. Le gouvernement français, disait-on, allait faire droit à la réclamation. C'est alors que l'heureux possesseur se hâta de se réfugier en Angleterre, bien résolu à ne tenir compte que de l'intérêt de la science. La France le revit seulement lorsque les événements lui permirent de n'avoir plus rien à redouter pour son trésor. La *Flore du Pérou*, cependant, n'a jamais été publiée.

Un autre trait atteste également la passion scientifique de l'Héritier : em

s'associait pas assez au mouvement contemporain qui portait vers la classification naturelle. Comme plusieurs jeunes botanistes que ce maître formait, Ventenat dut principalement s'appliquer à la description des plantes des jardins trop éloignés de Paris pour être visités par l'Héritier lui-même. Mais, observe Cuvier, il « ne s'en tint pas à la manière étroite de ce maître;... il sut apprécier et cultiver mieux que lui la partie de la botanique qui s'occupe des rapports naturels des végétaux » (1).

Ventenat tenta de faire son entrée dans le monde savant par un coup hardi : il s'attaqua à Hedwig. On sait que le célèbre botaniste allemand avait produit une nouvelle théorie sur les cryptogames. Ce que Linné avait pris pour anthères n'était autre chose que des capsules renfermant les graines. Les véritables anthères se trouvaient, sous la forme de petits corps ovoïdes, dans les aisselles des feuilles. Cette théorie, fruit de vingt années d'observation, s'appuyait sur des faits bien constatés. Ajoutons qu'elle est demeurée la vraie. Ventenat la prétendit fausse. Une *Dissertation sur les parties des mousses qui ont été regardées comme fleurs mâles ou fleurs femelles*, fut lue à la société d'histoire naturelle de Paris et paraissait, vers le milieu de l'année 1792, dans le *Choix de mémoires sur divers objets d'histoire naturelle* (2). Selon lui, il fallait revenir au système de Linné. Il y avait là plus que de la témérité de la part d'un botaniste encore jeune d'années et surtout léger d'observation.

La société ne fut-elle pas *satisfaite* de cette étude ou les expériences de l'auteur ne lui permirent-elles pas de présenter la seconde qu'il annonçait à la fin de la première ?

ployé quelque temps au ministère de la justice, il se rendait à son bureau cueillant les mousses, lichens et autres herbes qu'il rencontrait sur son passage. Sa collection devint assez abondante, pour qu'il conçût le dessein de faire imprimer une *Flore de la place Vendôme*. Cette *Flore* n'a pas, non plus, quitté les cartons du botaniste.

(1) *Elog. hist...*, p. 251-252.

(2) Tom. I, Paris, 1792, p. 269-288. Dès le second volume, ce recueil prenait le titre plus simple de *Journal d'histoire naturelle*.

Toujours est-il que nous avons en vain cherché celle-ci. On ne saurait, en effet, considérer comme l'étude annoncée celle dont un extrait est reproduit dans le *Magasin encyclopédique* de l'année 1795 (1), et qui roulait *sur la précision avec laquelle on doit observer et déterminer les différents organes du végétal pour l'amélioration des progrès de la botanique et particulièrement sur les meilleurs moyens de distinguer le calice de la corolle*. Là, il se déclare partisan de Jussieu à qui — paroles de l'auteur — « il était réservé... de déterminer avec précision les différences qui existent entre ces deux enveloppes ».

Mais déjà il n'y avait plus de génovéfain en Ventenat. On l'a compris, en lui, comme dans Mongez, le renoncement à l'état religieux devait être suivi de l'apostasie sacerdotale (2).

(1) Tom. III, p. 303-313.

(2) Comme Pingré, Ventenat, selon son désir, conserva ses fonctions à la bibliothèque ; et, à l'exemple de Mongez, il ne tarda pas à contracter civilement mariage. Chargé de la chaire de botanique au lycée de Paris, il publia ses leçons sous le titre de *Principes de la botanique* (Paris, 1794, 1 vol, in-8°), œuvre jugée ensuite par lui-même si médiocre, qu'il aurait voulu en retirer tous les exemplaires.

Le *Tableau du règne végétal* (Paris, an VII, 4 vol. in-8°), tout en laissant à désirer même au point de vue de l'exactitude, fit plus d'honneur à Ventenat : c'était un ouvrage considérable et rédigé *selon la méthode de Jussieu*.

Nommé membre de l'Institut (classe des sciences mathématiques et physiques), il rédigea pour la savante compagnie, sur certains points de botanique, des mémoires remarqués. (Voir *Mémoires de l'Institut, sciences math. et phys.*, tom. I, p. 503, tom. II, p. 312, tom. IV, p. 1, tom. V, p. 114.)

Mais c'est par ses travaux de botanique descriptive qu'il devait s'illustrer. Sans doute, la science y gagnait moins que l'art, et les artistes y eurent presque autant de part que le savant. Mais le goût était déjà aux beaux livres, et on allait y répondre par de splendides publications. De là, la *Description des plantes* du jardin de Cels (Paris, an VIII, 1 vol. petit et grand in-fol.) ; le *Jardin de la Malmaison* (Paris, 1803-1804, 2 vol. grand in-fol.); le *Choix des plantes* cultivées pour la plupart dans le jardin de Cels (Paris, 1803-1808, 2 vol. in-fol.)

On lui doit aussi le *Vade mecum du botaniste-voyageur aux environs de Paris...* (Paris, 1803, 1 vol. in-12.)

Depuis 1801, Ventenat était membre de l'académie de Turin et de la

IV

ANQUETIL (Louis-Pierre)

(1723-1806)

D'une modeste, mais honorable famille de Paris, sortirent deux hommes qui devaient en être la gloire, l'un comme historien, l'autre comme orientaliste. L'historien est celui dont nous venons d'inscrire le nom ; l'orientaliste est connu sous celui d'Anquetil-Duperron. Entre les deux frères, il y avait une différence d'âge de huit années. Si le premier, aîné de sept enfants, s'en est toujours montré le soutien et le consolateur, en sorte qu'il a pu dire : « Pour moi, je crois que c'est pour être père de famille que je me suis cloîtré », nul doute que, en distinguant parmi eux le futur savant, il ne l'ait aidé à trouver sa voie et à la suivre avec tant de succès. Celui-ci demeure pour nous un étranger. Celui-là seul aura place dans notre galerie, et sa silhouette sera la dernière qui s'offrira aux regards.

société des sciences de Gœttingue (*Mag. encyclop.*, 7e an., 1801, tom. IV, p.p. 122, 115); et la société économique de Florence lui avait aussi ouvert ses portes.

Il ne négligeait pas la bibliographie : il a dressé un *Catalogue des livres rares et recherchés* que possédait ou pouvait acquérir la bibliothèque à laquelle il demeurait attaché. Ce catalogue se trouve encore à cette bibliothèque, ainsi que deux autres, également écrits de sa main.

Depuis son retour d'Angleterre, sa santé avait toujours été assez chancelante. Le travail s'était joint à la catastrophe maritime pour achever de la compromettre. L'irritabilité du caractère y avait peut-être été aussi pour quelque chose. En 1808, par suite d'une perturbation dans l'économie vitale, une saison de Vichy fut ordonnée. Le malade se trouva bien des eaux. Mais la fièvre se déclara. Il revint à Paris, et ce fut pour rendre le dernier soupir au bout de quelques jours (août 1808).

Après en avoir été l'un des conservateurs, Ventenat avait été nommé administrateur perpétuel de la Bibliothèque du Panthéon.

Le savant a sa place, et aux premiers rangs, parmi les botanistes-iconographes.

Louis-Pierre Anquetil naquit, à Paris, le 21 février 1723(1). Après de bonnes humanités au collège Mazarin, il entrait, âgé de dix-sept ans, à l'abbaye de Sainte-Geneviève. Il fit son cours de théologie à Sainte-Barbe-en-Auge. Il avait à peine vingt ans, lorsqu'il fut envoyé à Saint-Jean de Sens pour y enseigner d'abord les belles-lettres, puis la philosophie et la théologie. Là, cependant, n'étaient pas ses prédilections littéraires ou scientifiques : l'histoire le captivait davantage ; aussi savait-il se ménager du temps pour cette importante étude. Une œuvre allait bientôt permettre de juger l'historien.

Nommé l'un des directeurs du séminaire diocésain de Reims, il conçut le projet d'écrire l'histoire de cette antique cité. L'on possédait, à la vérité, l'œuvre estimée, mais rédigée dans la langue des savants, de dom Marlot (2). Une histoire en français était désirable et désirée. A l'intérêt de l'histoire locale s'ajoutait, çà et là, celui de l'histoire du royaume. N'avait-on pas, en effet, à parler du sacre des rois, des prérogatives de la pairie, de Jeanne d'Arc, de Louis XI, des longs et parfois sanglants démêlés des archevêques avec les souverains ? L'entreprise avait été précédemment tentée, et, entre autres, par Bergier, l'auteur de l'*Histoire des grands chemins de l'empire romain*, par Coquault, chanoine de la cathédrale. Du travail de Bergier, il ne restait que le *Dessein de l'histoire de Reims* postérieurement imprimé. Celui de Coquault se trouvait manuscrit à la bibliothèque de la cathédrale; mais, démesurément long, il ne remplissait pas moins de cinq vo-

(1) Telle est la date que nous donne le baron académicien Dacier dans sa *Notice sur la vie et les ouvrages de M. Anquetil*, notice lue le 5 juillet 1810, dans la séance publique de la classe d'histoire et de littérature ancienne et imprimée dans les *Mémoires de l'Institut*, même classe, tom. IV, p.p. 21 et suiv.

(2) Anquetil ne paraît pas avoir connu l'Histoire de Reims rédigée en français par Marlot lui-même et publiée dans ces derniers temps (1843-1846) par l'académie de cette ville, en quatre volumes in-4°. C'était même le premier travail du savant bénédictin. (Préface des éditeurs).

lumes in-folio et un volume in-4° ; aussi s'ouvrait-il par la *généalogie de Noé déduite jusqu'à Rémus,* un des fondateurs, prétendait-on, de la capitale des *Remi*. Toutefois, cet ouvrage et deux autres demeurés également inédits étaient à consulter.

L'œuvre du nouvel historien parut, en 1756, sous le titre : *Histoire civile et politique de la ville de Reims,* en trois volumes (1). Elle s'étendait jusqu'à l'année 1657. L'auteur promettait un quatrième volume. Mais certaines tracasseries, suscitées par quelques familles rémoises qui croyaient avoir à se plaindre des jugements de l'historien, l'ont engagé à ne pas tenir sa promesse (2).

Cette *Histoire* de Reims fut reçue du public avec faveur (3). Certainement elle le méritait : les recherches étaient sérieuses, les faits bien présentés, les jugements généralement justes, le style convenable. L'académie des inscriptions et belles-lettres allait, de son côté, décerner à l'auteur le titre de membre correspondant (4).

(1) In-12. Elle était dédiée au marquis de Puisieux, ministre d'État, et de la famille des Bruslart de Sillery.

Ce que nous venons de dire au sujet de cette *Histoire* est pris de l'Avertissement et du Discours préliminaire qui sont placés en tête du premier volume.

(2) Le P. Lelong, n° 34252. On peut voir à la fin du troisième volume, du moins dans l'exemplaire de la Bibliothèque Sainte-Geneviève, les réclamations du lieutenant général Béguin de Coucy.

(3) Voir *Année littéraire,* 1756, tom. VII, p. 309; *Mercure françois,* février 1757, p. 76; *Mémoires de Trévoux,* 1761, octobre, p. 2418.

(4) Il n'y eût vraiment pas d'exagération dans ces paroles du marquis de Pastoret sur la tombe d'Anquetil : « Ses premiers pas dans la carrière « de l'histoire furent marqués par un succès que quarante ans n'ont pas « affaibli. » (*Magas. encyclop.,* an. 1806, tom. V, p. 467.)

L'on a prétendu que cette *Histoire* était une œuvre à deux, et qu'à côté du nom d'Anquetil, auteur avoué, il fallait inscrire celui d'un M. de La Salle, auteur passé sous silence. Qu'y a-t-il de vrai ? Qu'y a-t-il de faux ou d'exagéré.

Anquetil a écrit dans le Discours préliminaire, p. LI, note a : « Le « principal (cabinet) est celui de M. D. L. S. qui m'a communiqué ses « manuscrits et qui m'a aidé de ses lumières avec un zèle dont je ne puis « assez lui marquer ma reconnaissance. » Ce M. de La Salle était un ancien garde du corps. D'autre part, nous lisons dans un factum du libraire, chargé de la vente de l'ouvrage, contre l'auteur même qui avait signé : « Le sieur de La Salle avait beaucoup d'anecdotes secrètes ; il donna le

Du séminaire de Reims, Anquetil passa, en qualité de prieur, à l'abbaye de La Roé en Anjou. Ce changement s'opérait, en 1759, et fut suivi d'un autre, très peu de temps après : on plaça Anquetil à la tête du collège de Senlis, poste important à toute époque, difficile dans les circonstances présentes, car il s'agissait de relever une maison, très prospère autrefois, un peu tombée alors sous le coup de la crise religieuse que la congrégation avait traversée. Le nouveau directeur avait tout ce qu'il fallait pour réussir : un esprit élevé, un caractère ferme, un zèle aussi entreprenant que sage; et l'on eut toujours lieu, pendant les six années qu'il dirigea le collège, de se féliciter d'un pareil choix (1).

Dans ces nouvelles fonctions, qu'allait devenir l'historien ? Avait-il assez de ses premiers lauriers, ou bien le temps allait-il faire complètement défaut ? Les lauriers si noblement cueillis lui inspiraient, au contraire, le désir d'en cueillir d'autres encore; et à Senlis, aussi bien qu'à Reims et à Sens, comment ne pas savoir se réserver des heures propices ?

En moins de huit ans, la plume du studieux, de l'infa-

« tour des expressions, des pensées, le style à l'ouvrage... Feu le sieur « Félix de La Salle et le sieur Anquetil eurent dispute ensemble sous « le nom de qui l'ouvrage paraîtrait. Le sort la termina : le sieur Anque- « til fut heureux. »

Doit-on s'en tenir à l'assertion du génovéfain? Nous le pensons. Un procès d'argent avait surgi entre l'auteur et son libraire. Celui-ci produisit le factum mentionné : *Mémoire servant de réponse pour le sieur Delaistre, deffendeur et demandeur, contre le sieur Anquetil, demandeur et deffendeur* (Reims, in-4°). Or, qui ne sait que dans les œuvres de ce genre on ne se propose guère de donner la vérité pure, exacte, précise? Avec les réticences, les interprétations malignes et les imputations gratuites ne sont-elles pas les éléments ordinaires de ces morceaux oratoires. Et, pour frapper l'adversaire, toutes les armes ne sont-elles pas réputées bonnes? Ici la liberté de l'attaque était d'autant plus grande, qu'on n'avait pas à craindre un démenti de la part du prétendu collaborateur qui alors avait cessé d'exister.

(1) C'est grâce à lui que l'inoculation, qui s'introduisait alors en France, mais non sans inspirer des frayeurs, fut pratiquée dans l'établissement. Il s'en fit même le propagateur au dehors.

tigable génovéfain produisit une œuvre considérable dont les *Mémoires de Trévoux* saluaient l'apparition en ces termes : « Cet ouvrage est du petit nombre de ceux dont « la réputation est faite avant que les journalistes aient « seulement le temps d'en rendre compte (1). » Nous avons désigné *L'esprit de la Ligue ou Histoire politique des troubles de France pendant le* XVIe *et le* XVIIe *siècle* (2).

Anquetil avait d'abord songé à une histoire générale du royaume. Mais une pareille tâche l'effraya ; et, d'ailleurs, quel homme, fût-ce un génie, pourrait se flatter de la remplir convenablement ? Pour lui, suivant le baron Dacier, il s'était formé cette conviction qui doit être encore aujourd'hui celle de tout esprit sérieux et sachant se rendre compte de l'état des sciences historiques : « Si on a « quelque jour une bonne histoire générale de France, on « en sera presque uniquement redevable aux tentatives heu« reuses de quelques écrivains qui, mesurant judicieuse« ment leur tâche sur leurs forces, se borneront à peindre « un règne, un siècle ou une époque, au lieu d'entreprendre « une de ces vastes compositions dont assez ordinairement « le tout nuit à chaque partie, comme chaque partie nuit « au tout (3). » Dans cette pensée, il s'arrêta à l'époque de la Ligue.

Ce n'était pas que ces temps si troublés ne comptassent déjà bien des histoires. Mais il estimait qu'il « en manquait encore une qui s'attachât plus aux causes qu'aux effets et qui... réunît sous un même point de vue, comme dans un seul tableau, le commencement, les progrès et la fin de nos malheurs ». En conséquence, il se proposait d'insister tout particulièrement sur les faits qui « ont le plus contribué à la marche et au dénoûment de l'intrigue », et qui

(1) Octobre 1767, p. 109.

(2) Paris, 1767, 3 vol. in-12, sans nom d'auteur, ainsi que la seconde édition, Paris, 1771, également en 3 vol. in-12. Mais le nom fut inscrit en tête de l'édition de 1779, même format.

(3) *Notice* par le baron Dacier, *loc. cit.*, p. 28.

« en montrent les ressorts secrets. » Le titre de l'ouvrage, *L'esprit de la Ligue,* s'imposait ainsi naturellement, car ce ne serait en réalité que « le développement des causes » de la puissante association politique (1).

Le but a-t-il été véritablement atteint, le cadre parfaitement rempli ? L'affirmative ne saurait être pleinement adoptée (2). Mais, sous le bénéfice de cette réserve, nous devons reconnaître que cette œuvre se distingue par trois grands mérites : l'exactitude, l'heureux enchaînement des faits, la facilité et l'attrait de la narration.

Anquetil jugea qu'il y avait place pour un travail analogue qui, embrassant la période succédant à celle de la

(1) Préface de *L'esprit de la Ligue.*

(2) D'abord l'auteur n'aurait pas dû tant s'effrayer de la besogne que lui eût créée le dépouillement des nombreux manuscrits de la bibliothèque du roi, ni croire si facilement à la parole du préposé à la garde de ce département, quand celui-ci, interrogé par celui-là, répondit que dans les documents inédits concernant cette époque on pourrait glaner certaines « anecdotes utiles ou agréables », mais qu'il ne voudrait pas garantir que la moisson fût en rapport avec la peine. Sans doute, les documents les plus considérables avaient été imprimés; Anquetil se croyait en droit de les estimer suffisants; et il allait les étudier consciencieusement. Mais la vérité historique a des droits assez respectables, pour que de gaieté de cœur on ne s'expose pas à les sacrifier ainsi. Et comprend-on qu'un historien écrive au sujet de la cessation de ses recherches : « Je ne m'en repen- « tirai que quand d'autres personnes plus heureuses auront montré par « des découvertes dont elles feront part au public, que je n'aurois pas « dû me lasser si promptement. » (Fin des *Observations* sur les ouvrages cités dans *L'esprit de la Ligue,* au commencement du premier volume.)

L'historien ne s'est pas, non plus, assez dégagé des appréciations qui avaient cours alors, pour bien saisir la Ligue dans son principe, son but, ses développements, ses diverses phases. Pour lui, la Ligue n'est guère, qu'une misérable intrigue, qu'une révolte injustifiable, et ses actes, même les plus conformes au premier droit fondamental de la monarchie, qu'une violation flagrante des lois du pays. Il ne paraît pas se douter qu'à côté de la loi salique il y en avait une autre non moins fondamentale et qui même la primait en cas de conflit : c'était la loi religieuse qui ne permettait pas qu'un roi hérétique régnât sur la France catholique, loi, « toujours suivie et gardée par nos majeurs sans aucune exception » disaient les États de Paris après les collèges d'où ils étaient sortis (*Procès-verbaux des États généraux de* 1593, p. 73). Il ne comprenait pas, conséquemment, que, dans les graves circonstances, la nation reprenait le pouvoir souverain pour le communiquer à un roi de son choix.

Ligue, condensât « sous un même point de vue tout ce que l'ambition » enfanta « de désirs, la jalousie de perfidies, la politique de ruses, la flatterie de bassesses, la faveur de prétentions orgueilleuses, la disgrâce d'humiliations. » Telle fut la conception d'où est née *L'intrigue du cabinet sous Henri IV et Louis XIII, terminée par la Fronde* (1).

L'intrigue du cabinet, le titre l'indiquait bien, devait être surtout une étude sur les ressorts politiques mis en mouvement; et, pour mieux les découvrir, il fallait en appeler aux anecdotes et essayer de pénétrer les caractères. Les anecdotes abondent, bien choisies et puisées aux bonnes sources. Les caractères sont saisis et généralement présentés sous un jour vrai, sinon vif, éclatant (2). Les particularités historiques donnent de la variété et du piquant à la narration; les portraits du relief, de la fermeté, en même temps qu'ils l'élèvent et l'ennoblissent. Sans doute, l'on ne saurait faire à l'historien la complète application du vers :

Omne tulit punctum, qui miscuit utile dulci,

l'omne tulit punctum serait une exagération; mais le *miscuit utile dulci* est ici une vérité : nous avons une

(1) Paris, 1780, 4 vol. in-12.

(2) Ceux qui accusent Anquetil de n'avoir pas été assez sévère à l'endroit de Richelieu, ont évidemment lu avec distraction. En effet, l'historien ne nous montre-t-il pas « l'impérieux Richelieu » dominant « le monarque docile » et, à la dernière heure, lui imposant encore ses volontés, en sorte que le ministre « régna même après sa mort »? Assertions qu'aujourd'hui, du moins telles qu'elles sont formulées, l'on serait porté, en l'état de nos études historiques, à trouver excessives. L'historien n'a-t-il pas encore écrit sur l'administration intérieure du ministre : «Cependant on ne croira pas qu'il ait eu à cœur de la rendre heureuse (la nation), si on considère la multitude d'édits bursaux qui parurent de son temps, et les coups d'autorité qui excitèrent souvent les murmures du clergé, de la magistrature et des autres ordres de l'État; ainsi son ministère fut brillant, mais oppressif. » (Voir, en particulier, tom. III, p.p. 94, 98, 134, 135, 139, de l'édit. de 1780.)

L'éloignement de Paris s'ajouterait à la résolution connue de l'auteur, touchant les manuscrits de la bibliothèque du roi, pour expliquer encore ici l'absence de ces documents inédits parmi les ouvrages consultés. Un seul ms. est mentionné; et c'est la *Vie de Michel de Marillac* par Lefèvre de Lezeau, ms. de Sainte-Geneviève, déjà cité dans la seconde édition de *L'esprit de la Ligue.*

œuvre dont la lecture est agréable et instructive, à la fois.

Depuis quatorze ans, notre historien était prieur-curé de Château-Renard près Montargis, une des nombreuses paroisses dont le desservice appartenait aux génovéfains (1).

Une circonstance fit d'Anquetil un éditeur plutôt qu'un biographe.

Le maréchal de Castries, alors ministre de la marine, et le marquis de Vogué, qui tous d'eux s'intéressaient à la gloire du vainqueur de Denain, avaient prié l'historien en renom d'écrire la vie du maréchal de Villars. C'était, à leurs yeux, d'autant plus nécessaire, que des trois volumes de *Mémoires* publiés sous le nom du célèbre maréchal, le premier seul reproduisait une partie du manuscrit original. Le reste était l'œuvre de l'abbé de la Pause de Margon qui paraît avoir surtout puisé dans les gazettes du temps. En conséquence, ces éminents personnages avaient remis à Anquetil un grand nombre de documents qui comprenaient les lettres du maréchal, ses Mémoires et son journal. « C'est « là-dessus que j'ai travaillé, dit-il : j'ai refondu les Mé- « moires, ajouté les liaisons, fait parler le maréchal lui-même « pour donner plus de vivacité au style, et inséré les lettres « dans le texte ; mais j'ai conservé les faits tels que je les « ai trouvés, sans me permettre de les justifier ni de les « combattre. » Ce plan fut suivi jusqu'en l'année 1723. Alors le travail de l'*arrangeur* des Mémoires se réduisit presque à rien. Celui-ci se trouvait donc parfaitement autorisé à inscrire au frontispice des volumes dont les presses enrichissaient le public : *Vie du maréchal duc de Villars..., écrite par lui-même* (2).

(1) La *Biographie universelle et portative des contemporains*, d'accord avec le baron Dacier, indique 1766 pour l'année de prise de possession.

(2) Paris, 1784, 4 vol. in-12, avec plans de batailles. Bien des fautes se glissèrent dans cette édition. Celle de 1785 fut moins fautive.

Nos assertions ou citations précédentes sont tirées, soit de l'*Idée de la vie du maréchal de Villars*, au commencement de l'ouvrage, soit d'une note qui se lit à la première page du *Journal de Villars*, car ce titre a été conservé, à partir de l'époque sus-indiquée.

Quel que soit le mérite intrinsèque du travail du génovéfain, on doit reconnaître, aujourd'hui surtout, le signalé service qui par là a été rendu à la science historique : c'est, en très grande partie, grâce à ce travail consciencieux qu'on a pu reconstruire les Mémoires de l'illustre capitaine (1).

La *Vie du maréchal duc de Villars* fut une sorte de temps d'arrêt au milieu des études embrassées et poursuivies par l'historien. Le règne de Louis XIV ne s'offrait-il pas après ceux de Henri IV et de Louis XIII, et n'avait-on pas à en espérer une aussi abondante récolte ? Malheureusement Anquetil eut sur cette grande époque des vues moins larges et moins hautes encore. Il alla à peine jusqu'à la politique du cabinet et, çà et là, descendit dans une foule de détails qu'il reconnaissait lui-même au-dessous de la dignité de l'histoire. Et encore si, par des transitions plus heureuses, des liaisons plus vraies, il se fût appliqué à donner à la composition l'unité requise ! Mais non : nous n'avons là, comme il le dit lui-même, qu'une « espèce de centon », sous le titre de : *Louis XIV, sa cour et le régent* (2), car l'auteur a jugé à propos d'ajouter la triste régence au grand règne.

Le souffle révolutionnaire agitait la France et amoncelait des nuages gros de tempêtes. Un premier sacrifice s'imposa au pasteur : celui de s'éloigner d'un troupeau qu'il gouvernait depuis plus de vingt ans et au sein duquel il espérait achever tranquillement sa carrière. Quelle fut la cause de cette séparation ? Nous ne saurions être plus précis que le baron Dacier qui s'exprime en ces termes, après avoir rappelé la nécessité pour le vieux génovéfain de se

(1) Voir les collections Petitot et Michaud. De ces Mémoires qui y ont pris place :

La première partie est empruntée aux *Mémoires* imprimés ;

La seconde (1701-1723) au travail du P. Anquetil ;

La troisième au *Journal* publié par ce dernier.

(2) Paris, 1789, 4 vol. in-12. Voir Préface.

La publication fut jugée alors d'une originalité assez piquante. Disons aussi que l'auteur avait su tirer profit des Mémoires inédits de Dangeau.

procurer « quelques ressources par ses travaux littéraires » : Le P. Anquetil « se décida, en pleurant, à échanger sa cure contre celle de La Villette dont les charges, beaucoup moins pesantes, lui laisseraient plus de temps à donner à des travaux d'un autre genre, et qui par la proximité de Paris le mettrait à portée de consulter les nombreux dépôts réunis dans cette ville (1). »

C'est à La Villette près Paris, paroisse également confiée aux génovéfains, qu'il mit la main à son *Précis de l'Histoire universelle*. Il se faisait alors abréviateur de la volumineuse *Histoire universelle* rédigée en anglais et naguère traduite en français. Sous le coup des événements qui se précipitaient, en présence des catastrophes qui menaçaient, il consacrait paisiblement ses loisirs et son ardeur à sa nouvelle entreprise. Mais, le 16 août 1793, il fut arrêté et conduit à Saint-Lazare. Pour lui, la prison fut un nouveau cabinet de travail. « C'est, je l'ai éprouvé, — nous citons « ses propres paroles — c'est dans le tourbillon d'une révo- « lution, assis sur les ruines qu'elle amoncelle, dans la soli- « tude sombre de la prison, sous la hache menaçante des « bourreaux qu'on lit avec une véritable utilité l'histoire « des perfidies et des fureurs qui ont troublé et ensanglanté « l'univers. » Un peu plus loin il ajoute : « Loin de me « laisser ralentir par la tempête, je n'en étais que plus « ardent à continuer ma course ; je me hâtais de finir une « scène d'horreur pour en tracer une consolante (2). »

D'ailleurs, sa grande confiance en la Providence divine contribuait puissamment à rasséréner son âme et à fortifier son courage.

Cette confiance ne fut pas déçue : le 9 thermidor, en le rendant à la liberté, le déroba probablement à la mort. Ce fut au sein d'une atmosphère politique, un peu moins

(1) *Mémoires de l'Institut, loc. cit.*, p. 31.
(2) Préface du *Précis de l'Histoire universelle*, p.p. VI et X.

sombre, quoique toujours orageuse, qu'il mena rapidement, trop rapidement même, à terme l'ouvrage commencé dans une cure, continué dans une prison, et enfin signé : *citoyen Anquetil* (1).

Ces deux derniers mots révèlent-ils une nouvelle apostasie à inscrire au compte de la Congrégation de France ? D'abord, la qualification de *citoyen* n'autorise aucune induction, car, on le sait, c'est le titre civil qui, sous la république, remplaça celui de *Monsieur*, et ne fut réellement abandonné qu'à l'époque de l'empire. Mais nous avons une meilleure réponse à fournir. Celui dont on a pu dire — et nous allons entendre encore le même académicien : — « Il s'éloignait seulement de nous pendant « quelques semaines, chaque année, pour aller revoir son « ancien troupeau de Château-Renard qui était toujours « l'objet de ses constantes affections...; chaque année, les « habitants du lieu revoyaient au milieu d'eux, avec un « nouvel attendrissement, cet ancien pasteur dont la tête « vénérable et la stature patriarcale semblaient leur offrir « l'image de ces envoyés de Dieu, qui, au temps des pro- « phètes, apparaissaient par intervalles pour apporter aux « hommes les paroles et les bénédictions du ciel » ; celui-là, assurément, était demeuré vrai prêtre et, autant que les temps le permettaient, vrai religieux. Faut-il ajouter que, dans son ancienne paroisse, l'hospitalité lui était donnée par la non moins pieuse que charitable Mme de Fougeret ? Certes, pareille hospitalité eût fait défaut à un violateur des engagements les plus sacrés. Rappelons, enfin, que l'écrivain cité tout à l'heure terminait par ces lignes son parallèle entre les deux frères, l'un et l'autre membre de la même académie : « Un même esprit, au reste, les avait « inspirés, celui de la religion, qui, après avoir guidé leur

(1) Paris, an VII, 9 vol. in-12. L'auteur en donnait, en 1801, une seconde édition, revue et corrigée, en 12 vol., même format.

« jeunesse, consola leurs derniers jours et sanctifia leur « fin (1). »

(1) *Mémoires de l'Institut, loc. cit.*, p. 32-36.

Le jugement, inséré dans les *Annales de philosophie, d'histoire, de morale et de littérature*, ne regarderait donc que l'historien. Nous lisons dans ce périodique (an. 1807, p. 331-332), au sujet de l'*Histoire de France* d'Anquetil : « Il semble avoir pris à tâche de ne pas laisser voir sa « manière de penser sur la religion... Pour nous, nous ne saurions assez « témoigner notre éloignement pour cette tactique tortueuse. Nous ne « saurions trop dire combien nous paraît digne de blâme un prêtre, un « religieux, qui, oubliant tous les liens qu'il a contractés, ne parle de la « religion que sur le ton d'une lâche insouciance, qui passe ses malheurs « sous silence ou qui les raconte sèchement, et qui s'étend moins sur sa « chute déplorable que sur celle des billets de banque. C'est là, on peut « le dire, le vice dominant de cette histoire. » Nous le dirons, à notre tour, la sévérité de ce jugement, au point de vue historique, ne nous paraît pas suffisamment justifiée. Anquetil n'a-t-il pas écrit, sur la *Constitution civile du clergé*, que « loin de le constituer », elle « le détruisoit », que, par elle, « la hiérarchie de l'Église étoit renversée »? N'a-t-il pas trouvé des paroles indignées contre la persécution dont le clergé, les religieux et les religieuses étaient l'objet ? (Voir, entre autres, les pages 346-347, 355-356, 380-381 du XIIIe vol., édit. de 1805).

Nous venons de mentionner l'*Histoire de France* de notre auteur. Elle fut mise au jour en 1805 (14 vol. in-12). Qu'il nous soit permis d'exprimer un regret. Anquetil n'aurait pas dû, à la fin de sa vie, oublier les justes frayeurs qui l'avaient saisi, à la maturité des années et du talent ; et alors il se fût gardé, presque octogénaire, d'entreprendre cet ouvrage considérable, le plus faible, bien que le plus répandu, de tous ceux que sa plume a produits.

Précédemment, le même historien avait enrichi notre littérature d'une œuvre assez originale et d'une exécution plus facile. Attaché aux relations extérieures, il écrivit, par l'inspiration de Talleyrand qui dirigeait ce ministère, les *Motifs des guerres et des traités de paix de la France*, de l'acte diplomatique de Westphalie à celui de Versailles (Paris, an VI, 1 vol. in-8°).

Anquetil était de l'Institut. Son ancien titre de correspondant de la défunte académie des inscriptions et belles-lettres l'avait naturellement désigné pour le corps savant que le Directoire constituait ou réorganisait. Il prit rang parmi les premiers membres de la classe des sciences morales et politiques pour passer, quelques années après, lors de la nouvelle réorganisation sous le consulat, dans la classe d'histoire et de littérature ancienne. A la première de ces deux illustres compagnies, il communiqua deux Mémoires qui ont dû être la pensée première ou une sorte de préface de l'ouvrage à l'instant mentionné : *État de l'Europe avant la paix de Westphalie* et *Coup d'œil sur les anciennes relations de la France*, (*Mémoires de l'Institut*, sciences morales et polit., tom. 1).

Anquetil eut la douleur de perdre son frère, le fameux orientaliste (1805), auquel il consacra quelques pages (*Notice sur la vie de M. Anquetil du Perron*). Quant à lui, sa robuste santé paraissait défier les années. Elle lui permettait de donner à l'étude dix heures par jour et lui laissait espérer la continuation et l'achèvement de nouveaux travaux. Un érysipèle vint briser sa vie et ses espérances. La veille du jour fatal (septembre 1806), il disait à ceux qui le visitaient : « Venez voir un homme qui meurt tout plein de vie. » Il était dans sa quatre-vingt-quatrième année. A sa carrière d'écrivain aucune distinction n'avait manqué, pas même celle de membre de la Légion d'honneur, récompense que l'empereur entendait surtout accorder à l'auteur de l'*Histoire de France*.

L'historien dans Anquetil nous est suffisamment connu, car cette appréciation générale se dégage clairement des pages précédentes : si le penseur a été parfois en défaut, le travailleur s'est montré ardent, le chercheur consciencieux, l'écrivain facile, sinon toujours correct et méthodique ; le désir de produire beaucoup et rapidement n'a pas peu contribué aux défauts signalés; enfin l'entreprise colossale des derniers jours a été loin de tourner à la gloire de l'auteur. Voilà comment, avec une grande intelligence, de rares aptitudes, un travail opiniâtre, des débuts presque brillants, une longue carrière, de volumineuses productions, cet historien, en fin de compte, ne s'est guère élevé au-dessus de la médiocrité.

ÉPILOGUE

Comment, à la fin de ce second volume, n'avoir pas un second souvenir pour la patronne de l'abbaye et de la congrégation? Comment ne pas tracer ici une nouvelle page des efficaces interventions de celle qui n'a cessé de se montrer le salut de Paris et de la France?

Des grâces particulières pourraient s'inscrire; et nous aurions à citer, entre autres, les noms du savant et littéraire Jean Morel (1) et de l'illustre Peteau (2) qui, à l'exemple d'Érasme et de l'aveugle de Bruges, empruntèrent à la poésie son langage divin pour chanter leur profonde gratitude.

(1) *Ab Divam Genovefam precatio, cum e gravi et periculoso morbo laborarem et repente convaluissem;* prière qu'il termine par cette strophe :

Quanta sanctorum, Deus o, tuorum
Vis es et Virtus! Prece sic peracta,
En redit sanguis, vigor et resumptos
Roborat artus.

(*Hymni sacri; item pleraque alia poematia..., authore Joanne Morello, scholæ Remensis in academia Parisiensi moderatore*, Paris, 1623, in-4, p., 146.)

(2) *Ad Genovefam, urbis patronam, saturum carmen;* poème dont ces deux vers sont l'éloquente signature :

Hæc tuus ille cliens, Genovefa, Petavius æger
Cantabat, veteris quærens solatia morbi.

Cette pièce a été imprimée en 1652, in-4.

Mais n'évoquons que les faits qui intéressent le royaume, ne rappelons que les grandes bénédictions qui sont descendues sur lui.

Parfois le ciel semblait ouvrir ses cataractes et menacait la terre d'un nouveau déluge. Parfois aussi il refusait la pluie de ses nues et déchaînait les ardeurs brûlantes de son soleil. 1625 et 1694 marquent parmi ces fatales années. Les annales de Paris disent, d'une part, un splendide tableau atteste, de l'autre, que ces inclémences ont cédé devant le cri de détresse qui retentit de l'abbaye à Notre-Dame et que Geneviève porta au pied du trône de la divine miséricorde (1).

(1) A la procession du 26 juillet 1625, le cardinal de La Rochefoucauld tenait, malgré ses soixante-sept ans, à marcher pieds nus, comme ses religieux. Il fallut les plus vives instances pour le faire consentir à accepter des sandales.

A la suite de la procession du 27 mai 1694, le prévôt des marchands, les échevins et officiers de l'hôtel de ville chargèrent le peintre Largillière de les représenter payant, au nom de la cité, à la patronne de Paris le tribut de la reconnaissance. (Piganiol de La Force, *Descript. de la ville de Paris...*, Paris, 1765, tom. VI, p. 73.) Ce tableau se voit aujourd'hui dans l'église Saint-Étienne du Mont.

Piganiol ajoute « Le peintre y a représenté Santeul, chanoine régulier « de Saint-Victor; et, au lieu de laisser paraître son rochet, il l'a enve- « loppé dans son manteau qui est noir. Santeul ne fut pas plutôt in- « formé de cette malice pittoresque qu'il porta sa plainte au prévôt des « marchands... Cette plainte est en beaux vers latins et intitulée : *In votiva « tabella ad ædem D. Genovefæ, pictus fraudulenter conqueritur ex albo « Santolius niger. Ad Cl. Bosc, urbi præfectum.* »

Charles Perrault célébra aussi sous ce titre : *Le triomphe de sainte Geneviève*, le fait surnaturel de 1694. C'est un morceau poétique que nous a conservé le *Recueil de pièces curieuses et nouvelles*, La Haye, 1694-1696, tom. XI, p. 196 et suiv. Nous y lisons :

Le long et triste cours d'une implacable guerre
D'un déluge de maux avoit rempli la terre,
Et la pâle famine amenoit après soi
La tristesse, l'ennuy, la langueur et l'effroi.
Avec ce monstre affreux le ciel d'intelligence
Menaçoit d'augmenter la publique indigence :
Son front invariable et devenu d'airain,
Toujours clair et toujours cruellement serain,
Aux vallons desséchés, aux plaines embrasées
Refusoit sans pitié jusqu'aux moindres rosées.

Objet de tant d'amour et d'espérance, le jeune roi, qui devait donner son nom à son siècle, comptait six ans d'âge et un an de règne, lorsqu'il fut atteint par la maladie. Placé par sa mère désolée, mais confiante, sous la protection de Geneviève, et bientôt rendu à la France plein de vie et de santé, il alla lui-même devant les saintes reliques déposer, à défaut de la reconnaissance qu'il comprenait à peine, la prière dont il avait le vif sentiment (1).

Depuis trop longtemps déjà, la funeste discorde avait relevé la tête dans le pays des lis, semant les ténèbres dans les esprits, jetant l'irritation dans les cœurs, fourvoyant les princes, soulevant les peuples, menaçant la cour, chassant le roi de sa capitale. Qu'allait devenir le grand royaume ?

O Vierge merveilleuse, abaisse sur la France
Tes yeux dont les regards sont si forts et si doux,
Et, voyant ses malheurs, demande à ton époux
La bienheureuse fin de sa longue souffrance;
. . . .
Rallume dans les cœurs l'amour de la patrie,
Dessus le front du roi fais voir le doigt de Dieu;
. . . .
Rends le premier éclat à nos lis effacés,
Et loin de nous porte l'orage
Dont par l'ire du ciel nous sommes menacés.

Telle était, en 1652, la prière commune dont l'évêque de Grasse (2), comme d'autres ailleurs (3), voulut composer

Mais à peine la châsse a-t-elle repris sa place d'honneur dans la basilique,

Que la face du ciel tout à coup s'obscurcit
Et de voiles espais se couvre et se noircit,

pour redonner, par une pluie abondante, la vie aux plantes et l'espérance aux hommes. Premier gage de bonté qui en présage un second, une victoire définitive sur les ennemis de la France et couronnée de

L'inestimable bien d'une solide paix.

(1) Ms. 21. H. fr., in-fol., p. 213.
(2) *Hymne de sainte Geneviève*, par A. Godeau, Paris, 1652, in-4.
(3) Citons Christophore Dehennot, du collège d'Harcourt, à Paris :

Francigenum, Genovefa, decus columenque, tuorum
Rebus in afflictis. . . . .

en quelque sorte un riche bouquet pour l'offrir à Geneviève. A cette prière vint s'unir la solennelle supplication de la capitale devant les reliques vénérées. La France retrouva bientôt le calme, présage de jours heureux.

Mais voici qu'au sein de cette prospérité au dedans, accrue de la paix au dehors, alors même que le roi, déjà l'orgueil de la nation, commençait de mériter le nom de grand et que le ciel versait sur la famille royale ses plus précieuses faveurs ; voici que la

Pallida mors Luparam nuper summique superba
Principis audaci penetrarat ad atria gressu
Falce minax (1). . . . .

Plus d'espoir ! Encore quelques instants, le roi n'aura plus d'épouse, la France de reine.

Sous l'effort de ce mal extrême,
Notre grand monarque abattu
Fait agir toute sa vertu
Pour ne pas succomber lui-même.

Mais pourquoi ne pas placer une dernière espérance dans celle que la France n'a jamais invoquée en vain, la France qui,

La nommant son appui dans le fort de la guerre,
L'appelle sa patronne au milieu de la paix.

Les heures sont donc comptées. Le cérémonial ordinaire ne peut être suivi : la châsse sera seulement exposée à la vénération et aux prières du peuple fidèle et de son roi.

... O rare effet de la grâce,
A peine ce corps précieux

. . . .
Adsis, o Patrona, favens, audique clientes,
Horrida queis dudum tempestas incubat ira
Cœlicolum, fulmenque atris in nubibus ardens,
Fulguraque et raucus fragror insidiæque latentes,
Præsentem et mœstis intentant omnia mortem.
(Pièce imprimée à cette même époque.)

(1) *Divæ Genovefæ, urbis et regni patronæ, pro reddita reginæ sanitate*, par N. Charbonnier, pièce imprimée. C'était en 1664.

Reçoit les premiers de nos vœux.
Que la reine en sent l'efficace.
. . . .
Peuples, changez donc en louanges
Vos vœux, vos pleurs et vos regrets.
. . . .
Et que votre respect pour la sainte bergère
Mérite un siècle d'or pour Thérèse et Louis (1).

Moins d'un siècle plus tard, nous le savons déjà, la France se couvrait d'un nouveau deuil devant la tombe qui, si inopinément et au milieu de tant de succès, s'ouvrait pour son roi *bien-aimé* (2). Mais Geneviève veillait toujours sur nous : Metz put bientôt annoncer au royaume que le roi était sauvé ; et un temple grandiose, digne monument de la reconnaissance royale, devait attester aux âges futurs le nouveau bienfait de la puissante patronne du pays des Francs (3).

(1) Pièce manuscrite, non signée, mais probablement œuvre d'un génovéfain (B. S. G., Recueil Y. 417, in-4, vers la fin).

(2) On sait les alarmes universelles, quand Louis XV tomba gravement malade à Metz en 1744.

(3) Empruntons à l'abbé Saintyves, puisque le récit ne nous a pas permis de le faire, la mention de ces autres solennelles processions aux XVIIe et XVIIIe siècles :

« L'an 1675, le 19 juillet, pour les pluies continuelles qui cessèrent au « même temps.

. . . .

« L'an *1710*, le 16 mai, pour la famine, la guerre et les nécessités « publiques.

« L'an 1725, le 5 juillet, pour les pluies. La veille de ce jour, l'assem- « blée du clergé de France, qui se tenait aux Grands-Augustins, se « rendit processionnellement à Sainte-Geneviève.

« En 1765, le 16 décembre, pour le rétablissement de la santé du « dauphin. »

(*Vie de S. Genev.*, p 357).

Nous avons remplacé l'année *1709* qu'a écrite cet historien, par celle de *1710* qu'a assignée Piganiol de La Force s'exprimant ainsi : « A côté de « ce tableau — celui de Largillière dans l'ancienne basilique — il y en a « un autre de même grandeur qui est aussi un vœu que la ville de Paris « fit à Dieu par l'intercession de sainte Geneviève en 1710, pour la cessa- « tion de la famine causée par le froid de 1709. Ce tableau est de feu de « Troy et a des beautés qui mériteroient un jour plus favorable. »

Piganiol ajoute : « Le troisième tableau — il avait été déjà visé — est « à droite en entrant par le grand portail de l'église. C'est encore un vœu « fait par la ville de Paris, à l'occasion d'une espèce de famine dont elle

L'impiété révolutionnaire en enlevant le monument à sa véritable destination osa lui infliger un nom à la signification païenne. Prétendu tombeau des grands hommes, il renferma les cendres de plusieurs qui n'avaient eu de grand que leurs vices ou leurs crimes.

Des jours meilleurs se levèrent sur notre patrie. Un génie — que ne s'est-il toujours maintenu à cette sereine hauteur? — rendit à la France la liberté religieuse. Impossible alors d'oublier « le plus beau des temples de la capitale, enlevé au vœu de la piété au moment où elle allait en jouir, consacré ensuite à une autre destination, laissé... désert, sans emploi, sans but », et paraissant « s'étonner lui-même d'un tel abandon » (1).

Par la volonté du puissant empereur, le monument reprenait son ancien nom, en attendant que le Très-Haut pût y être honoré et prié (2). Noble désir qui ne devint une réalité que sous le règne suivant (3). Les cérémonies

« fut affligée en 1725. Il a « été peint par de Troy, fils de celui qui a peint « le précédent..... »

(*Descript. de la ville de Paris*, *loc. cit.*, p. 74-75.)

L'église de Saint-Étienne du Mont possède également un de ces deux derniers tableaux.

(1) Paroles, citées par l'abbé Saintyves, *Vie de S. Genev.*, p. 222, et extraites du rapport du ministre de l'intérieur.

(2) Le décret est du 20 février 1806. Il portait :

. . . .

« L'église de Sainte-Geneviève sera terminée et rendue au culte conformément à l'intention de son fondateur, sous l'invocation de sainte « Geneviève, patronne de Paris.

. . . .

« Le chapitre métropolitain de Notre-Dame, augmenté de six membres, « sera chargé de desservir l'église de Sainte-Geneviève. La garde de cette « église sera spécialement confiée à un archiprêtre, choisi parmi les cha- « noines »

. . . .

(Cité par Saintyves, *ibid.*, p. 369).

(3) L'ordonnance royale a la date du 12 décembre 1821. L'on y lit : « ... La nouvelle église fondée par le roi Louis XV en l'honneur de « sainte Geneviève, patronne de Paris, sera incessamment consacrée à « l'exercice du culte divin sous l'invocation de cette sainte. A cet effet, « elle est mise à la disposition de l'archevêque de Paris qui la fera pro- « visoirement desservir par des ecclésiastiques qu'il désignera... » (Cit. *ibid.*, p. 370).

liturgiques sanctifièrent solennellement le majestueux édifice (1) ; et les chants divins et la parole évangélique se firent entendre sous les voûtes sacrées.

Hélas ! quelques années après, l'on voyait un monarque, subissant l'influence révolutionnaire, retirer à Dieu le temple en découronnant le dôme de sa croix et en présidant lui-même aux pompes profanes de la nouvelle dédicace (2) !

Un Napoléon ne pouvait négliger l'idée du fondateur de sa dynastie, surtout quand cette idée, modifiée en quelques points, avait le patronage du zélé prélat qui gouvernait alors l'église de Paris. Le monument rendu au culte ne devait plus être le tombeau des grands hommes, mais un

(1) La bénédiction fut faite, le 3 janvier 1822, « par Mgr de Quélen, archevêque de Paris, en présence de Leurs Altesses Royales, Monsieur, « frère du roi, depuis Charles X, Madame, duchesse d'Angoulême, et « Mgr le duc d'Angoulême, des cours royales, des tribunaux, du préfet « de la Seine et du préfet de police, de l'état-major de la ville... On « y remarqua le nonce du pape, un grand nombre d'autres évêques et « presque tous les personnages marquants de la capitale. » Ainsi s'exprime l'auteur précité, *Ibid.*, p. 226, d'après le procès-verbal, qu'il reproduit plus loin, p. 371-376.

Une autre cérémonie s'accomplit à la suite : ce fut la translation des reliques de la sainte qui avaient été déposées dans l'église basse. En effet, dit ce procès-verbal, « la châsse qui contient lesdites reliques a été « levée et transférée processionnellement dans l'église haute, avec les « cérémonies d'usages en pareille occasion... » La même pièce officielle constate l'authenticité de ces reliques. On pourrait s'étonner de tout cela, puisque nous avons raconté précédemment le sacrilège de la place de Grève. Le susdit historien nous donne l'explication du fait. « Nous « savons que plus tard, dit-il, on se relâcha de cette rigueur — celle « de ne distraire aucune partie du corps vénéré — et qu'on se permit « de distribuer des portions assez considérables de ces précieuses reliques. « Plusieurs églises, surtout des églises appartenant aux génovéfains, se « vantaient d'en posséder et les exposaient à la vénération publique. « L'inventaire de la châsse,... en 1793..., confirme ce fait, puisqu'il « mentionne l'absence de plusieurs ossements. » (*Ibid.*, p. 368),

(2) Ceci avait lieu le 27 juillet 1831. Il s'agissait de sceller dans le nouveau Panthéon « des tables de bronze, où sont gravés les noms de « ceux qui périrent... dans les journées de juillet et qu'on est convenu « de décorer du titre pompeux de héros. Cette cérémonie se fit avec le plus « brillant appareil au chant de la *Marseillaise* et d'autres hymnes révolu- « tionnaires. » (*Ibid.*, 232.)

saint théâtre où les heureux des concours, en annonçant les grandes vérités chrétiennes à un public nombreux et choisi, devaient développer leurs aptitudes oratoires, afin de réaliser l'adage antique : *Fiunt oratores.*

Voilà près de trente ans que la patronne de Paris ne cesse d'être honorée dans son temple par son peuple fidèle.

Des menaces se font entendre. Finiront-elles par prendre tristement corps dans les faits ? Mon âme de prêtre, de Français, d'ex-génovéfain veut rejeter loin, bien loin d'elle cette désolante pensée ou se livrer à la douce espérance que le crime religieux n'aura que la durée d'un instant (1).

(1) Voir, *Not. et Docum.*, D. pour certaines particularités historiques que nous n'avons pu toucher.

NOTES ET DOCUMENTS

A

AUTRES RÉFORMES DU CARDINAL

(La Congrégation de France, p. 79)

En se consacrant tout spécialement aux chanoines réguliers de Saint-Augustin, le commissaire apostolique était loin d'oublier les autres ordres dont la réformation lui avait été également confiée par le bref de 1622, c'est-à-dire les ordres de Saint-Benoît, de Cluny et de Cîteaux.

Cependant le tableau historique à présenter ici se trouve réduit à d'assez petites proportions, car, si la réforme des chanoines réguliers de Saint-Augustin devint le principal objet de la longue mission de l'éminent prélat, l'œuvre si laborieusement accomplie est demeurée aussi la principale gloire de l'habile et zélé réformateur.

Le jour même, 11 mars 1623, où le prélat rédigeait une constitution particulière pour les chanoines réguliers, il lançait une ordonnance générale qui regardait les quatre ordres ensemble. Elle avait pour objet de rappeler ou interpréter ce qu'il y a d'essentiel et de fondamental en religion, les trois vœux et la vie commune (1).

(1) B. S. G., pièce imprimée, ms. fr. Z. 3[3], in-fol., sous le titre : *Articles faicts... pour le restablissement de l'observance régulière ès monastères qui en ont besoin ès ordres de Saint Augustin, Saint Benoist, Clugny et Cisteaux.*

Quelque six mois après, le 12 octobre, il traçait encore un réglement applicable aux moines comme aux chanoines. La réception à l'habit et à la profession religieuse, les noviciats à établir au nombre de un ou deux par chaque congrégation furent la matière principale des prescriptions (1).

Mais que fallait-il entendre par ce mot de congrégation, que le cardinal rappelait ici en s'inspirant du bref de Grégoire XV ? N'était-ce pas là la destruction même des anciennes constitutions monastiques sous l'empire desquelles tant de monastères formaient corps pour vivre d'une vie commune et suivre une commune direction ? Une interprétation autorisée, sinon authentique, paraissait nécessaire. Elle fut donnée en ces termes : « On « fait savoir que ce terme de *congrégations* ne désigne autre « chose que ce que dénote celui de *provinces*, lequel ne fait au- « cune division en chaque ordre, mais seulement quelque dis- « tinction ès charges des supérieurs pour apporter plus d'ordre « et de facilité au gouvernement, toutes les *congrégations* ou « *provinces* conservant toujours entre elles l'unité et leur rapport « et dépendance du supérieur général..... (2) » D'ailleurs, on se garderait de rien précipiter. On commencerait par former, pour chaque ordre, une première congrégation en groupant les maisons les plus rapprochées de la capitale.

Enfin, des visiteurs étaient aussi nommés pour les diverses maisons des ordres de Saint-Benoît, Cluny et Citeaux. Celles de ces commissions que nous avons eues entre les mains portent les dates de : 12 mars, 7 juillet et 30 août 1623, 15 janvier et 3 juillet 1624 (3).

Comme on le voit, le commissaire apostolique, dans cette seconde partie de sa mission, ne déployait pas moins d'activité que dans la première. D'où vient donc que son zèle fut moins heureux, ou plutôt n'obtint point les mêmes brillants résultats ? En présentant l'historique du zèle, nous découvrirons la principale raison du moindre succès.

D'abord, l'ordre de Saint-Benoît.

Dans cet ordre, un souffle rénovateur se faisait déjà sentir, sous lequel s'engendrait la célèbre Congrégation de Saint-Maur. Le moment approchait donc où il y aurait surtout à favoriser

(1) Pièce imprimée, dans même ms. 3[3], sous le titre : *Réglement pour la réception à l'habit et profession de Saint Benoist, Cluny, Saint Augustin et Cisteaus.*

(2) Pièce imprimée, dans *ibid.*

(3) Même ms. : plusieurs de ces pièces sont imprimées.

les progrès de la congrégation naissante et à prescrire, quand besoin serait, l'établissement de ces religieux dans les monastères relâchés. C'est ce que comprit et accomplit le cardinal : Moutier-Saint-Jean et Saint-Denys attirèrent, en particulier, ses soins, ses instances, ses efforts, voire ses coups d'autorité. Si, en ce qui concernait la première abbaye, un devoir spécial s'imposait à lui, l'illustration de la seconde autant que la grandeur du mal lui conseillaient une intervention directe, efficace. « Nous avons « estimé, disait-il, suivant le louable désir de Sadite Majesté, ne « pouvoir donner un plus digne commencement à un dessein de « telle importance que par la réformation de l'abbaye de Saint-« Denys en France..., tant pour la célébrité et ancienne sainteté « du lieu..., que parce que l'observance régulière y est notoi-« rement et notablement relâchée et presque entièrement « éteinte (1). »

Tout se passa sans opposition bien sérieuse à Moutier-Saint-Jean. Le cardinal agissait en même temps comme abbé. En effet, lorsque, en 1630, il avait renoncé à la charge de grand aumônier, il s'était vu gratifié par le roi de la première dignité de cette abbaye. Cette circonstance ne fut peut-être pas inutile à l'aplanissement des voies (2).

Mais, écrivait un historien du temps, « ce que fut La Rochelle à l'invincible courage de Louis XIII, Saint-Denys le fut au zèle de Monsieur le Cardinal (3). » Un enfant, Henri de Guise, archevêque de Reims, se trouvait à la tête de l'abbaye. Les religieux, à commencer par les dignitaires, montraient le plus mauvais vouloir. Le cardinal, après s'être par lui-même rendu compte de l'état de l'abbaye, décida qu'elle serait remise aux mains des bénédictins réformés. Mais comment contraindre à l'obéissance? Il fallait pour cela un arrêt souverain qui se faisait attendre, le conseil d'Etat subissant des influences contraires. Le cardinal passa outre. Il pria les deux commissaires que le roi avait précédemment nommés, Lezeau et Vertamont, et les évêques de Senlis et d'Auxerre de l'accompagner à Saint-Denys. La présence de ces éminents personnages, un discours aussi pa-

(1) Ordonnance pour la réformation de Saint-Denys, 21 juillet 1633, pièce imprimée, dans même ms. Z. 3[3], et reproduite par Félibien, *Histoire de l'abbaye royale de Saint-Denys*.

(2) P. de La Morinière, *Vie* du card., p. 605, et B. S. G. ms. fr. Z. 2, in-fol., p. 206.

(3) P. de La Morinière, *ibid.*, p. 606.

thétique que paternel du cardinal, sa résolution ferme et fortement accentuée de procéder immédiatement à l'exécution de l'ordonnance apostoliquement rendue, il n'en fallut pas davantage pour triompher de l'opposition et réduire au silence quelques velléités tardives de protestation. Le P. Tarisse, supérieur général de la Congrégation de Saint-Maur, suivant la convention intervenue, était déjà arrivé avec trente-trois religieux. Le commissaire apostolique les mit aussitôt en possession de l'abbaye, puis régla les pensions des anciens moines. Un arrêt du conseil d'État vint sans retard ratifier le fait accompli. L'année 1633 vit s'opérer la féconde réforme estimée presque impossible (1). Cette réforme avait précédé de deux ans celle de Moutier-Saint-Jean.

Peut-on dire qu'une réserve analogue s'imposait au cardinal à l'endroit de Cluny et de Citeaux ? Y avait-il quelque motif d'espérer que l'impulsion rénovatrice s'étendrait de la famille bénédictine jusqu'à ces deux ordres qui, en définitive, n'en étaient que deux rameaux considérables, puisant, comme la tige, la sève religieuse dans le même sol, la règle du solitaire de Cassin? Ces conjectures sont permises. Ajoutons qu'une grande probabilité ne leur fait pas défaut.

L'union de Cluny et de Saint-Maur fut même la pensée première du cardinal. Nous le voyons, en effet, par une ordonnance, en date du 26 juin 1623, prescrire cette union sous la forme et dans les conditions d'une congrégation dont l'abbé de Cluny serait le général (2). Si l'union ne s'effectua point, l'espérance de l'influence réformatrice ne dut pas être abandonnée. Du reste, le cardinal trouva dans l'abbé actuel de l'antique monastère, Jacques d'Arbouze, une âme qui comprit l'œuvre et y collabora généreusement, ainsi qu'en font foi les lettres entre eux échangées (3). Par son titre de coadjuteur de l'abbé de Cluny en 1627, par la dignité abbatiale qui lui échut en 1629, le cardinal de Richelieu succéda naturellement au cardinal de La Rochefoucauld dans la mission réformatrice. Aussi ce dernier ne fit-il pas renouveler ses pouvoirs apostoliques au sujet de Cluny, comme il le fit au sujet des ordres de Saint-Benoit et de Citeaux.

(1) Félibien, *Histoire de l'abbaye royale de Saint-Denys*, Paris, 1706, p. 456-461, avec renvois aux *Pièces justificatives*. L'arrêt et les lettres patentes sont datés de Nancy, le 26 septembre 1633.

(2) B. S. G., ms. fr. H. 9, in-4, pièce imprimée.

(3) Plusieurs de ces lettres — même autographes — sont conservées dans le même ms. Z. 3[3].

C'est en vertu de ces nouveaux pouvoirs que nous l'avons vu introduire la réforme à Saint-Denys. Il va s'appuyer sur ces mêmes pouvoirs dans ses actes à l'égard de la famille cistercienne (1).

Revenant à notre appréciation de tout à l'heure, transcrivons, à l'appui, sous le second rapport, ces quelques lignes : « Depuis « quelques années, — disait le cardinal en 1634 relativement à « Cîteaux — Dieu a permis que l'exacte observance de la règle « se soit déjà rétablie avec beaucoup d'édification en aucuns « desdits monastères pour servir d'exemple et modèle, et en fa- « ciliter le chemin aux autres (2). »

Toutefois la réforme ne marchait ni aussi vite ni aussi bien que le désirait le commissaire apostolique.

Au mois d'août 1633, ce dernier manda à Paris l'abbé de Cîteaux, ainsi que les abbés de La Ferté, Pontigny, Clairvaux et Morimond, les quatre célèbres filles de l'illustre abbaye-mère. Seul, l'abbé de Pontigny répondit à l'appel et reconnut la *nécessité de réformer quelques particuliers monastères* (3). Le cardinal attendit jusqu'au mois de février; et, voyant que c'était toujours en vain, il en référa au roi qui se chargea d'intimer le *veniat* aux récalcitrants abbés. Le 2 mai, ils étaient à Paris. Ne pouvant ne pas convenir du mauvais état d'un trop grand nombre de monastères (4), ils demandèrent, ce même jour, dans

(1) Le nouveau bref, daté du 10 septembre 1632 et donné pour trois ans, embrassait les deux ordres à la fois. Les lettres patentes pour l'exécution du bref portent la date : Saint-Germain-en-Laye, 17 décembre 1632, (dans même ms. Z. 3[3]).

(2) P. de La Morinière, *Vie* du card., p. 625, paroles tirées de la Sentence dont il va être question.

(3) Nous avons, B. S. G., un *Extrait des procès-verbaux des assemblées tenues en l'hostel de Monseigneur le cardinal pour la réformation de l'ordre de Cisteaux*.

(4) L'abbé de Cîteaux avouait qu'il *y avoit beaucoup de monastères dudict ordre qui avoient quelques désordres et manquement et avoient besoin d'estre réglez.*

L'abbé de Pontigny disait *qu'en plusieurs monastères dudict ordre il y avoit tant de désordres, principalement à cause de la pauvreté, qu'en la plupart d'iceux les religieux n'avoient ni dortoir ni réfectoire...*

Les aveux de l'abbé de Clairvaux étaient, malgré une réserve analogue, plus significatifs encore : *Il est vrai*, ajoutait-il, *que dans l'ordre de Cîteaux il y a quelques monastères particuliers où se reconnaissent beaucoup de défauts, lesquels ne peuvent estre réparés par l'autorité seule des supérieurs ordinaires et ont besoin véritablement de celle du roy...*

(Extrait du procès-verbal de la réunion, dans même ms.)

la première réunion à l'hôtel abbatial, la faculté de se concerter pour arrêter et soumettre au commissaire apostolique un ensemble de mesures propres à rétablir l'ancienne discipline. Quelques articles touchant la vie religieuse, voilà ce qu'ils présentèrent à la réunion du 5 mai. Mais de moyens vraiment pratiques, efficaces, point. Suivant l'abbé de Cîteaux, il ne *laissait pas d'y avoir*, même dans les maisons qui n'étaient pas de l'étroite observance, *plusieurs bons religieux et de nom et d'effet, capables de réformer, régler et conduire les monastères* (1). Désignez ces religieux, reprit-on aussitôt. Mais il fut répondu que les visiteurs sauraient bien les reconnaître.

Le mauvais vouloir était évident. Les abbés osèrent même, ce qu'ils avaient déjà pratiqué, faire parvenir leurs plaintes au pied du trône. Le cardinal, de son côté, soumit au roi l'ordonnance qu'il projetait pour appliquer la réforme à l'ordre de Cîteaux et lui exposa, en même temps, les puissants motifs qu'il avait d'agir et d'agir sans retard (2). L'approbation royale acquise, l'ordonnance fut rendue le 17 juillet suivant.

Le rétablissement immédiat de l'observance dans le collège des bernardins, à Paris; la visite, par un prélat désigné à cet effet, de l'abbaye de Cîteaux, avec pouvoir de procéder à la réforme, s'il y avait lieu; la volonté bien arrêtée d'en faire autant, et le plus tôt possible, pour La Ferté, Pontigny, Clairvaux et Morimond; l'institution d'un vicaire général pour les couvents réformés et à réformer : tels étaient les principaux articles de l'acte notifié à qui de droit (3).

Pour s'y soustraire, on essaya de se placer sous l'autorité du cardinal de Richelieu. On saluait en lui le *chef*, le *réformateur*, le *protecteur*, le *conservateur* d'un ordre illustre que l'abbé de Sainte-Geneviève voulait détruire. Le cardinal ne se laissa pas circonvenir. Loin de là. Il manda au commissaire apostolique qu'il eût à continuer son œuvre; et lui fit expédier les lettres patentes en ce qui concernait le collège des bernardins (4).

L'on attachait à la réforme de cette maison la même impor-

(1) Extrait du procès-verbal de la réunion, dans même ms.

(2) *Projet de sentence pour le restablissement de l'observance régulière en l'ordre de Cisteaux et motifs pour ledict projet envoyez au roy...*, pièce imprimée, dans même ms. Z. 3[10].

(3) P. de La Morinière, *Vie* du card., p. 631; *Projet de sentence*, cité à l'instant, et qui passa à l'état de *Sentence* (B. S. G., dans ms. fr. H. 9, in-4, pièce imprimée).

(4) P. de La Morinière, *ibid.*, p. 636-638.

tance qu'à celle de l'abbaye de Saint-Denys : ce pouvait être dans les deux cas d'un bien salutaire exemple. Au collège comme à l'abbaye, le commissaire apostolique procéda par voie d'autorité. Ce fut en septembre 1635 (1).

Cet acte de vigueur faisait bien préjuger que les autres points arrêtés ne demeureraient pas, non plus, lettre morte. Pour éviter les coups qui menaçaient, l'abbé de Cîteaux, Pierre Nivelle, eut l'idée d'offrir son abbaye au cardinal de Richelieu qui l'accepta et donna en échange au résignant l'évêché de Luçon (2). Ce que nous avons dit de Cluny trouve ici sa pleine application : à Richelieu encore de poursuivre la religieuse entreprise (3).

D'autre part, le cardinal de La Rochefoucauld étendait son action réformatrice sur plusieurs abbayes des prémontrés et sur l'ordre entier des trinitaires.

Dans le premier cas, il appuyait de son autorité et couvrait de sa protection les âmes généreuses qui voulaient revenir à la pratique de l'ancienne et sévère règle de saint Norbert (4).

Dans le second, après avoir, et sans beaucoup de succès, facilité le renouvellement de l'esprit religieux par la création d'un vicaire général placé à la tête des maisons réformées (5), il décrétait absolument pour tous les monastères la remise en vigueur de la règle primitive, sans en excepter la clause relative à *la rédemption des captifs*, ou à « la réservation du tiers du revenu », statuant même, à ce sujet, qu'on tiendrait chapitre une fois par semaine, pour aviser aux moyens de « se bien acquitter de cette obligation principale en cet institut » (6). Naturellement l'ordon-

(1) P. de La Morinière, *ibid.*, p.p. 631 et suiv.

(2) *Ibid.*, p. 638.

(3) Le *Gallia* dit de Richelieu au sujet de Cluny : « Vix abbatiam obtinuit, cum illuc reformationem secundum instituta monasterii S. Vitoni « (Saint-Vannes) Virdunensis inducere sollicitus sit »; et au sujet de Cîteaux : « Cujus toto regiminis tempore Cistertium fuit penes strictioris observantiæ cœnobitas. » (Tom. IV, col. 1162 et 1014.)

(4) On doit citer parmi les abbayes qui se montraient animées de ces nobles sentiments, Ardenne, Belle-Etoile et Silly en Normandie. (P. de La Morinière, *ibid.*, p. 597.)

(5) Cet acte remonte à l'année 1619 ou 1620 : le bref concédé *ad hoc* est de 1619 (*Ibid.*, p. 639.)

(6) *Sentence et Règlement...*, pièce imp., dans ms. fr. Z. 3^7 de B. S. G. Il devait y avoir « en chaque monastère un coffre fermant à trois clefs différentes, dont le ministre en auroit une, son vicaire une autre et le premier de ses discrets ou anciens la troisiesme, pour y mettre l'argent destiné pour les captifs, auquel on ne touchera jamais que pour faire la rédemption. »

nance, qui est du 1er juin 1638, rencontra de l'opposition. Appel fut interjeté en cour de Rome. La procédure se prolongea. Aussi, le P. de La Morinière a-t-il eu raison d'écrire : « C'est en « procurant la réformation de cet ordre que Monsieur le cardi- « nal a fini sa vie, après y avoir employé plus de travaux que « son âge ne pouvait supporter (1). »

Pour ces diverses commissions, Rome expédiait des brefs spéciaux (2).

N'envisageant que le réformateur, nous n'avons pas à rappeler les fructueuses interventions du cardinal dans les affaires des autres ordres religieux. Les conflits trouvaient toujours en lui un pacificateur, les torts un redresseur, les difficultés un sage conseiller, les maux un habile médecin (3). Et, si nous nous bornons à mentionner seulement les nouvelles constitutions qui furent données aux haudriettes, dites ensuite religieuses de l'Assomption (4), nous aurons soin de transcrire cette réflexion bien juste et tant expressive de l'historien qui nous a parfois servi de guide : « Le cardinal n'avait rien en si grande affection « que de voir dans l'Église la sainteté des premiers siècles et... « il pouvait dire de tous les ordres religieux ce que saint Paul « disait de toutes les Églises, que le soin qu'il en avait ne lui « laissait point de repos (5)... »

(1) P. de La Morinière, *Vie* du card., p. 639.

(2) Le second bref, touchant les trinitaires, expédié par Urbain VIII le 25 octobre 1635, avait une durée de six ans. Les lettres patentes pour l'exécution de ce bref ne furent données que le 7 septembre 1637, à Saint-Maur-les-Fossés. (Les deux actes imprimés dans même ms. Z. 3^7.)

(3) Les mss. fr. Z. 3^9 et Z. 3^7, in-fol., de B. S. G. renferment un certain nombre de documents sur ce point.

(4) P. de La Morinière, *ibid.*, p.p. 590 et suiv.

(5) P. de La Morinière, *ibid.*, p. 651.

B

ÉTAT FINANCIER DE L'ABBAYE

(La Congrégation de France, p. 195)

I

REVENUS

1° Droits seigneuriaux, (1).........	26.918 liv.	4 sol.	8 den.
2° Cens sur mille quatre cent quatre maisons à Paris et deux cent trente-un particuliers en la terre et seigneurie d'Avesnes......................	1.809	9	»
3° Rentes constituées sur le clergé, le roi, le domaine de la ville........	20.447	18	»
4° Rentes foncières..............	2.557	11	10
5° Loyers de quinze maisons et d'une échoppe......................	8.460	»	»
6° Loyers des maisons acquises par les commissaires du roi en vue de la place de la nouvelle église...........	10.068	»	»
7° Biens affermés hors Paris	82.379	3	10
8° Produit annuel des bois d'Epinay..............................	600	»	»
9° Produit des grosses, vertes et menues dîmes à Roissy............	7.000	»	»
10° Coupe de bois de la terre de Ver	13.000	»	»
11° Dîme de vin à Rosny..........	400	»	»

(1) C'est par erreur que sur le relevé l'on a écrit pour droits seigneuriaux : 2.600 livr., ainsi qu'il appert du calcul fait pour les 30 années précédentes (1759 à 1789), à l'effet d'avoir l'année moyenne. Ce calcul se voit sur une pièce annexée.

12° Maison seigneuriale de Champrosay	600	»	»
13° — — d'Auteuil	500	»	»
14° — — d'Avesnes	800	»	»
15° Revenus sur dix fermes	5.530	»	»
16° Franc-salé	82	»	»
	181.152 liv.	6 sol.	4 den.

II

CHARGES

1° Redevances et rentes foncières	806 liv.	14 sol.	9 den.
2° Fondations dues	792	»	»
3° Portions congrues, novales, dessertes	2.647	»	»
4° Rentes viagères	4.100	»	»
5° Taxe imposée pour la liquidation des dettes de la congrégation	5.789	11	»
6° Pensions viagères aux anciens serviteurs	2.550	»	»
7° Pensions viagères à quatre particuliers	1.000	»	»
8° Redevances en nature	1.435	»	»
9° Honoraires du médecin et du chirurgien (1), gages du garde-malade, concierge, portiers et autres employés et domestiques	12.186	12	»
10° Frais pour services divers	12.768	»	»
	44.074 liv.	17 sol.	9 den.

Dans ce dernier état ne figure pas les trente-deux mille huit cent quarante-cinq livres portées dans le premier état, qui avait été remis en mars, sous le titre : Décimes, réparations, aumônes, taxes publiques, etc.

On voit que le domaine abbatial s'était accru de la terre et seigneurie d'Avesnes, près Mamers, lesquelles avaient coûté à

(1) Les honoraires du médecin étaient de 300 livres, et ceux du chirurgien de 150.

Sainte-Geneviève, en 1753, la somme de cent soixante-dix mille livres (Arch. nat., H. 3632-33). Nommons encore une nouvelle possession assez considérable, le fief de *Chien-Chien*, près Magny-le-Hongre.

C

TEXTE DES PRINCIPALES DÉCLARATIONS

(La Congrégation de France, p. 199).

Déclaration de Rousselet, abbé

« Je soussigné Claude Rousselet, prêtre, chanoine régulier de la Congrégation de France, ordre de Saint-Augustin, docteur en droit de la faculté de Paris, abbé de Sainte-Geneviève et supérieur général des chanoines réguliers de ladite congrégation, chef et général de tout l'ordre du Val des Écoliers, déclare à Messieurs les commissaires de la municipalité de Paris qu'ayant fait, le 9 mars 1747, librement et volontairement ma profession canonique dans ladite congrégation à laquelle je suis toujours resté inviolablement attaché et où je me suis efforcé de remplir de mon mieux mes devoirs dans les différens postes qu'elle m'a fait l'honneur de me confier, je me propose, avec le secours de la grâce de Dieu, de vivre et mourir dans la pratique de la règle que j'ai embrassée et de demeurer fidèle aux saints engagements que j'ai contractés au pied des autels ; qu'en conséquence je suis dans la ferme résolution de rester attaché à l'église et maison de Sainte-Geneviève, avec intention de continuer à y remplir les devoirs essentiels de mon état et d'y faire, avec tout le zèle et l'exactitude dont je suis capable, le service ecclésiastique que la piété et la dévotion du peuple de la capitale demandent qu'on y entretienne, me réservant expressément la jouissance de tous les droits honorifiques, prérogatives et décorations extérieures qui appartiennent à la dignité d'abbé de Sainte-Geneviève que je ne pourrois cesser de posséder que par la démission que j'en ferois suivant la forme canonique.

« Déclare néanmoins que je ne prétends à l'exercice de la supériorité et administration qui y est attachée, qu'autant qu'il me seroit librement déféré par les suffrages des membres qui composeront cette maison, et que je croirois pouvoir accepter la marque de confiance qu'ils me donneroient en cette occasion.

« En foi de quoi j'ai signé la présente déclaration comme contenant l'expression sincère et véritable de mes sentimens.

« Fait en notre ditte abbaye de Sainte-Geneviève le quinze may mil sept cent quatre-vingt-dix. « ROUSSELET. »

Déclaration de Bastion, sous-prieur

« Déclaration faite, le 17 may 1790, par Yves Bastion, prêtre, chanoine régulier de l'ordre de Saint-Augustin, Congrégation de France, docteur en droit civil et canonique de l'université de Paris, soûprieur de l'abbaye royale de Sainte-Geneviève..., cy devant maître des novices de ladite abbaye, ancien official du diocèse, vicaire général et principal du collège de Tréguier...

« Je déclare que mon intention et mon désir sont de vivre et mourir dans mon état, et par conséquent de rester dans cette abbaye, tant que mes supérieurs le voudront, ou de me retirer dans telle maison de mon ordre qu'il leur plaira de m'indiquer, suivant les loix de notre institut: En foy de quoi j'ai signé dans l'abbaye de Sainte-Geneviève à Paris, le 17 may mil sept cent quatre-vingt-dix. « BASTION, chanoine régulier,

« *Soûprieur de Sainte-Geneviève.* »

Déclaration de Marlot, procureur de la maison

« Je soussigné déclare que j'ai prononcé mes vœux, le 28 avril 1748, librement et volontairement sous l'autorité des loix dans le royaume, que je crois que quant au for intérieur nulle puissance sur la terre ne peut les dispenser, que je n'ai jamais eu de regrets de les avoir émis ni de raison d'en désirer la dissolution.

« Aussi mon vœu est et doit être de demeurer dans la maison de Sainte-Geneviève, si elle existe comme maison.

« Les seules raisons qui m'obligeroient d'en sortir seroient:

« 1° Si, en la laissant subsister comme maison, une nouvelle organisation devenoit étrangère aux statuts auxquels je me suis voué, ou si une réunion d'individus qui la composeroient, par leur caractère, leurs mœurs, leur conduite venoient rompre les liens de la véritable fraternité et altérer l'esprit de paix, d'union, de concorde que j'ai toujours vu y régner et que je regarde comme le bien le plus précieux ;

« 2° Si j'étois borné pour mon existence à la somme fixée par l'assemblée nationale, qui ne paroit pas être suffisante pour vivre à Paris et pourvoir à des besoins et à des infirmités qui ne font que se multiplier avec les années.

« L'un ou l'autre de ces deux cas arrivant, forcé alors par ces circonstances, je tâcherai de trouver ailleurs un asile, non pour rentrer dans le monde auquel j'ai heureusement renoncé, mais un asile qui ne me rende pas tout à fait étranger mon état premier, qui puisse me faciliter les moyens de me rapprocher de mes devoirs qui ne se prescrivent point par la différence des positions où je puis me trouver, le cas seul d'impossibilité excepté.

« Du reste ne cessant point partout où je serai, de prier pour mon roi, ma patrie, mes frères, mes citoyens, la félicité du royaume.

« La présente déclaration remise à Messieurs les commissaires de la municipalité de Paris, ce 12 mai 1790.

« MARLOT. »

Déclaration de Le Blanc de Beaulieu, grand chantre

« Je soussigné, prêtre, chanoine régulier, grand chantre de l'abbaye de Sainte-Geneviève de Paris, certifie à qui il appartiendra, et notamment à Messieurs les commissaires de la municipalité, que mon désir et mon intention sont de vivre et de mourir dans l'état que Dieu n'a fait la grâce d'embrasser, et plus particulièrement dans cette maison de Sainte-Geneviève. En foi de quoi j'ai signé la présente déclaration pour être remise à Messieurs les commissaires, le 26 avril mil sept cent quatre-vingt-dix. « LE BLANC DE BEAULIEU. »

Déclaration de Gillet, chanoine

« Je soussigné déclare que mon intention est, avec la grâce de Dieu, de vivre et mourir chanoine régulier de la Congrégation de France, et qu'à cet effet je désire demeurer le reste de mes jours dans la maison de Sainte-Geneviève du Mont à Paris, si cette maison subsiste ; sinon dans toute autre maison régulière que Messieurs de la municipalité de Paris voudront m'assigner ou laisseront à mon choix, pourvu toutefois qu'elle soit composée de chanoines réguliers de laditte congrégation, pour y vivre et mourir avec mes frères. En foi de quoi j'ai signé la présente déclaration, à Paris, ce dix-sept may 1790.

« GILLET, chanoine régulier. »

D

CERTAINES PARTICULARITÉS HISTORIQUES

AUX XVIIe ET XVIIIe SIÈCLES

(La Congrégation de France, p. 384)

PRIVILÈGES ET DROITS DE L'ABBAYE

Au XVIIIe siècle, l'antique cérémonial de l'entrée des évêques ou archevêques de Paris était tombé en désuétude. Piganiol de La Force, qui écrivait dans la première moitié de ce siècle, constatait que depuis longtemps déjà il ne s'observait plus (1).

En 1668, à la requête de Hardouin de Péréfixe, archevêque de Paris, le parlement apportait des restrictions à deux privilèges de l'abbé :

1° En lui interdisant de faire conférer les ordres par un autre prélat que l'ordinaire ;

2° En statuant qu'il fulminerait de plein droit des lettres monitoriales dans les dépendances de sa conservatoire, mais que, pour les autres lieux, il lui faudrait le mandement d'un juge séculier (2).

(1) *Descript. de la vil. de Paris...*, Paris, 1765, tom. I, p. 56.

(2) Arrêt du 4 juillet, dans Félibien, *Hist. de la vil. de Paris*, tom, IV, p. 213-214.

L'on attachait alors, comme par le passé, une grande importance aux

Le parlement faisait plus que reconnaître la chambre apostolique. Il lui renvoyait même des causes (1).

Du reste, l'abbaye n'hésitait pas à prendre hautement la défense de ses prérogatives, même devant les tribunaux séculiers. Nous en avons une nouvelle preuve dans un mémoire justificatif où nous lisons :

« 1° Que s'il y a des privilèges approuvés de l'Église..., il n'en « est point de plus légitimes que ceux de Sainte-Geneviève, qui « sont fondés sur des bulles authentiques, sur des arrêts du « parlement, sur des transactions avec les évêques de Paris et « sur une possession non jamais interrompue ;

« 2° Que si un privilège ne peut être cassé que par celui qui « l'a accordé ou par une autorité égale à la sienne, il n'appar- « tient pas à M. l'archevêque de Paris de vouloir abolir ceux de « Sainte-Geneviève : c'est un droit qui appartient au pape pri- « vativement à tous autres...

. . . .

« 4° Que les privilèges de Sainte-Geneviève doivent être con-

monitoires de l'abbaye. Qu'on en juge par ces deux faits rapportés dans le ms. 21. H., fr., in-fol., p. 571-572 : « Il arriva, en 1656, qu'il en fut dé- « livré un (monitoire) sur arrest du privé conseil à des marchands armé- « niens dont le vaisseau avoit esté pillé sur les costes de France, pour « estre publié par les diocèses des éveschez de Normandie, de Bretagne « et de Guyenne. L'année dernière 1667, le 15 juillet, il fut donné un « arrest au conseil d'en haut, le roy présent, par lequel il fut dit qu'un « monitoire de Saincte-Geneviève seroit publié et fulminé incessamment « par les curez du diocèse du Mans et tous autres, sans qu'il soit besoin « de visa des évesques, et ce sur peine de saisie de leur temporel, enjoint « à tous huissiers d'afficher la copie du monitoire aux portes des « églises et des villes, ... fait aussi deffenses à l'évesque diocésain et tous « autres de quelque qualité et condition qu'ils soient, d'empescher les « curez, prestres ou sergens en la publication du monitoire, et enjoint à « l'intendant gouverneur de la province et aux officiers de tenir la main « à l'exécution de l'arrest. »

Il est dit aussi dans un autre ms. de la même Biblioth. Sainte-Geneviève, le ms. fr. D., in-4, que le cardinal de Richelieu « s'est servi souvent de ces monitoires, lorsqu'il a cru en avoir besoin pour ses affaires... »

(1) Le ms. 2. H. précité, p 562, fait en ces termes mention de quelques arrêts renvoyant des causes à cette chambre : « Entre autres, un, du 26 may 1631, entre les religieuses de Jouarre » et un curé du nom de « Pierre Milleton ; un autre, du 30 avril 1633, entre Yves Charpentier et Messire François de Gondy, archevesque de Paris, comme abbé de Sainct-Magloire ; et un par appointé, en l'an 1632, entre un chapelain de la Saincte-Chapelle de Paris et maistre Jean-Baptiste de Contes, chancelier de Nostre-Dame et à présent doyen. »

« servés, non seulement parce qu'on ne peut les abolir, sans faire « injustice à ceux qui en ont toujours joui, mais plus particu« lièrement encore pour l'intérêt commun de l'État, à qui les « plus considérables de ces privilèges sont plus utiles et plus « avantageux qu'à ceux mêmes qui les possèdent (1). »

STATUTS DES PORTEURS

Les anciens statuts des porteurs subirent une revision en 1730. Mais ils demeurèrent substantiellement les mêmes, quant aux conditions pour l'admission dans la compagnie; car l'article 1er des nouveaux statuts portait qu'on devait « être natif de la ville de Paris et le justifier par son extrait baptistaire, d'âge compétent, marchand des six corps et être sans aucun reproche, de bonne vie et mœurs ». Une information préalable était prescrite (2).

Les *Souvenirs de la marquise de Créqui* prêtent ces paroles à Voltaire : « Savez-vous bien que ma grand'mère était très « dévote à sainte Geneviève et que son mari fut un des seize « porte-châsse à la procession de 1683! Vous croyez peut-être « que ce n'était rien du tout que de porter la châsse de sainte « Geneviève? Dites-moi donc cela, pour que je vous arrache les « yeux (3)!... »

LE CHANCELIER DE SAINTE-GENEVIÈVE

Crevier écrivait, en 1759 : « Le chancelier de Notre-Dame seul, « donne la licence ou permission d'enseigner à ceux qui doivent « professer la théologie et la médecine. Il jouissait anciennement « de la même autorité dans la faculté de droit qui s'en est affran« chie depuis quatre-vingts ans, mais non de la redevance pécu« niaire, qu'il reçoit de la part de chaque licencié. Il donne « encore la licence à la moitié de ceux qui chaque année se présen« tent pour acquérir le grade de maître ès arts. Le chancelier de « Sainte-Geneviève n'a dans son partage que l'autre moitié de la « faculté des arts. Mais le partage de ces deux moitiés n'est pas

(1) B. S. G., ms., déjà cité, D., in-4.
(2) *Statuts et règlements de la compagnie...*, Paris, 1731, in-4.
(3) Paroles citées par l'abbé Saintyves, *Vie de S. Genev.*, p. 294.

« fixe pour chacun des deux chanceliers. Elles roulent alternativement entre l'un et l'autre (1). » S'il y a eu amoindrissement aussi de la prérogative des chanceliers de l'abbaye (2), en revanche, notre récit en témoigne, presque tous se sont fait un nom dans les lettres ou les sciences.

LA PAROISSE SAINT-ÉTIENNE DU MONT

Au sujet de la seigneurie spirituelle dans les XVIIe et XVIIIe siècles, nous n'avons à mentionner qu'un fait concernant la paroisse Saint-Étienne du Mont (3).

Cette paroisse continuait à être gouvernée, comme par le passé, sous l'empire des deux autorités abbatiale et épiscopale et dans le respect des droits de chacun. Mais les marguilliers essayaient de se rendre de plus en plus indépendants de l'abbaye. Voici un fait qui le prouve.

En 1639, ils eurent la prétention, contrairement à l'usage, de faire porter à la procession du Saint Sacrement la croix et le ciboire de la paroisse en même temps que la croix et le ciboire de l'abbaye. En présence de cette innovation, l'abbé et les religieux qui étaient déjà revêtus de chapes, l'un pour présider la procession, les autres pour y assister, se retirèrent, se bornant à cette protestation silencieuse et digne. D'après une autre version, la protestation aurait été plus que bruyante. De là un procès qui dura treize années. Pendant ce temps, l'abbaye ne prit aucune part aux processions. Enfin, un arrêt du parlement, en date du 8 avril 1653, confirma les droits de l'abbé, non seulement touchant le principal point en litige, les processions, mais aussi relativement à d'autres, car il était prescrit que l'abbé « présiderait la procession du Saint Sacrement où l'on porterait le ciboire et la croix de l'abbaye, qu'il officierait aux

(1) *Hist. de l'univers.*, tom. VII, p. 136-137.

(2) Pas plus que précédemment, nous n'entendons décider la question de savoir si les chanceliers de Sainte-Geneviève jouissaient autrefois du privilège exclusif de conférer la licence ès arts. (Voir, à ce sujet, Crevier, *Op. cit.*, tom. II, p. 22-23). Ce qui nous paraît hors de doute, c'est que dans le passé pour cette licence on s'adressait de préférence aux chanceliers de l'abbaye. Voilà la raison de notre phrase conditionnelle.

(3) Nous ne parlons pas de la seigneurie temporelle : nous n'aurions rien de bien saillant à ajouter.

deux fêtes de saint Étienne et assisterait, revêtu pontificalement, à la procession en la rue des Amandiers le 2 août, qu'il ferait les enterrements des paroissiens où il serait invité, qu'il nommerait le prédicateur en carême, qu'il lui donnerait la bénédiction tenant la première place dans l'œuvre, qu'il recevrait le serment des marguilliers nouvellement élus et entendrait les comptes de la fabrique. »

Le peuple ne pensa pas tout à fait comme le parlement. A une procession, il y eut une sorte d'émeute. Les marguilliers, de leur côté, attaquèrent l'arrêt qui fut réformé, dans ce qu'ils avaient de plus à cœur, par un autre arrêt du 2 août suivant : la croix et le ciboire de la paroisse furent admis à la procession de la Fête-Dieu, et les marguilliers déclarés indépendants de l'abbé relativement à la comptabilité.

Un troisième arrêt, à l'instant rappelé, celui du 4 juillet 1668, porta défense à l'abbé « d'assister à la cérémonie de la procession du Saint Sacrement en habits pontificaux et d'y donner la bénédiction » (1).

(1) Source générale pour ce dernier point :
Ms. 21. H., fr., in-fol., p.p. 639 et suiv. ;
Félibien, *Hist. de la vil. de Paris*, tom. I, p.p. 231 et suiv. ;
L'abbé Lebeuf, *Op. cit* ;
Diverses pièces imprimées de procès.
Voir aussi M. l'abbé Faudet, *Notice histor. sur la paroisse de Saint-Étienne du Mont*, Paris, 1840.

FIN DU SECOND VOLUME

TABLE DES MATIÈRES

CONTENUES DANS LE SECOND VOLUME

PREMIÈRE PARTIE

PHASES HISTORIQUES

CHAPITRE PREMIER

CHAPITRE II

Gouvernement du P. Faure.

(1634-1645.)

CHAPITRE III

Nouveaux progrès.

(1645-1665.)

CHAPITRE IV

L'apogée.

CHAPITRE V

Deux grandes œuvres et deux grandes crises.

CHAPITRE VI

L'administration.

CHAPITRE VII

L'abbaye et la révolution.

DEUXIÈME PARTIE

HISTOIRE LITTÉRAIRE

CHAPITRE PREMIER

XVIIe siècle.

CHAPITRE II

*XVII*e *siècle* (suite).

CHAPITRE III

*XVIII*e *siècle.*

CHAPITRE IV

ÉPILOGUE

NOTES ET DOCUMENTS

FIN DE LA TABLE DU SECOND VOLUME.

TABLE ALPHABÉTIQUE

DES PRINCIPALES MATIÈRES

CONTENUES DANS LES DEUX VOLUMES

A

B

C

D

E

F

G

H

I

J

K

L

M

N

O

P

Q

R

S

T

U

V

FIN DE LA TABLE ALPHABÉTIQUE DES MATIÈRES

ERRATA

Page 85, ligne 8, *supprimer :* de scrutin.
— 93, au titre, *placer :* II, et *remplacer :* derniers par autres.
— 132, première ligne des notes, *au lieu de :* cent six ; *lire :* cent cinq.
— 198, lignes 13 et 14, *au lieu de :* qui lui appartenaient, *lire* : à soi appartenant.
— 218, ligne 23, *au lieu de :* on proposait ; *lire :* on se proposait.
— 232, ligne 11, *au lieu de :* le trouvait, *lire :* se trouvait,
— 315, ligne 2, *lire au pluriel :* Dissertation.
— 327, ligne 14 des notes, *lire au pluriel :* dissertation.
— 330, ligne 22, *au lieu de :* biographe, *lire :* bibliographe.
— 349, ligne 6, *au lieu de :* né 1751, *lire* : né en 1751.
— 364, première ligne des notes, *au lieu de :* baron académicien, *lire :* baron et académicien.

Le Mans. — Typ. Edmond Monnoyer.

EXTRAIT DU CATALOGUE

DE LA LIBRAIRIE H. CHAMPION

Inventaire général et méthodique des manuscrits français de la Bibliothèque nationale, par M. L. Delisle, membre de l'Institut, directeur de la Bibliothèque nationale. — Tome Ier, Théologie. Tome II, Jurisprudence. Chaque volume. 7 fr. 50

Les tomes III et IV sont sous presse.

Longnon. Paris pendant la domination anglaise (1420-1436). Documents extraits des registres de la chancellerie de France. Paris, 1878, in-8°. 8 fr.

Campardon. Les Comédiens du roi de la troupe française pendant les deux derniers siècles. Documents inédits recueillis aux Archives nationales. Paris, 1879, in-8°. 8 fr.

Arbois de Jubainville (d'). L'administration des intendants. Paris, 1879, in-8°.

Bonneville de Marsangy. Madame Campan à Écouen, d'après les archives inédites de la Légion d'honneur. Paris, 1879, in-8°. 8 fr.

Boscheron des Portes. Histoire du Parlement de Bordeaux depuis sa création jusqu'à sa suppression (1451-1790). Bordeaux, 1878, 2 vol. in-8°. 15 fr.

Bulliot et Roidot. La Cité gauloise selon l'histoire et les traditions. Autun, 1878, in-8°. 6 fr.

Chardon. La Troupe du Roman comique dévoilée et les comédiens de campagne au XVIIe siècle. Paris, 1876, in-8°. 5 fr.

Chazaud. Les Enseignements d'Anne de France, duchesse de Bourbonnais et d'Auvergne, à sa fille Suzanne de Bourbon. Moulins, 1870, grand in-8°. 25 fr.

Courajod. Alexandre Lenoir. Son journal et le Musée des monuments français. Tome Ier. Paris, 1878, in-8°, avec portrait. 8 fr.

Pingaud. Correspondance des Saulx-Tavannes au XVIe siècle, recueillie et annotée. Paris, 1877, in-8°. 7 fr. 50

Robert (U). Catalogue des manuscrits relatifs à la Franche-Comté, qui sont conservés dans les bibliothèques publiques de Paris. Paris, 1878, in-8°. 6 fr.

Thomas. Les États provinciaux de la France centrale sous Charles VII. Paris, 1879, 2 in-8°, carte. 12 fr.

Robert (des). Épisodes de la guerre de trente ans. Campagnes de Charles IV, duc de Lorraine et de Bar (1634-38), d'après des documents inédits tirés des affaires étrangères. Paris, 1882, in-8°. 7 fr. 50

Histoire de la réunion de la Franche-Comté à la France, événements diplomatiques et militaires (1279-1678), par M. de Piepape. Paris, 1882, in-8°. 15 fr.

LE MANS. — TYP. ED. MONNOYER.

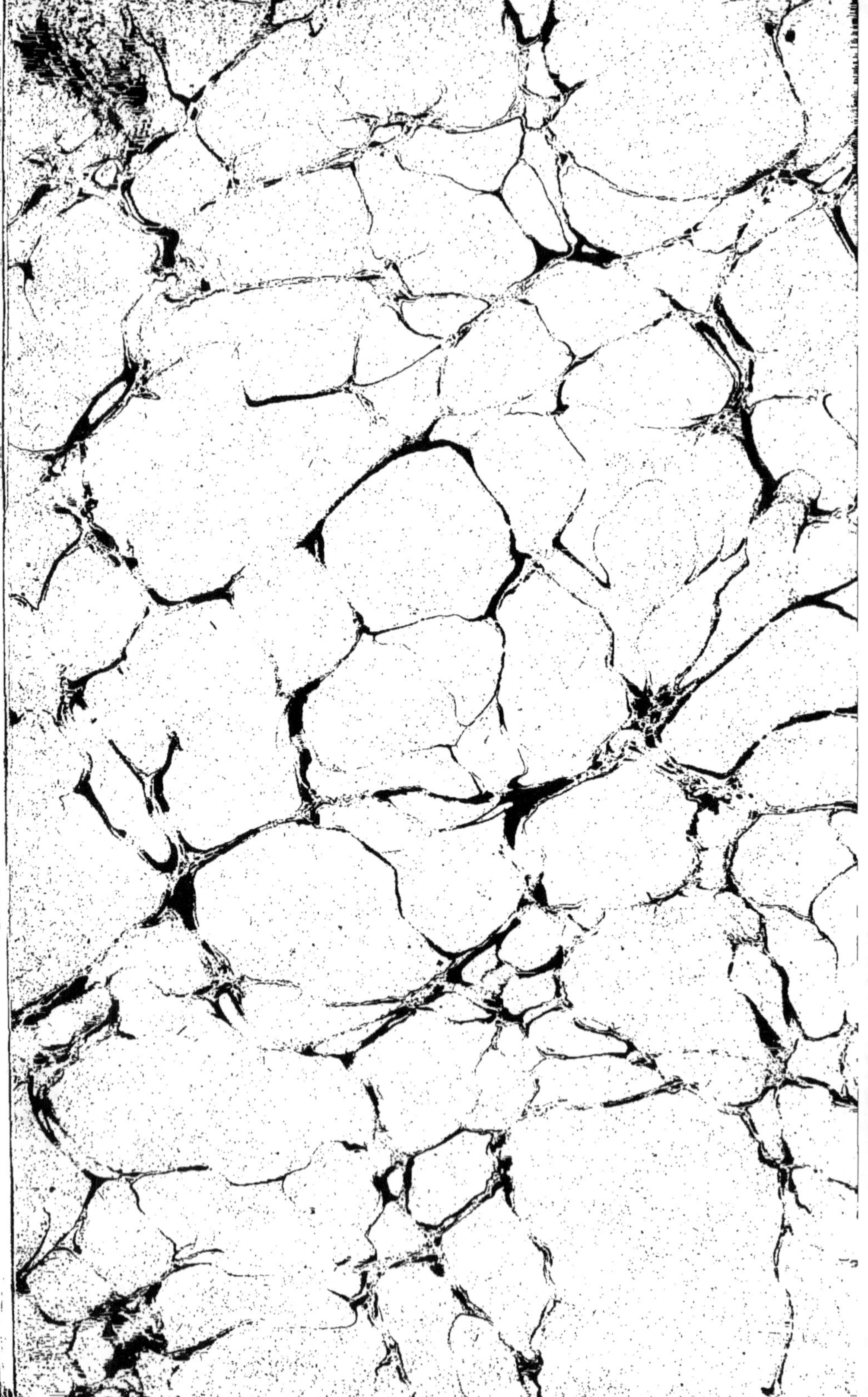